THiNKr
新思

新 一 代 人 的 思 想

希腊3500年

THE GREEKS
A Global History

Roderick Beaton

[英] 罗德里克·比顿 著

徐一彤 译

中信出版集团 | 北京

图书在版编目（CIP）数据

希腊 3500 年 /（英）罗德里克·比顿著；徐一彤译
. -- 北京：中信出版社，2023.4（2024.4 重印）
ISBN 978-7-5217-5394-3

Ⅰ.①希… Ⅱ.①罗… ②徐… Ⅲ.①希腊－历史
Ⅳ.①K545

中国国家版本馆 CIP 数据核字（2023）第 033670 号

希腊 3500 年
著者： ［英］罗德里克·比顿
译者： 徐一彤
出版发行：中信出版集团股份有限公司
　　　　　（北京市朝阳区东三环北路 27 号嘉铭中心　邮编　100020）
承印者： 河北鹏润印刷有限公司

开本：880mm×1230mm　1/32　　印张：15.5　　　　字数：369 千字
版次：2023 年 4 月第 1 版　　　　印次：2024 年 4 月第 2 次印刷
京权图字：01–2023–0596　　　　　书号：ISBN 978-7-5217-5394-3
审图号：GS（2023）583 号（此书中插图系原文插图）
　　　　　　　　　　　　　　　　　定价：98.00 元

谨以此书献给我的希腊人亲朋好友、学生与学界同人，无论他们身处世界何方；也以此书纪念那些已离我们远去的希腊故人。

论哲思之深远、辞令之机巧，我们的城邦卓绝于人类之林，即便受教于我邦的学生，也可在异乡为人导师。因为我邦，"希腊"已不再指代一个血缘上的种群，而是一种思想方式。即便血脉有别，一个人只要与我们文教相通，也会被称作希腊人。

——伊索克拉底《奥林匹亚大祭》（雅典，公元前 380 年）

你在那里可以看到西欧人学习拉丁文字，罗斯人学习希腊文字，拜占庭人研读古希腊文献，不通文字的希腊人学习正确拼写出古文的词句。

——安娜·科穆宁《阿列克塞传》

（君士坦丁堡，公元 1150 年前后）

希腊语是我天生的母语：
一间陋室，在荷马的沙滩上。
我的母语，是我在荷马的沙滩上唯一的牵挂。

——奥德修斯·埃利蒂斯《理所当然》（1959 年）

我不会说我们是一族同胞——因为我对种族论心怀恐惧——但我们终究生活在同一个国度，坐看同一排高山归于大海。

——乔治·塞菲里斯，诺贝尔文学奖受奖致辞（1963 年）

目 录

前　言

希腊语，与汉语、希伯来语并列，是世界上仅有的三种拥有三千年以上不间断文字传承的语言。本书故事的主角，就是在这漫长辽远的年代里用希腊语言说、用希腊语书写，见证希腊语自有信史以来不断演进之过程的人们。

在这段历史中，希腊语起初被用于官吏公文，随后被写成英雄史诗流传后世：《伊利亚特》与《奥德赛》，就在荷马身后为历代传唱不休。希腊语拥有世界上第一套完善的字母书写体系，也为现代哲学与科学奠定了基础；在基督教使徒 * 传播《新约圣经》的福音时，他们使用的也是希腊语。时至今日，世界各地的东正教会仍在奉读希腊语福音书原文。和世界上其他所有语言一样，希腊语也在历史上不断演变，其现代版本是今天希腊共和国的官方语言，也

---

* 现代汉语的"基督教"常特指新教（与"天主教""东正教"相对）。为避免歧义，本书对于"Christianity"一词，在指代早期基督教或相对于罗马-希腊多神教等其他宗教时译作"基督教"，在统称后世（尤其是现代）基督宗教各派别时译作"基督宗教"。——译者注

是塞浦路斯共和国的两种官方语言之一。

在本书的标题与正文中，所谓"希腊人"指代的是**说希腊语的人**。由这些说希腊语的人编织成的故事，是一个关于身份认同或者说**多种身份认同**的故事。自有希腊语文献以来，说希腊语的人就善于提出问题、叩问自身。千百年来，受制于文化的变迁、历史的沉浮，他们提交的答案也屡经剧变。希腊人创造了形态迥异的社会与政治制度。说希腊语的人不但长期居住在东地中海之畔、欧洲东南一隅，也曾在不同的时代里远走异域，在许多不同的地方扎下根基，一再展现出生生不息的自新能力。他们曾对抗过许多敌人，也曾通商于世界各地，崇拜过各种神祇，就连对自己的称呼也几经改变。在今天，英语世界称希腊人为"Greek"，称希腊为"Greece"，这些词最早来源于拉丁语的"格莱齐"（Graeci），这是古罗马人初次遭遇的希腊语部族的名字。在古代希腊语族群自己的语言里，"希腊人"被称作"hellenes"，"希腊人的土地"被称作"Hellas"。从 19 世纪初，希腊人又重新拾起了这些提法。但在不同的历史时期，希腊语族群也曾被称为"亚该亚人"（Achaiwoi），乃至"罗马人"（Romaioi 或 Romioi，后者发音同"Romyí"）。

本书试图提出这样一个问题：从这个用希腊语言说、书写的人群长达 3 500 年的历史经验中，我们能否一探身份认同被缔造、维持、改变乃至重新发明的究竟？为了建立自己在当下的身份认同，我们总要诉诸对过去的认知。在当今世界，单向度的、彼此互斥的身份认同不断冲突，由此而来的威胁也日益加剧。我们或许都应该在更可靠的基础上思考身份认同问题，反思身份认同如何成形，又如何因应周遭大环境的变化而变化。希腊人的故事基于他们自己的叙述形成，可一路上溯至有信史记载的最早时期，其揭示的并非在特定的历史瞬间显得天经地义、不可动摇的某种身份认同本身，而是让我们了解这一身份认同在历史上不断演变的**过程**。

接下来，本书要讲述的故事与诸位读者之前对希腊或希腊人的认知大有差别。首先，本书关注的不是一个**特定地域**。在古代世界，"希腊"（无论写作"Greece"还是"Hellas"）都只是一个不甚精确的地理范畴。在1821年爆发反对奥斯曼帝国统治的独立革命以前，世界上从没有一个政治实体以"希腊"为名，当今希腊国家的疆界则是迟至1913年才大体确定的。如果把希腊人的历史局限在这些狭隘的地理疆域之内，我们就会错失本书探讨希腊人历史时所要关注的一大要点，那就是希腊人的全球性影响。

本书也不打算讲述某个单独的"希腊文明"。对大多数人而言，除非要去希腊度假或与希腊人有公干，我们在看到"希腊人"一词时，首先想到的很有可能是大约2 500年前以雅典和斯巴达为首的那些古代城邦孕育出的璀璨文化与科学硕果。关于那段被我们称为"西方古典文明"的历史，既有的著作数不胜数，而这一切都是理所当然的：那段历史确实为现代世界的艺术、科学与政治提供了诸多基本概念。在本书中，我们会时常见证这一过程，有时也会探讨这些古代成就的影响力为什么能远超它们的起点。从"民主"（democracy）、"政治"（politics）到"哲学"（philosophy）、"戏剧"（drama），乃至"危机"（crisis）、"传染病"（epidemic），在当今世界最为全球化的语言英语当中，不知有多少词语（尤其是科学术语）源自希腊语，并由希腊人首创或最初定义。在现代英语中，还有许多像"电话"（telephone）、"技术"（technology）、"光子"（photon）的单词，虽然不为古希腊人所知，却有着希腊语的渊源。还有"传染病大流行"（pandemic）——这个词确实存在于古希腊语之中，在今天又于诸多语言中获得了全新的含义。

　　但希腊人的故事远不止于此。古典希腊语文明诚然对现代世界意义非凡，但本书的视野并不以此为限。笔者所要书写的不是一个文明，而是一**系列**彼此相关的文明。在所谓古典时代的很久以前，希腊语文明曾迎来了今天所谓的"迈锡尼时期"。迈锡尼人是青铜时代的战士，也是蓄财万贯的商人，他们囤积了巨量的黄金，修建了被后代惊叹为巨人族所筑的宏伟要塞。但在大约3 300年前，迈锡尼的时代骤然终结，其原因至今也无法确证。不过，为解释世界史上包括迈锡尼在内的诸多文明为何彻底消亡，现代人提出了所谓"系统性崩溃"理论，这是本书在讨论后世历代文明兴亡起伏的过程中将要再次提到的话题，希腊语族群在这些文明中扮演了重要角色。

　　在迈锡尼时代结束成百上千年后，所谓"古典"文明才终于到来。而在说希腊语的马其顿历代国王称霸之后，那个城邦争衡的古典时代也宣告结束。在马其顿诸王中最为著名的"亚历山大大帝"征服了整个中东，疆域远及今天的印度西北边境，也开启了今人所谓的"希腊化时期"。希腊语第一次成为世界性通用语，地位类似今天的英语。

　　随着罗马霸权扩张，希腊人一转成为被征服者。而在罗马帝国治下，说希腊语的人又建立了一种与我们今天所谓的罗马文明颇为不同的文明。事实上，在西起亚得里亚海、东至幼发拉底河、南抵埃及阿斯旺的罗马帝国东部，希腊语而非拉丁语才是各地的通用语。随后基督教兴起，一个强调中央集权、信奉一神论宗教的希腊语文明也应运而生，在数百年间为西方世界所艳羡。在今天，我们称这个文明为"拜占庭文明"，或"拜占庭帝国"。最后，更晚近的年代里，在我们今天这个全球化的现代文明、这个有史以来最复杂的社会缔造的历程中，希腊人也做出了突出而独特的贡献，与之相伴而生的则是精神分析学之父（同时也是热衷古希腊文献的古典学者）西格蒙德·弗洛伊德所谓的"不满"。

从上述视角出发看待希腊人的历史，我们在探究希腊人3 000多年来与各种外来人群互动的多重方式时，不难得出一个惊人的结论：希腊人的痕迹几乎**无处不在**。今天，无论是希腊的语言、历代希腊文明孕育的艺术与考古遗产，还是希腊的哲学、文学，以及古希腊对科学、医学、法学、政治学的贡献，都在世界各地的课堂上广为传扬。最近300年间，无数建筑师在修建宏伟的公共建筑和私人建筑时使用的大理石圆柱与高耸的三角墙，也源自希腊神庙的建筑风格。千百年来，这些古希腊人的后裔通过多种多样的方式，与形形色色的人往来，在每一个时代都把自己的印迹留到了已知世界的各个角落。

因此，本书要讲述的是一部"全球史"。

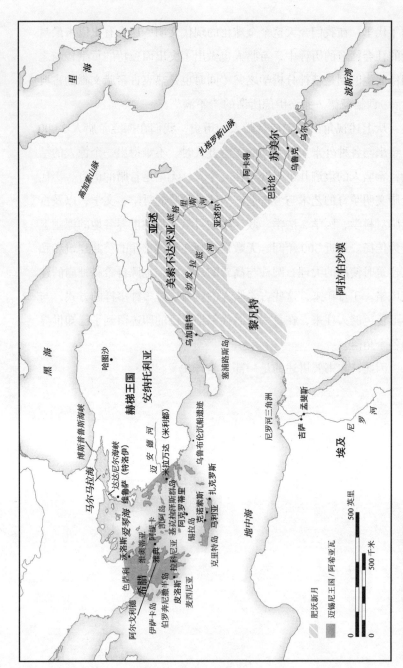

青铜时代晚期的东地中海与肥沃新月地区

第一章

账簿与史诗
（前 1500 年—约前 1180 年）

试想象公元前 1500 年的爱琴海。这片海洋上曙光初现时，东南方肥沃新月地带的太阳已高高升起，这片土地东起波斯湾最深处，沿底格里斯河与幼发拉底河深入内陆，直到西方的地中海岸边。早在几千年前，这里是人类最早栽培谷物、驯化动物的地方，从乌尔、阿卡得到苏美尔、巴比伦，一代又一代高度复杂的社会——抑或文明，也已在这片土地上繁荣了 1 000 多年。到公元前 1500 年，这片土地的统治权落到了亚述人手中，其首都亚述尔（Ashur）坐落在底格里斯河畔。而在不久前，在肥沃新月北方更靠近爱琴海的安纳托利亚高地，还有一个新的权力与财富中心正在兴起。

这个新兴的势力就是赫梯王国。此刻，海上刚刚破晓，但在靠近今天土耳其首都安卡拉的赫梯王国首都——哈图沙（Hattusa）城内，太阳已经升起。赫梯国王的大军有战车数百乘，但除此之外，他手下还有一支低调的文士队伍，负责用之前 1 000 年里发祥于肥沃新月的楔形文字，为王国保存了规模庞大的记录。几乎与此同时，远在南方的尼罗河谷，也已被阳光照亮。晨曦首先降临在吉萨金字塔的顶端，这在当时已是一座有大约1 500年历史的古建筑了。埃及王国政治稳定，有等级森严的社会和一套高度发达的书写体系，在这之后仍将继续存在数百年。埃及素以物产富庶、智者辈出闻名，这片土地吸引了许多商人造访，也屡遭周边的入侵者窥伺。

回到安纳托利亚。在构成了赫梯王国心腹地带的高原以西，诸多通往爱琴海的河谷也迎来了曙光。住在沿海低地上的人们说一种与赫梯语相近的语言，但在公元前1500年，他们并不受哈图沙王权的直接统治。随着朝霞照亮了海岸，位于安纳托利亚西部的迈安德河（大门德雷斯河的旧称）入海口的一座城市也从夜色中醒来。这座城市在赫梯语中被称作"米拉万达"（Millawanda），在后来的希腊史书里则被称为米利都（Miletus）。

没过多久，在正北偏西几百英里 *外，赫勒斯滂海峡（今称达达尼尔海峡）上空亮起了第一抹曙色。在海峡的亚洲一侧，距爱琴海岸几英里的内陆，一座比米利都更大的城市街头迎来了新的一天。这座城市位于一片富饶的平原中央，扼守着贸易咽喉之地，任何商人若要从爱琴海北上马尔马拉海，进而经博斯普鲁斯海峡进入黑海，都会给它带来收益。这座城市的卫城有高墙环绕，墙下的城镇有约1万人居住，当时这个人口数量在此片土地上算是相当可观了。由于没有留下记录，后世之人不知道这座城市的居民说什么语言，也不知道他们如何称呼自己的家乡；赫梯人称这座城市为"维鲁萨"（Wilusa），希腊人则称其为"维利奥斯"（Wilios），后来演变为"伊利奥斯"（Ilios）、"伊利昂"（Ilion）。最后大多数人都只记得这座

---

* 1英里≈1.6千米。——编者注

城市的另一个可能同样古老的希腊语名称：特洛伊（Troy/Troia）。

接下来，朝阳自东向西，逐一照亮了克里特岛上的三座山群。这座位于爱琴海中的岛屿长 200 英里，宽不足 40 英里，从它的海岸上，看不到其他任何一片陆地。但就是在这狭长的海岛上，存在着一个高度发达的文明。在 3 500 年后，这个文明的遗迹重见天日，那时的人们将根据传说中克里特岛上的国王的名字，将其称为"米诺斯文明"。米诺斯时代的克里特无比繁荣，在海滨低地，建筑屋顶标志性的牛角装饰映照着初升的朝阳，这些装饰形似中世纪城堡的垛口，但没有防御功能。（20 世纪初最早发现这些遗迹的考古学家把这些牛角装饰称为"祭献角"，这一影响了后世的说法从此流传开来。）岛上规模较大的城镇大多以一些格局紧凑的复杂设施为核心，这些设施曾被最初发现米诺斯文明的考古学者按惯例称为"宫殿"，但这里其实是收集、储存与分发庄稼与农具的地方。这些收集和分配的过程与克里特岛上已经发展了数百年的宗教仪式和献祭活动密切相关。

即便在公元前 1500 年，克里特岛民的生活方式在其他大多数地方的人眼中必然也颇显特异，米诺斯文明的语言和文字与其他地方迥然不同。米诺斯人的建筑风格看似头重脚轻，支撑着上层建筑的锥形立柱越是往下，就越显细瘦。米诺斯宫殿的祭礼殿堂内壁上满是风格鲜明、颜色浓艳的壁画。壁画上的男子穿有尖角的短裙或缠腰布，妇女则穿蓬起的长裙与短上衣，胸部突出而外露。有时，画中人物还会将活蛇攥在手中，无论男女都有着瘦得不自然的腰身。还有一些壁画描绘了一种大庭广众之下的奇观，很可能兼具冒险运动与宗教祭献色彩：杂技艺人轮流来到奔跑的公牛面前抓住牛角，再以此为支撑从牛背上方翻腾而过，然后双脚着地，面朝自己起跳的方向。

在米诺斯宫殿建筑内，还设有廊柱环绕的"祓渊"，这里隔绝于外界，唯一的光线来自上层天井，是祭祀者与地下神圣力量交流的空间。米诺斯人供奉的其中一种神祇常被表现为公牛的形象，可能是后世所谓"撼地者"波塞冬的前身。米诺斯诸神中最强大者可能是一位袒露胸脯、腰身婀娜的女神，她通常被刻画在岩石顶端，既受野生动物仰望，也受人类男性膜拜。在高山之巅或洞穴深处，米诺斯人也设置了用于朝拜的圣所。还有迹象表明，米诺斯文明会在祭献中杀死年轻男性，或杀害孩童，分而食之，以抚慰诸神——事实上，这甚至有可能是一种定期举行的仪式。[1]

克里特岛的米诺斯人确实有理由畏惧诸神。爱琴海地区的地壳尤其不稳定，米诺斯人的宫殿与城镇也曾屡次毁于地震。在这之前，每当地震发生，米诺斯人总能重建家园与庙宇，甚至比之前更加风光。随着爱琴海迎来黎明，克里特岛北方的一串群岛也被朝阳点亮了，这些岛屿在后来被称为基克拉泽斯群岛。在基克拉泽斯群岛最靠近克里特岛的地方，有一处令人敬畏的遗迹见证了地球深处的毁灭性力量：这串由岩石岛屿形成的岛环中央有一座被海水淹没的活火山口，这里后来被称为锡拉岛，再后来又被称为圣托里尼岛。在远离火山口的向海一侧的平缓海岸上，曾有几座繁荣的城镇，这里的人们曾住在两层楼的房屋内，在内壁上绘有米诺斯风格的鲜艳壁画。在公元前 1500 年，当地或许还有一些老人亲历过锡拉火山喷发的浩劫：火山碎屑直飞数十英里的高空，将整个锡拉岛掩埋在 30 多英尺*的灰尘与浮石之下，掩埋了一切人类生活的迹象。[2]

---

* 1 英尺 ≈ 0.3 米。——编者注

直到 1967 年，后世所谓的阿克罗蒂里遗址才被后人重新发掘出来。在公元前 1500 年，那里是一片毫无生机的死亡世界，铺满了惨白的火山灰，横亘着火山碎屑流（喷发时其温度可达数百摄氏度）留下的一道道黑色痕迹。喷发过后，岛上没有任何生物能够幸存。即便在近半个世纪之后，这里也只长出了一些最为顽强的植被。海风拂过火山灰的表面，留下蜿蜒的沟壑，将沙砾与尘埃带入远方的大海。直到很久以后，才有大胆的水手再次涉足锡拉岛。20 世纪的考古学者发现街道与城镇中没有人烟，表明当地居民事先已对灾难有所察觉。而在更远的地方，锡拉岛火山喷发虽然令人害怕，但没有造成预想中那么长的影响。米诺斯人似乎挺过了这场灾难，一如之前挺过了历次灾难一样。但与此同时，锡拉岛火山的喷发仍在克里特岛上造成了一些更加潜移默化的影响，直到多年以后才酿成显著后果。虽然暂时没有确切证据，但在锡拉岛火山喷发之后，克里特岛社会的公众信仰心可能大受动摇，人们开始怀疑自己依赖的保护神，或开始怀疑自古以来的传统祭献仪式可能已无法安抚诸神。[3]

由于锡拉岛火山喷发时爱琴海的风向朝东，处在火山口上风处一二百千米之外的希腊本土受到的影响最小。在我们想象的公元前 1500 年的这天清晨，这片陆地终于也迎来了阳光。之后千百年间，这片土地将被人们称作"希腊"（Hellas），或"格莱齐亚"（Graecia），即今天英语中的"Greece"。这里的人们散居于小型聚落中，年复一年地提防着作物歉收、干旱与突发洪涝的威胁。除了几片富庶的滨海平原之外，这一地区适合农牧业的土地零散分布于大山之间，形成了一个个相对隔绝的人类社群。仅供糊口的农业与畜牧业（主要家畜为绵羊和山羊）是当地的常态。这里地形险恶，能养活的人畜数量有限。在之后几千年里，这一环境因素也没有彻底改变。

公元前 1500 年，希腊本土的建筑无论就数量还是规模而言，都不可能与克里特岛相比。直到不久前，尤其是在与克里特岛相比较时，这里仍被视作落后的未开化之地。[4] 不过，变化的种子已开始发芽。在伯罗奔尼撒半岛东北部名为阿尔戈利德（Argolid）的平原一角，一处名为迈锡尼的山丘集落逐渐孕育了一个富有的精英阶层。希腊本土南部的社会正处在上升期，正是这些人的后代将在之后几代人的时间里主宰整个爱琴海地区，不但在财富与权势上超越克里特岛的米诺斯人，也会为后世留下最早的用希腊文字写成的记录。

诞生于希腊本土的这一文明在今天被称为迈锡尼文明，但迈锡尼人与他们所使用的希腊语的古老渊源，如今已遗失在史前时代里。希腊语属于印欧语系，在史前时代，这一语系曾在印度次大陆到冰岛之间的地区广为传播。一种流行观点认为，使用印欧语的人类最早是在公元前 2300 年到前 1900 年间（在史前时代，上述年份皆为大致推算）从北方来到希腊本土的。在那里，他们与当地的原住民杂居，逐渐形成了一种不同于其他印欧语种，且杂糅了一些当地更古老语言（不止一种）的新语言，即今天所谓的希腊语。[5] 除此之外，还有一种假说认为最早的印欧语系人群是约 6 000 年前从东边的肥沃新月迁来的农民，为希腊地区带去了农耕技术。这样一来，希腊语言的遥远起源甚至可追溯到新石器时代初期。[6] 无论如何，早在公元前 1500 年的朝阳升起之前，一种独立的希腊语就已在巴尔干半岛的最南端逐渐形成，且已有了数百乃至数千年的悠久历史。

1876 年，德国考古学者海因里希·谢里曼首次在迈锡尼卫城的壮观遗迹中发现了青铜时代晚期欧洲大陆存在复杂社会的证据，其年代比著名的"希腊古典文明"早上整整 1 000 年。谢里曼发掘了所谓的"竖井墓"，从其中挖出了公元前 1600 年到前 1450 年间迈锡尼统治者家族成员的遗骨。其中，男性死者的骨骼上发现了许多受伤与变形的痕迹，表明他们生前曾是久经沙场的战士，随葬品中剑、匕首与矛头的数量之多也令人胆寒。随葬品上的图案描绘了战斗、猎杀狮子、猎杀野猪或困杀野牛的场景。在发掘的 6 处墓葬中，男性死者的面部都覆有金箔面具，女性死者则佩有精致的金色头饰与做工精美的珠宝。在其中一处墓葬里，一个死去的儿童全身都裹有金叶。[7]

在谢里曼之后，迈锡尼和当今的希腊中部、南部的考古发现仍层出不穷。2015 年，美国考古团队在伯罗奔尼撒半岛西南部麦西尼亚的皮洛斯遗迹发掘了一处"狮鹫武士"墓，其年代和出土文物都与迈锡尼颇为相似。[8] 显而易见，在公元前 16 世纪、公元前 15 世纪的希腊本土社会，夸示力量与武艺是精英阶层的一种风尚。

将大量财富随葬地下的做法被称为"炫耀性浪费"[9]，这一说法颇有道理。至于这些迈锡尼武士和他们的亲属如何获得了这样惊人的财富，则是一个未解之谜。不过，如果想获取财富，迈锡尼人在家乡不远处就能找到一个直接的来源：克里特岛上的米诺斯人。此时，米诺斯人的影响力已遍及南爱琴海地区。后世传说认为克里特岛的米诺斯王曾称霸爱琴海，其源头可能就与迈锡尼文明的崛起处于同一时代。[10] 米诺斯人已在爱琴海诸多岛屿和安纳托利亚西海岸建立了据点，势力范围远达塞浦路斯。克里特岛与极度富饶的埃及之间也有长达数百年的贸易往来。正是通过这条航道，黄金与象牙等珍贵商品得以涌入爱琴海地区。迈锡尼文明中并非只有原材料来自克里特岛。迈锡尼墓葬中的许多文物显然出自米诺斯匠人之手。由于出土量很大，考古学家认为当地一定有曾在克里特岛受过训练的工匠为迈锡尼统治者服务。在此过程中，他们也会适当调整米诺斯人备受赞誉的装饰风格，以适应迈锡尼人独特的艺术品位、宗教信仰和生活习俗。[11]

但在希腊本土，像迈锡尼、雅典、底比斯或皮洛斯这样不起眼的武士酋邦能为克里特岛提供什么，以作为大量引进商品与服务的交换？惯于从现代商业交换角度思考的考古学者注意到，这一时期阿提卡地区劳利翁（Laurion，今拉夫里奥）的铜、铅和银矿开采逐渐兴起。也许迈锡尼人可以用富余的矿产换取充满异国情调的宝藏，最终将其和死去的酋长一道埋入墓穴？又或者，这些随葬的异国财宝，都是墓主凭武力赢得的战利品？

在锡拉岛阿克罗蒂里的米诺斯人定居点遗迹中出土的一幅民家壁画，为我们提供了一条有趣的线索。这栋房屋在公元前1500年前不久发生的火山喷发中遭到掩埋，在其内壁上，有一幅壁画描绘了一排武士正从城门中鱼贯而出，排成阵列，似乎准备保卫身后的城镇不受乘船来袭的入侵者劫掠；不过，也有说法认为这些武士才是劫掠者。[12] 但无论如何，从这些武士头上缀有野猪獠牙的蜂窝形头盔、足以保护身体大多数部位的巨型盾牌和手中两倍于身高的长矛来看，他们无疑是迈锡尼人。在希腊本土的墓葬中，考古学者已发现了壁画中描绘的头盔、矛头和盾牌留下的印迹，而在之后许多年里，这种形象也时常出现在迈锡尼人的艺术作品中。

阿克罗蒂里的壁画表明，早在公元前1500年以前，迈锡尼武士就已在米诺斯人主导的爱琴海世界留下了鲜明的印记。然而，米诺斯人似乎并不把他们视为严重的威胁：像阿克罗蒂里这样的海滨城镇没有城墙环绕，而在克里特岛上，马利亚（Malia）和卡托扎克罗斯（Kato Zakros）两处宫殿都位于平坦的海岸边，同样没有设防。迈锡尼武士可能曾为米诺斯人充当雇佣兵，替他们在爱琴海各地类似锡拉岛这样的据点维持秩序，因此积累了财富。[13] 由此看来，希腊本土社会不但对外输出铜，也在对外输出剩余人力。这是解决人口问题的一种途径，而这个地区未来也将频繁面对此类问题，其解决方式大同小异。

在锡拉火山喷发约 100 年后，虽然具体原因不甚明了，一些变化确实开始发生。公元前 1450 年前后，克里特岛上的大多数米诺斯城镇与宫殿都被大火烧毁，只有规模最大（在一定程度上也最具影响力）的克诺索斯宫殿完好无损，但其外围的一些建筑遗址上仍有被焚烧的痕迹，表明这场火灾并非不可抗力所致，而是人为控制下的结果。那么，纵火犯是谁？

对于这个问题，我们无法确切回答，但我们确实知道谁在这场大火中受益最多（当然，受益者不见得就是纵火者）。从短期和克里特岛内部的视角来看，受益最多的是克诺索斯的统治者——后来这处宫殿的主人统治了岛上的大部乃至全部土地。但从更长远的时间与更开阔的地理空间来看，迈锡尼人才是最大受益者。

火灾发生后不久，克里特岛上似乎经历了一场巨变，大多数幽深的被渊都被填埋起来，也不再有新的被渊出现。在偏远的东北方沿海，名为帕莱卡斯特罗（Palaikastro）的城镇附近，破坏行为似乎是针对带有宗教意义的物件而起的。当地出土了一尊罕见的神像，它用象牙与其他珍宝制成，却被打砸、焚烧。岛上各个地方都散落着"祭献角"的碎片，它们不是被随意丢弃，就是与建筑材料混在一起。[14] 这些物件曾是米诺斯人膜拜的圣物，如今却被弃如敝屣。

与此同时，克诺索斯宫殿的部分设施也经历了大刀阔斧的改建与装潢。王座厅是今天克诺索斯遗址的著名景点，其壁画是 20 世纪初根据想象复原的，但其原作可以追溯到这一时代。通过仔细考察墙壁灰泥上的绘画残迹，学者发现王座厅的壁画重新编排了克里特岛上的传统艺术元素，以突出君主的威严，将人们的视线引向王座，而这样的做法并不存在于此前的米诺斯文化之中。在克诺索斯的其他地方，也开始出现与希腊本土风格高度相似的墓葬。在之前的几百年里，米诺斯人的殡葬习俗一般是共用墓葬，并不张扬——有观点认为，米诺斯人并不特别重视先祖。相比之下，在约公元前 1450 年到约前 1375 年间于克诺索斯周边出现的诸多墓葬不但风格华丽，还埋藏了包含大量武器在内的丰厚陪葬品，与同时期希腊本土迈锡尼人贵族的葬俗高度吻合。[15] 今天的考古学家不愿意轻易断言这些变化是迈锡尼系统性“接管”乃至“入侵”此地的结果，但这一时期克诺索斯宫殿和克里特岛大部地区的统治者看上去的确像是与希腊本土地区密切相关。

变化不只发生在克里特岛一地。公元前 1400 年前后的几十年间，迈锡尼文明逐渐取代了米诺斯的人工制品与风俗，成为爱琴海各地的主流。在克里特岛上，货物的集散与手工业的组织开始受克诺索斯的一元集权统治，社会也迎来了空前的繁荣。[16] 也正是在新时期米诺斯社会的这一心脏地带，考古学者发现了说希腊语的迈锡尼人跻身克里特岛新形成的社会等级体系顶端的铁证。

在此前的几百年间，米诺斯社会已发展出不止一套书写体系。大约从公元前 1900 年开始，一系列在今天被称为“线形文字 A”

的表音文字符号就已被用于宫殿簿记。当时，这些文字写成的行政文书被刻在软质泥板上，由此形成的文件原本不是用来长期保存的。但在大火焚毁宫殿时，一些泥板被意外烤实，并从此保存下来，直到近4 000年后被考古学家重新发现。有不止一块出土泥板的年代可追溯到公元前1450年的大破坏时代以前，让今人得以还原昔日宫殿中的日常记录。

然而，当克诺索斯宫殿也发生火患时，废墟中的泥板上刻的已不再是用"线形文字A"书写的米诺斯语（至今尚未破译）。在公元前1450年前后的动乱之后，只过了几十年的时间，克诺索斯宫殿遗迹中发现的文字就已变成另一种与"线形文字A"有亲缘关系的书写体系——"线形文字B"。在阿瑟·伊文思爵士率队发掘克诺索斯、挖出线形文字B文书之后的半个世纪里，这些符号也不曾被人破译。1952年，线形文字B的解读迎来突破，年轻的考古学者兼业余密码破译者迈克尔·文特里斯（Michael Ventris）与剑桥大学古典学家约翰·查德威克（John Chadwick）一道，证明了账簿泥板上的线形文字B记录的是一种早期的希腊语。在那之后，考古学者总共破译了近6 000块写有线形文字B的泥板，其中一多半在克诺索斯出土，其中最古老的一块（同样来自克诺索斯遗址）可追溯到公元前1400年之后不久。学者还从泥板上刻下的粗疏笔触判断，当时克里特岛上有一批抄写员正在勉力学习新的文字体系。如果上述观察与年代推论无误，克诺索斯宫殿战车泥板室内出土的古文书便是迄今为止发现的年代最早的希腊语文献遗存。[17]

无论克里特岛在公元前1450年动乱之后的几十年里到底发生了什么，都产生了一个显而易见的后果：一个说希腊语的迈锡尼精英阶层在岛上崛起，并主宰了一个覆盖克里特各地的官僚行政体系。就这样，希腊语第一次见诸文字，希腊语族群也首次驾驭了一套复杂的政治经济系统——这套系统由其他人率先塑造，说希腊语的人只是后来者。而这段草创时期的历史，也自然会在希腊语和后世希腊语文献记载的诸多传说与信仰中留下痕迹。迈锡尼文明是两种语言文化不同的人群相遇、融合的结果：一方是说希腊语的本土人，一方是说米诺斯语的克里特人。

在克里特岛迎来剧变的同时，迈锡尼人也开始在希腊本土建造宫殿。这些宫殿遗迹的风格与克里特岛的宫殿不同，功能却明显有意地与后者完全一致。不仅如此，从现有证据来看，这些希腊本土的统治者也和那些君临克诺索斯的希腊语新贵一样，建立了高度发达的统治。在至少 200 年（乃至 300 年）里，这些宫殿的迈锡尼主人缔造并维持了一种"大规模再分配"经济体系，足以养活的人口远超之前，其人口数甚至在后来很长一段时间里都无法超越，直到近现代才重新达到这个水平。[18]

和克里特岛一样，本土的迈锡尼君主也雇用抄写员，以做详细的文书记录。21 世纪，迈锡尼卫城外的一座房屋遗址和希腊西南部的伊克莱纳（Iklaina）遗址中发现的一些线形文字 B 文书残片可以证明，到公元前 1350 年，书写技术和文书行政体系已传入希腊本土。[19] 在希腊本土的皮洛斯、迈锡尼、梯林斯（Tiryns）、底比斯、沃洛斯（Volos）和斯巴达附近的圣瓦西利奥斯（Agios Vasileios）等遗址以及克里特岛其他考古遗址中也出土了许多线形文字 B 文书，其中大多数可追溯到公元前 13 世纪末。在希腊本土，已知线形文字 B 文书遗存的数量约为 2 500 份。最晚在公元前 1300 年左右到约公元前 1200 年之后不久，迈锡尼统治者建立了一套严明的职官等级制，由官吏运营精细化的行政工作。

上述文书遗存让我们得以具体探究迈锡尼宫殿背后的经济与行政体制。统治秩序的顶点是王（wanax），而在一系列有名有姓的各级官员之下，位于政权最基层的村社组织被称为"达摩斯"（damos），这个词可能是后来希腊语中"民众"（demos）一词的前身，今天所谓"民主"（democracy）即为"民众政权"之意。然而，线形文字 B 文书并没有为我们揭示迈锡尼统治者的思考与感受，更没有反映那些垄断了文书写作与识读能力的专业抄写员的内心想法。迈锡尼人的文字似乎只用于簿记。当然，他们也可能在类似羊皮纸或纸莎草纸这样更易腐坏的材料上留下了其他文字记录（米诺斯人就曾这么做过），但我们目前还没有发现相关证据。[20]

不过，口传故事应当在迈锡尼宫殿生活中发挥了很大的作用。从考古证据中可以看出，当时的迈锡尼统治者极力试图保存家族祖先的往昔记忆。迈锡尼遗址的竖井墓葬上全都安放有雕刻的墓碑，直到最后一批墓葬建成约两个世纪以后，墓葬附近建起了一处仪式区，将重要的死者和陪葬的财宝与外界隔绝开来。大约与此同时，迈锡尼卫城的城墙也有所扩建，将墓地纳入其保护范围。这些工程目的明确、代价高昂，表明下令施工者肯定有一套高度发达的手段，让先祖的记忆代代传承。

约公元前 1400 年以后，希腊南部各地开始出现一种带有纪念碑意义的圆顶墓（tholos）。这些巨冢多开掘于山坡上，设有壮观的石砌墓道，用岩石建造的拱顶高出地表，在地面上清晰可见。在这当中，迈锡尼遗址区人称"阿特柔斯宝库"的巨冢最为宏伟。这座巨冢曾存放了死者的遗骸与随葬品，但在很久以前已被盗掘一空，只剩下高大的坟丘，从最晚公元 2 世纪起成为游人瞻仰的奇观。巨冢是另一种纪念已故君王、英雄及其家人的方式。不难想象，关于这些显贵人物的故事肯定已在当时以某种形式广为流传了。

很多迈锡尼图画艺术也带有叙事要素。现存的迈锡尼宫殿壁画残片描绘了栩栩如生的战斗与狩猎场景。在皮洛斯，游客如果走进涅斯托耳宫殿王座大厅就能发现，内壁上的壁画似乎在以艺术形式重现君王出行时的威严仪仗。在画面的一边，一位白袍男子坐在岩石上，他用左手持握、用右手弹奏的五弦琴与他的头部相比大得不成比例，而在五弦琴前方，一只正离他而去的飞鸟更是大得夸张，这样的画面不难让我们联想到在后世的荷马的《伊利亚特》和《奥德赛》中流传下来的固定搭配"长了翅膀的词语"（winged words）。在迈锡尼宫殿的文书行政体系中，也能发现五弦琴手的踪迹：在底比斯出土的一块线形文字 B 泥板提到两名即将获得口粮的五弦琴手。和后世一样，这里提到的五弦琴手必然不只是单纯的奏乐者，而是"故事的歌手"（singer of tales）。[21]

和克里特岛的米诺斯宫殿一样，迈锡尼宫殿兼具政治、经济与宗教祭祀功能。迈锡尼人的信仰与米诺斯人有相通之处，但两者间的差异似乎也不少。随着时间推移，迈锡尼的精英阶层逐渐摆脱了早期米诺斯文明的影响，两者之间的差别更是日趋显著。皮洛斯遗址出土的泥板可追溯到迈锡尼文明最末期的约公元前 1200 年到约前 1180 年间，通过这些泥板上的文字，我们可以一窥当时希腊本土宗教习俗的面貌。

当时，希腊本土人供奉的神祇有男有女。从出土泥板和宫殿遗址中的动物祭品遗存来看，皮洛斯最重要的神祇是牛神波塞冬，他在后世的神话中代表地震，这很可能与克里特岛米诺斯人的信仰相吻合。当时，他的名字被写作"波塞达奥"（Po-seda-o）。迈锡尼遗址似乎供奉了一位类似后世雅典娜的女战神，而克诺索斯遗址出土的一块线形文字 B 泥板上也出现了"雅典娜女士"（A-ta-na Po-ti-ni-i-ja）的字样。线形文字 B 泥板上发现的神祇的称呼已可与后世传说中居住于奥林匹斯山上的希腊"神族"成员相对应，但宫殿官吏们留下的文书只关心怎样按时按量满足各位神祇的供奉需求，没有向我们揭示祭祀活动的内容，更不用说当时人们的宗教信仰了。[22]

不过，关于当时的宗教祭祀，有一点是在文书遗存中有所记载，也在考古发掘中得到充分证实的：迈锡尼人的宫殿祭祀活动往往以大规模集体宴会结束。和后世一样，迈锡尼人会在祭祀时宰牲祭神，但只有在分食祭肉的宴会上，参与仪式的凡人才能确认彼此共同的信仰。从图画文物判断，这些宴会的出席者既有男性也有女性。在迈锡尼与米诺斯的艺术作品中，女性形象的存在感很强。迈锡尼人的壁画描绘了女性驾驭战车的形象，也描绘了女性观看战斗的场面，但与米诺斯壁画中的女性不同，迈锡尼壁画上的女性很少袒露胸部。无论生前还是死后（从墓葬发掘的结果来看），迈锡尼宫殿中的女性贵族似乎都确实享有显赫的社会地位，但线形文字 B 文书中出现的女性几乎全都从事卑微的工作，其身份可能都是奴隶。迄今为止，记录中确定具有高地位的唯一女性是一名女祭司。没有证据表明迈锡尼女性曾在宫殿社会中行使过特别的权力，已知文书甚至从未提及任何一种迈锡尼君主配偶或女性王室成员的头衔。[23]

希腊本土的宫殿大多建在易守难攻的天然制高点上，起初没有城墙环绕。这曾是米诺斯人宫殿的风格；事实上，即便在迈锡尼人统治了克里特岛之后，岛上的宫殿仍因袭了这一不设城墙的做法。但在希腊本土，随着更加集权化的新经济秩序形成，迈锡尼宫殿的建造者很快认识到了保护宫殿中贵重财物与剩余农产品的必要性。环绕卫城的城墙首先出现在今希腊港口纳夫普利奥城外阿尔戈利德平原上的梯林斯遗址，随后出现在迈锡尼。这些城墙使用的石材极为庞大，绝非寻常的防御工事，后人甚至不相信如此宏伟的工程可为人力所造就，认为它们必然是传说中的独眼巨人一族所建。因此，阿尔戈利德的梯林斯与迈锡尼卫城和位于今天希腊维奥蒂亚州格拉（Gla）的城墙遗址也被称为"独眼巨人城墙"（cyclopean）。

这些城防工事表明，当地的统治者已能调用数以千计的劳动者修建大型工程。这些劳工必然是从较广泛的范围内募集而来的，满足他们的居住与饮食需求也需要耗费大量资源，离不开复杂的组织运筹。虽然在规模上不可能与更古老的埃及金字塔相比，但建造迈锡尼卫城"独眼巨人城墙"的后勤与技术难题显然在性质上和建造金字塔颇为类似。建造城墙的人力从何而来？如此耗费人力物力的工程又有什么必要性？有一些观点怀疑，迈锡尼人建造巨大城墙只是为了"炫耀遗址统治者的崇高地位"。[24] 如果事实如此，这样的工程就可谓一种比竖井墓葬中的黄金随葬品更为惊人的"炫耀性浪费"了。

第一批卫城城墙于公元前 1375 年前后出现在梯林斯，于公元前 1350 年前后出现在迈锡尼。约一个世纪之后，这两座遗址的城墙又进一步扩建，此时迈锡尼卫城也将竖井墓地与配套仪式区纳入城墙范围内。同样在这一时期，迈锡尼建造了著名的狮子门。狮子门顶部的浮雕刻画了两头母狮和夹在中间的一根石柱，其顶端可能有一位神祇（很可能是女神），整体设计借鉴了克里特岛米诺斯人的风格。在布防工程的最后阶段，迈锡尼与梯林斯卫城还遮断了城内地下泉眼与外界的一切通道，这些工序必然要用到起重等复杂的技术手段。雅典卫城上也有类似工程的痕迹，但现存的考古证据不足以证明那里也曾有一座迈锡尼时期的宫殿。不过，这些城墙显然不只是为炫耀而建：约公元前1200年，即迈锡尼宫殿建成近200年后，主宰当地经济生活的统治者很可能在城墙里抵御了一次围攻。

不是所有迈锡尼宫殿都有防御工事，即便有也不可能与梯林斯、迈锡尼、格拉以及雅典卫城的城墙相提并论。其他迈锡尼时期的城墙布局大多更为紧凑。在狭小的阿尔戈利德平原上就有至少三处城墙遗迹，每一座城墙在风格上都与"独眼巨人城墙"相同。与此相对，文书记载的统治着更大疆域的宫殿（如皮洛斯、底比斯），拥有的防御工事反而更简单。[25] 由此推断，这些宫殿的统治者所要提防的并非来自远方的外敌，而是本地的其他统治者，这也与后来的希腊历史颇为吻合。

在考古与文献证据中，没有迹象表明当时的迈锡尼社会存在凌驾于各宫殿领地之上的大范围行政或多边契约体系。与后世规模更小的城邦相比，这些宫殿政权掌控的领土面积十分广大。出土文书中很难找到各地区性权力中心之间往来的内容。迈锡尼遗址出土了一份文书记录，上面有提到将布料运往底比斯，从底比斯出土的泥板上则提到了"拉刻代蒙人"（Lacedaemonian），可能指位于伯罗奔尼撒半岛南部、后世所谓"斯巴达"地区的居民。然而，当时的文书没有向我们揭示这些彼此独立的宫殿政权是如何互动的，也没有证据表明这些在宫殿里统治领地的迈锡尼"王"之上存在某种更高级的政治权力。[26]

线形文字 B 泥板文书描绘的图景与考古发掘的证据相吻合：当时的希腊本土存在一些各行其是的独立王国，但各国的行为方式大体相近，在语言、文字、建筑风格、工艺风格与宗教习俗方面遵循着相同的标准。那么，这些共同之处有没有像当时世界上其他大多数文明那样，在希腊本土形成一种更广泛的政治秩序、一个单一的地缘中心，乃至一个至高唯一的统治者呢？为回答这些问题，我们需要把目光投向迈锡尼文明以外，看看外部世界是怎么认识迈锡尼人的。

赫梯人的首都远在东边的安纳托利亚高原地带，迈锡尼人开始袭扰爱琴海东岸后，才与赫梯人产生了交集。公元前 1400 年到前 1200 年间的赫梯外交文书残片（当时正值希腊本土迈锡尼宫殿文明的鼎盛期）提到了位于赫梯势力范围西陲的一个海上强权。起初，这股势力被称为"阿希亚"（Ahhiya），随后又被称为"阿希亚瓦"（Ahhiyawa）。公元前 1250 年前后，当时统治哈图沙的赫梯国王以对等的口吻致书一位不知名的阿希亚瓦君王，对他以"兄弟"相称。大约 40 年后，另一位赫梯国王图德哈里亚四世在一份外交条约中正式宣告："与我的地位相当的诸王有埃及法老、巴比伦国王、亚述国王以及**阿希亚瓦之王**。""阿希亚瓦之王"随后被抄写员抹去，这可能是因为他在落笔后认识到这个名字不应出现在这里，但一位专业的抄写员犯下了此等错误，已足以表明阿希亚瓦的君王直到此前不久还在赫梯人的首都享受着如此高度的承认。图德哈里亚四世的这份条约以赫梯正在与亚述交战为由，宣布禁止任何"阿希亚瓦船"前往亚述王国。这份条约无疑证明，到公元前 1220 年前后，阿希亚瓦已成为一股不可小觑的海上力量，也已成为当时为数不多的大国之一。[27]

大约与此同时，埃及人也开始与爱琴海世界产生关联。埃及人素来与克里特岛的米诺斯人有贸易往来，并称米诺斯人为"克夫提乌"（Keftiu）。在迈锡尼人的势力于爱琴海地区逐渐兴起之后，一个新的名字也开始在埃及文书中登场。图特摩斯三世法老治世第42年通常被学界认定为公元前1438年，在这一年里，法老接受了来自"T-n-j"之地的馈赠。因为埃及的象形文字只记录辅音不记录元音，我们只能推测这个地名的确切读法，其中最有可能的版本是"塔纳亚"（Tanaja）或"塔纳尤"（Tanaju）。埃及文献记载，这份礼品中包括一件"克里特工匠"的制品，我们由此可以推断，"塔纳尤"指的应当是爱琴海周边某个不是克里特岛（因为这份文献里已提到"克夫提乌"）的地方。约100年后的阿蒙霍特普三世法老（公元前1353年驾崩）时期，一座埃及纪念石碑记录了一系列地名，可能是某个外交或商贸使团访问爱琴海时到过的地方。这块石碑将"克夫提乌"与"塔纳尤"明确记为两个不同的地点，虽然有一些文字难以识读，我们仍可从碑文上推断，埃及人眼中的"塔纳尤"指的是整个伯罗奔尼撒半岛、维奥蒂亚地区（底比斯也涵盖在内），可能也包括周边的一些岛屿。[28]

从上述证据来看，对于我们所谓的迈锡尼世界，赫梯人与埃及人有不同的称呼。但无论在赫梯还是在埃及，官吏与抄写员显然都默认这个迈锡尼世界是一个王国，其君主受赫梯国王与埃及法老的承认。对此，赫梯文献做了明确表述；相比之下，即便把埃及文献中的"塔纳尤"理解为一个地理范畴而非国家，法老接受"塔纳尤"外交献礼的记录仍足以表明，"塔纳尤"之地应当有一位统治者，有资格与埃及王国建立官方往来。

如果当时有一个王国能代表整个希腊本土南部的希腊语迈锡尼

文明圈，其首都最有可能是迈锡尼（也有人将底比斯视为首都）。不过，当时的迈锡尼世界也可能从未出现一个统一的王国，只有由一系列小邦组成的松散邦联，因为名号不统一而令外界产生了混淆。[29] 无论如何，赫梯与埃及的文献都一定程度上揭示了迈锡尼世界的地理范围，而这种做法应当有其事实基础，只不过囿于考古与文字证据的局限，我们目前掌握的信息还不足以破解谜团。

那么，迈锡尼人在自己的语言中如何定义自己生活的地区，又如何称呼他们自己呢？事实上，无论是赫梯语单词"阿希亚""阿希亚瓦"还是埃及语的"塔纳尤"，都能在迈锡尼文明终结几百年后的希腊语中找到对应用法。比如，特洛伊传说中围攻特洛伊的族群在后世被称为"希腊人"（Hellenes），但在荷马的《伊利亚特》与《奥德赛》中被称为"亚该亚人"（Achaean，对应"阿希亚"）或"达那奥斯人"（Danaan，对应"塔纳尤"）。直到罗马统治时期结束为止，"亚该亚"之名仍将沿用千百年，尽管它所指代的已不是从前的地方。如果迈锡尼人曾用某个名称指代自己生活过的全部土地，"亚该维亚"（Achaiwia）就是最有可能的选项，这是"亚该亚"（Achaea）一词的一个早期版本，我们今天所谓的"迈锡尼人"也最有可能像后世荷马史诗传唱的那样，以"亚该亚人"（Achaiwoi）或"达那奥斯人"自称——如若不然，赫梯和埃及文献中的这两个词还能从何而来呢？

无论迈锡尼人如何管理自己的事务，他们在世界其他地方的影响力的确在逐渐增强。在爱琴海沿岸的安纳托利亚西部，赫梯的一些附庸国屡次叛乱，其中第一次叛乱发生在公元前 1400 年前后。在安纳托利亚西北部，一场由大约 20 个城邦发起的叛乱声势浩大，甚至促使图德哈里亚国王率军亲征，而在这些参与叛乱的城邦中，就有维鲁萨（特洛伊）的名字。叛乱平定后，图德哈里亚国王向赫梯人的风暴之神献上战利品，其中有一把迈锡尼风格的青铜剑，这把剑在 20 世纪被考古学家发现。剑上镌刻着一段赫梯语铭文，感谢神祇保佑国王成功平乱，由此不难推断，当时的叛乱者得到了来自阿希亚瓦，亦即爱琴海对岸希腊语族群的支持。[30]

之后不久，又有一段赫梯铭文提到了一位"阿希亚之主"起兵构衅的历史。这位"阿希亚之主"名叫阿塔里西亚（Attarissiya），在许多年后，这个名字将在希腊史诗中被称为阿特柔斯，迈锡尼国王阿伽门农之父。在赫梯文献中，阿塔里西亚没有国王头衔，但他似乎兵强马壮，可统率战车百乘进犯安纳托利亚本土。在这之后，阿塔里西亚又参与了一场劫掠行动，袭扰了赫梯人在塞浦路斯的附庸国。这是关于迈锡尼人掌握大规模海军力量的最早明确证据，也可能是关于希腊语族群踏足塞浦路斯岛的第一段记载。[31]

公元前 1350 年到前 1250 年之间，迈锡尼在海外的权势达到鼎盛，但其原因不只在于征战：除了动用武力，迈锡尼宫殿的统治者们也擅长使用我们今天所谓的"软实力"。当时的线形文字 B 文书明确提到了用于"出口"的纺织品、芳香油等货物，这种海外贸易往往采取以物易物的形式。我们也有理由推测，当时的迈锡尼统治者可能参与了统治者间礼仪性的馈赠活动，埃及法老图特摩斯时代留下的那段记录即是其中一例。但令人遗憾的是，我们还没有在希腊一方的文献中发现对此类国际交往的记载。

虽然文献记载缺失，但我们仍可从考古发掘中发现，迈锡尼商人的贸易活动已在这一时期遍布地中海各地。他们的航行范围向西远及撒丁岛乃至西班牙海岸，向东可达埃及与黎凡特，向北则可穿过赫勒斯滂与博斯普鲁斯两海峡深入黑海。迈锡尼人从贸易中获得的原材料商品甚至有可能来自更遥远的地方：他们用于制作项链的琥珀很有可能是通过河流或陆路从波罗的海地区运来的，青铜冶炼的必要材料锡则很可能经由黎凡特海岸从阿富汗远道运送而来。

公元前 1300 年前后，一艘商船在从黎凡特经塞浦路斯前往爱琴海迈锡尼一侧时沉入海底。除了 10 吨铜锭以外，船上还装载了大量锡矿石、可以用来装橄榄油和加了树脂的葡萄酒的罐子，以及彩色玻璃、未经加工的象牙和一些贵重物品。还有一些属于水手或乘客的个人用品落到了海床上，其中包括工具、兵器、化妆品和珠宝，以及在船上留下的残羹剩饭和一块用于写字的蜡版（遗憾的是，蜡版上没有任何书写痕迹）。从其中一些个人用品的外形推断，它们的主人可能是正在返航的迈锡尼人，但在途中不幸翻覆于今天土耳其南部的乌鲁布伦（Uluburun）近海，由此产生的沉船遗迹也因这处海岬而得名。乌鲁布伦沉船上发现的文物来自"埃及、努比亚、亚述、巴比伦、塞浦路斯、迈锡尼、意大利、巴尔干与波罗的海"，表明早在公元前 1300 年，当地已经有了一个高度国际化的商业网络。[32]

这些早期的希腊人和他们为运送人员、货物而建造的海船构成了一支可观的贸易力量。在现代，希腊人仍是世界航运业的重要玩家，这种航海传统可以追溯到极为古老的时代——尽管值得注意的是，最早为希腊人带去这种传统的还是克里特岛上的米诺斯先民。

还有一种出口商品在考古文物中几乎无迹可寻，却注定在日后成为希腊最重要的输出品，那就是希腊语。而在公元前 13 世纪的迈锡尼世界，这种语言已显露雏形。除了在克里特岛，希腊本土以外迄今没有发现用线形文字 B 记载的文献，但我们有理由相信，凡是迈锡尼商品所及之处，迈锡尼人的语言肯定也会传到。因此，即便在一些非迈锡尼人居住的地区，给子女取一个带有希腊语渊源的名字也成为一种时尚。

关于这一现象，我们掌握的最确凿证据来自克里特岛。在希腊语统治者君临克诺索斯几代人之后，当地线形文字 B 文献中出现的许多人都有希腊语名字。他们不只局限于精英阶层，还包括一些出身当地的平凡牧羊人与工匠。[33] 这些名字有可能像近代奴隶主给奴隶起名一样，是由官吏自上而下赋予的，但这种做法的本质也有可能与晚近希腊社会邀请显赫人物充当教父为子女洗礼，再以某位恩主的名字给子女命名的风俗相近。这样一来，"成为迈锡尼人"就成了个人在社会身份秩序的不断流变中有意做出的一种选择。

特洛伊是一个更出人意料的例子。考古学家普遍认为，特洛伊在文化上是一座位于赫梯世界边陲的安纳托利亚城市。但在赫梯王穆瓦塔利二世统治时期（公元前 1290 年至前 1271 年），赫梯与维鲁萨（特洛伊）君主阿拉克山都（Alaksandu）签订了一份条约。[34] 这个名字很有可能是赫梯语对希腊语名字"亚历山德罗斯"〔Alexandros，亚历山大（Alexander）的希腊语形式〕的转写，其字面含义是"众人的保护者"。在后来的希腊史诗里，亚历山大也是特洛伊王子帕里斯的别名。这位阿拉克山都的名字可能与约 100 年前发生的一场王室婚姻有关：当时，一位阿希亚瓦的君王和反抗赫梯人统治的城邦联盟（其中包括维鲁萨）的公主联姻。[35] 又或者，在这个迈锡尼宫殿文明臻于鼎盛的时代，希腊语名字正流行于维鲁萨？也许远在特洛伊的王族也有赶时髦的心思，于是采用了希腊人的名字"亚历山大"，正如约 1 000 年后的另一个亚历山大王朝从马其顿出发，最终几乎征服了整个已知世界。

在公元前 1200 年前后的几十年里，迈锡尼人的盛世走向终结。考古学很难通过多处遗迹中的发现拼凑出具体的时间脉络，由此还原迈锡尼文明衰败的原因更是难上加难。在之前的时代里，宫殿与城防工事也曾被严重破坏，但总会在事后重建。迈锡尼人已经证明了他们抵御自然灾害的能力不逊于米诺斯人。但从某个时期开始，迈锡尼人的伟大宫殿一座接一座化为废墟，其中大多数都毁于火灾。至于这些宫殿是否被人有意破坏，则不甚清楚。

这些灾难突如其来，没有预兆。在底比斯宫殿被焚毁之前，当地人刚刚根据一直以来的工作流程，完成了一份向特定人员分发大麦的清单，写有文字的泥板来不及晾干，就和宫殿一道被大火吞噬。在皮洛斯，宫殿内部与附近没有发现人类遗骸，表明这里没有发生攻防战，也没有发生地震将幸存者困死在瓦砾之下，但考古学家却在遗迹内发现了至少 10 头牛的骨骸，表明这里在不久前才举行过宗教献祭。这些牛骨曾在宗教仪式上接受焚烧，然后被带到室内，或许是为了给档案记录者查看、留档。接下来，人们本应在室外举行盛大的露天宴会，但就在这个时候，宫殿被大火吞没。[36] 即便在今天的希腊南部，夏季的突发森林火灾也时常摧毁民家乃至整座村落，有时甚至会造成数十人死亡。这一切都有可能是偶发灾难。

从海上外敌入侵到内战，从民众起义到气候变化，从农业歉收到上述多种因素的综合叠加，对于这场让迈锡尼文明走向衰败的灾变，人们提出了许多充满戏剧性的解释。但这些解释都没有指向关键：真正的问题不在于迈锡尼人的宫殿为何被毁，而在于为何从此之后就**再也没有被重建**。是什么导致其他定居点也同时被废弃，虽然那些地方没有任何破坏的痕迹？而在迈锡尼和梯林斯明明曾经出现过部分灾后重建的痕迹，那时的人们为什么不曾对宫殿废墟有半点动作？

20 世纪七八十年代以来，学界提出了从系统论出发解释文明成规模崩溃的新观点。[37]在希腊人漫长的历史上，**系统性崩溃**将反复登场，以解释他们在不同历史时期里经历的灾难性剧变。这一理论认为，让文明体系崩溃的最大原因恰恰是其复杂性本身。一个经济学模型显示，系统复杂性的增长最初会带来诸多益处，在中期仍可让系统勉强维持，但到后期，维持系统运转的成本将超出系统带来的收益。在这一阶段，系统不会温和地回到更早期的发展阶段，而是会面临日趋严峻的威胁，变得高度脆弱，一旦时机不巧，各种威胁就会瞬间爆发。如果采取措施、应对威胁，系统的复杂性只会进一步增长，但由于复杂性此时已突破临界水平，进一步采取措施的成本将大于收益，令系统无以为继。[38]

迈锡尼宫殿的防御工事或许就为这一理论提供了良好的案例。直到某个时期以前，迈锡尼统治者一定是出于某种合理考量，才动用大量人力物力，用城墙把宫殿核心区和居住其中的人员保护起来。在那之后，随着他们心目中的潜在威胁日趋严峻，迈锡尼人或许需要进一步加大投入，把水源纳入城墙的保护范围之内。但如果威胁进一步加剧，迈锡尼又该如何应对，由此产生的高昂成本又是否超出了系统的承受限度？根据系统性崩溃理论，正是从这一时刻起，迈锡尼社会的各种力量开始怀疑现行系统能否最大限度保全自身的利益。这样一来，通往文明崩溃的齿轮就开始转动了：除非有一个近在眼前的外敌夺取政权，将一盘散沙的社会整合到征服者提供的更具生命力的系统之下，否则现有文明的衰败将不可避免。[39]可能产生的第一种结果很好地解释了公元前 1450 年前后的克里特岛上发生的事情：在米诺斯文明开始从内部崩解之后，正在希腊本土崛起的迈锡尼人的介入似乎扭转了克里特岛社会的衰退进程。而第二种结果则可以充分说明公元前 1200 年前后迈锡尼人的政治经济体制为什么会崩溃。

衰退不只发生在希腊与爱琴海地区。几乎与此同时，类似的命运也降临在特洛伊、安纳托利亚沿海诸城、赫梯帝国以及黎凡特地区的大多数文明身上。只有埃及在经历了几十年的动荡之后，其制度完好无损地幸存了下来。埃及语文献对于所谓"海上民族"入侵埃及沿海地区的记载引起了很多人的重视。诚然，在多个文明发生崩溃**之后**，东地中海地区出现了大规模的人口流动，但至少在希腊语世界，这种人口流动是变乱的结果而非起因。无论其他地区的情况如何，至少在这一时期的希腊，文明的崩溃很难归结于海上入侵者的袭击——因为当地大多数被摧毁或抛弃的定居点都不靠海。同样，赫梯帝国的首都哈图沙远在内陆，距海岸线数百千米，海上入侵因此也不足以解释这座城市的灭亡与荒废。总体而言，最终摧垮了迈锡尼文明的，可能正是那些过分宏伟的"独眼巨人城墙"，以及迈锡尼人建立的集权官僚体制。[40]

希腊语族群首次试图模仿近东地区更发达社会（或文明）的努力以失败告终。约公元前 1180 年以后，宫殿文书似乎不再被保存下来。线形文字 B 很快为人们所遗忘，只有在遥远的塞浦路斯尚有遗存。不过，在这之后，希腊先民的传说故事仍将在一代又一代人中口耳相传。在某种程度上，迈锡尼时代产生了集体记忆，这些集体记忆由于被**记录下来**而焕发新生，这一过程的延续性之强罕见于其他大多数史前社会。在那之后，这些起源于迈锡尼时代的故事（也即今天所谓的古希腊神话）将被无数后人阅读、传抄、增改、评鉴，经久不衰。

以忒修斯与弥诺陶洛斯的传说为例。这段故事说，雅典国王本应定期向克里特岛的米诺斯王进贡七对童男童女，以供一头居住在宫殿地下迷宫中的半人半牛怪兽弥诺陶洛斯食用。在米诺斯之女阿里阿德涅的帮助下，忒修斯杀了这头怪兽，与伙伴们一道逃回了雅典。逃亡途中，他把阿里阿德涅无情地留在了纳克索斯岛上，还消灭了克里特人的追击舰队，从此终结了献祭活人的制度，也间接打破了米诺斯王的海上霸权。[41] 今天，我们已发现了充分的证据，可证明米诺斯人的确在约公元前 1700 年到约前 1450 年间享有这种至高无上的地位，也在希腊本土所有已经发掘的同时代遗址中留下了深刻的文化印记。在距离雅典与拉夫里奥最近的海岛——凯阿岛上还发现了一处米诺斯人的定居点。在当时，雅典和其所在的阿提卡地区完全有可能处在米诺斯人的羁縻之下。

如果史实果真如此，忒修斯远征克里特的传说就有可能间接反映了公元前 1450 年前后发生在希腊本土与克里特岛之间的一场真实的海上争霸战。"米诺斯"不是一个希腊语名字，它所指代的也许不是某位国王，而是一个王朝或一种君主头衔。怪兽弥诺陶洛斯栖息的"迷宫"也许反映了人们对克诺索斯宫殿的历史记忆，因为从考古发掘来看，这座宫殿的格局确实与后世的"迷宫"颇为相近。甚至有观点推测，"迷宫"（Labyrinthos）一词（或某些与其类似的词语）原本就是克诺索斯宫殿在米诺斯语里的名字，而一块线形文字 B 泥板上也确实出现过这个词的一种变体。[42]

传说中的怪兽弥诺陶洛斯是米诺斯王之妻帕西淮与波塞冬神派来的一头神牛结合产下的后代，这可能也反映了公牛崇拜在米诺斯人信仰与图像文化中的突出地位。而这段传说中最骇人听闻的部分——克里特人用童男童女喂养怪兽——也可在克诺索斯宫殿附近一栋建筑遗迹中出土的烹饪用锅与被屠宰的儿童骸骨中得到呼应。这些骸骨的年代应可以追溯到公元前 1450 年迈锡尼人踏足克里特岛并引发剧变之前不久。无论这处骇人遗迹的背后有着怎样残忍的宗教仪式，我们仍不难想象，在祭祀中受人宰割的一方对这些惨剧的记忆，完全有可能在后世的数百年中依然存在。[43]

　　忒修斯远征克里特故事中的其他元素可能也不甚准确地反映了一些历史事实，又或者折射了一种人类根深蒂固的焦虑——或者更准确地说，一种**男性的**焦虑。拜精神分析学之父西格蒙德·弗洛伊德所赐，今天的人们或多或少都听过俄狄浦斯杀父娶母的传说（虽然并不知道他的父母到底是谁）。在论证所谓"俄狄浦斯情结"时，弗洛伊德大量引用公元前 5 世纪雅典剧作家索福克勒斯的叙述作为论据。根据弗洛伊德的理论，每个未成年男性都会在人格发育的特定阶段体会到类似俄狄浦斯的冲动。[44]

　　这些希腊传说故事中往往少不了强势而好斗的女性角色。比如，阿伽门农从特洛伊凯旋后被妻子克吕泰涅斯特拉谋害，他们的女儿厄勒克特拉则怂恿兄长俄瑞斯忒斯弑母复仇。伊阿宋与金羊毛的故事里，女巫美狄亚也扮演了与忒修斯远征克里特岛时阿里阿德涅类似的角色，但她没有在返航途中被伊阿宋抛弃，而是与伊阿宋结婚，与他生下孩子，最后为报复伊阿宋的不忠将他们杀害。蛇发女妖美杜莎更是能以目光将人石化，成了不折不扣的怪兽。米诺斯王的妻子帕西淮也有着深不见底的肉欲，在传说中，怪兽弥诺陶洛斯就是因此而生的。[45]

　　曾有人推测，上述故事可能模糊反映了一种对米诺斯社会的历史记忆，表明与其他一切已知的希腊人社会相比，米诺斯女性扮演的公共角色更为重要，掌握的政治权力也有可能更为强大。在20世纪，曾有一种流行的观点认为克里特岛米诺斯文明是一个母权社会（即由女性统治），这种看法时至今日仍有人相信，但到目前为止，世界上还没有发现这种社会形态存在过的证据。不过，古典时代的希腊人在现实中几乎不允许女性出任公职、掌握权力，却在**故事传说**中给强势的女性角色保留了主要位置，这一事实确实耐人寻味。这有没有可能如弗洛伊德所说，反映了青年男性的一种焦虑？又或者古典时代希腊语族群对先民曾深度参与的某种社会形态产生了持久嫌恶，所以决心远离？[46]

从某种意义上看，古希腊传说中最为强势也最危险的女性角色当属海伦。故事中的海伦是世界上最美丽的女子，足以令天上的女神嫉恨不已，还在世间引发了一场大战，这场战争后来成为神话和传说体系的焦点。这场战争发生在希腊人联军与特洛伊城邦之间。当时，海伦抛弃丈夫（斯巴达国王）墨涅拉俄斯，与英俊的特洛伊王子帕里斯（也叫亚历山大）私奔，希腊人随即出动大军，试图将她夺回。后来的希腊作家还时常拿海伦名字的前半部分（也有"毁灭者"之意）作为双关语来警醒读者。

据传说所述，特洛伊战争持续了整整10年，最终希腊人取胜靠的不是压倒性的兵力，而是一条巧计。说到特洛伊与海伦的故事，我们便会想起"木马计"。希腊人制造了一台木马，在其中隐藏了小股精兵，并用计将木马混入特洛伊城中，然后将主力部队撤出城外，佯装返航。等夜里藏身木马的小分队打开城门后，希腊人大举进攻，彻底毁灭了特洛伊城，屠杀了城中居民，把城内女性强纳为奴。但除此之外，希腊人的"战果"可谓平淡无奇：海伦被希腊联军带回了斯巴达，还给了原本的丈夫，从此海伦回归了简单的家庭生活。除此之外，大多数参与战事的希腊人领袖在返航后都遇到了许多麻烦：提出"木马计"的奥德修斯在海上漂流了整整10年，才终于回到伊萨卡的家园。在这之后，他还要经过一番争斗，才能夺回自己的王国，与忠贞的妻子珀涅罗珀团圆。而珀涅罗珀在逆境中隐忍坚持的姿态，往往被视为希腊神话中其他作风张扬的女性角色的陪衬。

特洛伊之战的传说是否也反映了一些迈锡尼时代业已遗失的历史记忆？自古以来，人们就对这个问题莫衷一是。在21世纪，至少有一种对于特洛伊战争的流行重述认为这场战争确实曾经发生，19世纪的海因里希·谢里曼对此更是深信不疑。在19世纪70年代，谢里曼在特洛伊与迈锡尼故地发现了庞大的青铜时代城市遗址，认为这些发现证明了自己的假说，但在那之后，考古学者始终没有发现荷马史诗中特洛伊城惨遭劫掠的确切证据。时至今日，大多数考古学者仍对谢里曼的观点表示怀疑，乃至彻底否定。[47]

如果"特洛伊战争"确有其事，它在真实历史中发生的年代也应当是迈锡尼文明晚期，而非盛期。公元前1200年前后，迈锡尼人的势力已被赫梯赶出了安纳托利亚海岸。但在这之后不久，赫梯人的帝国也突然从历史上消失了。因此，公元前12世纪初的安纳托利亚西部很可能陷入了一种权力真空。特洛伊可能是当时周边地区最富裕的一座城市，在那个诸国衰颓的时代一定"炙手可热"。考古发掘的结果显示，特洛伊在公元前1180年前后遭到暴力破坏，可能在此期间也受到了劫掠。虽然可能只是巧合，但在古代世界，也有人曾将特洛伊战争的年代推定为（相当于现代公元纪年的）公元前1194年到前1184年。[48]

考古学证据表明，正是在这一时期，位于迈锡尼世界北陲的色萨利沿海地区曾短暂出现了一座姗姗来迟的迈锡尼宫殿，但在短短几十年的繁荣之后，这个宫殿政权也归于衰亡。传说中，那里正是年轻的阿喀琉斯统治过的地方。后世的改编故事经常强调迈锡尼王阿伽门农（他地位更高，但毫无领导才能）与阿喀琉斯（他成为故事中更显赫的主角）的争端，或许这两人的矛盾也是对一场迈锡尼世界内部权力斗争的戏剧性反映：随着迈锡尼文明体系走向崩解，一些幸存者把目光投向了富饶的特洛伊；与此同时，迈锡尼世界的传统中心迈锡尼正江河日下，与位于色萨利的后起之秀之间爆发了权力斗争。[49]

如果把"特洛伊战争"理解成迈锡尼武士阶级在文明衰退时孤注一掷发起的海盗行为，而非希腊人在极盛时期联合起来炫耀武力的行动，我们对这段故事的认识便与后世文献中的叙述相差不远。特洛伊传说一个引人注目的特点，就是远征军中的诸多英雄从未想过自己能活着回家；他们就算最终返回了家园，也一定在途中饱经困苦。也许，这些后世传唱的故事反映了一种古老的暗示：特洛伊远征只是一个垂死时代的最后喘息。[50]

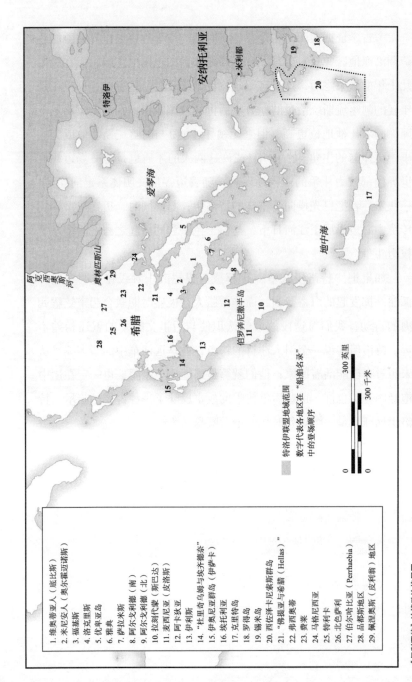

《伊利亚特》地缘政治格局图
来源：Edzard Visser, *Homers Katalog der Schiffe*, (Stuttgart and Leipzig: Teubner, 1997). 99

第二章

"这是荷马的世界，不是我们的"

（约前 1180 年—约前 720 年）

涅斯托耳宫殿被焚毁之后再也没有重建，遗址所在的山丘上也不再有人居住，只有"皮洛斯"之名保留下来，历经时代变换，成为几英里外某个沿海之地的名称。克里特岛的克诺索斯宫殿也经历了类似的命运："克诺索斯"的名字保留了下来，但几个世纪以后，于附近兴起的新城镇不再与宫殿遗址所在地重合。建造了"独眼巨人城墙"奇观的迈锡尼与梯林斯遗址仍俯瞰着阿尔戈利德平原，但两座卫城的制高点上只剩下被火焚烧之后的废墟。旧时代的痕迹遍布整个迈锡尼世界，古老宫殿与公共建筑的残垣断壁像是对后人的一种责备，时刻提醒着他们昔日的荣光。依旧存在的石制房屋被用来埋葬死者，活着的人则住在草草搭建的泥制窝棚里。当时的人们想必就如同生活在一种"鬼魅世界"中。[1]

短短一代人的时间里，皮洛斯王国境内各城镇与村庄就损失了高达 90% 的人口。如果这一估算还算接近事实，当时必然有成千上万人在饥荒、疫病或战争中死去。不是所有地方都像皮洛斯这样悲惨，但从长期趋势来看，伯罗奔尼撒半岛西南部突然爆发的人口剧减并非一时的灾难。据谨慎估算，在之后的 200 年里，整个希腊本土的人口都不及迈锡尼时代的一半。[2]

希腊本土的很多幸存者放弃了原先的家园，到别处谋生。一些人来到伯罗奔尼撒半岛的内陆山区，开垦此前很可能从未开发过的边荒之地，还有人趁着有船只与水手可用时乘船出海，在爱琴海与伊奥尼亚海诸岛乃至遥远的塞浦路斯扎根。在克里特岛上（希腊本土并非如此），人们放弃了滨海的定居点，朝内陆高地迁徙。[3] 当时扰乱秩序的海上入侵者出现在东地中海沿岸各地，这些入侵者可能就是因灾难流离失所乃至沦为海盗的希腊人。

留在故土的希腊人回归了迈锡尼宫殿文明兴起前的状态，勉强维持着生计。人们再次以经营小片土地为生，在小共同体里栽培作物、饲养绵羊与山羊。希腊语世界分裂为无数地方性小社群，从此分崩离析。连接希腊与地中海其他地区的贸易网络几近消失，就连较为富裕的希腊人共同体之间也缺乏交易与各种往来。由此看来，19 世纪率先发现迈锡尼文明遗迹的考古学者将这一文明衰败之后的几个世纪称为"黑暗时代"，也就不难理解了。

今天，通过考察最近半个世纪以来的考古成果，我们已打破了对于"黑暗时代"的同质化印象。比如，这一时期的雅典就没有跌落谷底，雅典卫城在"黑暗时代"可能从未彻底荒废。此外，早在公元前 1000 年左右，雅典地区就已出现了复兴的迹象。几乎与此同时，在与雅典只有一条狭窄海峡之隔的优卑亚岛海岸上，一处在今天名为莱夫坎迪（Lefkandi）的遗址中还出土了一项更为惊人的遗存：那是一栋庞大的建筑，规模为希腊本土近 400 年来所仅见，其用途可能是埋葬一位当地社会的"英雄"。男性墓主的骨灰旁还有一位女性的遗体，她身上点缀着华丽的珠宝，身旁还有一把刀，可能是用于夺去她性命的。在相邻的陪葬室内还发现了四具同时被屠宰的马尸。这些公元前 10 世纪的莱夫坎迪人还有一个在当时更为罕见的特征：他们恢复了与东地中海地区的联系，并从中受益。考古学家认为，这表明海上贸易活动正在复苏，但从莱夫坎迪遗址的发现来看，这种贸易可能只是单向的。"莱夫坎迪英雄墓"中的珍宝有可能来自遥远的塞浦路斯乃至巴比伦，但其他地方尚无考古证据表明有任何本地制品曾从优卑亚岛流出。也许在迈锡尼文明崩溃 200 年后，莱夫坎迪的古希腊人仍在以佣兵乃至海盗为业？[4]

在其他地方，黑暗时代带来了深刻而不可逆转的改变。人们只能挣扎着生存。在这一时期的大多数变化背后，我们都不能看出明确的规律，抑或某种目的性。公元前 1050 年前后，炼铁术最先发祥于塞浦路斯，随后迅速传遍东地中海，人类文明随之进入考古学与史前研究所谓的铁器时代。在莱夫坎迪的"英雄墓"中，墓主的陪葬武器已是铁器而非青铜器，但在其他地方，有余力在墓中安放随葬品的聚落仍寥寥无几。炼铁是人类历史上影响最为深远的技术革新之一，但在此时的希腊语世界，大多数人却与这场革命擦肩而过。[5]

到公元前 800 年，黑暗时代终于迎来了曙光。希腊语族群的人口数量停止下降，开始回升；工匠们开始制造一些带有奢侈品意味的物品，各地的共同体也开始互通有无。贸易航线重开，希腊语族群再次投身商业，加入与说其他语言的族群的竞争。在东方，希腊人需要面对来自比布鲁斯、推罗、西顿等东地中海（后世所说的黎凡特地区）城邦的腓尼基人；在西方，他们需要面对从意大利中部来的伊特鲁里亚人。

大批希腊人再次踏上了迁徙之路。这一次，他们不再是为了逃离混乱频仍的家园，而是要漂洋过海，追寻新的机遇。后来的希腊文记载显示，这一时期希腊半岛核心地带内外的人口流动极为频繁，但这些大规模人口流动的细节并未流传下来，也因此引发了学界的争论。不过，即便没有文字记录，我们仍可对这一时期做出两个比较可靠的推论：首先，希腊地区没有出现大量外来人口涌入的现象。20 世纪的很多历史著作认为"多利安人"曾从北方的巴尔干半岛腹地不断入侵希腊，但这个说法得不到考古证据支持。所有古典时代文献都认为所谓"多利安人"是说希腊语的人，他们来自希腊中部，而非更靠北的地方。在接下来的时代里，从说拉丁语的罗马人，到斯拉夫人，再到说法语和意大利语的十字军，以及阿尔巴尼亚人、土耳其人……随着希腊一次次陷于崩溃，一批又一批外族踏上这片土地，在希腊语的演变历程中留下了不可磨灭的痕迹，但类似这样的情况并未在迈锡尼衰落后的黑暗时代（以及黑暗时代结束后）发生。

　　其次，在公元前 9 世纪到前 8 世纪，希腊语世界的权力中心开始朝东方转移。考古学证据表明，到公元前 8 世纪中叶，希腊语族群已在爱琴海的各处岛屿站稳脚跟，其足迹一直延伸到爱琴海沿岸的安纳托利亚：北迄特洛伊城遗迹，南至吕西亚，乃至远到东方的塞浦路斯。还有一些说希腊语的人向北移居马其顿沿海，或向西涉足意大利，为许多年后的历史潮流开启了先声。

　　随着希腊人的地理分布日趋分散，希腊语世界的内部差异也不断增长。到黑暗时代结束时，希腊语已分裂为几种不同的方言。[6]我们之所以能发现这一趋势（以及从当时到今日希腊语世界的许多其他史实），都有赖于希腊人为当今世界留下的第一笔伟大遗产：

字母文字。

字母革命在各种意义上都可与当代的数字技术革命相提并论。在古代世界，这一发明也开启了一个"信息时代"。它的节奏当然比我们的这个信息时代缓慢许多，但它确实和当代的信息技术一样，长远改变了人类跨越时空交流的方式。而与将二进制算法应用于电路相比，字母文字背后的观念转变要简单得多：事实上，因为这一转变过于简单，在当今世界大多数地方过于理所当然，以至于我们必须花一点心思，才能认识到字母文字为什么具有划时代的意义。

此时，最基础的文字书写技术已有至少 2 000 年的历史，不再是什么新鲜事物。到希腊黑暗时代末期，文字系统已传遍整个中东。在希腊语世界的一个角落——塞浦路斯，希腊人仍在书写一种与线形文字 B 十分相近的文字。迈锡尼文字早已被人遗忘，但它的近亲"塞浦路斯音节文字"仍将在黑暗时代乃至很久之后存在于塞浦路斯。[7] 这两种更古老的希腊语书写系统有一个共同的弊端：作为音节文字，它们给每一个音节都对应了一个文字符号（线形文字 B 文献中最早被识读的希腊语词组之一是由 4 个音节"ti-ri-po-de"组成的，意为"两个三脚凳"），但为了满足书写需求，你需要大约 90 种字符。学会用线形文字或塞浦路斯音节文字来书写，意味着获得了一门专业的技能，然而识读这些文字仍需要大量的主观推断——你找个这方面的专家问一下就知道了。

不过，希腊人选择另辟蹊径，最终看中了腓尼基人在此前几百年间形成的文字体系。腓尼基人生活在黎凡特海岸，他们的语言与希伯来语同属闪-含语系，文字也与希伯来文相近。腓尼基文字本质上是一种音节文字，但它们不包含元音，因此将字符数量减少到20多个，形成了一套极为简便易学的文字体系。为方便记忆，闪-含语系的字符往往被赋予了"alf""bet"等读音，因此，希腊人在采用了这套文字体系之后，将其称为"alphabet"（字母表）。

腓尼基文字与希腊人采用的新文字之间存在一个关键的不同。在这里，"希腊人"指的不是一个笼统的族群，因为产生这一区别的行动只发生过一次，只可能在某个特定的时间、于某个特定的地点、由某个特定人物发起。除了借用腓尼基文字表示希腊语中发音相近的辅音，这个希腊人还挑出了4个在希腊语中不需要的闪语辅音，并发明了一个新字符，以代表5个基本元音，为当今大多数字母文字中的元音字母奠定了基础。突然之间，希腊人只需用和腓尼基文字数量相当的字符，就能精准而充分地表达出词句的原本发音了。[8] 从这一刻开始，英雄在战场上的对话、裁定人类命运的神谕等"长了翅膀的话语"，乃至不曾明白说出的想法、脑海中稍纵即逝的画面，都可被写成文字，留存和传播于世了，远远超越了话语本身所能存在的时间与空间。短短数年之内，这样的变革就传遍了希腊商人途经的每一条商路。

并非只有希腊人采用了这种新式字母系统。很快，与希腊语有远亲关系，主要存在于安纳托利亚西部的弗里吉亚语（同属印欧语系）和存在于罗马人发祥地以北的伊特鲁里亚语（在今意大利，至今基本仍未被破译）都开始采用字母文字。在公元前753年，即传说中罗马建城之时，字母文字仍是一种新鲜发明。但很快，罗马人也采用了字母文字来书写他们的语言——拉丁语。在不同地方，用于记录各种语言的字母文字曾千差万别，这一点在最初的几百年间尤为显著；今天彼此独立的希腊字母与罗马字母体系，更是到很久以后才得以标准化。不过，我们在今天可以确定，这些字母文字并非独立发明出来，而是同源的，因为各地字母的基本体系是一致的，与腓尼基字母的对应关系也是相同的。[9]当今世界各地使用的"罗马"字母的根源，以及希腊字母的基础，都在于这次独一无二的发明——在既有的腓尼基字母体系中添加代表元音的符号。

字母文字发明的确切时间与地点引发了许多猜想，但我们可能永远也不会找到答案。最近的一些研究重新推算了一些最早的字母文字遗存的历史年代，如果这些推算符合事实，那么字母文字应当是在公元前 850 年到前 825 年间诞生的，略早于此前通行的说法（公元前 8 世纪初）。至于字母文字诞生的**地点**，应当是一个希腊商人与腓尼基商人曾经并存的地方。其中一个可能的选项是克里特岛：公元前 9 世纪，克里特岛南部海岸就建立了一个腓尼基人的贸易据点，克诺索斯一处坟墓中出土的腓尼基文字遗存也大致来自这一时期。不过，字母文字也可能是在莱夫坎迪或优卑亚岛南部的某个港口城镇诞生的——当时，这里是希腊贸易网络的一大枢纽。古代传说曾把离优卑亚不远、位于希腊本土的底比斯视为希腊文字的起源地，认为是传说中缔造了底比斯的卡德摩斯带来了"腓尼基字母"。还有两个备选项位于希腊世界的东西边陲：一个是塞浦路斯，一个是希腊人在南意大利的某处殖民地。[10]

借用现在的说法，字母文字一经问世就成了爆款。在相距几百英里的不同地方，人们开始在带有装饰图案的酒杯表面上刻下讯息，这些文字往往只代表了主人的名字，又或是像"我属于菲利翁"这样的简短语句。但这些简单的文字意义非凡：如果书写者用只有自己才能看懂的符号在财物上标记自己的名字，显然是毫无价值的。那不勒斯湾伊斯基亚岛上的皮提库萨（Pithecoussae）贸易据点遗址曾出土一只年代略晚于公元前 750 年、带有图案的贵重酒杯，杯上刻有三行韵文：

> 我是涅斯托耳心爱的酒杯。
> 谁人只要用我喝了一口酒，就会
> 被头戴宝冠的阿佛洛狄忒女神的欲火点燃。[11]

这位没有留下姓名的作者巧妙地将饮酒之趣类比为性爱的欢愉（阿佛洛狄忒是肉体性爱的女神），而他写下的这段韵文也将字母文字这个新生的文字体系与必然已在希腊语世界传诵了数百年的神话意象联系了起来。

短短数十年后，人们就开始在制作装饰器皿时为图画添加文字标注。这些文字都是在黏土罐入窑烧制之前有意刻下的，显然是制作工序的一部分。延续之前分析酒杯时的推理逻辑，工匠大费周章地在罐上留下文字，表明他们知道那些买得起罐子的人和他们的朋友能理解图画与文字之间的关联。虽然希腊人的识字率要到许多个世纪以后才达到较高水平，但在此时，文字书写至少已不再为少数专业的刀笔吏所垄断。有人说"早期的字母文字常被用来表示所有权，往往以第一人称出现"，这确实很有道理。无论在之前的迈锡尼世界还是古代近东的其他地方，这样的情形都是前所未见的。[12]

在接下来的几百年里，字母文字将孕育我们后世所谓的历史、哲学与文学等交流形式，它们都是以口头语言为基础，用文字形式保存和传播的。字母文字充分发挥了书面文字生成、复制信息的潜力，使之可以超越任何一种政治、宗教或商业权威的桎梏。而两首至今仍被我们奉为"史诗"的宏大诗篇，就是这种潜力的集中体现。这两首史诗的成文版本几乎与字母文字本身同样古老：我们今天读到的版本很有可能在公元前 800 年之后不久就大体成形了。[13]

荷马的《伊利亚特》与《奥德赛》讲述了关于特洛伊战争及其后续故事的传说。《伊利亚特》以近 1.6 万行的篇幅讲述了阿伽门农与年轻的猛将阿喀琉斯在特洛伊围城战最后几天爆发的争执。1.2 万余行的《奥德赛》则将视角对准了特洛伊战争中的一位英雄——奥德修斯（也叫尤利西斯），描述了他在海上流浪 10 年、最终艰难返乡的冒险历程。两部史诗都没有讲述长达 10 年的特洛伊战争的全貌。作为读者，我们可以从史诗的字里行间认识到，诗歌的作者似乎默认听众在聆听诗歌吟咏或朗诵时已将更宏观的历史背景牢记于心。[14]

荷马史诗的故事过于耳熟能详，让人很难认识到这些著作的希腊语原文有多么奇崛。首先，荷马史诗令人震惊的是它们的篇幅之长。无论是在纸页上写就还是口头传授而成，这些史诗的创作背后都离不开巨大的物力支持。从当代世界口传叙事的技巧判断，《伊利亚特》全篇的口述时间可能长达整整三天，如果诗人正在向一位抄写员口授，时间还会大为延长。[15] 不过，在那个几百年来叙事仅被用于夜晚娱乐、长度取决于听众兴致的时代，如果有人决心坐下来书写一整篇史诗，又会有什么人来听呢？无论怎样回答上述问题，我们都不得不承认，这个谜团几乎和字母文字的发明本身同样惊人：口头叙事的艺术是怎样一跃成为文字形式的？字母这一新兴技术肯定激发了某种空前前卫的叙事试验，但对于这场试验的展开方式与发生原因，我们无从知晓。[16]

荷马史诗的另一个惊人之处在于语言。对现代研究者而言，荷马使用的希腊语向来以晦涩闻名，但古代人对此也有同感。荷马史诗所用的语言不能从任何一个时代或地区找到对应，也不可能是任何一个人的日常语言，而是由公元前 8 世纪来自希腊语世界各地的不同方言杂糅而成的。在另一方面，荷马史诗也保留了很多语言学"化石"：有观点认为，荷马史诗的一些古老词句至少可以追溯到迈锡尼时代。[17]

与史诗语言密切相关的是诗文的格律。韵文指的不仅是将语言编写成意思通顺的语句，而且是一种根据重复的声音模式来组织语言的方式，这种模式符合人体发声的自然韵律，因此方便人脑记忆（在语文课上背过诗的人一定能立刻回想起这个过程）。所有最古老的希腊语叙事诗都采用六步格，这一格律也曾出现在现存的一些公元前 8 世纪铭文中（包括之前提到的涅斯托耳之杯）。主流观点认为，这一格律体系应当是历代诗人在创作中逐渐累积的结果，这一过程与文字的发展彼此独立，年代远早于希腊字母。有一些观点还更进一步，认为六步格韵文是迈锡尼人留下的另一项遗产，甚至将其追溯至更早的米诺斯人。[18]

《伊利亚特》与《奥德赛》都没有提及作者的身份、所处时代与地区，也没有透露这些史诗故事是在怎样的背景下诞生的。"荷马"的名字最早出现在公元前 500 年左右，此时距史诗首次成书的大致时间已过去 200 多年。在那之后，不同的史料都认为这部史诗的作者曾在安纳托利亚（士麦那或附近的希俄斯岛）沿海活动。"荷马"甚至不是一个人名，只是一个寻常的名词，意为"人质"。从古代流传下来的少数彼此矛盾的记载来看，古典时代的希腊人对于荷马其人是否真实存在同样莫衷一是，态度并不比今人更明确。

《伊利亚特》与《奥德赛》也不一定是由同一位（或同一批）诗人创作的：关于这一问题，古人与现代人的意见都不曾达成一致。虽然本书为简便考虑，将这些史诗的作者一概称为荷马，但有越来越多的人倾向于认为，我们今天读到的这两部史诗是经多人之手，乃至历经几代人不断地创作，才逐渐形成的。如果看到"荷马"的名字，我们最好不要把它想象成一本书的作者，而是把它当成一部电影的片尾演职人员表。

荷马史诗与《希伯来圣经》中最早的篇章并列，属于世界上持续受人传抄、阅读、评注时间最久的文献。自成篇之日起，《伊利亚特》和《奥德赛》就为不同领域的一代又一代创作者提供了灵感源泉。在这之后，又有六部篇幅更短的史诗问世，它们的作者甚至比荷马更加名不见经传，对于这一"史诗集群"的内容，我们也只能从一些梗概与后世著作的零星引用中知其大概。它们似乎是为填补《伊利亚特》与《奥德赛》中的许多空白而写的，可能比那两部巨著更忠实地反映了当时的一项活跃传统，这个传统让历史传说在几百年间生生不息、增添光彩；又或者，当时已经出现了文献保存与收集的雏形，有人开始致力于从口传文学遗产中采撷精华、写作史诗，甚至在空白部分发挥了自己的想象。无论如何，"史诗集群"从未享受过荷马史诗那样的高度赞誉。希腊史诗的桂冠永远属于《伊利亚特》，《奥德赛》虽略逊一筹，仍稳居次席。[19]

起初，名为"史诗吟诵者"（rhapsode）的表演者专门负责在公开场合朗诵史诗，但随着"史诗吟诵者"的人数增长、活动范围扩大，不同版本的诗文开始在世间流传，其内容与今天我们所知的版本多少都有差异。到公元前 540 年左右，两首史诗已在雅典的公共生活中扮演了不可忽视的角色，乃至让该城统治者庇西特拉图下令为其编纂权威版本。它们在后世希腊语世界的不朽地位，或许就可以追溯到这一时期。

3 个世纪后的希腊化时代，在托勒密王朝治下的埃及亚历山大城，一些学者决定把自己所能找到的所有史诗手稿汇编起来。他们对诗文删繁去冗，削改了历代以来因屡经流传而累积的多余和伪造部分，形成了一套规范性文本。在这之后，直至印刷术发明的 15 世纪，这一版本都得到了高度忠实的誊写与传承。为保证后人能准确阅读自己汇编的史诗，亚历山大城的学者们还为希腊字母带来了一项新变化，那就是为每一个多音节单词标记重音。在这之后，重音符号就成了历代希腊文字必不可少的部分，但在发明之初，这一标记的用途可能只是帮助公元前 3 世纪的人们理解一种数百年前的语言，其古奥程度好比乔叟写就的英文之于今天的我们。在落笔成篇 600 年后，希腊史诗的地位已达到了如此的高度。

在这之后，从公元前 3 世纪到公元 7 世纪，希腊语仍是埃及社会的主要教育用语。这近千年时间里，荷马史诗的新抄本数量甚至超过了其他所有希腊作家著作的总和。得益于埃及干燥的沙漠气候，许多纸莎草纸残卷得以保存下来，并在最近一个半世纪里被人发掘出来。[20] 很多出土的纸莎草纸残卷是学校教材。在古代世界，一个人想要成为公认的有文化之人，具备起码的读写能力，就必须熟读荷马史诗。与此同时，《伊利亚特》与《奥德赛》在希腊人当中也享有近乎神圣经典的地位。从历史学家到哲学家，再到任何想要在日常生活中寻求道德指点，抑或探究宗教奥秘、想要认知神祇真义的人，都会自觉求教于"神圣的荷马"。即便在基督教兴起、多神教旧神像被推倒之后，希腊人对荷马的崇拜仍大体维持了下来。在这之后的下一个1 000年里，虔诚的希腊语基督徒会苦心研读这些古代史诗，力图表明其中已预示了后世基督教显明的真理，而且他们还会从各种巧妙的角度，将史诗解读成道德寓言。[21]

在希腊语世界之外，《伊利亚特》与《奥德赛》也成为后世诸多作家不断征引的永恒母题。罗马诗人维吉尔在创作《埃涅阿斯纪》时对这两部作品的参考就是一个广为人知的例子。这部史诗写作于公元前1世纪末，将特洛伊战争的传说与罗马建城和扩张的故事连成一体。从中世纪到近现代，还有很多民族国家也铸就了自己的"民族史诗"。在英语世界，约翰·弥尔顿在17世纪40年代英格兰内战之后不久写下了基督新教的名篇《失乐园》，这部发表于1667年的史诗对荷马与维吉尔的经典都多有参考。到20世纪，詹姆斯·乔伊斯在1922年出版的现代派作品《尤利西斯》以及加勒比作家德里克·沃尔科特出版于1990年的现代韵体史诗《奥麦罗斯》也与此类似。进入21世纪，以2006年玛格丽特·阿特伍德的《珀涅罗珀记》和2018年帕特·巴克的《少女的沉默》为代表，一些顶尖的女性作家也对这些由男性主导的传统史诗进行了颠覆性重述——而上述例子还仅限于英语文学领域。早在电影与电视媒介诞生之初，荷马史诗就已被搬上银幕和荧屏，形成了所谓"剑履"类型。[22]

荷马史诗如此经久不衰的原因不难理解。比如，在《伊利亚特》中，当赫克托耳突破希腊人的防线、纵火焚烧停靠在岸边的海船时——

壮哉赫克托耳，

他面色黝黑，如夜幕骤临，唯有

一副铜甲，流露凶光；两根长矛

紧握在手。所到之处，万夫莫敌，

鬼神难当，直冲营门，熊熊怒火，

点燃了双眸。[23]

在《奥德赛》中，奥德修斯返回故土的桥段也曾在后世几经改变，成为一种普遍的人类经验的写照。在今天的诸多语言里，"奥德赛"一词仍被用来指代漫长的旅程或艰难的事业。19世纪末，生活在亚历山大的希腊语诗人卡瓦菲斯写下了《伊萨卡》一诗，将奥德修斯的漫长旅途比作人生。在诗歌结尾，他写道：

你那段伟大的旅程要归功于伊萨卡。

若没有她，你当初绝不会出航。

可如今，她却无一物可馈赠于你。

如果你看到她贫穷困顿，伊萨卡没有在欺骗你。

漂泊的你已有了足够的智慧，

只需刹那之间，就能明白伊萨卡的意义。[24]

这首诗的意境或许与公元前8世纪任何一个希腊人的实际想法都大相径庭，但卡瓦菲斯的这篇名作无疑证明了荷马史诗历久弥新的感染力。没错，如果没有荷马史诗中的伊萨卡，20世纪的《伊萨卡》也不会存在。《伊利亚特》与《奥德赛》，实际上就是今天所谓"世界文学"的起源。

荷马史诗的故事发生在一个远早于最初讲述者的英雄时代。《伊利亚特》曾在四处不同的地方提到某位英雄可以举起并掷出"一块巨石 / 如今两人也不能抬起如此巨物"[25]。这种反复出现的表述代表了口传诗歌文学中长期存在的一种现成的"公式",以便诗人在情节发展过程中使用。在这里,与英雄时代相对的所谓"现在"并不是一个特定的时期:早在《伊利亚特》形成文字之前,这样的说法就已存在于口传叙事传统当中了。

荷马史诗(尤其是《伊利亚特》)对所谓英雄时代的具体描述与现代考古学发现之间常有惊人的相通之处,但这些相似性并不总是集中于某个特定时代。其中一些表述的对应证据可以追溯到青铜时代的迈锡尼文明。比如,荷马史诗曾提到镶嵌野猪牙的皮盔,而在其他段落里,史诗还提到某位英雄手持一面矩形长盾,足以保护全身。从年代早于公元前 1500 年的锡拉岛壁画和其他年代相近的考古遗迹中,我们确实可以看到,上述防具与装备曾是迈锡尼人的典型特征,到希腊本土出现第一批宫殿文明时,这些装备已在逐渐退出历史舞台。[26] 荷马史诗还记载,特洛伊战士的头盔上装饰有一撮马鬃与一只牛角,而在迈锡尼遗址出土的著名文物"战士花瓶"的外壁图案中,的确有一些鼻梁修长、打扮邋遢的武士戴着完全一样的头盔。不过,"战士花瓶"的历史年代约在公元前 1150 年,比锡拉岛火山喷发晚了 400 年以上。接下来,还有阿喀琉斯为亡友帕特罗克洛斯举行的葬礼。史诗记载,在这位英雄的陵墓顶端,女性俘虏与死者生前最爱的骏马被宰杀献祭,而在莱夫坎迪遗址,我们的确发现了与此非常相近的葬俗，但该遗迹的年代甚至更晚一些，只能追溯到约公元前 1000 年以后不久的铁器时代早期。[27]

荷马史诗中，武士使用的装备都是青铜制的，这符合迈锡尼时代和之后约 200 年里的历史事实。直到公元前 8 世纪，铁器才逐渐在希腊世界普及。《伊利亚特》在描写战斗时经常提到战车，这也是专属于青铜时代的特征。到希腊字母发明时，战车早已从希腊人的军事力量中消失了。不过，荷马史诗的作者似乎对战车的实际用法不甚明了，当时的听众因为没有亲眼见过战车作战的景象，似乎也对此不以为意。史诗中的英雄在死后都会被架到柴堆上火葬，而迈锡尼的武士墓葬虽然形制不一，却都会保持遗体完好。直到迈锡尼末期，葬俗才逐渐转变为火葬，最终在黑暗时代普及整个希腊世界。到了后来的时代，火葬与土葬又开始并存，但荷马史诗的作者似乎只了解黑暗时代的葬俗。换言之，荷马史诗的所谓英雄时代不可能是对历史上某个具体时期的真实反映，而是上迄公元前 16 世纪、下至公元前 8 世纪的多个不同历史年代的交织，时间跨度惊人。[28]

荷马史诗世界的地缘政治描写也呈现出类似的面貌。在《伊利亚特》第二卷中段，作者突然跳出叙述，祈求"全知的……缪斯"揭示"谁……才是达那奥斯人［即希腊人］的酋帅与尊主"。接下来的段落常被视作一首独立的诗篇，只是正好插入在这里。大多数现代人在阅读《伊利亚特》时都会跳过"船舶名录"部分，这固然无可厚非，但在这段诗篇中，作者列举了特洛伊参战双方的参与者姓名。除了各地的地名与统治者之外，诗歌也以各领袖在远征中出动的船只数量为基准，记载了希腊军各部队的规模。作者还在诗歌中展现了关于希腊半岛与爱琴海地区的渊博地理知识，其表述在今天看来带有政治性色彩。[29]

　　直到荷马史诗成书千百年后，现代意义上的"地图"才逐渐诞生。在一张地图上，我们可以把列举希腊人领主的诗句转换为空间分布形式，但从前的"故事的歌手"必须以言辞将其道明，按时间的顺序来依次讲述。这部口授"地图"首先从位于中部的底比斯和维奥蒂亚开始，随后逐渐向外旋转，自南向北覆盖伯罗奔尼撒半岛与希腊本土地区。（这首诗覆盖的范围几乎与1832年现代希腊国家重建时的疆域完全吻合，这或许不完全是一种偶然。）接下来，作者进一步扩大范围，列举了几个比较遥远的地名：先从克里特岛开始，沿一条弧线朝东北方转移视线，提及了以罗得岛为首的佐泽卡尼索斯群岛。随后，诗句将目光跳回希腊本土的北方，从阿喀琉斯的故乡色萨利出发，笼统介绍了一些更为偏远的地名，那些地方是史诗所知世界的北沿。

　　这段诗文在地理（可能还有政治）层面描述了一种鲜明的中心-边缘格局。在政治上，如果从船只数量计算，希腊人的权力中心位于阿尔戈利德平原（迈锡尼与梯林斯联合出动战船180艘），皮洛斯则出动战船90艘。其中，迈锡尼的力量最为雄厚，有战船100艘，国王阿伽门农出任远征军总指挥官。古典时代希腊世界的两大"强国"——雅典和斯巴达在诗歌中仅为中游力量，分别出动了战船50艘与60艘。

　　相比之下，诗歌对特洛伊阵营的描述简略得多，而因为特洛伊人只需在陆地上防守城市，作者也没有列举他们的船只数量。根据这段诗文和史诗中其他段落的记述，我们可以看到，特洛伊城的守军来自整个爱琴海北部与东部沿海，其范围西至今天塞萨洛尼基以西不远的阿克西奥斯河（Axios，今瓦尔达尔河），东抵今土耳其西南部的吕西亚。包括特纳多斯岛与更大的莱斯沃斯岛在内，一些紧挨着东部大陆的海岛也加入了特洛伊一方，意味着两军阵营大体沿一条从西北到东南的轴线，将爱琴海分为对称的两半。在陆地上，两大阵营以周边地区的最高峰——奥林匹斯山为界，那里正是决定了战争胜负的诸神所在的地方。[30]

一种常见的观点认为，从考古遗迹来看，荷马史诗中对于各地领主的记录与迈锡尼时代希腊语世界的吻合程度远高于荷马史诗成书之时。事实上，"船舶名录"与上述两个时代都不能完全对应。在"船舶名录"中，很多地名即便对古典时代或罗马时代的希腊人而言也无从查考，却出现在今天出土的线形文字 B 泥板中，可以与考古学家业已发现的青铜时代遗址相对应。然而，到公元前 8 世纪，希腊语世界的中心已转移到爱琴海东岸。根据传统说法，荷马本人（很可能还包括史诗的首批听众）实际上也属于那个方兴未艾的东方希腊语世界，这在荷马史诗所用的语言中可以找到佐证。那么，为什么荷马史诗中没有提起过这些？[31]

毫无疑问，《伊利亚特》的政治地理格局与这部史诗背后的那场大规模冲突本身密不可分。从史诗的叙述推断，当时各势力间的敌我关系都是因特洛伊战争而起的，至于希腊联军 30 多个邦国在和平年代有何关系，在诗篇中没有半点提及，而特洛伊阵营更是一个临时拼凑的联盟。换言之，《伊利亚特》中两阵营横跨爱琴海对峙的唯一原因就是特洛伊战争。荷马史诗中的世界并非全然凭空捏造，而是此前无数世代乃至许多世纪以来由人们不断传承、累积而成的结果，但他们试图塑造的统一的世界（尤其是在《伊利亚特》中）仍只是一个**想象**的英雄时代，而非对某个历史时期的忠实记录。

在这个想象出来的世界里，我们今天所谓的希腊人从未以后世的标准名称"希腊人"（Hellenes）出现。在"船舶名录"中，"希腊"（Hellas）指的是阿喀琉斯故乡的一个小地方，隶属于后来的色萨利地区，所谓"希腊人"也只是当时攻城联军中的一支小部队，尽管其指挥官在这场战争中最为风光——这或许解释了为什么"希腊"会成为整个希腊语族群的统称。在《伊利亚特》与《奥德赛》中，对于远征联军及其幸存者的最常见称呼是"亚该亚人"，除此之外也有"达那奥斯人""阿尔戈斯人"（Argive）等说法。但就目前已知的情况来看，这三个称呼的含义似乎没有明显差别，都等同于后世的"希腊人"。如前一章所述，"亚该亚人"（可能还有"达那奥斯人"）在迈锡尼时代就已出现。[32]

如今，我们已无从考证公元前8世纪的希腊人何以自称。荷马史诗中也找不到对于某种"泛希腊"身份认同的明确指涉，无论这一身份间接反映了迈锡尼时代的往昔还是折射了公元前8世纪的某种新现实。[33]曾有人精辟地指出，《伊利亚特》中记载的希腊联军内部并不存在现代意义上的民族意识，这与特洛伊一方截然不同：赫克托耳曾声情并茂地宣讲了荣耀与捍卫"祖国"的重要性。在希腊人一方，参战的各位英雄没有被视为亚该亚人，而是以迈锡尼、阿尔戈斯、伊萨卡或佛提亚（Phthia，阿喀琉斯的故土）等家园之地相称。"亚该亚人""达那奥斯人""阿尔戈斯人"在诗句中只以笼统的复数形式出现。

除了提及特洛伊王普里阿摩斯有多位妻子之外，荷马史诗中并未强调特洛伊人与亚该亚人之间有何区别。史诗提到一些特洛伊阵营的盟友语言不同，所以略微削弱了特洛伊一方的战斗力。我们不知道特洛伊人内部说什么语言（也不知道亚该亚人说什么语言），但双方人物的交流始终畅通无阻，所以他们可能都说希腊语。无论是诗人自己，还是其笔下时常以长篇大论相互责骂的众多角色，都没有因为自己的身份是亚该亚人或特洛伊人而夸示自己或贬低对方。[34]

亚该亚与特洛伊双方同样信奉奥林匹斯诸神，两部荷马史诗中的很多场景也在奥林匹斯山上发生。"成云者""降雷者"宙斯在《伊利亚特》第一卷中便已登场，统治着由另外九位男女神祇组成的家庭。这些男女神祇彼此不和，时刻互相算计，对两军的英雄各有偏好。宙斯的云上神国与凡人世界一样钩心斗角，但史诗作者与诗中人物时常慨叹奥林匹斯的神祇与人类不同，拥有无尽的寿命。[35]

亚该亚人与特洛伊人祈求神明的方式完全一样。一位英雄往往向某位特定的神祈求护佑，并承诺以丰厚的祭品作为回报；神祇的态度则取决于凡人的敬意大小与献祭规模。神祇时常伪装成人形，或以不可见的手段亲自干预战局，只有史诗作者或部分突发强烈情感的英雄可以认出。从一开始，宙斯就认定特洛伊必将陷落，奥德修斯必将回家，但在这些结果兑现之前的 10 年时间里，诸神仍有不少左右局势的空间。荷马史诗从未提到希腊诸神因为他们是希腊人而偏袒过亚该亚人，这与《希伯来圣经》中的"天选之民"截然不同。

亚该亚人与特洛伊人的英雄也信奉同一套价值理念。他们都以战死沙场、流芳百世为荣。阿喀琉斯知道自己正面临这样的抉择：

如果
留在特洛伊城下，与特洛伊人战斗，

> 我将永别故土，换来不朽荣光；
>
> 如果我回到挚爱的父祖之地，
>
> 我的荣光就将黯淡，而余下的人生
>
> 将何其漫长……

在英雄们看来，因怜惜生命而逃跑极不光彩，因胆怯而留名后世更是莫大的耻辱。赫克托耳之所以决定慨然赴死、接受阿喀琉斯的挑战，就是因为担心如果自己不应战——

> 那些比我卑贱的人一定会说：
>
> "赫克托耳以勇力自负，毁了他的人民。"
>
> 他们因而还会说，要是当初
>
> 我挺身面对阿喀琉斯，就算不把他阵斩而还，
>
> 也能在特洛伊城下体面就戮。

在这之后不久，赫克托耳意识到自己已被神祇抛弃，只剩死路一条，便想道：

> 不要让我不经一战而犬死，
>
> 但允我大战一番，让后世记得。

在冷酷的荷马史诗世界里，亚该亚人与特洛伊人眼中的一代代人类更替就像一年年树叶枯荣，无数人出生、死去，然后被遗忘。[36] 对英雄而言，人生唯一有价值的报偿就是赢得"众人敬仰"，留下些世代相传的伟业。让英雄成为英雄的不是家乡出身，

也不是为之战斗的事业，而是后人用诗歌传颂他。

由此看来，荷马史诗中真正的英雄不再是那些或勇敢或狡猾的武士，而是传颂这些故事的诗人，以及他们口中的希腊语。《伊利亚特》与《奥德赛》没有以高人一等的语气宣扬希腊人的荣耀，只要践行了诗人所设想的普遍价值观，任何人都能在诗篇中享受尊崇。例如，《伊利亚特》中形象最为立体的英雄，就是亚该亚人的"敌人"赫克托耳。[37] 我们将荷马史诗的世界称为**希腊人的**世界，只是因为写就这些史诗的**语言**是希腊语；更何况，这个史诗世界只存在于想象中。荷马史诗的内容或许映射了此前几百年间多个历史年代的往事，但它真正的价值在于呈现了公元前 8 世纪前后希腊人的精神世界。

在《伊利亚特》与《奥德赛》中，英雄的豪言伟业之间常常点缀着务农、狩猎、航海等日常生活的各种插曲，其内容想必令当时的听众有耳熟能详之感。这些日常插曲被称为"史诗明喻"，让我们得以管窥公元前 8 世纪普通希腊人的日常生活体验。在《伊利亚特》中，关于日常生活的描写大多只有数行诗文，在全文中出现了近 200 次。相比之下，《奥德赛》中的日常描写次数很少，但其中有一段非常生动地描述了一座城镇遭劫掠后的惨状，仿佛在暗示这样的命运随时会降临到听众及其家人的身上：

> 一位妇女
> 抱着丈夫的尸身流泪不止，
> 他为保护家园与子女而牺牲；
> 她只能看着他在怀中渐渐断气。

她痛声悲鸣，仰天哀号，

昏倒在丈夫的尸身上。但敌人就在身后。

他们用矛敲打她的肩膀，把她

掠为奴婢；让她终日劳苦，

痛苦终生。她的脸上写满绝望。[38]

《伊利亚特》与《奥德赛》还讲述了一种即便在和平时期也很常见的敌对行动，就是抢夺牲口。在《伊利亚特》里，喜欢饶舌、通晓世故的老涅斯托耳曾吹嘘自己在早年夺牛时的一场小规模战斗中立下了第一笔战功；孩提时的奥德修斯也曾被父亲从伊萨卡派到希腊本土，夺回 300 只被偷的羊。在《奥德赛》结尾，奥德修斯杀死了那些抢走他的家财、威逼他的爱妻的求婚者后，这个英雄只知道一种方法能弥补自己的损失：

我只得外出劫掠、偷盗，

以补足被那些大摇大摆的逼婚者宰杀的羊只，

还要让其他希腊人给我更多，

以填满我的羊圈。[39]

荷马史诗对这些行为没有额外评价，表明作者与听众可能对此视若寻常。还有一种经常在史诗中出现的行为是出海贸易，而在历史上的公元前 8 世纪，希腊人的确重新发起了大规模的海上贸易活动。在《奥德赛》里，海上贸易商大多被描述为腓尼基人。他们通常是邪恶而狡猾的骗子——尽管这部史诗的主角、"诡计多端"的奥德修斯自己也没好到哪里去。和后世其他很多社会的观念一样，荷马史诗中的贸易并非正人君子所为，更不是英雄的事业，但擅长伪装的奥德修斯曾屡次扮作商人，就连女神雅典娜也曾偶尔如此。合法贸易与海盗行为之间的界限往往是模糊的。比如，在《奥德赛》中，野蛮的独眼巨人塞克洛普斯在吞吃闯入洞穴的人类之前，曾如此质问奥德修斯：

> 你从这深海对面的
> 何处而来？你是来经商的，
> 还是漫无目的、流浪而来，
> 就像那些亡命的海盗，只顾
> 给他人带去灾难？[40]

战场上的英雄或许有些更为崇高的追求，但在公元前 8 世纪，普通人必须在惨淡的现实当中面对饥饿和对饥饿的恐惧。在另一个场合里，奥德修斯假扮成一名年老的乞丐，他接下来的台词想必能让当时的观众产生共鸣：

> 饿着的肚子是藏不住的。
> 饥饿总是催逼着你，是它的诅咒
> 让我们穿越怒海，
> 劫掠其他民族。[41]

在另一方面，史诗的世界也为歌谣留出了重要的位置。在《伊利亚特》里，大英雄阿喀琉斯与密友帕特罗克洛斯在军帐中深居不出时，就曾弹着五弦琴"歌唱男儿的荣光"。但在《奥德赛》中，我们可以看到对"故事的歌手"的直接描写。趁奥德修斯不在，逼婚者霸占了他的宫殿，向珀涅罗珀大献殷勤。他们一边肆意掠夺奥德修斯的仓库，一边雇当地吟游诗人唱歌取乐。在虚构的淮阿喀亚国宫廷里，失明的歌人得摩多科斯广受敬爱——事实上，得摩多科斯这个名字可以大致翻译为"社会的柱石"。得摩多科斯拿起五弦琴、唱起木马计与特洛伊屠城的故事，他的歌谣让人如同亲临现场，令奥德修斯不禁落泪。或许正是《奥德赛》中的这个场面让古代以来的无数人相信荷马自己也是个盲人。在那个时代，任何贵族宴会都离不开"故事的歌手"。[42]

《伊利亚特》与《奥德赛》中的这些小品段落并非我们了解公元前 8 世纪希腊人生活的唯一窗口。在荷马史诗成书的大致年代（或略晚），阿斯克拉的赫西俄德也开始创作诗歌。他流传至今的作品有《神谱》和《工作与时日》两篇，篇幅比史诗更短，内容也更个人化。

《神谱》讲述的是一段起源故事。但在介绍宇宙诞生的传说之前，赫西俄德首先介绍了自己的名字，以及学会诗艺的方法，这在希腊文学史上是第一次——他说，自己的诗艺是在赫利孔山附近的一处坡地上由艺术女神缪斯直接传授的。[43] 相比之下，《工作与时日》更能为我们揭示公元前 8 世纪希腊人的真实生活。在这首诗里，我们知道赫西俄德的父亲从安纳托利亚沿海城市库麦来到俯瞰维奥蒂亚平原的阿斯克拉，在那里生下了赫西俄德。同样是在阿斯克拉，赫西俄德继承了一片土地，创作诗歌时仍以耕耘为生。接下来，赫西俄德以奉劝其他农民同胞的口吻讲述了自己的苦难史，抱怨自己的兄弟珀耳塞斯好吃懒做，而村庄的管理者不能公正受理他的投诉。这一切都是以给农民同胞的明智建议的形式表达出来的，这些建议都出自他自己的痛苦经历。

赫西俄德的许多建议在今天看来颇为怪异："撒尿时一定不要站着 / 迎着太阳。"（不要迎风可以理解——可为什么不能迎着太阳？）赫西俄德也赶在千百年后的现代考古学家之前把自己所处的时代称为"黑铁时代"，生动描述了这个时代的人们疲于糊口的凄惨生活：

> 白天，人们辛劳不息；夜晚，他们也操心不已，
> 诸神还在他们肩上降下不可承受的重担；
> ……
> 人们毫无怜悯，
> 凡事用拳头说话，诸城彼此洗劫。

在"史诗明喻"中，我们也可看到类似这样的凄凉叙述，但在赫西俄德笔下，诗人自己的声音为这一切增添了一抹真实感。赫西俄德笔下的阿斯克拉生活充斥着反抗风雨和恶邻的斗争。冬天的严寒足以"让老人蜷成一团"，夏天的骄阳则"令皮肤枯槁"。[44]

赫西俄德笔下的维奥蒂亚生活如此凄惨，但在这一时期的希腊语世界，人们的生活迎来了剧烈的变化。在公元前 8 世纪，希腊语世界的人口增长神速。据估算，到公元前 720 年，仅雅典一地的人口就在两代人时间里增长了 6 倍。（讽刺的是，考古学者是根据雅典墓葬中的死者人数估算生者的人口数量的。）这样的趋势不独出现在希腊人身上。在地中海沿岸，有多个族群的人口都在这一时期经历了类似的快速增长。我们不知道这一变化发生的

原因，但希腊人应对这场人口爆炸的方式将决定希腊世界及其居民在之后几百年中的面貌，为更后来的所谓"古典"文明奠定基础。所以公元前 8 世纪之后的 300 年被称为"探索时代"，不无道理。[45]

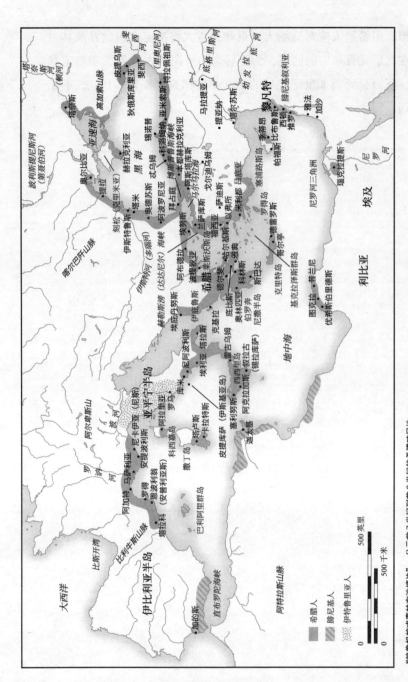

"就像蚂蚁或青蛙住在池塘边"：公元前 7 世纪到前 6 世纪的希腊殖民地
来源：Irad Malkin, A Small Greek World: Networks in the Ancient Mediterranean (Oxford: Oxford University Press, 2011), 4, fig. 1.1

希腊人

胖尼基人

伊特鲁里亚人

0   500 英里

0   500 千米

第三章

发明政治学，探索宇宙
（约前 720 年—前 494 年）

此时，希腊人的航海活动空前活跃，来自希腊语世界各地的船只在风帆与桨手的驱动下向西或向南驶入地中海。还有一些希腊人驾船穿过达达尼尔与博斯普鲁斯两海峡进入黑海。根据最早可追溯到迈锡尼时代的传说，希腊人早在英雄时代就已开辟了通往黑海的远程航线。伊阿宋与"阿尔戈号"的船员们历经险阻，战胜了巨人与怪兽，从今天的格鲁吉亚带回了金羊毛。《奥德赛》的主角奥德修斯则航行到了遥远的西方秘境，那里一般被推定为西西里，但他也有可能抵达了直布罗陀海峡。不过，在这些古老的传说里，一个人无论航行了多远，最终都要回归原点——能带着财富满载而归固然最好，但至少得保证自己能够平安回家。对荷马史诗中所谓"**返乡**"（nostos）的渴望深植于希腊语文化当中，"乡愁"（nostalgia）一词即由此而来。

这一时期希腊人的航行与之前有所不同：他们在登船之后，就不会回来。但这并不意味着希腊人倒退回了"黑暗时代"大规模迁徙的状态。希腊人分成小股离开故乡，决心在遥远的土地上建立新家园。在希腊语中，这种新的定居点被称作"apoikia"，它常被英语世界译作"殖民地"（colony），但其本义更接近"家外之家"。这些早期的希腊殖民者既不同于后来的罗马殖民者，也与近代的欧洲殖民者相差甚远。希腊历史终将迎来帝国时代，但这一时期的希腊殖民事业仍与帝国征服无关。

希腊人的新殖民地布满了西西里岛与意大利南部海岸，还有一些殖民据点分布于加泰罗尼亚到今天的法意边境地带的南欧海岸线。很多现代城镇的名称仍保留了当地作为希腊定居点的痕迹：比如，意大利有那不勒斯（尼阿波利斯，Neapolis）、塔兰托（塔拉斯，Taras）等城镇，加泰罗尼亚地区也有安普利亚斯（Empúries 或 Ampurias，即恩波利翁，Emporion）；在法国，马赛的希腊语来源是马萨利亚（Massalia），昂蒂布（Antibes）的希腊语来源是安提波利斯（Antipolis），尼斯的希腊语来源是尼卡伊亚（Nicaea）。在北非地区，今天的利比亚东部有昔兰尼（Cyrene），埃及尼罗河三角洲地区也有瑙克拉提斯（Naucratis）。在达达尼尔海峡以东，从马尔马拉海到黑海、亚速海沿岸遍布希腊人殖民地。到公元前 600 年前后，上述殖民地都已建立。[1]

两个世纪之后，哲学家柏拉图曾借恩师苏格拉底之口说："我们［希腊人］生活在斐西河（Phasis）到赫拉克勒斯柱之间……就像蚂蚁或青蛙在池塘边筑巢那样环海而居。"[2]斐西河即今天的里奥尼河，位于格鲁吉亚境内，其出海口靠近黑海最东端，"赫拉克勒斯柱"则指今天的直布罗陀海峡。这"池塘"真够大的

正如柏拉图所言，离开故土的希腊人到达外地定居之后，很少远离海岸、深入内陆（这一点在现代也很常见）。和从前的迈锡尼人乃至更早以前的米诺斯人一样，"探索时代"的希腊人天生亲近

海洋。是海洋以及希腊人出色的造船与航海技术使一批批移民能够彼此联系，并通过在漫长的海岸线各地运送货物逐渐蓬勃发展起来。就连以固守陆地而闻名的斯巴达人在公元前 8 世纪晚期也曾短暂投身于航海热潮，遵循了与其他希腊人同样的模式。有观点认为，这一时期的希腊殖民者"平均每两年就会在南意大利或西西里建立一座新城镇"。[3]

希腊人开拓海外的动机何在？

对于这个问题，人们在不同时期从不同角度提出了不同的解释，其中最为有力的答案可能十分简单：**因为希腊人能做到**。柏拉图把希腊殖民者比作蚂蚁或青蛙的说法，指向了"colony"一词不同于历史学所谓"殖民地"的另一个含义：如柏拉图的例子所言，只要没有掠食者的威胁，蚂蚁、青蛙等物种就会自然而然地扩张生存范围，形成"集落"（colony）。这正好符合了当时地中海沿岸各地区的状态：在地中海周边，只有埃及形成了健全的大型集权国家。希腊人前往埃及时，无论是作为商人还是作为雇佣兵，都是受了法老的邀请。这让希腊人在埃及境内的唯一一处"殖民地"——瑙克拉提斯成为一个例外，但也因此反证了希腊人移民时的规律。在地中海、马尔马拉海、黑海或亚速海沿岸的任何一个地方，只要能找到一片沙滩停船、搭起帐篷、建造据点，希腊人就能在那里开始新生活，无须任何人批准。

有些时候，希腊定居者在建造海外据点之后仍需用战斗夺取或维持领地，但至少在移民的早期阶段，这种冲突颇为罕见，这一点有些出人意料。在西方，一些初期的希腊殖民地甚至没有防御工事。新来的希腊移民迁入海洋与内陆之间的边缘地带，发挥经商本领，从事中间贸易，使跨地中海的货物交换、人员流动与技术经验交流得以实现。至少在这一阶段，新来的希腊人可以与邻居相安无事。就这样，由于不存在"掠食者"的直接威胁，希腊移民成了地中海地区人类社会新生态的一环。[4]

这一时期的希腊人并非唯一一股开拓海洋的力量。在很久以前，来自黎凡特海岸的腓尼基人就已在海上闯荡，他们的航行范围甚至超过希腊人，直至直布罗陀海峡以西的加的斯。亚平宁半岛上的伊特鲁里亚人也曾在海外建立新据点。到公元前500年，地中海超过半数海岸线都已被上述三个民族中的某一个所殖民。在之后几百年里，给希腊人带来最大挑战的也正是这些同样开拓海外的殖民族群，而非沿海各地内陆的原住民。[5]

起初，这些殖民据点都规模不大，在地图上往往不能连缀成线。据点间只有海路相通，没有陆路相连。或许正是在这样的新环境（而非希腊本土或爱琴海沿岸与诸岛）之下，希腊人孕育了一种全新的社会组织形式，它不但要在之后一千年里主导整个希腊语世界，也将留下一笔延续至今的历史遗产。在希腊语中，这种新社会共同体的名称是"polis"（复数为"poleis"），这个词通常被译为"城邦"。

通常来说，一个城邦由一片城市区构成，其核心往往有一处圣所和一片广场（agora）。圣所包含了一座或多座祭坛，以供奉城邦的守护神。不久之后，希腊人开始在圣所修建更为精美的建筑，以供祭神之用。古希腊神庙是公元前8世纪的另一大发明：这些神庙起初为木制，后变为石制，屋顶倾斜，首尾各有一排立柱，托举着两面三角墙。很多神庙的残迹留存至今，它们的设计风格也在后世不断被人模仿。城市广场起初是供市民集会的地方，在后世逐渐演变为"集市"之意（在今天的希腊语中，"agora"依旧指代"市场"）。城市周围环绕着一片农业区，但规模不一。农业、贸易和战争所得是一座城邦财富的主要来源。[6]城区及其腹地均由城市中心来管理统治，这两个地域共同形成了当今意义上的"政治国家"。农业腹地可能有不止一处村落或小共同体，但按照定义来看，每个城邦一般只有一座"城"。

　　或许受规模所限，城邦中没有一个机构或社会集团能长期维持对其他群体的领导权。出于同样的原因，各城邦**之间**也没有固定的等级关系。希腊城邦中没有埃及法老以及亚述、波斯国王那种奉行神权政治的君主，无论是在单个城邦范围之内，还是在霸主统辖附庸的关系当中，都是如此。后来的传说认为雅典和底比斯等城邦也曾在史前被世袭君主统治过，但自有信史以来，所有希腊城邦中只有斯巴达存在君主制，而斯巴达在其他很多方面也堪称希腊城邦中的异类。只有在遥远的传说中才出现过由一个人来统治所有希腊人的情况，那就是曾领导联军远征特洛伊的阿伽门农，但从《伊利亚特》的叙述来看，阿伽门农王的主帅地位也绝不稳固，他似乎只是因形势变化而临时掌握指挥权，还有可能面临其他联军将领的抗拒乃至挑战。

　　因为没有世袭君主传统，唯一有可能对城邦施加强制性权威的力量就是宗教。奥林匹斯诸神的伟力体现在自然世界的方方面面，雷霆与地震都被解读为诸神奥秘难测的"干预"。对于诸神以神谕或预言形式给出的命令，所有人都会听从。对个人与共同体而言，宗教祭献与公开和私人场合的崇拜仪式在日常生活中必不可少，但古希腊世界不存在一套约束信仰实践与内容的宗教等级体系。和当时已经兴起的早期犹太教或后世兴起的伊斯兰教不同，希腊人的信仰中没有先知的角色。此外，希腊社会也没有一个阶级能像中世纪欧洲的教宗、主教或宗教裁判所那样垄断与神相关的事务，就连祭司也不例外。

这样一来，一群人如果要聚集起来、建立城邦，就必须自己摸索，不能等别人指点。突然之间，所有问题都要通过争执与交涉解决。因此，**争论**（argue）就成了整个希腊语世界的家常便饭。各地的希腊人彼此争论，竞相寻找共同体秩序的最优解，说服同胞采纳自己的方案。这种理性辩论与劝说的集合，就是世界上最早的"政治学"（politics，字面意思即"城邦事务"）。

大约 400 年后的公元前 4 世纪 30 年代到前 4 世纪 20 年代，哲学家亚里士多德在向雅典的学生们回顾这段历史时指出，"城邦"是人类社会共同体秩序的天然选择与最佳方案。城邦制度让市民享有"完善而自由的生活"，"换言之，让他们能生活得幸福而美好"。[7] 在古希腊人的思维里，是公民定义了国家，而非国家定义公民。亚里士多德明确断言，城邦"不是一个地理共同体"，也不只是人们"为司法和贸易上的互惠合作"而聚集起来的场所。地理疆域和互惠合作是城邦存在的**结果**，而非城邦存在的原因，更不是其本质。城邦的官方文书与声明总是以城市公民集体为主语，如"雅典人""斯巴达人""底比斯人"。因此，当代有一些观点认为不应称其为"城邦"，而应改称为"公民邦"。[8]

与此同时，希腊语"polis"一词在日常语境下也可单单指城镇或城市。在当时，现代城市生活的很多要素还没有出现。以规模论，当时最大的希腊城邦也只相当于现代世界的小城镇，更不可能与大城市或国家相比。"城邦"的定义与大小无关——最小的城邦可能只有约 190 人居住。[9] 但在希腊语里，无论城邦大小，任何属于城邦的人都可算作后世所谓的"文明人"。亚里士多德曾对学生们说，任何生活在远离城邦之地，或生活在城邦时代以前的人都定然"如荷马所贬斥的那般，'无兄弟、无法度、无家乡'"。[10]

也许希腊"城邦"的内核与诞生原因既不在于土地也不在于人民，而是在于各地用于约束全体公民的**规则**。在古希腊世界，字母文字的第一项公开用途是立法，这不可能是偶然的。这些法律条文被镌刻在岩石或铜板之上，镶嵌在公共场所，供所有人阅读——尽管当时只有一小部分人能读懂文字。现存最古老的法律残篇可能来自克里特岛东北部的德雷罗斯遗迹，年代大致在公元前 650 年前后。耐人寻味的是，德雷罗斯出土的这件文物并没有像我们今天所设想的那样"制定法律"。很多早期希腊语法律都具体规定了**谁**在何种情况下可以享有某种特定的权力。在之后的 300 年里，围绕这些利权的纠葛将在大多数城邦动荡不安的生活中充当主旋律。[11]

几乎每个城邦都有自己的法律，不同城邦的法律千差万别。因为各地都是从无到有地创制，其他规则也有很大不同。月份的名称、历史纪年方式、度量衡、币制（公元前 600 年前后，金属货币从安纳托利亚传入希腊世界）乃至公民的特权与义务都没有统一规定。如此驳杂的制度足以令现代人感到困惑，但在其表面之下，各城邦法律规定的**本质**却高度相通。

不同的法律规则孕育了不同的政制。每个城邦都有自己的政制，每一种政制在细节上都有其特色。亚里士多德曾让学生们将当时约 150 个城邦的现行政制汇总并记载下来，但只有雅典政制保存至今。但最晚到公元前 5 世纪上半叶，希腊城邦的政体已可大体分为三种：一人统治、多数人统治、少数人统治。[12]不久之后，这三种政体在希腊语中将分别被称为"僭主制"（tyrannis）"民主制"

（demokratia）和"寡头制"（oligarchia）。在之后的两千多年里，这三个词的具体含义发生了不小的变化，但都延续至今，其含义也仍一目了然。

在古典时代之前的万物发祥的探索时代，"僭主制"意味着城邦由一个强人统治，"僭主"在这里更像一位独裁者，而非现代意义上的暴君。一些僭主甚至有可能勤于立法，留下一些在那个时代颇为先进的制度。僭主在立法之后大多遵守自己的法律，往往也会尊重旧制。寡头制城邦的权力往往为一群根据血统与财富自封的精英所掌握，民主制城邦的大政方针则由广大男性公民决定。到公元前 6 世纪末，采用上述各种政体的城邦已普遍承认，每一位公民在法律面前享有同等地位。[13]

即便如此，我们也不应认为公元前 7 世纪以来兴起的古代城邦曾像亚里士多德和其他后人所宣称的那样理想，更不能用现代的道德与政治标准加以衡量。古代希腊邦国从未赋予女性完整的公民权，对奴隶权益的保障也极为有限。这意味着当时有权参与公共事务的人数不可能超过全体成年人口的二分之一乃至四分之一。无论在哪里，人口买卖都被视为文明生活的正常环节，邦国间频繁爆发的战争往往也不是为了争夺领地，而是为了争夺人力，以奴役俘虏，让他们做苦工。[14] 在当时，这种悲惨的事件几乎无处不在，但探索时代的希腊人对此似乎从未有过严肃的反思，只是一心探索自己所在（且正在加以塑造）的周边世界。

古希腊城邦体制实际运作时的局限性还不止于此。城邦发展极为缓慢，也从未覆盖整个希腊语世界。就目前已知的证据来看，公元前 8 世纪末以来希腊人建立的所有海外殖民地都很快采用了城邦制，或从一开始就遵循了城邦模式；相比之下，希腊本土很多地区的城邦化进度反而更为迟缓。这些地方往往遵循一种更松散的"部族"（ethnos，复数形式为 ethne）体制。"ethnos"一词在古代有多种含义，但因为这些部族都说希腊语，这个单词还不具备我们今天所谓的"族群"（ethnic）的意味。一个"部族"可以被定义为"部落政体在信史时代的遗存：其居民稀疏分布于一定的疆域之内，没有中心城市"。[15] 亚里士多德等古代作家认为"部族"缺乏城邦所具备的那种紧密的社会纽带与秩序，因此更加落后。正是出于同样的原因，今天我们对部族社会的运作方式也所知甚少。

在希腊南部，大部分部族都将在之后几百年间逐渐合并为城邦，但这一过程越往北就越少见。其中，马其顿部族就从未发展成城邦，而是在一个世袭王朝的统治下逐渐发展为内陆王国，其规模远胜任何一个城邦。最终，马其顿诸王在世界历史上留下了显赫的印记，亚里士多德和他的同时代人便是其见证者。但与此同时，以城邦为代表的新社会体制仍将定义整个希腊世界。

整整 1 000 年间，希腊人在不同时期总共建立了约 1 500 个城邦，其中最著名的当数斯巴达和雅典，但它们在城邦中都不是典型。斯巴达不是一座城市，而是塔伊耶托斯山下埃夫罗塔斯河畔一系列村庄的集合。斯巴达统治着拉科尼亚（也称拉刻代蒙）地区和塔伊耶托斯山背后的麦西尼亚，即迈锡尼时代皮洛斯诸王的故地。斯巴达国家的统治疆域远大于许多城邦腹地农业区的面积之和，涵盖了伯罗奔尼撒半岛南部的大部分土地。

麦西尼亚人和一些拉科尼亚的原住民被斯巴达人称作"黑劳士"（helots），即"俘虏"之意。黑劳士是当地原住民的后裔，他们在传说中被入侵的斯巴达征服者奴役，其真实历史或许可追溯到混乱的黑暗时代。进入信史时代，黑劳士被置于永久性奴役之下，为斯巴达充当农奴。以如此大规模的奴隶劳役为支撑，斯巴达成为当时唯一一个能让全体公民服常备兵役的城邦：事实上，斯巴达甚至禁止公民从事生产性活动。在这之后，斯巴达社会以其高度军事化、集团化的制度名留史册。这种高度专业化背后的一个原因是统治阶级对被压迫人群存在一种无可厚非的恐惧：斯巴达治下的被奴役人口可能多达公民的七倍，一旦奴隶们造反复仇，后果不堪设想——后来的斯巴达也的确面临了这样的挑战。[16]

相比之下，雅典是一座不折不扣的城市。无论在当时还是现在，雅典城区都簇拥着高耸的卫城（Acropolis——这个词在希腊语中的意思是"高处之城"，在古代仅指城邦要塞）。雅典治下的腹地疆域远小于斯巴达，也远小于今天的阿提卡州（这个行政区划延续了古代的阿提卡之名，在现代希腊语中写作"Attiki"）。与斯巴达不同，雅典赋予疆域内所有成年男性以完整的公民权。在城内与城郊，虽然很多粗重劳动仍由从战争中俘虏或从市场上购得的奴隶承担，但雅典公民也耕作自己的土地，或者从事工商业谋生。[17]

在希腊城邦里，法律的地位是至高无上的。在这一点上，斯巴达和雅典也不例外。雅典公民和斯巴达公民对传说时代由伟人订立的法律极为崇敬，堪比敬畏神明。雅典立法者德拉古（Draco）是今天英语中的"残酷"（draconian）一词的起源，斯巴达传说中的立法者来库古可能纯属虚构，但他的名字也与斯巴达严苛的法律制度高度绑定。但在这个最基本的共同点之外，雅典和斯巴达两国的政制差异很大。

斯巴达是当时唯一一个保留了世袭君主制传统的希腊城邦。更为奇特的是，斯巴达始终由来自不同王室的**两位**君主共治。如今，我们已不清楚斯巴达双王制的权力分配以及君主和公民大会之间的权力结构如何运作。在斯巴达，女性的社会地位与话语权比在其他城邦更高；与雅典女性不同，她们甚至享有财产权，但不能在公民大会上发言。不过，在其他方面，斯巴达社会都高度保守：（据推测）自公元前 7 世纪订立法律与规则以来，斯巴达人在之后的几百年里坚决保持旧制，未做改变。在疆域之外，斯巴达人希望邻国都采用寡头政体，但斯巴达自身的政治制度在当时独树一帜。[18]

在雅典，政治权力的平衡不断变化，雅典城邦的政制也需要与时俱进。到公元前 500 年，雅典已经历了上述全部三种城邦政体：首先是寡头制，然后在公元前 6 世纪后半叶转为僭主制，最后又演变为早期民主制。关于究竟是什么机制使得民众得以在雅典掌握权力，学界有诸多争论。我们现在能掌握的信息并不完全，其内容也难免受后世偏见的影响。

公元前 510 年，雅典的最后一位僭主希庇亚斯被斯巴达军队（目的可能是干涉雅典内政）推翻。在这之后的混乱中，雅典的某一个派系承诺"由民众掌权"，得到了大众支持。我们不知道这一过程如何发生，但最终，承诺民主制的一派取得胜利，派系领袖克利斯梯尼随即推行了一系列影响深远的改革。又过了半个世纪，雅典才形成了一套完整的**民主政制**，"民主"一词也由此诞生。虽然缘起经过仍不清楚，我们一般认为世界上第一个实质上的民主政体是在公元前 508 年到前 507 年间于雅典创立的。[19]

无论雅典、斯巴达还是最小的城邦，每一个城邦都对自主权（autonomy）无比珍视。希腊语"autonomia"一词最早形成于公元前 5 世纪，本义是指一个国家的自主立法权，意味着任何一个国家都不能在疆域之外立法，否则就会侵害别国的自主权。因此，各独立城邦间的关系往往充满了竞争、交涉与争论，一如城邦内的各位公民与各种团体。然而，虽然在城邦之内建立了"政治"制度，古代世界的希腊人从未在城邦之间找到一种类似的解决方案，以规范各城邦之间的关系。

各城邦往往会在寻求自保时组建临时性同盟。为给这种联合提供依据，希腊人往往会诉诸各邦共同的祖先。但历史证据显示，大多数（乃至所有）关于遥远先祖的故事都是为了论证既成事实而虚构出来的。海外殖民地可以向希腊本土的"母城"（metropolis）寻求援助，但在实际情况中母城也常常向海外定居点求助。不过，这一现象只意味着当时即便规模极小、位置偏远的城邦也能享受极高的独立性。希腊人从不认为"母城"应对自己在海外的殖民地施加政治约束，试图控制殖民地的"母城"反而常常以失败告终。这一点也从另一个方面表明，用"殖民地"这个带有民族独立战争与20世纪去殖民化意味的词指代希腊人的"定居点"（apoikia）并不恰当。[20]

有些时候，希腊语世界的三大方言（严格来说，是三大类方言）也为城邦同盟提供了松散的基础。西希腊方言（虽名为"西"，却包括了含克里特岛和安纳托利亚南部海岸在内的南爱琴海地区）也被称为多利安方言（Doric），爱琴海东岸与雅典则说伊奥尼亚方言（Ionic），更北方的伊奥利亚方言（Aeolic）主要存在于爱琴海北部诸岛、今天属于土耳其的爱琴海北岸以及色萨利到维奥蒂亚之间的希腊沿海与内陆地区。还有一种流行的传说称上述三大类方言的使用者是同一祖先的不同后裔，并将这些群体分别称为多利安人、伊奥尼亚人和伊奥利亚人。在这当中，伊奥尼亚方言的使用者最早尝试建立政治联盟，其时代可追溯到公元前 7 世纪。当时，位于安纳托利亚西部的十多个城邦曾以一处名为"泛伊奥尼亚"（Panionion）的圣所为会场，派遣代表集会磋商。后来，更北方的伊奥利亚人也不甘示弱，设立了类似的机制。[21] 在爱琴海另一端，斯巴达人也经常利用他们与其他说多利安方言的城邦之间的所谓亲缘关系，来宣示自己在这些城邦中的霸主地位。

除上述特别情况外，正常时期的希腊城邦总会不惜一切代价捍卫公民集体的绝对自主权。为此，公民都有投身战斗的心理准备。公元前 7 世纪晚期莱斯沃斯岛上的诗人阿尔凯奥斯曾有名言："战士就是城邦的堡垒。"约 300 年后的亚里士多德虽承认人类可以被奴役，却不认为城邦能彻底屈服。他说："将一个本质上处在奴役状态的东西称为'城邦'是不可理喻的，因为城邦必然意味着独立，而奴役状态必然与此相悖。"[22]

各城邦为捍卫自由而展开的争斗也给希腊人的战争带来了革命性变化。荷马史诗中，自称勇士的英雄往往要乘战车在混乱的战场上厮杀。但在新时代，希腊人的军队由结成方阵（phalanx——我们今天仍使用这个词）的重装步兵（hoplite）构成。方阵的每个步兵都由一侧的战友用盾牌保护。换言之，一个人在方阵中的安危取决于身旁的战友（除非你太倒霉，被分到横队的末端）。这种战术在战场上足可以少胜多。它之所以能够奏效，也是因为希腊的重装步兵是由**城邦公民**组成的军队。与此同时，希腊人也建造了更大、更快的新式船舶。这些新式船只由成排的桨手驱动，他们在海战中必须通力合作，才能用撞角威胁敌人。和在陆地上一样，海上战事的胜负也取决于所有人能否共同努力。[23]

几百年来，希腊城邦间的战事接连不断，彼此猜疑成为常态。

"自主权"的得失取决于战争的输赢。每一场战斗都是关乎生死存亡的零和博弈,败者得不到任何怜悯,而战争的所有参与者都说希腊语。方言的差异不会妨碍希腊语使用者的正常沟通,他们也都敬畏同样的神祇,遵循大体相近的祭祀礼俗(尽管在细节上不尽相同)。到公元前6世纪,荷马史诗中那个内讧不断的神族已扩充为"奥林匹斯十二主神",他们的名字与权能或许还没有被整个希腊语世界所熟知,但也已在相当大的范围内广泛流传。

宙斯是奥林匹斯诸神之王,也经常被称为其他神祇的"父亲"——不过,波塞冬是他的弟弟,赫拉是他的妻子也是他的妹妹。除宙斯以外,其他神祇也各有司掌:波塞冬主管海洋,还是地震之主;雅典娜是智慧女神;阿佛洛狄忒是爱之神;阿波罗是光明与诗艺之神,但他射出的箭也十分致命;阿瑞斯是战争的化身;狄俄尼索斯是酒神与情绪之神;赫尔墨斯是欺诈之神。每座城市都有一位守护神,其地位在一定程度上类似后世的主保圣人,其中最著名的就是雅典的守护神雅典娜。不过,一些祭祀特定神祇的场所也可能被建立在政治上无足轻重的地方。就这样,一系列宗教圣所形成的地缘网络贯穿了各自为政的城邦与组织松散的部族的疆界,吸引了来自希腊世界各地的崇拜者。[24]

在这当中,有一处圣所位于基克拉泽斯群岛中部的小岛提洛,那里是传说中阿波罗与孪生姐妹、童贞狩猎女神阿耳忒弥斯的出生地。还有一处圣所位于希腊中部陡峭的帕尔纳索斯山上,名为德尔斐。在那里,阿波罗会用绝对可靠却高深莫测的神谕来回答凡人提出的问题。第三处圣所奥林匹亚位于伯罗奔尼撒西北部的森林山地之间,毗邻一条浅河,是祭祀奥林匹斯之主宙斯的圣地。这三处圣地起初规模很小,但影响力在之后的几百年间不断扩大。[25]

在上述圣所定期举行的祭神节为平日里彼此征战的各城邦统治者提供了集会、交涉、辩论，以及炫耀武力、彰显排场的机会。[26] 这种节日活动日后演变为展示身体力量与素质的仪式性赛会，也即后世的体育运动竞技（athletics——这当然也是个希腊语词，原意为"斗争""竞争"）的前身。据传说，四年一度在奥林匹亚举行的体育竞技会始于公元前 776 年（换算成现代公元纪年）。从那时起，奥林匹亚竞技会成为古代世界的保留节目，延续一千余年。

奥林匹亚竞技会前后及举办期间，希腊各城邦进入"神圣休战"期，以便运动员和赞助者自由前往赛场。所有派遣运动员的城邦都必须遵守这一休战规定——这无疑表明，赛会的组织者相信这种体育竞技节是对战争的一种温和替代。[27] 赛会选手和观众或走海路从地中海与黑海沿岸各地赶来，或走陆路从远达马其顿（在当时其他地方的希腊人看来，那里还是个遥远蛮荒之地）的多山内陆赶来。起初，参会人员的规模可能并不大，但在公元前 5 世纪，扩建后的奥林匹亚竞技场可以容纳多达 4 万人。

到那时，希腊其他圣所也已把体育竞技活动当成了宗教节日的一部分，其中在德尔斐举办的运动会被称为"皮提亚竞技会"，在科林斯地峡（连接伯罗奔尼撒半岛与希腊半岛主体部分的狭窄陆地通道）附近举行的运动会被称作"伊斯米亚竞技会"，在伯罗奔尼撒北部还有尼米亚竞技会。[28] 就这样，希腊语世界形成了一种既全面连通、又高度破碎的格局。各城邦对自主权的坚持维持了希腊世界的碎片化，而提洛、德尔斐和奥林匹亚则是跨境往来的关键节点。

也正是以这些宗教圣地为起点，一种作为"希腊人"的身份认同感迎来了第一次萌芽。起初，"希腊人"一词仅指传说中阿喀琉斯所在国度境内的一小部分居民。在《伊利亚特》里，"希腊"是阿喀琉斯所在小国境内的一个地名，但其指代范围在后来逐渐扩大，最终囊括了所有"希腊人"（即说希腊语的人）居住的地方。不过，迟至公元前 500 年，这种集体认同感仍十分原始，既不足以构成政治上的合作，更谈不上"统一"。[29]

探索时代的希腊人也通过其他方式探求自身以及自己在世界上的位置。新生代希腊诗人创作的韵体诗歌首次将人们的个人感受带入公共视野。如今，我们只能通过后世著作的征引和埃及沙漠中偶然出土的纸莎草纸残片（这些文物表明，其中一些诗作即便在作者去世千年后仍有人阅读）一窥这些诗人的作品。就目前已知的证据来看，这些诗人的作品大多篇幅短小，需要配合器乐演奏吟唱。正因如此，这些诗人和他们的诗都在后世被称作"lyric"，一个源于里拉（lyre）的词。当时的很多诗人在作品中歌颂饮酒的愉悦，感叹岁月消磨人心的欲望与期许，表达险恶的嫉妒，或与人唇枪舌剑——都是用生动亲切的语言捕捉日常生活中的种种思绪。公元前 7 世纪中叶，来自帕罗斯岛（属于基克拉泽斯群岛）的诗人阿尔基洛科斯还曾用优美而露骨的诗文讲述了性爱的欢愉，听起来似乎是一场群交。[30]

当时最著名的诗人是莱斯沃斯岛的萨福。萨福可能生活在公元前 600 年前后，她以描写女性之间性爱与爱恋的诗歌而闻名，是后世"女同性恋"（lesbian）一词的起源。在很多希腊城邦，男同性恋（尤其是中年男性与花季少年间的亲密关系）曾作为教学过程中的附带结果而被人接受，时常比异性之爱更受推崇。[31] 在莱斯沃斯岛上，同样的逻辑也适用于女性之间。不过，莱斯沃斯岛独步于古代希腊世界的真正原因既不在于（男性或女性的）同性恋关系，也不在于成年妇女与未成年少女可与男性一样在社交场合相聚。萨福写作并传唱的诗歌被**写成了文字**，因此走出了第一手读者圈，博得了更广泛的名声，这才是莱斯沃斯岛真正不同凡响之处。

萨福的诗歌洋溢着自我探索的愉悦之情。在这种感情面前，雄壮的战士、男性运动员和城邦中彼此竞争的男性公民们都要相形见绌：

> 有人认为，舰队、马群
> 或骁勇的战士才是
> 世上第一的美景；要我说，你所爱的
> 就是世上最美的。

某次，萨福看到一位少女正在与一名男子调情。她被少女的美貌所惊艳，一时竟与那位男性情人的生理反应产生了共鸣：

> 我口僵舌结，
> 不可名状，一道火焰瞬间
> 从皮下燃起，
> 我目不能视，耳鸣不止，
> 汗流津津，五体战战，
> 脸色憔悴，枯如荒草：
> 仿佛大限将至。[32]

虽然这些写作于2 000多年前的诗句洋溢着异常私密的情感，但早期希腊文学中的个人体悟尚不能与后世所谓"抒情诗"相比。就目前所知，当时的希腊诗人往往要对观众吟唱自己的作品。他们通常是一个关系密切的团体，在一个私人住宅里饮酒聚会，这就是所谓的**会饮**（symposium）。还有一些朗诵的场合更加公开，由一群人集体演唱诗文。即便听众的圈子很小，他人的存在与表演行为本身也对诗歌的创作与构思至关重要。听众的反馈必然也极其重要，尽管这些内容没有见诸文献。一些诗歌会提到现实中存在的个人，他们很可能是诗歌听众，甚至对作品享有"回应权"，这在本就亲近而平等的作者-听众共同体中营造了一种亲切的私密感。

在视觉艺术领域，从略早于萨福的年代起，希腊城镇开始出现了许多以公民为原型的石雕与铜像。在希腊语世界各地，圣所与墓园中开始出现大量等身或略大于人身的雕塑。在神庙内供人敬拜的神像的尺寸甚至四倍于人身，但总体而言，当时的雕像大多还是以普通公民为原型的。在墓园里，象征死者的石像巍然矗立，如果是男性往往会赤身裸体，如果是女性往往要身披华服。和今天在博物馆中的形象一样，每一尊雕塑都径直平视着面前的观者，总是面带神秘的笑容，永葆青春。

造像所需的技术与工艺是从埃及传来的。千百年来，埃及人一直在神庙与宫殿中建造具有纪念意义的雕像。然而，尽管初期的希腊造像在外形上靠近埃及风格，制作者为它们安排的**用途**仍与埃及人截然不同。古埃及人物造像的用途是震慑观看者，彰显法老的权威，但在希腊城邦中，掌握如此权势的人并不存在：即便"僭主"也不敢公然为自己建造巨像，恫吓其他公民。希腊诸神的外形也与将人体、动物或鸟类身体特征杂糅在一起的埃及神祇不同：石像或铜像艺术中的奥林匹斯诸神一如荷马史诗所述，在形象上与人类完全相同。希腊人崇拜的对象无论举止还是外貌都与希腊人自己完全一致，只不过永生不死。而在希腊城邦中，生活较为优渥的公民也愿意花费大量金钱与精力，为自己和自己所爱的人以同样的方式塑像。[33]

今天，表现公民形象的雕塑被分别称为"男像"（kouros，复数形式为 kouroi，古希腊语中指少年）和"女像"（kore，复数形式为 korai，古希腊语中指少女）。这些雕像的姿势并不自然，身体比例追求几何美感，而非人体的解剖学特征。这些雕像上著名的"古风微笑"（archaic smile）也被认为是"从口部到脸颊之间的过渡难以表现所致"。[34]无论材质是皓白的大理石还是颜色更灰暗的石灰石、砂岩，这些雕像的须发、眼睛（以及"女像"身上的长袍）都会被涂上颜色，以现代人的审美来看未免有些俗艳。至于那些男像上裸露的肌肤如何呈现，则很难查考。根据一项可追溯到埃及、后来为米诺斯人与迈锡尼人所延续的古老习惯，男性造像上往往会涂抹一层棕红色颜料以代表皮肤，女性造像则涂成白色。时至今日，仍有观点认为古代希腊造像艺术为所谓"白人"男性的躯体美奠定了理想标杆，但这得不到事实支撑。

此外，这一时期的希腊造像者与赞助人在建造雕像时也并不力求还原像主的具体特征——就像当时的吟游诗人并不会道出真正私密的个人体验。不过，在标准化的姿势与一成不变的神秘微笑以外，很多造像的确有些独特之处。这是新兴的石像、铜像塑造技术与稍早发明的字母文字碰撞的结果。底比斯出土了一尊早期希腊男性铜像，其用途可能是供奉给神庙放置在庭院中。这尊铜像的腿部镌刻着如下韵文：

曼提克鲁斯造我以献善射银弓之神［阿波罗］，

请福玻斯［阿波罗］降福回馈。

这段铭文中露骨的讨价还价意味，似乎完全不符合现代语言中的"虔诚"一词的定义。在这里，奉献者给神祇献上了一件昂贵的礼物，但他并不只是被动地祈祷或等待，而是直接向神**要求**回报。[35]

在墓园里，通过铭文出面说话的也是造像本身，而非造像所代表的已故之人："我乃弗拉西克莱亚之像。诸神封我为永世处女，不得成婚：造我者帕罗斯的亚里斯提翁。"这尊造像所要代表的是爱人的"缺席"。它傲然挺立，在胸前手捧类似鲜花之物（可能代表了永不失去的处子之身），不但以眼神与我们对视，也以铭文对我们发声。[36]

到公元前6世纪末，希腊人已开始用文字和图像记录自己的身份。这种行为不只局限在庄严的公开场合，许多希腊公民的家中也摆放着绘有自己形象的盘子、杯子、大碗等日常用品。在公元前6世纪，科林斯与雅典先后成为陶器的重要产地，由这里诞生的陶罐与陶瓶不但畅销希腊语世界，也远销希腊语世界之外的地方。一些珍贵陶器上绘有魔鬼与怪兽的形象，如半人半羊的萨提洛斯、狮身人面的埃及怪兽斯芬克斯，以及传说中的半人马。不过，大多数陶器上描绘的都是成年男子的形象。女性的形象并非完全缺席，但大多是女神或传说中的著名女性角色。此外，雕像艺术中通用的男女着装规则也大体（并非完全）适用于陶器绘画。[37]到公元前6世纪末，下巴突出、长有胡须（有时还可见阴茎勃起）的希腊男性侧身像已成为地中海与黑海沿岸各地家居用品上的常见装饰图案。

陶器上的装饰艺术在当时想必司空见惯，否则参与会饮的古代希腊作家不会在作品中对其没有半点描绘。[38] 在今天，数以千计的装饰陶器得以出土，它们有些在墓葬中保存完好，有些在居民家中化为残片，需要考古学家辛辛苦苦拼凑复原。这些陶器为我们了解公元前 6 世纪希腊人的生活提供了绝佳的窗口，也让我们得以了解当时说希腊语的人如何看待自己、认识自己。

在这些装饰画上，赤身裸体的运动员炫耀着健壮的身体、结实的肌肉，或在摔跤比赛中把对手摁倒在地，这应是当时希腊语世界各城邦与圣所的竞技场中的日常画面。全副武装的士兵头戴令人生畏的青铜盔（其遗物至今仍保存在世界各地的诸多博物馆中），一道显眼的鼻梁护甲竖立在中央，大大遮挡了穿戴者的视线。陶器装饰画上的另一个常见情景是在圣林中或神庙前宰牲献祭。出土的酒杯上常绘有宾客在会饮中欢谈的画面，与这些酒杯本身的使用场景交相呼应。

在现代人（以及一些早期的古典学者）看来，这些陶器装饰画的最惊人之处莫过于对求爱与性爱的描写。一些装饰画描绘了追求者向心上人赠送礼物、邀约幽会，这些场景里的主要角色大多为两名男性，年龄一大一小，有时也会出现一些少女。还有一些装饰画描绘了男性之间的性行为，刻画往往较为逼真，以表明画中人物在性爱中十分享受。[39] 从出土文物来看，阿尔基洛科斯等诗人在作品中描绘的性爱场面也曾出现在富贵人家的陶器外壁上。这些文物从侧面反映了这一时期的早期希腊社会如何看待自身，也在它们所处的时代把这种对希腊人的印象成功传播到了希腊社会之外。

这一时期的希腊人也在探究自己身边的世界。他们对 "自然"〔physis，即今天英语中 "物理学"（physics）一词的来源〕的探究也将为现代自然科学奠定重要基础。在之前的许多个世纪里，埃及人和巴比伦人已开始观测天空、研究数字与形状的学问，居住在安纳托利亚沿海城市中的希腊人可能对这些古老知识有着更便利的了解渠道。在这当中，米利都人最早展开了对自然的系统性研究。从公元前 600 年前后起，米利都的泰勒斯、阿那克西米尼和阿那克西曼德开始提出独创理论，以解释已知世界的现象。

很快，这些米利都人和他们在希腊世界各地的后继者都将在希腊语中以"哲学家"（philosophoi）之名为人所知，这个单词的字面意思是"热爱智慧之人"。他们是世界上最早的哲学家，但因为当时"智慧"还没有如后世的学科那样细分，这些哲学家同时也是世界上最早的科学家与数学家。希腊哲学在何种程度上借鉴了近东和中东更古老文明的成果，至今仍有争议。但毫无疑问，他们确实发明了一套全新的方法体系，并以此为基础在后世又发展出了一系列学科。这种方法体系的诞生直接源自希腊城邦的政治。正如公民在公共场合讨论"政策"（今天的英语中仍将其称为"policy"），哲学家也以已知世界的证据为起点阐发逻辑论证，探索现象背后的根源。由此，他们发明了一切数学与科学探究的核心——**证明**（proof）。[40]

在今天，我们已很难具体还原这些早期哲学家的思想和成就。他们的著作大多只以零星引言的形式出现在多年后的其他作者的著作中。我们对这些哲学家的生涯经历缺乏了解，表明他们当中的很多人曾充分利用了当时希腊语世界人口高度流动的特征。公元前 6 世纪末的哲学家萨摩斯的毕达哥拉斯曾远赴位于今意大利卡拉布里亚地区的克罗同（Croton），建立了一个数学"学派"。色诺芬尼出身伊奥尼亚群岛城市科罗封（Colophon），离安纳托利亚西岸城市以弗所不远，据说他曾从公元前 570 年左右开始周游整个希腊世界，他的一生跨越了近一个世纪。色诺芬尼既是诗人也是哲学家，我们无从判断他的思想体系化程度如何。他是已知第一个打破了传统的奥林匹斯神话故事，主张"世上只有一个神，在一切神祇与人类中最为伟大，无论身心都与凡人迥异"的希腊人。色诺芬尼认为，想象神祇与人类相似是一种专属于人类的错误：如果牛、马、狮子也能画像，它们笔下的神祇肯定也会以牛、马、狮子的形象现身。[41]

在安纳托利亚沿海地区，以弗所出现了曾活跃于公元前500年前后的赫拉克利特。他可能率先提出自然世界可以通过一系列定律得到解释，一如希腊城邦社会受法律制约。赫拉克利特认为，我们生活的"宇宙"（cosmos）不是"神或人的造物……而是永恒如此：一道长明的火焰，无论怎样跃动，皆有其规律"。"cosmos"一词原指"次序""安排"，在我们已知的范畴内，最早用它来指代"宇宙"的就是赫拉克利特的这番话，这个词在许多语言中至今仍有这个含义。[42]赫拉克利特的观点因而意味着，自然宇宙即便并非由理性生物所造，也仍受理性规律支配。自然世界的运作遵循所谓"尺度"（measures）——这个词无论在希腊语还是在今天的英语中都代表一种可被衡量的常态化法则。以弗所的赫拉克利特就是现代科学的起源。

只要周遭没有掠食者的致命威胁，"蚂蚁或青蛙"就能在池塘沿岸怡然生息繁衍，彼此争夺地盘。这样的状态在希腊人之间延续了近200年，但在公元前6世纪中叶，"掠食者"的威胁终于出现在了地平线上。在东方，因巨富闻名的国王克罗伊斯以萨迪斯为首都，统治着吕底亚王国。公元前560年到前550年间，他扩张领土，将西安纳托利亚的所有希腊人定居点纳为附庸。在西面，腓尼基人于今天突尼斯境内创立的迦太基也成为一方强国，威胁着西西里岛上的希腊人城市。[43] 然而，在飞速崛起的米底与波斯帝国面前，这两股势力都要相形见绌：公元前 559 年，库拉什成为波斯君主，他在希腊语中的名字是"居鲁士"。

居鲁士在位 30 年，建立了一个地跨爱琴海与里海之间，向东深入今阿富汗与巴基斯坦境内的波斯帝国。他的继承者冈比西斯二世还将征服有着 2 500 年历史的法老之国——埃及，建立起当时世界上最庞大、集权程度最高的帝国。公元前 546 年，居鲁士击败了克罗伊斯统治的吕底亚王国，将安纳托利亚沿海的希腊城邦一个接一个纳入波斯治下。[44] 现在，"池塘"岸边的一整块地盘都被掠食者霸占了。希腊人将何去何从？

希腊人的其中一种办法是重拾故智，再次迁徙。据约 100 年后的雅典史学家希罗多德记载，沿海城市福西亚（Phocaea，今土耳其伊兹密尔省福恰）的居民曾冒着夜色——

> 乘上桨帆船，带着所有妇孺与可带走的财物，乃至神庙中的雕像和其他圣物——除了壁画以及铜板或大理石上的浮雕之外的一切——扬帆起航，前往希俄斯……他们在海里抛下一大块铁，发誓只要这铁不浮起，就绝不回福西亚。

不远处的希俄斯岛也只是一处临时避难所。从那里逃走后，福西亚人远走科西嘉，建立了新城市。之后又过了几十年，随着迦太基人和伊特鲁里亚人的威胁日益增长，他们不得不再次弃城而去，定居亚平宁半岛最南端，当地已经有许多希腊人设立的殖民地，颇为繁荣。到公元前 6 世纪末，随着形势变化，像从前那样四处漂泊已不能解决希腊人面临的新问题。

希罗多德用几页篇幅描写了福西亚人的抗争，但含福西亚在内，希罗多德的著作中只提到了两个抗拒波斯统治的案例。在安纳托利亚的其他地方，希腊人的城邦一个接一个地屈服于新宗主的统治。[45] 波斯人委任"萨图拉普"（satrap，意译"总督"；这个词很快在希腊语中成为一种脏话，至今依然如此）统治地方，只要希腊人保持恭顺，波斯太守也乐于让他们自行管理城邦内部事务。在这样的体制下，希腊精英阶层受益最多。城邦要人与望族纷纷争取萨图拉普的支持，乃至直接讨好波斯国王，以在城邦中争取僭主地位。还有一些穷困的希腊人沿着与福西亚人相反的路线向东迁徙，作为工人与手工艺者到波斯帝国的都城波斯波利斯效力。[46]

在爱琴海西岸，斯巴达首先对波斯帝国的势力感到警觉。公元前 6 世纪 40 年代，随着波斯帝国在居鲁士统治下不断扩张势力，将西安纳托利亚的希腊城邦逐一纳入囊中，斯巴达向波斯派出使团，扬言若波斯人不立刻停止西进，斯巴达就将直接出兵干预，为希腊同胞提供庇护。据希罗多德记载，居鲁士从未听说过斯巴达，只能让他的希腊臣属解释这些自以为能对帝国发出威胁的人来自何方。然而，斯巴达人的警告并未成为现实，在接下来的半个世纪里，斯巴达的军事力量仍集中在爱琴海西岸，致力于和其他希腊城邦争霸。[47]

到公元前 6 世纪的最后 10 年里，斯巴达已通过军事征服与缔结不平等条约称霸伯罗奔尼撒半岛大部分地区。斯巴达人的方阵甚至涉足科林斯地峡以东，推翻了雅典的最后一任僭主希庇亚斯，但两年后，克利斯梯尼在雅典推行的民主改革反而令斯巴达人更加不满。公元前 506 年，斯巴达再次兵临雅典城下，要求雅典人驱逐克利斯梯尼，万般无奈的雅典人只得向东方的新兴霸主求助。此时统治米底与波斯人的是达里亚乌什（Daryaush，希腊语称大流士一世），他会不会伸出援手呢？

这段故事依旧由希罗多德记述。和几十年前接见斯巴达使节的居鲁士一样，波斯帝国萨图拉普面对前来求援的雅典使者，同样陷入了困惑。萨图拉普的答复不出意外："只要雅典人按照成规，献上水与土作为臣服的信物，吾皇大流士就将与他们立约；否则，他们应趁早打道回府。"等使团返回雅典时，斯巴达人也已撤军。随着迫在眉睫的威胁解除，雅典的民选领袖或许对使者们妄借城邦之名卑躬屈膝的做法心怀不满，但也没有公然推翻波斯的宗主权。[48]

米利都在称臣近半个世纪后的公元前 499 年发生动乱，针对的很可能并非波斯帝国本身，而是凭波斯帝国的恩宠横行当地的希腊统治者。随后，其他毗邻安纳托利亚的伊奥尼亚城邦也加入其中，这是"泛伊奥尼亚同盟"在历史上昙花一现的闪光时刻。伊奥尼亚人向爱琴海西岸的自由城邦紧急求援，被斯巴达拒绝，但雅典人同意派小股兵力助阵——尽管此时的雅典还不是海军强国，缺乏可以调用的船只，在法理上还是波斯帝国的附庸。此外，优卑亚岛南部的小城埃里特里亚也为伊奥尼亚人提供了支援。在米利都集结之后，起义城邦及其盟友的队伍沿海向北航行，在以弗所附近登陆，然后一路深入内陆，袭击吕底亚故都、波斯萨图拉普驻地萨迪斯，没能攻破要塞，但纵火焚烧了城区。随后他们撤到海边，最终被反攻的波斯军队击败。雅典人与埃里特里亚人无心作战，因此退出联军，返航回家。[49]

反抗波斯统治的希腊联军似乎缺乏明确目标和有效的领导，但伊奥尼亚人还是在孤立无援的处境下坚持了5年，直到波斯帝国发动麾下的腓尼基人组建庞大的舰队，在米利都附近的拉德岛海面击败了规模不如本方的城邦联合舰队。大流士国王对伊奥尼亚人的惩戒极为严酷。据希罗多德叙述：

> 攻占伊奥尼亚城镇之后，他们将最俊美的男童阉割，将容貌最姣好的少女掳至家中，或送入大流士国王的宫廷。至于城镇中的神庙等一切建筑，则被付之一炬。

希罗多德的最后一句记载得到了考古学证据的支持：米利都遗址的部分城区遭到了彻底破坏，此后再没被重建。[50] 到公元前494年夏天"伊奥尼亚之乱"平定时，大流士已完全确立了对西安纳托利亚的统治，将目光放到了更远的地方。波斯帝国的霸权将越过赫勒斯滂海峡，在短时间内向西扩张，进入色雷斯与马其顿。

在伊奥尼亚人的起义中助阵的雅典与埃里特里亚非但没有取得半点战果，反而让自己成了波斯人的目标。希罗多德记载了这样一个小故事：当萨迪斯城区被焚的消息传来时，大流士国王首先询问雅典人在哪里。希罗多德说，得知消息以后，这位米底人与波斯人的统治者立刻张弓搭箭、仰天一射，同时怒吼道："天神在上，保佑我惩罚这些雅典人。"和希罗多德笔下的许多故事一样，这段小插曲未必符合事实。在这之后，希罗多德宣称大流士每日都命侍从在自己就餐前三呼"主上，勿忘雅典人"，这一段故事很可能也属虚构。[51] 不过，无论如何，到公元前494年，这位威逼希腊世界的"掠食者"必然已将爱琴海西岸的希腊城邦纳入了视野。

色雷斯

阿布德拉

埃翁

萨索斯

埃泽萨

运河

皮德纳

奥林索斯

阿索斯

利姆诺斯岛

马其顿

拉里萨

色萨利

圣埃夫斯特拉蒂奥斯岛

伊庇鲁斯

费莱

安布拉基亚

法尔萨罗斯

安纳克托里昂

阿忒米西翁（前480）

莱夫卡斯岛

温泉关（前480）

爱琴海

优卑亚岛

诺帕克图斯

德尔斐

哈尔基斯

埃里特里亚

凯法洛尼亚岛

底比斯

马拉松（前490）

普拉提亚（前479）

墨伽拉

西锡安

雅典

卡里斯图斯

伯罗奔尼撒半岛

科林斯

萨拉米斯（前480）

奥林匹亚

曼提尼亚

阿尔戈斯

厄吉那

特罗曾

提洛岛

特吉亚

埃皮达鲁斯

埃尔米奥尼

皮洛斯

斯巴达

纳克索斯岛

吉提昂

米洛斯岛

主要战场与战斗年份

反波斯的希腊邦国联盟

波斯帝国

支持波斯的希腊邦国势力

0   200 英里

0   200 千米

基多尼亚

克诺索斯

克里特岛

希波战争（公元前490年至前479年）

第四章

最初的"世界大战"
与"古典"时代

（前 494 年—前 404 年）

在波斯人虎视眈眈之际，斯巴达与雅典仍不改希腊世界各独立城邦的习性，只关注发生在家门口的战斗。公元前494年夏天，波斯人在爱琴海东岸消灭最后一支希腊人抵抗力量时，斯巴达人几乎已击败了他们在伯罗奔尼撒半岛上的最后一个敌人——阿尔戈斯。阿尔戈斯是迈锡尼与梯林斯这两个迈锡尼古国的后继者，该城所在的丘陵位于今纳夫普利奥附近，那里矗立着一座中世纪城堡，是今天当地的一大地标。克莱奥梅尼王率领的斯巴达军队未能攻占阿尔戈斯城，但他们纵火焚烧了一片阿尔戈斯人藏匿的森林，杀死了大多数处在服役年龄的阿尔戈斯男性。

此时的雅典也已与北邻底比斯、南邻厄吉那鏖战了数十年。今天的底比斯是一座小集镇，从雅典市中心驱车不到一小时可达，从比雷埃夫斯港前往厄吉那岛的航程甚至比这更短。公元前5世纪初，厄吉那岛上曾有一群富裕而独立的居民，他们以航海为生，与经营农业的阿提卡人素有仇怨。这些地区性冲突虽然让各方成了死敌，但其规模很小，当世界上最大的帝国大兵压境，这些宿怨就被搁置一旁了。[1]

在决定命运的公元前 490 年来临之际，雅典与斯巴达在其城邦内部都存在深刻的矛盾。在斯巴达，内政冲突几可动摇国本：克莱奥梅尼与德马拉托斯二王根据传统共治斯巴达，但在 20 多年间斗争不断。公元前 491 年，两人都试图将对方推翻，结果德马拉托斯逃往波斯控制的安纳托利亚，从大流士那里得到了官职与封地。一年之后，克莱奥梅尼死于狱中，虽然公开说法是因疯狂自杀，但他的死因更有可能是谋杀。[2] 雅典的内讧不如斯巴达剧烈，但仍足以威胁这个城邦稚嫩的民主制实验。很多人仍未忘却此前被推翻的僭主政治，在僭主复辟后损失最大的人也许还会极力抹黑那段回忆。希庇亚斯依旧在世：和斯巴达的德马拉托斯一样，他在波斯国王的庇护下享受了荣华富贵。对雅典和斯巴达而言，一旦被波斯人征服，这两个名声扫地的统治者就很可能会回到各自的城邦，成为帝国恭顺的萨图拉普。

同样在公元前 491 年，大流士遣使爱琴海西岸，要求当地所有的希腊城邦献出水与土，以作为称臣的象征。大多数城邦都服从了使节的要求，但在雅典，波斯使者"像罪犯一样被投入深坑；斯巴达人则将波斯使臣推入深井，说如果你们想给波斯国王带去水和土，就请在井里自便"。[3]

被雅典与斯巴达拒绝之后，波斯帝国于公元前 490 年出动舰队，在达提斯与阿塔菲尼斯两位萨图拉普的指挥下从安纳托利亚进军。波斯舰队从爱琴海东部的萨摩斯出发一路向西，行经海中诸岛，曾参与伊奥尼亚起义的雅典和埃里特里亚是他们的首要目标。在短暂的攻防战之后，波斯人摧毁了埃里特里亚，随后朝雅典逼近。雅典过去的僭主希庇亚斯也随军出征，为波斯舰队如实提供了关于战场的信息。远征军来到正对优卑亚岛的阿提卡海滨，在宽阔的马拉松沙滩上登陆，那里有一片开阔的平原，最适合波斯骑兵作战。雅典公民军结成方阵前来迎战，还有一支来自维奥蒂亚城镇普拉提亚的小部队前来增援。得知波斯军队即将登陆，雅典人还派了一位长跑健将奔赴斯巴达求援。这位健将名为菲迪皮茨，他在不到两天时间里跋涉近150英里，但斯巴达人仍找借口延迟出兵，直到战争结束后才抵达战场。[4]

在曾参与伊奥尼亚起义的将领米太亚得的指挥下，雅典重装步兵以寡击众，对波斯人发起冲锋。到当天傍晚，波斯人终于溃散，仓皇登船出海。据希罗多德记载，雅典人在此战中有192人战死，他们的遗体被体面地埋葬在马拉松平原的一座坟丘下（这座坟丘如今比平原高出约40英尺）。还有少数战死的普拉提亚人也受到了类似的礼遇。波斯人的确切兵力和伤亡数字已无从查考：希罗多德宣称，波斯人在马拉松之战中战死6 400人。

虽然在马拉松战败，波斯舰队仍毫发无损。波斯人正从海路经过苏尼翁角，在次日即可抵达雅典的主要海港法勒隆。此时，雅典全军仍驻扎在马拉松，波斯人只要抢先一步袭击雅典，就能不费吹灰之力拿下这座城市。为阻止这一局面发生，雅典人必须立刻回师，翻越彭特利库斯山（今彭代利山）。于是，这些重步兵（很可能全副武装）沿最短路线强行军26英里，赶在波斯舰队出现前回到了雅典。1896年第一届现代奥林匹克运动会在雅典举办时，人们正是为纪念这一壮举，才设置了马拉松长跑项目。[5]

抵达法勒隆时，波斯舰队已无法乘虚偷袭雅典。波斯人在海上下锚等待了几天，一边眺望着雅典卫城上高耸的神庙，一边看着雅典人的重步兵队伍在海岸与卫城间的平原上往返调动。随后，达提斯下令撤军，波斯舰队随即启程前往安纳托利亚海岸。波斯帝国向爱琴海西岸扩张的第一次努力就这样以耻辱收场了。

10年后，波斯人才重整旗鼓，再次发难。至于双王制的斯巴达和新近采用民主制的雅典在此期间如何整军备战，则很难考证。斯巴达迎来了两位资历不深的新王，他们要在公元前491年到前490年的王国内乱结束后全力重建人们对斯巴达体制的信心。列奥提基达斯二世不得不面对这样一个尴尬的事实：他的前任兼亲戚德马拉托斯此时仍然在世，并作为波斯国王的宾客生活在安纳托利亚。克莱奥梅尼的女婿列奥尼达一世则要等到在位十年的最后时刻才成为家喻户晓的英雄。除了提防能在一定程度上制约王权的公民会议，两位斯巴达国王还要警惕国内黑劳士叛乱的威胁，以及来自邻国阿尔戈斯的潜在抵抗。[6]

在雅典，再度兴起的内讧令新生的民主制度难以应付。马拉松之战两年后，雅典人引进了一种新的尝试，为民主政治提供了一种安全阀。在某个特定的日子里，每位雅典公民都要在一块破陶片上写下一个人的名字，表明自己希望将此人从城中放逐十年。这种制度被称为"陶片放逐法"（ostracism），其词源（ostrakon）指代的是公民用于写画的"陶片"。陶片堪称一种原始的选票，其中有很多实物保存了下来，为我们证明了早在大众投票发明之初，选举操纵的行为就已存在。考古学家发现，一堆约200片写有同一个人名的陶片上只有14个人的字迹。[7]更令人注目的是这些陶片所要构陷的对象——他就是希腊历史上最为著名的人物之一，地米斯托克利。

据记载，地米斯托克利"身材、气质皆有英雄风范"，但他也通过操纵陶片放逐程序对付政敌，为自己成为雅典城邦的最高民选官员扫清道路。后来，他自己也沦为陶片放逐法的受害者。但在公元前5世纪80年代，雅典迎来这样一位领袖实属幸运：他是雅典历史上最具远见、也最具才干的政治与军事领袖之一。地米斯托克利成功说服雅典人与厄吉那人捐弃前嫌，在比雷埃夫斯建造有防御工事的新港口（当地有几处易守难攻的天然良港，不同于宽阔的法勒隆海滩），还建立了一支成规模的武装舰队。这一切举措都发生在公元前483年到前481年之间。[8]

此时，大流士已经驾崩，他的儿子薛西斯即位为波斯国王。公元前483年，薛西斯也将视野投向西边，打算完成父亲未竟的事业。这一次，他决定做足准备，从海陆两面对爱琴海西岸发起攻势。为方便步兵渡海，波斯帝国调集了数百艘小船，在达达尼尔海峡建造浮桥，连通欧亚两大陆。为确保船只在以风暴频发闻名的北爱琴海通行顺畅，波斯人还在阿索斯山与希腊本土之间的地峡上开凿了一条运河。希腊方面宣称，波斯为此次远征出动了300万大军，现代学者认为这一数字过于夸张；希罗多德在记载中将波斯人兵力精确到2 641 610人，显然也脱离了现实。不过，希腊人认为波斯帝国动员了1 200多艘战船，这一数字可能有一定事实依据，也足以证明薛西斯远征军规模之大，在小小的希腊城邦世界前所未见。[9]

和之前的大流士一样，薛西斯也在出征前遣使希腊各邦，凡是愿意臣服的城市与地区都将不受侵犯。和之前一样，大部分城邦都愿意臣服，但与上一次不同，愿意抵抗波斯人的各邦开始团结起来，统一行动。反波斯各邦结成联盟，推举斯巴达为盟主，还向各地的希腊城邦派遣使节，足迹远及西西里与南意大利。然而事有不巧，另一个"掠食者"——迦太基此时正在西地中海大举扩张。

公元前480年，希腊人也不得不在西西里与迦太基爆发大战。因此，希腊本土的抵抗者无法指望从这些地方获得增援。[10]

最终，在爱琴海西岸的数百个城邦中，只有31个城邦结成同盟，对抗薛西斯的大军。在这当中，只有斯巴达、雅典和科林斯三城邦规模较大——在最后一战中，底比斯倒戈投敌，因此留下骂名。在其他参与同盟的城邦当中，有7个位于爱琴海上的小岛，剩下的则多是一些小集落（其中一些集落规模极小），其中一半来自北伯罗奔尼撒，另一半来自希腊本土南部；此外，还有少数城邦位于马其顿沿海以及西北方的伊庇鲁斯。[11]得知波斯大军出动之后，希腊人的同盟立刻产生了分歧。斯巴达人主张将主要防线设在科林斯地峡：他们一向不愿把势力扩张到地峡以北，总是从陆地战争的思维出发制定策略，以发挥常备精锐重步兵的强项。雅典人指出，既然波斯舰队可以毫发无损地沿海路威胁重步兵军团后方，在科林斯地峡布防毫无意义。结果，雅典人的意见占了上风，联军将把战场设在科林斯地峡北方。

起初，反波斯联军打算在马其顿与色萨利之间据守一处沿海要冲，阻止波斯人南下，但因为薛西斯率军沿另一条内陆路线进犯，计划不得不作废。进入色萨利之后，波斯军必须经过狭窄的温泉关才能继续进军希腊南部。这处隘口是奥伊塔山的峭壁与海洋交会之所，背朝优卑亚岛尖端，"温泉"之名取自附近一处有温泉的阵地。今天，由于海水消退了几英里，游客需要开动想象力，才能明白这处关卡在当时的战略意义。据希罗多德记载，在公元前480年，温泉关的高山与大海之间只有一条50英尺宽的小道，有些地方甚至宽不过一对车辙。[12]

斯巴达人领导地面部队据守于温泉关一端，雅典人领导的舰队则集结于几英里外的海上。在斯巴达重步兵的防线面前，薛西斯的步骑大军不能取得突破，直到一个希腊当地人带路，波斯人才绕道翻过大山，包抄到希腊守军背后。即便惨遭背叛，希腊联军大部仍得以向南撤退，只有斯巴达王列奥尼达选择与手下300名最精锐的战士和一支来自维奥蒂亚的小部队殿后，直到最后一刻。后来，公元前480年8月的温泉关之役，因列奥尼达和"斯巴达三百勇士"的无私牺牲而被后世铭记，但在当时，这场战斗对斯巴达及其规模不大的抗波斯同盟而言不啻一场大败。突破温泉关后，波斯大军就能长驱直入，攻向雅典、科林斯地峡，乃至伯罗奔尼撒半岛了。

温泉关战役期间，双方在海上也爆发了几场战斗，未分胜负。波斯舰队在优卑亚岛附近海面上突遭风暴，损失的船只数量比在海战中被刚刚接受实战检验的雅典舰队消灭的战船还多。入秋之后，薛西斯的大军海陆并进，朝阿提卡逼来，雅典人被迫弃城而走，只有少数勇者留了下来，避居于卫城圣所。然而，波斯军中也有一些勇士，他们爬上峭壁、打开城门，放主力部队攻入卫城，"杀光了圣所中的人"。希罗多德接着记载："确保没有活口之后，他们将神庙中的财富洗劫一空，把卫城焚为平地"。[13] 直到今天，雅典卫城博物馆中仍陈列着许多在当时被波斯人损坏的旧雅典娜神庙雕像。

雅典城沦陷了。而在来自伯罗奔尼撒的抗波盟友看来，雅典的沦陷意味着雅典人不再掌握联军舰队的指挥权。接下来，盟军不得不退入科林斯地峡，防御伯罗奔尼撒半岛，但雅典人仍有200艘战船。地米斯托克利扬言要带这支舰队一路远走意大利，令伯罗奔尼撒彻底失去海防。结果，联军最终决定在海上与波斯人决战。地米斯托克利诱使波斯将领相信他们能将希腊联军的舰队困死在阿提卡与萨拉米斯岛之间的狭窄水道内；但实际上，希腊将领反而利用狭窄的海域，将波斯舰队围困起来。结果，机动性较差的波斯桨帆船在海面上彼此冲撞，希腊联军的队形则始终保持严整。战斗持续了一整天，薛西斯一直在岸上观战。最终，波斯舰队残部只得狼狈逃回法勒隆。[14]

萨拉米斯海战是整场战争的转折点，但并非终点。在这之后，薛西斯返回波斯，将指挥权交给副手马多尼乌斯。在马多尼乌斯率领下，波斯远征军在维奥蒂亚过冬，试图在第二年春天再次发起攻势。在离开阿提卡前，他还第二次劫掠雅典城，烧毁了残存的废墟。公元前 479 年 9 月，两军在维奥蒂亚的普拉提亚附近爆发了最后决战。希罗多德列出了十多个曾在这场战斗中与斯巴达人和雅典人并肩作战的希腊小城邦的名字。普拉提亚之战血腥而漫长，最终马多尼乌斯战死，波斯军全面溃散。根据希罗多德的描述（假设他的记载可信），就在同一天，一支希腊舰队也在另一位斯巴达王列奥提基达斯二世率领下于萨摩斯岛近海战胜波斯后卫舰队，这便是米卡尔海战。[15]

公元前 490 年和公元前 480—前 479 年的两场"希波战争"至此落下帷幕。直到约 30 年后，战火重燃的威胁才彻底消除，但到公元前 479 年秋天，希腊语世界的面貌已迎来巨变。至于这场战争将在之后 2 500 年间给世界带来怎样的回响，就非当时的亲历者所能预料了。

后来，希波战争成了人们征引、比较的永恒对象。在中世纪，拜占庭帝国首都君士坦丁堡多次受东方的穆斯林威胁，当时的许多希腊语历史著作都把敌人称为"波斯人"，而非"阿拉伯人""土耳其人"，甚至在 1453 年君士坦丁堡落入奥斯曼土耳其人之手以后依然如此。虽然拜占庭人追求的目的与古希腊人截然不同，但每一个拜占庭基督徒都自然而然地相信，拜占庭帝国对抗伊斯兰世界的斗争是公元前 5 世纪雅典与斯巴达对波斯帝国之抵抗的延续。

进入现代，希波战争的影响之广，远远超出了希腊语世界的范畴。有人基于后世的偏见，将希波战争视为西方"文明"与东方"蛮族"之间的第一场大战。[16] 曾在英属殖民地任官的英国哲学家约翰·斯图尔特·穆勒在 1846 年为一部著名的古希腊文明史著作撰写了书评。他写道：

> 欧洲各民族的真正祖先不是他们在血缘上的祖先，而是他们所继承的文化遗产的最主要来源。因此，马拉松战役在英格兰历史上的地位，甚至比黑斯廷斯之战更重要。[17]

一种流行的观点认为，在马多尼乌斯的大军乘船遁入爱琴海（或沿薛西斯建造的浮桥跨过达达尼尔海峡）东逃之后，波斯人再也不会进犯西方，但这种对于欧洲大陆地缘政治史的理解非常狭隘肤浅。希波战争之后，来自亚洲的力量曾不止一次成功地攻入欧洲，尽管其主角已不再是古代米底人和波斯人的直系后裔。我们同样不能说是公元前 5 世纪最初几十年间希腊人在马拉松、萨拉米斯和普拉提亚取得的胜利为欧洲赢得了属于自己的未来。仅凭这些必然是不够的。

重点并不在于战场上具体发生了什么，而在于战争的故事是如何被后世讲述的。**希腊人**是希波战争的讲述者：否则，为什么这场战争在千百年后仍被西方称为"**波斯战争**"呢？这又是字母文字带来的一大好处：因为有字母文字，希腊人掌握了叙述并传承故事的新方法。在这之前的千百年里，古代美索不达米亚、埃及、亚述乃至波斯的统治者都曾在取胜之后以文字歌功颂德，但在希腊语世界，这种书写的形式有所不同。这一区别一方面取决于字母文字这一新文字体系本身，一方面则取决于希腊城邦独特的社会结构。希腊城邦社会没有一个绝对统治者，没人能下令决定纪念胜利的方式，也没有一个自上而下的机制能操纵战史书写的过程。换言之，希腊城邦社会不存在书写文本的垄断。在所有曾将自己对希波战争的认识与思考记载下来的希腊人当中，有两个人尤其幸运，他们的文字在后世长久流传，直到今天仍可为我们所阅读。

首先为希波战争留下记载的是雅典人埃斯库罗斯。据墓志铭记载，埃斯库罗斯曾作为公民兵参与击败了大流士的马拉松战役。他可能也见证了萨拉米斯海战，但当时的他已有 45 岁，可能已过了亲身参战的年龄。公元前 472 年，即萨拉米斯海战过去 8 年后，埃斯库罗斯创作的戏剧《波斯人》在雅典人一年一度纪念狄俄尼索斯的节日期间上演。此时，我们今天所谓的"戏剧"（drama，一个希腊语词）已在当时的希腊世界司空见惯。虽然起源不甚明确，但戏剧在公元前 6 世纪逐渐发展起来，面向公民演出著名故事的活动也在几个城邦成为宗教仪式上的传统节目，在雅典尤其如此。埃斯库罗斯总共创作了约 70 部戏剧，只有 7 部留存至今。不过，在这些剧本当中，《波斯人》得以流传下来，它是埃斯库罗斯最早的作品之一，也是现存历史最悠久的希腊戏剧。

埃斯库罗斯的《波斯人》将舞台设在了波斯首都苏萨。在波斯宫廷里，长者们翘首期盼着波斯大军从希腊战场上传来捷报。然而，一位信使反而为他们带来了萨拉米斯惨败的消息。大流士死后的幽灵出现，增添了戏剧性。随后，薛西斯本人也狼狈登场，接受众人哀怜（这毕竟是一出"悲剧"）。《波斯人》不但保留了关于萨拉米斯海战的一手记录，还传达了一整套道德与地缘政治世界观。这一世界观此前并不存在，直到希腊人在公元前480年到前479年的胜利之后的十年里回顾往事，它才逐渐在他们心中萌芽。

《波斯人》将薛西斯的自负与傲慢视作对自然和诸神的蔑视。他在与希腊人的战斗中遭到惩罚不但天经地义，也确认了当时可能已深植于希腊人人生观中的一个传统观点：骄兵必败。[18]但这还不是《波斯人》传达的全部讯息。在剧中，雅典被描述为通往希腊（Hellas）的门户：如果雅典人不击败薛西斯，整个希腊就将被他征服。在埃斯库罗斯笔下，雅典人自然享受了美好的结局，但这部戏剧更大的意义在于，埃斯库罗斯第一次把"希腊"称为一方国度，把"希腊人"（Hellenes）称为一个独立的民族。这两个概念间甚至还有密切关联：信使对舞台上的波斯贵族们宣称，"希腊人的土地"本身也和居住于其上的人民联合起来，共同抵抗波斯人。他们询问这到底是怎么回事，信使简短地答道："它用饥饿屠戮了我方过于众多的战士。"这句台词既道出了一个亘古未变的人口学现实，也具有强大的宣传效力。[19]

剧中的希腊人虽然在兵力上远逊于大国波斯，却愿意为一种此前很可能从未出现，但会在之后千百年里不断传承的理念而战斗：自由。剧中的波斯人对希腊的抵抗大惑不解，询问为什么这样一支弱旅敢与帝国军队抗衡，如果那些希腊士兵有自由的意志，能自行表达观点、做出判断，又是什么原因让他们走上战场，而不是拔腿就跑。在萨拉米斯海战的场景中，希腊人从战船上发出的"呐喊"给出了答案：

> 冲啊，希腊人的子孙，
>
> 解放你们的家园，解放
>
> 你们的妻儿，解放你们世代尊崇的神殿，
>
> 解放你们列祖列宗的坟茔。我们为了这一切而战！[20]

　　到公元前 472 年，希腊人已形成了一种超越城市与地区的理念，足以让人为之牺牲生命。观看戏剧的雅典人本来世代以自己的城邦为优先考虑对象，而在此刻，他们也愿意相信，自己正出于更重要的原因而战：他们已不再只是雅典人，而是"希腊人"，这个族群统一在共同的身份认知之下，为了"自由"的理念走到一起。因为埃斯库罗斯的《波斯人》在当时极为风靡，直到 70 年后仍在雅典脍炙人口，我们由此可以确信，这种新的自我认识已在雅典人的心中扎下了根。[21]

　　埃斯库罗斯是第一个记录希波战争的人，但剧本毕竟不是史籍。希腊人的另一项发明——"历史"（history）奠定了后世对希波战争的记忆。而为了让历史书写成为可能，新兴的希腊字母文字需要从传统的口传叙事领域再向前迈进一步，从韵文走向散文。直到几百年后，人们往往还是通过公开诵读而非书面阅读了解用散文体写成的叙事文本，但这已经和当众回忆并讲述故事的传统技术有所区别，带来了一种前所未有的效果：无论文献中包含多少信息，使用者都可在有需要时随意翻阅，不必背诵全文。

　　正是在这样的体裁中，哈利卡纳苏斯的希罗多德找到了自己的一席之地。他不是历史上第一位希腊语散文作家，但他写下了第一部完整流传至今的希腊语散文作品。而就目前已知的信息来看，希罗多德很可能率先为刚刚萌芽的散文体找到了一个新用途。希罗多

德出生在萨拉米斯海战之前几年（可能是公元前484年）。在今天，他的家乡哈利卡纳苏斯是土耳其西南部博德鲁姆附近的一座小渔村兼度假胜地，但在当时，那里隶属于波斯帝国。因此，希罗多德出生时本是薛西斯治下的臣民。根据希罗多德本人的叙述，他一生中游历广泛，走访了当时已知世界的大多数地方，后来可能在雅典定居。公元前450年前后，他决心开展一场"探究"，结果为此投入了自己的余生。这场探究的主题是人们在不久前发生的战争中"留下的事迹"，目的是将参战双方的活动历程与战争爆发的起因记录下来，永世流传。[22] 在希罗多德那个时代的伊奥尼亚方言里，"探究"一词的写法是"historie"。

论篇幅之恢宏、意图之远大，希罗多德的散文写作足可与荷马史诗匹敌。有很多迹象可以表明，这位长篇散文写作的开山大师在很大程度上参考了描写特洛伊战争及其后续故事的经典史诗。但和隐藏在文本背后的荷马不同，精于考证探究的希罗多德经常介入自己的叙事，质疑、考证、比较各种不甚可靠的解释。他还经常克制自己的判断，给有头脑的读者或听众留出思考的空间。希罗多德留下的大多数记载，如今都已不能和其他人的作品对照查证。今天，研究古代地中海世界其他地区的历史学者经常抱怨，自己只能根据希罗多德留下的希腊语文献，从希腊人的视角展开研究。[23]

希罗多德开门见山地把希波战争描述为欧洲与亚洲两大陆的较量：一边是赫勒斯滂海峡与爱琴海西岸的希腊人，一边是地处对岸的波斯帝国。将欧洲视为统一"文明"、与亚洲"蛮族"相对的观念，就是从希罗多德的著作中起源的。希腊语"蛮族"（barbaros）一词起初仅指不说希腊语的外族人，在希波战争之前很少使用。但在希波战争之后，"蛮族"成了流行的常用语，在希罗多德的著作中尤为常见。希罗多德将亚洲的居民（除生活在西亚沿海的希腊人之外）称为"barbaroi"。这也是"欧罗巴"第一次成为一个有地缘政治含义的地名。事实上，在希罗多德的作品中，我们甚至可以看到现代地缘政治上所谓"东""西"概念的起源。在长达九卷的篇幅中，希罗多德讲述了亚洲"蛮族"与欧洲"希腊人"之间爆发的激烈冲突。[24]

希罗多德不遗余力地向听众宣扬希腊人在大敌面前的团结精神，但他叙述的很多细节却呈现了截然相反的状况。他曾借波斯将领马多尼乌斯之口，以讽刺的语气写道：

> 希腊人酷爱争斗，即便没有半点理由，也会立刻与人起冲突……按理说，他们都说同一种语言，本可以用更好的方式化解分歧——无论是交涉还是辩论都好。但他们偏要用争斗解决问题。[25]

希罗多德知道希腊城邦彼此间忌恨成性，更深知其中绝大多数城邦未做抵抗，便直接屈服于波斯的淫威。这一点在当时尽人皆知，希罗多德对此也没有刻意掩饰。他同样知道，希波战争中的**波斯**一方曾招募了许多来自希腊城邦的战船与水手——毕竟，他本人就出身安纳托利亚，他的故乡就是臣服于波斯的一座希腊城市。希罗多德描述，地米斯托克利曾寄希望于拉拢波斯军中的伊奥尼亚人壮丁，让他们倒戈反抗，或至少在战场上消极作战，但从希罗多德的其余记载来看，波斯军中没有发生过大规模叛逃。对于希腊本土，希罗多德提到底比斯曾在普拉提亚之战中出兵加入波斯一方，伯罗奔尼撒半岛上唯一一个未臣服于斯巴达的城邦阿尔戈斯也在战争中作壁上观，还在普拉提亚之战中向马多尼乌斯提供了斯巴达军正在赶来的消息。希罗多德无疑想以史为鉴，借希波战争证明希腊人如果捐弃前嫌、通力协作**能**成就怎样的伟业，但多亏他在记叙时的坦率，今天的我们才知道所谓对抗"蛮族"的"希腊"并非牢不可破的联合战线，而是一个脆弱零散的联盟。[26]

但在希罗多德的叙述里，正因为势单力薄，反波斯联盟的抵抗决心与最终胜利才更为惊人。在他的著作中，一段富于喜剧色彩的对话首次揭示了一种崭新的"希腊人"身份观。公元前479年，一些希腊城邦准备结为同盟，与波斯人决战。这时，马多尼乌斯遣使劝降流离失所的雅典人，以归还雅典城为交换，让他们向薛西斯臣服。希罗多德记载，雅典人不但群情激愤，拒绝了使者的条件，还解释了自己为何要在如此艰难的时刻舍弃私利，甘愿与斯巴达盟友站在一起，坚持抵抗。他们提出的第一个理由是为毁于敌手的故乡与神殿复仇——"政治"（城邦的事务）依然是他们的首要关切。但接下来，雅典人提出了拒不屈服的第二个理由：

> 我们全体希腊人同文同种，在共同的圣所膜拜诸神，共守牺牲献祭的礼俗。对此，雅典人绝不会背叛。

我使用的"全体希腊人"（Hellenikon）的表述在希罗多德著作的现代翻译中常被解作"希腊民族"。有不少观点认为，这一段落体现了一种原始的"民族"或"国族"意识。我们因此更需要审慎看待希罗多德这段文字的真意。在著作中的其他地方，"全体希腊人"都是一种对希腊人或希腊城邦的明确统称[27]，而不是类似"国族""种族"或后世所谓"希腊性"那样的抽象概念。"全体希腊人"的含义非常具体，它指代的就是如雅典人所描述的那般，**所有拥有共同语言、血统、圣所、神祇与祭祀习俗的人的总和**。其中，血统和语言的传承最为直接，而其他要素虽在希罗多德笔下略显松散，但在今天可被统一称作"文化"。

到希罗多德写下这些文字时（可能是在公元前 5 世纪 30 年代晚期），在后世历史记忆中战胜了波斯帝国的"全体希腊人"即将被另一场大战所撕裂。和希波战争一样，这场战争的历史回响也一直流传到了今天。在真实的历史上，希罗多德所谓的"全体希腊人"从未真正团结起来，甚至在波斯人的威胁面前也是如此。然而，这段讲述弱者团结起来、不屈不挠抵御暴君侵犯的叙事将在之后的千百年间极大地鼓舞后世——无论这些后人是否与公元前 5 世纪的希腊人拥有相同的"血脉"、语言或文化习俗。

公元前 479 年普拉提亚之战后的近半个世纪被普遍称为"希腊古典时代"文明的鼎盛期。还有很多历史书将这一印象视为希波战争的直接结果。诚然，如果没有希波战争引发的剧烈催化效应，希腊古典时代的历史或许会与我们所见的格局有所不同，但另一方面，公元前 479 年之后，希腊语世界一些看似全新的现象并非不能追溯到波斯人首次西征以前——而且，这些现象传遍了整个希腊语世界，绝不仅限于当初积极抵抗波斯侵略的那 30 余个城邦。因此，我们最好把希波战争视为希腊历史后续发展的催化剂，而非源头。

约公元前 520 年到约公元前 5 世纪 40 年代，希腊抒情诗人开始将文字、音乐、舞蹈和仪式相结合，创造了空前发达且复杂的公共艺术形式。底比斯诗人品达的职业生涯最早开始于马拉松战役之前十年，随后持续了近半个世纪。自他有生以来，历代诗人都曾以各种语言模仿过他的"颂歌"。"颂歌"（ode）一词原本是各类歌谣的总称，而品达为歌颂四大"泛希腊"竞技赛事（其中最著名的是奥林匹亚竞技会）冠军所创作的颂歌历经传抄，得以留存后世。这些颂歌在当时定然要与其他艺术形式相结合，只是一种多媒体艺术体验的一部分，但在今天，我们只能在文献中看到品达留下的歌词。

戏剧表演在后世被视为一种与雅典关系尤为密切的艺术形式。戏剧的起源远早于希波战争，但我们对于古希腊戏剧的几乎所有认识都只能追溯到希波战争结束后的几十年。在《波斯人》大获成功之后的十几年里，埃斯库罗斯继续创作剧本。在他之后，希腊涌现了悲剧作家索福克勒斯与欧里庇得斯，以及喜剧作家阿里斯托芬；除此之外，还有数十位剧作家的作品以残篇形式流传下来。上述四位剧作家留下的一些完整剧本从他们还在世时便开始流传，自19世纪以来还时常被改编并在剧院里上演。

"悲剧"是埃斯库罗斯为捕捉萨拉米斯战役之后新产生的高涨情绪而采用的一种戏剧形式，其主题往往源自神话传说。不过，雅典剧作家在呈现经典故事时常常会扭转主题。亚里士多德的时代距"古典"戏剧极盛期已过去了一个世纪，据他记载，悲剧的本质在于"通过唤起怜悯与恐惧的感情而将其净化"。[28] 相比之下，喜剧的表现方式更为浅显。喜剧时常取笑城邦要人、政治话题，有不少出乖露丑、挑战边界的成分。在曾经搬上雅典舞台的奇思妙想中，有一个词语"荒唐境"（Cloud-Cuckooland，希腊语为Nephelokokkygia，字面意思为"云中杜鹃国"）直到今天仍被用来描述政治家夸夸其谈的空洞承诺。

在雅典，戏剧主要在每年春天的狄俄尼索斯节上演。在雅典卫城下的山坡上，每年都有 1.5 万到 2 万观众来到祭祀狄俄尼索斯的圣所，从日出到日落，一连几天观看新剧上演。直到公元前 4 世纪，那里才修建了用大理石砌成并留存至今的狄俄尼索斯剧场。因为演员在表演时头戴面具，即便距离最近的观众也不能观察到他们的神色，只能通过身体姿势与对白中的幽微之处体会角色的心情。

当时，演员的表演（希腊语词"drama"的字面意思）主要由对话构成，偶尔夹杂面向观众的独白。希腊悲剧或喜剧中几乎所有发生在舞台场景外的事件都会通过漫长的解说词报告给角色与观众，但神祇显灵常常是其中的例外：演员扮演男神或女神，从一座高架上徐徐降临舞台，为故事收场。这种由神明出面的手法因拉丁文成语"机械降神"（deus ex machina）而闻名，这一说法也是来源于希腊语。

虽然剧情中不乏戏份吃重的女性形象，希腊戏剧的所有角色仍由男性出演，无论是神话中的女神还是传说中的强大女性角色（如特洛伊的海伦、"蛮族"女巫美狄亚，以及阿里斯托芬为公元前411 年首演的一出喜剧创作的女主角吕西斯特拉忒——她在剧中率领雅典女性拒绝男人的求欢，以迫使男性停战议和）。在舞台前的一片环形空间（写作"orchestra"）之内，还有一群名为"合唱团"（chorus，但这个词的本义是"舞蹈"）的演员表演歌舞，无论在喜剧还是悲剧之中，他们的作用都很重要。和品达的典礼颂歌一样，希腊戏剧也是一种调动了多种媒介、多种感官的综合性艺术，我们今天只能了解其中的一部分皮毛。在希腊古典时代，和其他很多事业一样，创作戏剧意味着激烈的竞争。优秀剧作的评审委员以抽签方式选定，这意味着剧作家必须争取城邦同胞的认可。

公元前 479 年之后的希腊世界**看起来**也不同于以往。公元前 471 年到前 456 年间，奥林匹亚圣所建造了一座新的宙斯神庙。三角墙上，人物雕像的体态充满动感，其中西侧的三角墙目前正在设施先进的奥林匹亚新博物馆公开展出。西侧三角墙雕像描绘了神话中的场景：名为拉皮斯人的原始希腊部族闯入婚礼，与半人马发生打斗。在场景中央，一位近乎赤裸的男神（可能是阿波罗）只在右肩和左臂上披了一条斗篷，表情肃穆而坚决，同时伸出右臂，试图制止这场骚乱。如果说这组雕像含有深意，它们可能只是表达了希腊人如何用理性战胜了野蛮的兽性，但这主要取决于观看者的解读——在神庙落成之初，他们很可能愿意把这种看法投射到雕像之上。包括西侧三角墙在内，奥林匹亚宙斯神庙里的一些雕塑遗存主要因人物**个体**表情的微妙差别而备受赞誉，它们的紧张、疲倦与痛苦都栩栩如生。[29]

在公元前 5 世纪的希腊世界，等身或略大于真人的人物雕像也在另一种意义上迎来了改变。在雕塑制作者逐渐掌握了身体动态表现技法的同时，他们的作品也开始走下神庙的三角墙，离开墓园与圣所，进入城邦的日常生活空间。从公元前 5 世纪直到中世纪早期，在希腊的城市空间中，人物的石像与（比重逐渐增大的）铜像将会变得随处可见。[30] 因为青铜一直很贵重，所以古代世界的青铜像很难长久保存，现存青铜像大多是从古代沉船遗址中打捞出来，或在被人有意埋藏之后被后世考古学者偶然发现的。

1972 年从意大利卡拉布里亚地区城镇里亚切附近海域出土的两尊青铜像，是目前了解希波战争之后希腊城邦内的人物雕像的最佳线索。这两尊铜像表现了两位赤身裸体、须发卷曲的战士，品相极佳，略大于真人。铜像使用了多种不同的材料，还镶嵌了半宝石，以表现炯炯有神的双眼和嘴唇、牙齿及乳头与皮肤之间的色差。两尊铜像原本可能携带着武器，但这些部件没有保存下来。这对铜像可能来自一组群像，虽然缺乏直接证据，但它们并非不可能用于纪念希波战争中联军一方的胜利。两尊铜像摆出了相似的姿势，但其体态与公元前6世纪那种直面前方、站姿僵硬的"男像"截然不同。与此前和之后大多数时期的雕像不同，这两尊武士像并不正对着观者。它们或许没有呈现真实存在的人物，但仍充满个性与人性，仿佛正身处一片属于自己的世界，朝我们所在的世界投来令人不安的目光。[31]

得益于足够发达的雕刻工艺与人体解剖学知识，这一时期的雕塑师已能在创作时忠实刻画真实人物的外形，但他们最终有意避开了这条写实路线。深入研究当时最常见的视觉艺术形式——家用昂贵餐具上的装饰画，使我们知晓了这一选择的来龙去脉。答案看似不合常理：在雕塑艺术呈现人物动感形态的造诣日趋深厚的同时，在平面上描绘人物形象的工匠反而开始追求体态的宁静。到公元前450年，高档碗具、盘碟与杯具上的装饰图案无论在风格还是在主题上都已有了显著变化。

与之前生动描绘战斗场面的图画不同，这一时期的画师开始表现年轻战士（其身份体现在盾牌的纹样上）与妻子、父母含悲告别的场景。露骨的性描绘几乎完全消失了，画中的运动员虽然正在体育场里运动或赤身裸体地竞技，但其形象也趋于静止，转而强调一种凝滞的体态美。[32] 在古典时代的城邦看来，这种理想主义而非现实主义或自然主义的风格才是视觉艺术的完美典范；因此，奥林匹亚宙斯神庙三角墙上那个以庄严的姿态平息了骚乱的阿波罗形象走入了希腊人的家家户户。伊特鲁里亚人也购入了大量来自雅典的陶器，从而引进了这种风格——这一点可以从现代考古学界在意大利发掘出来的许多希腊式家用陶器中得到证明。[33]

雅典人重建雅典卫城可谓上述新趋势融于一体的时刻。在被波斯人摧毁后的30余年里，雅典卫城始终没有重建，但从公元前447年起，雅典人开始为重建卫城倾尽全力。卫城的入口设有一片大型建筑群，被称为"山门"（Propylaea），是通往圣地的正式入口。透过山门的柱廊，人们可以从卫城内远眺公元前480年萨拉米斯海战的发生地，这显然是建造者有意为之：重建卫城的本意就是为那场胜利留下永恒的纪念。[34]雅典人从附近的彭特利库斯山上开采大理石，在卫城内建造了新神庙，其中规模最大也最早完工的帕提侬神庙祭祀的是雅典城的守护女神——童贞雅典娜。帕提侬神庙仅用15年便告完工，但因为在1687年被威尼斯人的炮弹炸毁了内部，从此只剩一具空壳。即便如此，神庙的遗迹至今仍是雅典市中心天际线上一道不可磨灭的风景，而无论在今天还是在最初落成的公元前5世纪，背靠伊米托斯山的帕提侬神庙与雅典卫城都是希腊与希腊文明最广为人知的"商标"。不难想象，这座新的卫城在当初就是为震慑人心而建造的。[35]

与奥林匹亚的神殿一样，帕提侬神庙前后两侧的三角墙上也有雕塑装饰。相比之下，在神庙屋顶下方高约60英尺的内壁上刻下的一圈大理石浮雕装饰更为不同寻常。这圈大理石浮雕原本长度为160米，其中现存最长的一些片段在今天分别陈列于伦敦大英博物馆和2009年开放的雅典卫城博物馆。这组浮雕呈现了一支由步兵、骑兵和战车组成的仪仗队伍，向端坐于简易神座上的雅典娜、宙斯等奥林匹斯神祇敬献供品。

对于这组浮雕呈现的具体场景，学界仍莫衷一是。但无论其具体含义为何，这组浮雕显然刻画了献祭者庄严而专注的神态（尽管队伍中的马匹形象活泼），以及数百名凡人在高大的奥林匹斯诸神前敬畏有加、顶礼膜拜的形象。尽管近现代的人们常对"古典"艺术中白色大理石的使用赞美不已，我们仍必须记住，这些雕塑乃至整个帕提侬神庙的大多数地方在建造之初都曾涂有艳丽的颜色。在这些浮雕从神庙高处来到博物馆中、供凡人参观之前，只有诸神才能一睹其中的精美细节。

与雅典卫城兴建帕提侬神庙与其他公共建筑大致同时，哲学家苏格拉底也正在雅典街头与其他公民同胞对话，纵论自然世界与人生的意义。苏格拉底于公元前469年生于雅典，其事迹贯穿了该世纪后半叶。后来，苏格拉底的弟子柏拉图与色诺芬（以颇具虚构色彩的方式）记叙了他生前的行为和学说，成为我们今天所谓"道德哲学"的起源。通过一场场看似朴实直白的谈话，苏格拉底把一个多世纪前始于安纳托利亚的"宇宙"之问带入了常人的世界。苏格拉底认为，"德"（arete）代表了所有人的共同目标。这个词常被译作"良善"或"美德"，但这两个译法都来自基督宗教的思想传统，不能完美表达"arete"本义的锋芒：在希腊语中，这个词原本指代"卓越"。"德"因此承载了一种竞争色彩，而这正与苏格拉底时代希腊城邦世界的特征相吻合。在文献叙述中少数极可能忠实反映了苏格拉底原意的地方，我们可以看到他主张"人最大的善"就是"为'德'思辨"；与此相对，"未经省察的生命……对人类而言不可接受"。[36]

苏格拉底的谈话对象中有一人名叫阿布德拉的普罗塔哥拉，他是一位云游哲学家（被称为"诡辩家"），当时正在访问雅典。"人是万物的尺度"，即被认为出自普罗塔哥拉之口。如果我们所处的宇宙确实如赫拉克利特所言，是由"尺度"所规范的，我们自己就必然也构成了这一普遍"秩序"的一环。在当时，类似的想法在希腊语世界的另一个角落开启了一门系统性审视人类身体的新学问，它既探究人体运作的规律，也研究如何在人体失调时纠正其运作方式，治疗疾病。"医学之父"希波克拉底出身爱琴海东部的科斯岛，生活年代与苏格拉底大致相同。和苏格拉底一样，他的言行主张仅见于他人的著作。因此，我们在今天甚至不能确认哪些医学发现明确地归功于他。[37] 不过，我们可以确定的是，在公元前5世纪末，希腊世界开始空前关注人本身。大致在这一时期，镌刻在德尔斐阿波罗神庙立柱上的一系列道德格言中最有名的一句，就为此提供了写照——"认识你自己"（Gnothi seauton）。

希波战争结束后，希腊世界虽然少了一大外患，却没有迎来和平。直到公元前5世纪中叶，希腊人的军队仍在与波斯人冲突：公元前5世纪60年代，双方曾在安纳托利亚交战，之后的十年，希腊人又在埃及与波斯相争，但战果较为不利。在公元前478年，即城邦联军击败波斯的第二年，斯巴达就退出了一场针对安纳托利亚的联合远征。在那之后，就只能由雅典人来将解放的希腊城邦组建成联盟，继续对波斯施压了。

起初，城邦联盟的成立完全出于自愿。但很快，加入联盟的城邦就不得不屈服于雅典人的淫威，不但献出船只，还要交纳越来越高昂的费用，作为联盟的共同资金。起初，因为靠近联盟所在地区的地理中心，政治地位中立，所以提洛岛的阿波罗圣所被选为这笔资金的存放地点，这个由雅典人领导的联盟也因此被现代史学家称为"提洛同盟"。然而，在公元前454年或前453年，雅典人强行把存放于提洛岛的这笔巨额财富搬到雅典城内。此后不久雅典人开始修建帕提侬神庙，原因之一便是要为这笔巨款打造一个安全的存放地。在这之后的半个世纪里，卫城与中心广场陆续竣工，成为雅典城邦荣耀的光辉纪念，其遗址至今仍为世人景仰，但这些工程的大部分开支是由提洛同盟的其他各邦承担的。提洛同盟起初只是一个为防范波斯人卷土重来而设立的防御性联盟，后来却成为雅典在爱琴海大部地区施展霸权的手段。

现代史学家常把公元前 5 世纪的雅典霸权称为"雅典帝国"，但因为希腊世界此前从未有过一个城邦支配其他城邦的先例（只有斯巴达人在本国疆域周边的伯罗奔尼撒地区建立了与此相近的霸权），"帝国"（empire）一词在这时的希腊语中尚不存在。今天，由雅典人修昔底德在公元前 5 世纪最后 30 年间写作的《伯罗奔尼撒战争史》是我们了解这段历史的最早文献依据。在他的笔下，雅典人对自身"霸权"之正当性的论证足以令许多现代读者感到不舒服：

> 我们的霸权并非由暴力得来……只是在称霸的机遇来临时出于荣誉、恐惧和自私这三个最为强大的动机，没有将它放弃而已，这既谈不上惊人，也不违背人性。……弱者屈从于强者，是世间永恒的道理。[38]

"雅典帝国"以海上霸权为基础，这是地米斯托克利在希波战争时期决心大建海军乃至最终赢得萨拉米斯海战所带来的直接结果。与此相对，斯巴达的霸权主要集中于陆地。在接下来的 100 年里，斯巴达人领导的"伯罗奔尼撒同盟"与提洛同盟分庭抗礼。

在整个伯罗奔尼撒半岛上，只有阿尔戈斯顽强拒绝了斯巴达的支配。公元前460年，提洛同盟与伯罗奔尼撒同盟因在中立地带争夺势力范围，首次爆发了冲突，最终雅典居于下风。公元前446年，雅典人同意归还在希腊本土新近取得的势力范围，以换取海上"帝国"的安全。双方在同年签署和平条约，为期30年，但在这之后，雅典与斯巴达仍对彼此警惕有加，同时不断巩固自身在各自同盟体系中的地位。最终，和约期仅维持到一半，战争便再次爆发。

在公元前5世纪60年代，雅典的民主制度也发生了翻天覆地的变化。无论是这场变革的具体过程还是变革发生前雅典政治制度的细节，如今都难以查考，但从已知证据来看，"民主"（demokratia）一词直到这一时期才正式诞生，后世所谓的雅典民主也是在这一时期才完全成形。雅典的主权掌握在约3万名成年男性公民手中，其中五六千人定期出席公民大会（Ekklesia）。公民大会在露天场合举行，大约每月召开一次，会址设在正对着雅典卫城的普尼克斯小山上。五百人会议（Boule）是雅典的行政机关，其成员每年从所有有资格的公民中抽签选出。包括五百人会议委员在内，雅典每年需要选出最多1 500名官员，出任城邦公职，只有负责财政和军事决策的最高职务由选举产生，其余人选则以抽签形式随机选择。

雅典的民主与由人民选举代表进行决策的现代民主制截然不同。在古代雅典城邦，最重要的决策都要经公民大会集体举手表决，所有男性公民都有权参加；无论是经随机抽签还是选举产生，所有公职人员都会接受严格的审视。这确实是一套以民（demos）为主（kratos）的制度。[39] 而增进本邦财富与权势的想法，对当时的雅典人产生了巨大的吸引力。现代观点认为民主国家不会挑起进攻性战争，但这显然不适用于公元前 5 世纪的雅典。雅典常迫使以武力征服或强行纳入势力范围的小邦采用与自身相同的政治制度。不顾当地人意见，以武装干涉自上而下"输出民主"的做法，早在雅典将自身制度传遍爱琴海各地的时代便已开始了。

正是在这一民主时代，雄辩家伯里克利凭借超凡的个人魅力，于公元前 5 世纪 50 年代到公元前 429 年去世之间主导了包括卫城工程在内的雅典政治生活。因为产生了巨大影响，伯里克利经常被誉为雅典历史上最伟大的政治家，雅典城邦的鼎盛时期也经常被称为"伯里克利时代"。当时，包括伯里克利在内的雅典所有官员必须每年重新选举一次，但伯里克利还是得以长期执政，足可见他人格魅力与才干之卓越。也正因为伯里克利能在有生之年长期执政，雅典城邦这个既不重视执政经验，也不重视现代所谓行政效率的民主制度才享受了一定的延续性。[40] 修昔底德曾借伯里克利之口写下一段赞美雅典民主制度的名篇。据他记载，伯里克利的这场演说发表于公元前 431 年年底，当时修昔底德本人也很可能在场：

> 我邦政体不曾参考邻国制度；我们的制度为人树立典范，而不模仿他人。我邦制度服务于多数人而非少数人，因此得名"民主"。民事纠纷中，我邦法律对所有人平等以待。只要能出于某种原因赢得他人尊重，谁都有资格在政界升迁——这不是因为刚好轮到他了，而是因为他出类拔萃。[41]

在公元前 5 世纪后半叶的大多数时间里，采取民主制的雅典都敢于（乃至乐于）冒险。与此相对，这一时期的斯巴达人仍固守几百年来几无改变的制度，还要时刻提防黑劳士阶层起来反抗，他们天然倾向于求稳。此时的斯巴达仍拥有整个希腊语世界最庞大的公民军队，但因为维持完整公民身份的标准过于严苛，负担过于繁重，斯巴达军中的士兵并不全都忠诚可靠。在经济资源方面，斯巴达也从未像雅典人之于提洛同盟那样，对伯罗奔尼撒同盟的其他成员肆无忌惮地索取"保护费"。[42]

斯巴达人曾在公元前480年到前479年间领导了对抗波斯入侵的城邦联盟，但在所有希腊人当中，他们似乎最不愿（又或者最没有能力）品尝胜利的果实。公元前5世纪的斯巴达没有兴建大规模的公共建筑，也没有留下任何工艺美术、诗歌、历史、哲学或科学成果。到公元前5世纪30年代，在希腊城邦的小小世界里，雅典与斯巴达两雄间的差异日益显著。

公元前431年，两国终于爆发战争。斯巴达人使用一系列借口率先开战，但在战后不久，修昔底德敏锐地注意到，雅典与斯巴达开战的真正源头在于"雅典霸权的增长，令斯巴达感到恐惧……在斯巴达人看来，大半个希腊都将成为雅典的臣属"。[43]雅典与斯巴达的战争远比之前的希波战争漫长，总共持续了27年。修昔底德在著作开头提到，这场战争终将波及整个希腊世界，甚至蔓延到希腊世界之外，在当时可谓一场不折不扣的"世界大战"。[44]然而，公元前5世纪希腊人的这场第二次大战之所以被视为一场世界性冲突，主要仍取决于其历史的叙述方式，而非战况本身。今天人们所知道的"伯罗奔尼撒战争"的历史并不是由胜利者书写的：雅典输掉了这场战争。但从战后不久开始，雅典人修昔底德对这场战争前因后果、战略决策以及人类残酷性与智力局限性的精辟描绘便广为流传，直到今天仍在被我们所阅读。[45]

伯罗奔尼撒战争始于消耗战。每年夏天,斯巴达重步兵军团都会出征北上,越过伯罗奔尼撒半岛上的险峻山脉,跨过科林斯地峡,进攻阿提卡地区。每次远征最多持续6个星期,斯巴达人在此期间焚烧、劫掠庄稼,雅典人则在城中固守不出。所幸,地米斯托克利为应对薛西斯入侵而提议修建的比雷埃夫斯港与雅典城之间有两排"长墙"拱卫,雅典人才得以高枕无忧。此时的雅典已开始依赖从赫勒斯滂海峡与黑海沿岸经水路进口的粮食,只要雅典舰队依旧主宰大海,雅典居民就不用担心挨饿。

公元前430年,或许因为盛夏时节人口过于稠密,雅典城内暴发瘟疫。之后四年间,包括政坛元老伯里克利在内,雅典因疫病而死者可能多达总人口的四分之一。这是有历史记载以来的第一场传染病大暴发。修昔底德本人也一度染疫,他在著作中以冷静而令人唏嘘的笔法记录了这一疾病的症状,以及疫情对雅典人的影响:

> 整场瘟疫最恐怖的,还是人们意识到自己染疫之后表现出的绝望之情……还有照看病患的人遭遇的交叉感染:他们像绵羊一样成群死去,这是死者如此之多的首要原因。疫情之下,人们不敢串门走访,患者死去时孤苦伶仃……那些染病后康复的人在照顾病危濒死的患者时最为积极。他们体会过病痛之苦,心中却更为自信,因为人几乎不会再次染疫,即便再次感染也不会致命。[46]

斯巴达人试图在陆地上击溃雅典,雅典人也试图从海上扼杀斯巴达。雅典海上封锁的效果不如斯巴达对雅典的封锁那般显著,但雅典人仍成功在伯罗奔尼撒半岛西南端掌握了一处桥头堡,抓住了时刻担心当地黑劳士起义的斯巴达人的要害。遍及希腊本土与爱琴海各地的战事持续了十年，到公元前421年，雅典与斯巴达双方陷入僵局，同意议和。但这场和平最终没能持续多久。

公元前416年到前415年，雅典的实力逐渐复苏。在没有公然违反与斯巴达签订的停战与共同防御条约的前提之下，雅典人发起了两场在历史上臭名昭著的军事行动，其中第一场针对的是基克拉泽斯群岛的米洛斯岛。米洛斯是当时爱琴海上少数追随斯巴达而非雅典的岛屿邦国，当地居民原本期待斯巴达人出兵相救，但援兵始终未至，米洛斯主城因此被雅典人围困。修昔底德用不少笔墨记录了雅典人和米洛斯人的交涉，这便是著名的"米洛斯对话"。在这段近乎悲剧的对话中，修昔底德以最冷峻而全面的叙述为后世所谓的"现实政治"奠定了基础；和悲剧作家一样，修昔底德自己对这段对话没有任何评论。公元前415年1月，米洛斯人终于同意无条件投降——

> 雅典人处决了米洛斯的所有成年男子，将儿童与妇女掠为奴隶。随后，雅典派500人殖民米洛斯岛，将那里变为自己的据点。[47]

三个月后，在雅典的狄俄尼索斯节上，欧里庇得斯创作的悲剧《特洛伊妇女》出现在舞台上。这部作品将目光投向在血腥战争中劫后余生的女性，表现了她们的悲惨境遇和征服者的暴虐。至于当时的雅典观众是否将这出戏剧视作对本邦所作所为的道义谴责，我们无从得知。伯罗奔尼撒战争使得参战各方的行为日趋残暴，修昔底德记录的战争罪行也绝不仅限于米洛斯一例。但因为那段载入史册的对话，米洛斯惨案成为整场战争中最为后世所铭记的一场悲剧。

同一年，雅典人再次陷入过度扩张的困境；这一次，他们自己要为此付出代价。当年6月，一支由134艘战船、30艘补给船和不明数量的运兵船（载有至少5000名重步兵和少数骑兵）组成的远征舰队从比雷埃夫斯拔锚起航。修昔底德记载，这支远征军是"当时一座希腊城邦所能出动的耗资最多、规模最大的一支舰队"；但在一年后，由于第一支远征军紧急求援，雅典又出动另一支大军。[48] 这支远征军的目标是西西里岛上最大的希腊人殖民城市叙拉古。雅典公民大会没有选择在斯巴达的主场发起挑战，而是被富于感染力的青年将领亚西比得说动，决定在遥远的西方扩大战线，另辟一处新战场。如果能在西方取得胜利，雅典或许就能赢得更多财富与资源，改善战略形势。亚西比得的逻辑和所有好战者一样，声称"如果我们不统治别人，别人就会来统治我们"。[49]

持续两年的叙拉古远征以惨败告终，雅典人的远征舰队全军覆没。远征的最后阶段，雅典重步兵难耐口渴，争相饮用被战友鲜血染红的河水，遭到岸边敌军的屠戮。最终，约7000名幸存者沦为战俘，在叙拉古郊外的采石场度过了几个月艰苦的囚禁生活，其遗迹至今仍可供游人参观。还有一些远征军残兵藏匿在西西里乡间，最终成功逃回雅典，讲述了这段悲惨的故事。雅典军中的两名将领在投降后被叙拉古人处死，本应出任主帅的亚西比得（他是当时最具魅力的人物之一）却抛下部属，投奔了斯巴达一方。

令人惊异的是，即便在如此惨败之后，雅典仍立刻着手建造了一支新舰队。然而，叙拉古远征也沉重打击了雅典人的民主制度。公元前411年，一些寡头在雅典发动政变，但没能建立有效统治。

雅典在第二年恢复了民主政体。到那时，有两起业已发生的事件彻底扭转了伯罗奔尼撒战争的走向。公元前413年3月，叙拉古远征濒临失败之际，阿提卡又遭斯巴达人进犯。这一次，斯巴达人不但像往常一样阻挠当地人收割粮食，夺取农田作物，还试图在阿提卡境内建立前哨据点。这回雅典人真被彻底围困了，现在不是每年夏天固守几个星期就可以，而是整年都要死守。第二年夏天，斯巴达人又与波斯化解了多年以来的怨仇，与波斯帝国新君主大流士二世的使者签订了条约。

斯巴达与波斯的合作，看似终结了希腊人在萨拉米斯与普拉提亚大捷之后几十年间以团结与文明自居、傲视外族"蛮夷"的时代。但事实上，早在伯罗奔尼撒战争爆发之初，斯巴达与雅典就**都**曾试图联络波斯人，反而是波斯一方态度冷淡，乐于旁观希腊城邦彼此敌对，替自己达成目的。但在雅典兵败西西里、海上力量惨遭重创之后，大流士二世决心抓住机会，公开支持斯巴达一方。

修昔底德记载，在公元前412年签订的条约里，斯巴达不但同意与波斯协力击败雅典，还承认"大帝和先帝拥有的所有领地与城市均归大帝统治"。换言之，希波战争结束时在雅典和斯巴达的共**同**努力下获得解放的、生活在爱琴海东岸的希腊人，此时都要被斯巴达交还给波斯人。当初，斯巴达人曾以"解放希腊"、反抗雅典霸权为由挑起伯罗奔尼撒战争，但此刻，解放的旗号已成空谈。[50]

与此同时，雅典人也没有放弃外交努力，仍想拉拢曾经的敌人波斯。直到公元前407年，雅典联合波斯的希望才宣告破灭。就在这一年，大流士二世任命他的儿子小居鲁士担任安纳托利亚萨图拉普。小居鲁士和斯巴达方面派遣的海军将领来山得密切合作：这位来山得似乎颇具战略才华，出身不高，这在斯巴达军中较为罕见。

此时，斯巴达已有了一些船只，但真正让斯巴达-波斯联军夺取爱琴海制海权的，仍是小居鲁士手下配备了腓尼基水手的波斯海军。[51]

不过，雅典人在海战中的表现仍可圈可点。公元前406年，莱斯沃斯岛与今土耳其本土海岸之间的狭窄水道中爆发了阿吉纽西（Arginusae）海战，被后世（以希腊语写作的）史家西西里的狄奥多罗斯称为"希腊人之间有史以来规模最大的一场海战"。[52]雅典人在战斗中大获全胜，但战斗结束之后，战场海面突遭风暴袭击，胜利者无法从被毁战船上搜救幸存者，也不能妥善安葬死者。返航以后，雅典舰队的八名指挥官中有六人被控渎职，受到公民大会审判，并最终以死刑处决。这是年代不长的雅典民主政治留下的不光彩一页。

斯巴达与波斯联军决心封锁黑海与爱琴海之间的一系列海峡，以切断雅典的粮食补给线。于是，两军在次年于达达尼尔海峡中的羊河河口再度交战，雅典舰队全军覆没。后来，家境富裕的雅典人色诺芬（当时他可能就在雅典城内）记录了某天夜晚败报传回城中时的情形：

> 哀恸之声首先从比雷埃夫斯响起，随后一路循着"长墙"，传到城中。当夜无人入眠。人们为死者而哀悼，但他们更为自己的命运而悲叹。他们觉得，之前自己对别人施加的手段，如今要反过来降临到自己头上了。[53]

公元前405年与前404年之交的冬季，雅典与比雷埃夫斯遭到陆海两方面的围攻。开春之后，被困数月的雅典陷入饥荒，公民大会投票接受了斯巴达方面提出的停战条件。雅典人不必承受如米洛斯人那样的杀身之祸，这在一定程度上归功于来山得（他当时正在指挥斯巴达陆上部队）的调停；不过，雅典只能保有不超过 12 艘战船，并召回所有之前被流放的雅典人（尤其是曾在公元前 411 年发动政变的寡头们），"长墙"及比雷埃夫斯港周边的其他防御设施也要拆毁。此外，在之后的一切军事决策中，雅典都要遵从斯巴达的意志。

修昔底德没有为这段故事留下记载：尽管他说自己见证了整场战争的结束，也有意将剩下的故事写完，但他的"历史"在写到公元前 411 年之后就戛然而止了。对于发生在那之后的事件，我们只能依赖色诺芬的记载，尽管他的态度不如修昔底德审慎，记载也远不如修昔底德可靠——此外，在记录这些事件的时候，色诺芬已转变了立场，追随胜利的斯巴达阵营。在这种心境中，色诺芬也许没有意识到，把此时的战果与 75 年前另一场大战的胜利相提并论时，他的话里带有辛辣的讽刺意味，于是他以这样的方式为伯罗奔尼撒战争的希腊悲剧画下了句号：

　　在这之后，来山得乘船驶入比雷埃夫斯，被流放之人回到了雅典。人们兴高采烈地拆除长墙，一旁还有少女吹笛伴奏。他们都相信，希腊将从今天起永享自由。[54]

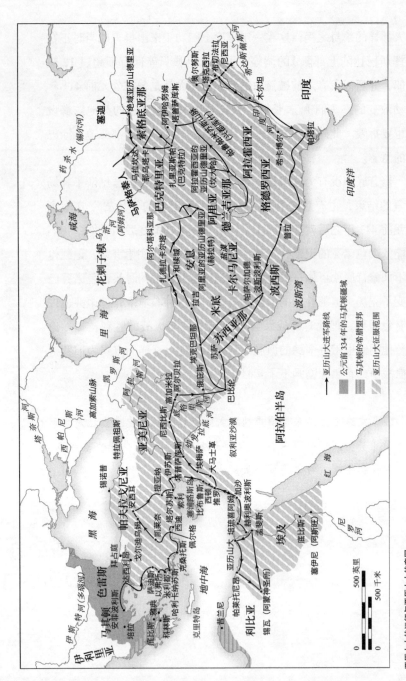

亚历山大的远征与亚历山大的帝国

来源：Simon Hornblower, *The Greek World, 479—323 BCE*, 4th ed. (Abingdon: Routledge, 2011), 292–293

第五章

文化之都
（前 404 年—前 322 年）

伯罗奔尼撒战争为希腊带来了一种诡异的"自由"：斯巴达与雅典仅凭自己的力量都不足以击倒对方。大家都清楚，真正打破了雅典霸权的是宿敌波斯的压倒性实力。战争结束后，希腊各城邦仍和之前一样彼此仇恨。不过，这个时代在一个方面与之前有所不同。随着公元前 412 年斯巴达与波斯帝国签订条约，希腊城邦间的事务从此都要受到一个外来强国的监视。在伯罗奔尼撒战争结束后的半个世纪里，这个外来监视者的角色一直由波斯担任，但在那之后，一个前所未料的玩家登上了舞台。

受战争伤亡与战争初期的瘟疫影响，雅典人口较之前一个世纪的极盛水平减少了近一半。雅典人不但要受裁撤舰队、拆除城防之辱，还要服从所谓"三十僭主"的统治。为镇压城内民主派，"三十僭主"在统治时期可能杀害了 1 200 到 1 500 名雅典人。[1] 短短几个月之后，雅典爆发内战，斯巴达人随即改变了策略。最终，僭主统治只维持了一年，就被民主制度取代，这也是十年之内雅典第二次恢复民主制。即便丧尽了斗志、耗尽了财力，雅典还是缓慢踏上了重建之路。

战后的斯巴达则完美诠释了什么叫"赢得了战争，输掉了和平"。或许是因为城邦政体从未对如何统辖外邦有所规定，取得了霸权的希腊城邦往往并不擅长使用霸权。公元前 5 世纪雅典霸权失败的命运，现在也落到了斯巴达人头上。伯罗奔尼撒战争终结了雅典的霸权，但又带来了斯巴达的霸权，而与"雅典帝国"相比，"斯巴达帝国"很快就引发了更为强烈的不满。到雅典"三十僭主"被推翻时，斯巴达与伯罗奔尼撒同盟另外两大盟邦——科林斯与底比斯之间的分歧也日趋激化。在之前的一个半世纪里，这三个城邦曾互相忌恨，这一背景最终将演变成一系列更为复杂的敌友关系，令雅典、斯巴达、科林斯、底比斯和其余数十个小城邦深陷其中，定义了之后几十年间希腊语世界国际关系的基本格局。[2]

公元前 404 年，即伯罗奔尼撒战争结束当年，大流士二世驾崩，阿尔塔薛西斯二世继承波斯国王之位，但受到弟弟小居鲁士的挑战。小居鲁士作为小亚细亚的萨图拉普，在伯罗奔尼撒战争末期已经证明自己是斯巴达人的好朋友，对来山得而言尤其如此。安纳托利亚的希腊城邦与斯巴达都愿意为这位熟人提供支持，还有一支来自其他希腊邦国的"万人远征军团"加入了波斯内战，但小居鲁士还是在公元前 401 年战死于幼发拉底河边。色诺芬当时曾离开雅典加入万人远征军，最终领导其残部历经艰险撤回黑海岸边，最终走水路回到了爱琴海，事后留下一部《远征记》，生动描述了这支雇佣兵队伍的远征历程。[3] 在内战中不幸选错了阵营的希腊人不得不面对阿尔塔薛西斯二世安插的新任萨图拉普，尚未失去安纳托利亚希腊城邦支持的斯巴达也在接下来的几年里与波斯发生了一系列小规模冲突。

为终结斯巴达人的威胁，波斯萨图拉普使出了一条妙计。公元前396年或前395年，他以黄金收买"各邦要人，怂恿他们与斯巴达开战"。据色诺芬记载，雅典人"认为自己本就有争霸的资格，无须别人收买便期盼着与斯巴达人交战"，拒绝了波斯人的金钱，但另一位史家记载，雅典人最终还是收下了贿赂。底比斯、科林斯（可能还有其他一些城邦）都接受了波斯的贿赂。[4]

后世所谓的"科林斯战争"因此爆发，并一直持续到公元前386年。战争的一方是斯巴达，另一方则是底比斯、科林斯、阿尔戈斯与雅典——它们在波斯的支持下结成了脆弱联盟。反斯巴达联盟一度占据优势，但波斯人随即又倒向斯巴达一边。最终，斯巴达人在战争中略占上风，斯巴达舰队在安塔西达的率领下在赫勒斯滂海峡再度战胜雅典海军，这位指挥官随后一路东行，来到波斯首都苏萨，与阿尔塔薛西斯二世当面谈判。在与希腊城邦有关的方面，条约的内容总体上对斯巴达有利，但这项条约的起草者与最大受益者仍是阿尔塔薛西斯本人。正因如此，这份条约在当时和后世也被俗称为"大王和约"。

在"大王和约"中，斯巴达正式归还了此前希波战争中一度得到解放的"亚细亚城邦"，即小亚细亚的希腊人城市。这一承诺早在伯罗奔尼撒战争晚期即许下，但一直未曾兑现。"大王和约"还规定，一旦出现违约行为，波斯国王有权出动大军干涉。虽然只在雅典、斯巴达、科林斯、底比斯等部分希腊城邦得到正式批准，"大王和约"仍被认为适用于**所有**希腊城邦。这些缔约城邦不用像希波战争时那样献上水和土以示臣服，但"大王和约"的确以明文形式承认了波斯帝国在希腊各邦间的仲裁权。当然，希腊城邦无比珍视的"自主性"（尽管只是相对其他希腊城邦而言）也得到了外交保证，但作为代价，波斯国王成了希腊世界的最高主宰者。[5]

在波斯人看来，"大王和约"订立之后得到了十分良好的执行。希腊各邦依旧厮杀不休，且经常在战争中援引"大王和约"的条款，以论证己方行为的合法性。"大王和约"在这之后也曾续约数次，而每次续约之后，希腊人又会挑起新一轮战争。阿尔塔薛西斯二世（驾崩于公元前358年）完全有理由相信，帝国西陲经久不息的纷乱，至此已不再构成困扰。

公元前378年，希腊城邦间的力量对比再次迎来剧变。摆脱斯巴达的直接统治之后不久，底比斯建立了民主政治，由此崛起的两位要人——佩洛皮达与伊巴密浓达将在之后主导希腊本土政坛，直到在十多年后双双死于战场。公元前371年的留克特拉战役是这一时期罕见的决定性会战，在这场爆发于底比斯附近的战斗中，伊巴密浓达率领底比斯军队战胜了斯巴达人。据传说，斯巴达人的故土拉科尼亚自斯巴达先祖多利安人征服原住民黑劳士以来从未被外敌入侵，但在留克特拉战役之后，底比斯军队长驱直入，推进至斯巴达郊外。彻底击败斯巴达的计策似乎是由伊巴密浓达想到的：根据"大王和约"条款，每个希腊城邦都应享有独立自主权。既然已经占据了上风，底比斯人何不以这一条款为依据，与麦西尼亚的黑劳士奴隶联起手来，强迫斯巴达人赋予他们自由地位，让他们建立一个独立城邦？

几百年来，斯巴达人最为畏惧的就是黑劳士的独立。而现在，古老的梦魇终于成为现实。后世往往歌颂伊巴密浓达解放了黑劳士奴隶，但他的动机并非出于今天所谓的人道主义情怀，而是出于政治策略的考量。在解放了麦西尼亚的黑劳士之后，伊巴密浓达鼓励他们建造自己的城市。没过多久，黑劳士就建立了麦西尼城

（Messene），其壮观的城墙与公共建筑遗址一直保存至今。在那之后，斯巴达人拒绝签署任何承认麦西尼为独立城邦的外交条约，盛极一时的斯巴达城邦因此在希腊政界日趋边缘化。

在这之后，希腊城邦之间仍征战不休。此时的雅典又开始缔结一系列海上同盟，虽然形式与一百年前的提洛同盟类似，但建立的过程却要谨慎许多。这一时期的雅典人还频繁与宿敌斯巴达联手，遏制正在崛起的底比斯。公元前362年，决定性的时刻再次到来：伯罗奔尼撒半岛中部的曼提尼亚城外爆发了战斗，其中一方是底比斯和因底比斯战胜斯巴达而解放的伯罗奔尼撒诸邦，另一方则是斯巴达及其在伯罗奔尼撒半岛的少数盟友，以及来自雅典的一支小部队。战斗结束后不久，已入老境的色诺芬记载：

> 几乎整个希腊都因这场战事一分为二。谁人皆可想见，一旦双方爆发决战，胜者必将成为希腊霸主，败者必将沦为附庸。

最终，"参战双方都自称获胜"，但谁也"没能改善原有处境"。[6]

色诺芬在前几页提到雅典军队时已经指出："参战者中的好人都被杀死，而他们在战场上击杀的也都是些好人。"色诺芬自己虽未留下记载，但有别的文献提到，这位史学家的儿子格里罗斯就在雅典军战死者之列。伊巴密浓达也在曼提尼亚一战中负伤，随后不治身亡。战役结束后不久，一座伊巴密浓达雕像在底比斯城内落成，其下镌有铭文，纪念他在伯罗奔尼撒的功业。铭文提到，因伊巴密浓达的努力，"全希腊……得享独立自由"。[7]现在，"大王和约"中对于城邦独立自主权的保证,似乎终于要因伊巴密浓达而普及整个希腊世界。但当时的人们都不知道,这种冠冕堂皇的普遍"自由"到底意味着什么。

色诺芬在他著作结尾的一句论断,可谓切中了现实:"曼提尼亚战役之后,希腊反而陷入了空前的混乱与迷茫。"一位现代评论者的结论更为直截了当:希腊城邦陷入了一种"无果的僵持"。[8]希腊人在公元前 4 世纪上半叶的**所作所为**令人扼腕,但如果倾听他们的话语,我们似乎感觉不到任何消沉的迹象。

今天的我们也确实**能**听到他们的话语。让当时一些人的思想与言论流传后世、供后人倾听,是那个时代希腊人留下的一笔有些吊诡的遗产。公元前 399 年,70 岁的苏格拉底在雅典接受法庭审判,他被指控不敬神明,"腐化本邦青年"。短短几年前,雅典推翻了"三十僭主",恢复了民主政治,而在"三十僭主"当中,就有几名成员在法庭指控中被说成是苏格拉底腐化的"青年"。此外,在急于为雅典输给斯巴达寻找替罪羊的公民陪审团看来,"不敬神明"的指控很可能也是有理有据的。[9]最终,法庭宣判苏格拉底有罪,要求他在狱中服毒芹自杀。苏格拉底之死是古典时代极为著名的一段故事,其后续事态给西方哲学史带来的影响甚至更为深远。

苏格拉底死后不久,他门下的两位弟子决定把他的事迹记录下来以流传后世,并为此努力了半个世纪,其中一人是史学家兼哲学家色诺芬,另一人是生于公元前 427 年的柏拉图:柏拉图将为一个完整的哲学体系奠定基础,甚至对后世的基督宗教产生影响。两人以对话体记录的言论据称是苏格拉底生前与诸多人物的交谈,由此形成了文本供公众**阅读**。有观点认为,随着时间推移,柏拉图开始越发倚赖对话的戏剧性效果，倾向于假托苏格拉底的声音，表达完全属于他自己的观点。

柏拉图留下的苏格拉底谈话录中最具雄心的一部题为《理想国》（英文译作"Republic"，即"共和国"之意），描述了一个脱离尘世的理想国度的图景。虽然柏拉图并不刻意回避现实中的政治问题（他曾在西西里岛的叙拉古为一位"僭主"担任顾问），他的哲学思想仍倾向于回避物质的直观世界。柏拉图认为，我们所见与所经历的一切，都只是对其背后永恒不变的"理念"或"相"的拙劣模仿。哲学家的任务因而是探求实质，即便"实质"永远存在于我们的感官之外。柏拉图的理念论与当时希腊人在科林斯战争、留克特拉战役、曼提尼亚战役中钩心斗角、血腥厮杀的现实迥然相异，但得益于柏拉图的精妙文笔，我们每一次读苏格拉底的谈话录时，仿佛都能听到他的声音在耳边萦绕。

这一时期，希腊人的公共演说技艺空前发达。而因为需要在公民大会或法庭上公开讲话，雅典人对此道尤为擅长。在后来的希腊语中，公开演讲术将被称为"rhetoric"，这个词后来演变为"修辞学"之意，直到今天仍为我们所使用，其拉丁语同义词也在后来演变为英语中的"雄辩术"（oratory）。在希腊城邦的世界里，用公共演说技法说服听众不只关乎荣誉：如果走上公堂，演说术足以决定生死；在公民大会上，演说的成败也能决定一个城邦的战争与和平。

与苏格拉底的那些非正式谈话一样，当时的正式演说也以文字形式得以流传，在原本的语境之外焕发了新生。在苏格拉底受审宣判的时代，越来越多的雄辩家已形成了在演说前预先打草稿的习惯，与今天的政客和讲稿写手如出一辙。雅典甚至还出现了一个活跃的代笔市场，公民在出庭讲话前可以花钱购买讲稿。鉴于当时的雅典司法制度中没有辩护律师，每一位受审公民都必须在 500 名同胞组成的陪审团前自证清白，这种事先出售讲稿以供出庭者背诵的业务自然不乏需求：即便不像苏格拉底那样出口成章，一个人只要花得起钱，能请一位专业写手替自己创作讲稿，他在法庭上胜诉的概率也能大大提高。

类似的情况在其他城邦无疑也有出现，但在不久前被斯巴达击败的雅典，这种写作讲稿的技法最为风靡。正是在这样的背景下，三十多岁的伊索克拉底［Isocrates——单词拼写比 Socrates（苏格拉底）多了一个字母，但他们不是亲戚］在公元前 400 年左右崭露头角。但没过多久，伊索克拉底又想出了一个更好的主意：他自认体能有限，无法在 6 000 人的公民大会和 500 人的议事会（或公民陪审团）面前坚持演说，因此改变策略，成为有史以来第一位"政论专栏作家"——此时距离报纸诞生还有两千多年。虽然在体裁上与临场演说无异，但伊索克拉底的"讲稿"完全是在书斋中用纸莎草纸精心写就的。一经完成，他的文章便广为传抄，其传播过程堪称印刷术发明前的"出版发行"。如果说苏格拉底是没有留下亲笔著述却最为杰出的哲学家，这位名字比他多了一个字母的伊索克拉底便可谓古代世界从未开口却最为伟大的演说家。[10]

公元前 380 年，伊索克拉底发表了《奥林匹亚大祭》，此时距"大王和约"签订已过去六年。在献词中，伊索克拉底以庆祝一场"全希腊"盛会（奥林匹亚竞技会）为名，向来自希腊各地的人群发表演说。他主张，希腊各城邦应趁现在搁置分歧，"团结起来……为解放我们的盟友、为向蛮族倾泻复仇的怒火，集合整个希腊的力量……发起一场新的远征"。在这里，"蛮族"指的是约一个世纪前两度入侵希腊本土的波斯人。[11] 在公元前 380 年，指望希腊人在这样的旗帜下联合起来完全脱离了实际，但伊索克拉底仍试图借这篇架空的盛会献词唤起埃斯库罗斯与希罗多德时代新生于希腊世界的那种集体狂热。他在献词中呼吁同胞超越城邦或故乡的藩篱，把自己视作一个完整的"希腊"的一员。[12]

从表面上看，伊索克拉底宣扬的希腊团结意识与希罗多德如出一辙，但两种观念之间存在一处区别。来自伊奥尼亚群岛的史学家希罗多德对待各城邦的态度多少保持了公正，但伊索克拉底在写作时并不掩饰自己作为雅典人的身份。他对于所谓"远征"的全套论述，都是为了让自己的母邦在这场大联合中充当主角。伊索克拉底宣称，雅典的雄辩之术领先于整个希腊世界——事实上，《奥林匹亚大祭》本身，就是这种口头表达艺术的绝佳体现：

> 论哲思之深远、辞令之机巧，我们的城邦卓绝于人类之林，即便受教于我邦的学生，也可在异乡为人导师。因为我邦，"希腊"已不再指代一个血缘上的种群，而是一种思想方式。即便血脉有别，一个人只要与我们文教相通，也会被称作希腊人。[13]

只用了这样一段话，伊索克拉底就为"希腊人"提供了定义。"希腊人"的身份不再取决于亲族与生物意义上的血缘关系，而是由一系列价值观念所构成，只要有足够的意愿、付出足够的努力，任何人都有望获得这种身份。在这篇献词出现之前，早就有外族人被希腊人的行为方式所吸引，采用了希腊的风俗，乃至说希腊人的语言，这样的现象最早甚至可追溯到迈锡尼时代。但此前从来没有人像伊索克拉底这样公然道出这一现象，并以文字形式将其称为今后放之全希腊而皆准的身份认定规则。后来，伊索克拉底的这番话打破了当时的一切政治与军事常识，成为一段自证预言，但在公元前380年，谁也想象不到这在未来将怎样发生。不过，伊索克拉底以及和他一样擅长用书面文字呈现出口头演讲效果的柏拉图都在生前与死后为实现这一理想发挥了各自的作用。两千多年后的今天，谁也不会质疑雅典作为希腊首都的地位。而在两千多年前的当时，在伯罗奔尼撒战争中惨败的雅典虽无力在战场上一显身手，却踏上了成为世界上第一座"文化之都"的道路。

伊索克拉底的《奥林匹亚大祭》发表当年，未来的马其顿国王腓力二世只有两岁。20年后的公元前360年，也即希腊各邦在曼提尼亚战役中未分胜负的两年后，由于兄长战死，腓力登上了王位。[14] 当时，马其顿人正在与伊利里亚人交战，战场远在希腊世界的北部边缘。当时，这起事件在希腊各城邦间没有引起关注，但在短短几年后，一股不可阻挡的新势力就将因此而崛起，彻底改变希腊各城邦间的政治格局。

早在腓力二世有生之年，时人就曾称他为"欧洲前所未有之人，阿敏塔斯之子腓力"。这句话有两重含义：腓力在古代世界以极度沉湎酒色闻名，但据后世著作记载，他也"能言善辩，口才卓绝"。因为一生中多次参战负伤，腓力二世失去了一只眼睛，跛了一只脚，但他后来取得的成就主要源自精明的外交手腕，而非身先士卒（尽管他的确是一位勇士）。一部现代人撰写的腓力二世传记提出是他"缔造了欧洲第一个民族国家"，认为与其子亚历山大大帝相较，腓力二世才是新希腊文明与希腊大征服的真正奠基人。[15]

继承王位之后，腓力二世立刻着手统合松散脆弱的马其顿王国。首先，他决心打击邻邦、扩张领土，马其顿与色雷斯沿海的希腊殖民地首当其冲。这些殖民地由来自爱琴海南部的希腊人建立，已有数百年历史，它们都采用城邦政体，在法理上地位独立，但从伯罗奔尼撒战争早期开始，雅典与斯巴达曾争相把这些殖民地纳为附庸，也曾先后在当地施行霸权。腓力二世即位之后，对马其顿沿海地区发起多次进攻，终于为王国打开了出海口。他时而挥舞大棒，时而使用诡计，将一些殖民地并入王国，将其余不服从者彻底消灭。

随着马其顿迅速崛起为一方强国，腓力二世被卷入希腊城邦之间的纷争也只是时间问题。公元前355年希腊各邦围绕德尔斐圣所的看守权爆发冲突，由此引发的"神圣战争"（这是对此类冲突的常用称呼）持续了近十年。"神圣战争"的主角是底比斯和希腊中部一些多年来共同负责管理德尔斐圣所的小邦，但和之前一样，这场冲突迅速扩大，演变成诸多邦国合纵连横、分合不定的局面。公元前353年，腓力二世应某个参战邦国的请求首次介入纷争；到公元前346年各方议和时，腓力二世已成为条约内容的决定者。虽然在条约中为其他邦国保留了各种挽回颜面的条款，他仍是这场战争的唯一赢家，马其顿也因此成为希腊城邦世界的新主宰。[16]

对那些最为强大的希腊城邦而言，马其顿崛起带来的挑战首先是政治和军事上的：这个新势力会给自己的野心带来怎样的威胁？在今天，得益于雅典人以文字形式记录政治辩论内容的习惯，我们还能看到当时萦绕在南部希腊人心中更为深层的困惑：他们的辩论不只关乎政治问题，还关乎**身份问题**。马其顿人兵临城下，似乎要将希腊各城邦纳入囊中，可他们**到底是**什么人？政治家德摩斯梯尼曾在公元前 4 世纪 50 年代到 20 年代凭热情洋溢的演说主导了雅典公民大会，在后世以雄辩闻名。德摩斯梯尼认为，腓力二世是一个魔鬼，一心想要摧毁希腊人珍视的一切。在公元前 346 年的和平条约濒临破裂之际，德摩斯梯尼发表演说，抨击腓力二世"非但不是希腊人"——

> 　还与希腊人的一切背道而驰。他的出身即便在蛮族中也算不上体面，只是个马其顿来的渣滓——那里甚至产不出一个像样的奴隶。[17]

在一位雅典人看来，腓力二世是马其顿来的"渣滓"；但在另一位雅典人看来，腓力二世的崛起意味着天赐良机。公元前 346 年，耄耋之年伊索克拉底仍和往常一样笔耕不辍，时刻关注舆论。他没有放弃自己一直以来的主张，呼吁全体希腊人联合起来讨伐波斯。现在，腓力二世正是一股强大的力量，足以从更高的层面弥合希腊各邦间的裂痕，掌控雅典和斯巴达长期以来始终未能把握住的领导权。在公元前 346 年 5 月的一封冗长的公开信里，伊索克拉底以逢迎的语气为腓力二世指明了天命：伊索克拉底认为，腓力二世终将统一整个希腊，领导全体希腊人远征波斯，讨还一个半世纪前的血债。[18]

伊索克拉底的公开信既是为奉承腓力二世，也是为说服雅典同胞。他向雅典读者介绍了马其顿王室的起源传说，称马其顿历代国王都是传说中的半神英雄赫拉克勒斯的直系后代，其祖先来自伯罗奔尼撒的阿尔戈斯城。伊索克拉底宣称，腓力二世是历史上最具

"希腊性"的传奇英雄之后，也是领导远征军讨伐波斯"蛮族"的不二人选。在公开信中，伊索克拉底还以颇为审慎的笔法提到，腓力二世治下的马其顿人"是一个由不同族裔构成的亲属集团"，这就迫使说希腊语的人重新思考希波战争以来将"希腊人"与"蛮族"二元对立的传统观念。从此刻开始，"马其顿人"将成为一个过渡性概念：根据使用者的立场，它有时可与"希腊人"相对，有时又与"希腊人"一道站在"蛮族"的对立面。[19]

马其顿人的身份问题不但在公元前4世纪中叶令雅典舆论界与政坛困扰不已，直到今天仍在学界引发了分歧。毫无疑问，腓力二世时代的马其顿人在何种场合体现出多少"希腊性"，完全取决于他们自己的选择。在很多时候，他们也乐于彰显自己与希腊城邦居民的差异。[20]在希腊语中，马其顿是一个"部族"（ethnos），即一个由世袭君主统治、部分保留了氏族时代色彩的社会。部族社会等级分明，在最高君主之下还有一个内部竞争激烈的军事精英集团，名为"伙友"（Companions）。居住在城邦中的希腊人习惯将葡萄酒兑水饮用，时常震惊于马其顿人直接饮用纯酒。这种行为在今天看来并不出格，但腓力二世与其子亚历山大三世和他们的伙友都曾以酗酒与酒后暴力闻名，留下了许多翔实的传说。这些行为可能更多反映了当时马其顿宫廷的文化风气，而非两位君主的人格特征。

与此同时，有充分的证据可以证明，自公元前8世纪以来，希腊语的使用范围就已从色萨利地区向北扩张了。到腓力二世时期，给子女取希腊语名字已成为马其顿王室和统治阶级多年以来的习惯。很多最为著名的马其顿名字都来自希腊语，如腓力（"爱马之人"）、克娄巴特拉（"父亲的骄傲"）、托勒密（"好战者"）。到公元前4世纪中叶，无论马其顿平民使用何种语言，王国的精英阶层无疑已普及了希腊语，而精英阶层的作风习惯，也对下层阶级产生了影响。换言之，此时的马其顿正在快速"希腊化"。[21]

在希腊化道路上，腓力二世亲自担任先锋，举措之彻底远超历代先王。腓力二世在位时期，马其顿的中心城市**看起来**越来越像希腊城邦。无论在此时仅保留象征性地位的旧都埃泽萨，还是在位置更靠近海岸、于公元前400年新立的都城培拉，抑或位于奥林匹斯山麓的狄翁，马其顿人都开始效仿希腊语世界其他地方的流行风格，建造柱廊环绕的神殿。在埃泽萨和新修的华丽宫殿正前方，腓力二世都建造了壮观的希腊式半圆形剧场。早在公元前5世纪末，马其顿人便已开始观看雅典戏剧，当时年迈的欧里庇得斯已在那里归隐。腓力二世在位时期，马其顿从南方城邦（尤其是雅典）聘请了大批画家、雕塑家与哲学家，其中以亚里士多德最为著名。亚里士多德来自马其顿沿海的殖民城市斯塔吉拉，早年曾于雅典师从柏拉图，后来又回到雅典，自立学园。虽然腓力二世在不久前曾出兵蹂躏亚里士多德的故乡，他仍聘请这位哲人为亚历山大王子担任教师，并得到亚里士多德的应允。[22]

这一时期的马其顿出现了最早的公共写作的痕迹，这是腓力二世在位时带来的又一大创新。在文书和公共场合的石刻铭文中，马其顿人做出了一个影响深远的选择。从前，在希腊语使用者围着整个地中海建立定居点的时代，各地发明了不同的字母体系，并乐于将本地方言以文字形式展示在石头上。现在，随着识字率上升，希腊字母文字开始走向标准化。到公元前4世纪中叶，书写文字的传播已远远超出了任何一个城邦的边界。一个人想要让自己写作的内容被尽可能多的人理解，就必须采用一种无论对方来自何方、说何种方言，都能轻松解读的书写方式。我们不知道文字标准化的想法是否由腓力二世本人首倡，但当马其顿人在纸莎草纸或石头上书写、镌刻文字时，他们使用的不是自己的方言，而是雅典的希腊语，也即阿提卡方言。[23]

公元前 346 年由腓力二世主持缔结的和平条约没能维持多久。在接下来的 5 年里，他将大部分精力投向东方，试图征服色雷斯。色雷斯沿海地区有一些几百年前爱琴海希腊人建立的殖民据点，但内陆地区此时尚未被纳入希腊语世界，当地居民的语言也与希腊人不同。在马其顿军队征服色雷斯全境，将领土扩张至欧亚大陆之间希腊人广为"殖民"的海峡沿岸地区之后，腓力二世的战略利益与雅典发生了直接冲突，因为雅典人一向依赖从黑海沿岸的希腊人殖民地进口粮食。雅典曾两度因海峡被敌人封锁而被迫屈服，随着马其顿征服色雷斯，这一厄运似乎又要重演。公元前 341 年，德摩斯梯尼甚至主张雅典在危机面前与宿敌波斯携手，对抗来自马其顿的新威胁。[24]

第二年即公元前 340 年，战争终于爆发。德摩斯梯尼试图以雅典为盟主组织联军对抗马其顿，但应者寥寥。此时，希腊中部的各城邦再次因德尔斐圣所的看守权问题发生纠纷。上一次纠纷中，腓力二世曾出面仲裁，那么，这一次他又将有何作为？由于纠纷双方都来请求调解，腓力二世很可能以此为借口拖延时间，让自己在色雷斯的军队得以南下。得知马其顿与希腊北部诸邦的 3 万大军进抵离阿提卡不远的维奥蒂亚地界，雅典公民大会方寸大乱。危急关头，德摩斯梯尼成功说服雅典的宿敌底比斯加入战斗，保全彼此的国土。公元前 338 年 8 月初，马其顿和北希腊联军与雅典-底比斯联军（以及来自少数其他城邦的小股部队）在维奥蒂亚的喀罗尼亚决战，双方兵力大致相当。当时已趋于边缘化的斯巴达没有参与。

最终，腓力二世赢得了战斗，雅典-底比斯联军阵亡与被俘者多达半数。德摩斯梯尼曾亲临战场，在战败后不久成功逃回雅典，发表了公开演说。在公元前330年的另一场经典演说中，当时正在雅典政坛崛起的新锐政客来库古*不仅为当年阵亡的战士哀悼，还感叹"希腊的自由"经此一战归于灭绝。时至今日，仍有很多人把公元前338年的喀罗尼亚战役视作"古典"希腊文明的终结。[25]

然而，来库古的断言是否成立，取决于"自由"和"希腊"的定义。"自由"和"希腊"起源于希波战争的残酷考验，但德摩斯梯尼也曾试图与波斯国王联手，所谓希腊城邦的"自由"在此时也已等同于各邦在战场上厮杀缠斗、徒劳内耗的"自由"。由于希腊本土对城邦**独立自主权**的坚持过于根深蒂固，大多数希腊城邦公民最关心的就是不受其他城邦支配，共同的"希腊人"身份则只能退居边缘，甚至连以"希腊"为借口的人也为数甚少。

在喀罗尼亚战役之后的几星期乃至几个月里，腓力二世的表现与德摩斯梯尼和来库古耸人听闻的预言并不相符。为惩罚底比斯，马其顿在该邦推翻民主政体、扶植了寡头体制，并在城内派驻军队，以维持秩序。虽然雅典领导人批评马其顿的语调最为激烈，立场也最为持久，但腓力二世并未对雅典施加任何惩罚。其他尚未臣服的城邦则纷纷向腓力二世效忠，只有斯巴达表示拒绝。马其顿军队随即出兵征讨斯巴达，一度侵入拉科尼亚，但很快退兵。这场行

---

* 他与传说中为斯巴达立法的来库古同名。——译者注

动之后，斯巴达人被进一步孤立于拉科尼亚腹地，但原有的城市与制度未受影响。随后，腓力二世宣布在科林斯召开会议，要求其他所有希腊城邦派代表参加。这场会议确立了新的政治格局，在与会各国间缔结了军事联盟，并宣布建立了一个有约束力的"希腊联邦"（Koinon）。现代史学家常将这一机制称为"科林斯同盟"，但这不足以概括希腊语原文的全部意涵。事实上，科林斯大会建立了一个政治联邦，其事务由各邦代表组成的理事会主持，但所有成员国都要向"盟主"［希腊语称"hegemon"，即今天英语中"霸权"（hegemonic）一词的起源］效忠。毋庸赘言，希腊各邦的"盟主"将由马其顿国王担任——这不仅指腓力二世本人，也包括他之后的所有继承者。[26]

值得注意的是，马其顿自身并未加入这一联邦，这也在后来成为引发不满的根源。尽管在腓力二世的主持下，希腊世界第一次有了作为政治实体的雏形，他仍决定让自己的马其顿王国在政治和文化上与"希腊"保持距离。尽管"希腊人"与"马其顿人"都将在快速扩张的希腊语世界中成为核心组成部分，但人们在多年以后仍会用这两个称呼指代不同的群体。

公元前 337 年春天，各城邦代表再度来到科林斯。大会期间，腓力二世宣布对波斯发起远征，以解放安纳托利亚沿海被波斯帝国统治的希腊人城市。伊索克拉底多年以来极力呼吁而未成的事业，此时终于有了眉目：一支统一的"全希腊"联军将讨伐波斯，与这个古老的共同宿敌做个了断。在以 98 岁高龄去世前不久，伊索克拉底曾上书喀罗尼亚的胜利者腓力二世，在信中写道："［如果能］以武力让蛮族向希腊人称臣……您接下来还能取得的功业，不过成神而已。"[27]

此时，腓力二世的疆域几乎囊括了今天的希腊全境，保加利亚、阿尔巴尼亚、北马其顿共和国大部，以及今土耳其欧洲部分的全部领土。[28] 在他之前，只有薛西斯曾在这一地区短暂拥有过如此强盛的势力，将如此之多的希腊人纳入自己治下。宣布要征讨波斯之后，腓力二世没有食言，派一支先遣队踏上了波斯领土。公元前336年春天，他手下的三位将领率军跨过达达尼尔海峡，从欧洲进入亚洲。

腓力二世可能确实愿意践行在科林斯大会上的许诺，率主力亲征波斯，但此时的他似乎并不急于动身：在那之前，他决定前往马其顿王国的故都埃泽萨，出席一场王室婚礼。前一年，腓力二世迎娶了自己的第七位妻子（当时他还有几位前妻依旧在世）。这一次，他要把自己的女儿克娄巴特拉嫁给邻国伊庇鲁斯的君主。除了最近的这次婚礼之外，腓力二世每一次娶妻都是纯粹的政治婚姻，他这一次嫁女也是出于这种考量。如果能与伊庇鲁斯联姻，腓力就能在后方排除一大隐患，从而放心大胆地出兵亚洲。

在马其顿国内，与伊庇鲁斯联姻也能为腓力排除一大威胁。腓力二世的第四个妻子奥林匹亚丝此时已与他分居，她是新娘克娄巴特拉的母亲，也是新郎的亲姐妹，来自伊庇鲁斯王室。这一点之所以重要，是因为奥林匹亚丝正是腓力二世选定的继承人、时年20岁的亚历山大的生母。前一年，腓力二世曾与亚历山大爆发了激烈争执，可能是因为腓力娶了一个足以给自己当女儿的年轻女子为妃。到公元前336年夏天，这场争执至少在表面上已归于平息，但在马其顿先遣队跨过达达尼尔海峡之际，曾在18岁那年亲率先锋参与喀罗尼亚战役的亚历山大王子并不在其中。腓力二世的盘算十分周密：上一回远征在外时，他曾委任年轻的亚历山大监国。而这一次，他似乎打算重复这一安排。

公元前336年7月或10月，克娄巴特拉的婚礼在埃泽萨（今希腊韦尔吉纳）举行。这是一场不折不扣的国家盛事，来自希腊世界内外的嘉宾都应邀到场。礼成后的第二天早上，新近完工的半圆形剧场上座无虚席（当时的观众可能多达数千），等待娱乐节目上演。虽然前一天晚上宾客们已然酩酊大醉，庆祝活动仍计划于日出时分开场。仪式上，队伍将十二尊奥林匹斯神像送入观众席中间的圆形空场，与它们并列的第十三尊雕像表现的正是腓力二世自己。无论这一举动有何具体含义，将人像与神像并列的做法即便在当时最虚荣的希腊人看来也过于自大了：传统观点一直相信凡人易逝、神祇不朽，人类无论多么强大都不可能随便逾越人神之间的界限。在仪仗队伍的末尾，腓力二世的王储亚历山大、新娘克娄巴特拉与腓力二世本人身穿白衣先后登场，王家近卫队则根据腓力的指示在后方等待，与三位王室成员保持距离。

接下来，半圆形剧场上发生了一起极富戏剧性的凶杀案。当腓力二世走入圆形空场，接受观众喝彩时，一名前近卫队成员突然冲上前去，掏出随身隐藏的匕首刺中腓力二世的胸膛，导致腓力当场毙命。随后，刺客朝城门跑去，试图骑事先准备好的马逃走。据说他成功逃出了城外，但在上马时被一根藤蔓绊下了马背。随后，三名卫兵抓住了刺客，不等他开口便杀死了他。[29]

在众目睽睽之下，腓力二世遇害身亡。没人怀疑刺客的身份。凶手名为帕夫萨尼亚斯，根据官方记载，他与腓力二世的一位廷臣有过嫌隙，曾为此请求国王腓力主持公道，却遭拒绝。不过，鉴于城门外有事先准备好的马匹，帕夫萨尼亚斯显然不是单独作案；那根正好出现在马匹上方、将帕夫萨尼亚斯扫倒在地的藤蔓也表明，预谋者从一开始就不打算让他活下去。亚历山大也深信帕夫萨尼亚斯背后有一起更大的阴谋。即位之后的几天乃至几星期之内，他就以涉嫌参与弑君阴谋为由，肃清了一些潜在政敌。[30]

腓力二世之死引起了无数猜想。古代史学家怀疑亚历山大的生母、与腓力二世别居的王妃奥林匹亚丝与此事有关。事发几百年后，也有一些人试图以缜密的思维论证亚历山大本人可能参与了弑君计划。另有一些现代史家回顾了这场沉寂了两千多年的古典凶杀谜案，怀疑帕夫萨尼亚斯背后可能有奥林匹亚丝、亚历山大（或母子两人皆有）的指使。不过，确定无疑的是，20 岁的亚历山大的确是腓力二世遇刺一事的最大受益者：他将在不久后即位为马其顿国王亚历山大三世，并在后来以"亚历山大大帝"的名号震动整个世界。[31]

后来，关于腓力二世遇刺一案再无决定性的新证据问世，但从作案方式来看，处处都存在亚历山大参与的痕迹。仅从我们已知的信息来看，无论在父王被害之前还是之后，亚历山大终其一生都行事大胆，令人感叹不已。在诸多挑战面前，他总能凭杰出的才智、出众的身体耐力、纯粹的冒险欲以及（必不可少的）惊人的好运气出奇制胜。亚历山大的故事因此名垂青史：他可能是有史以来最为果敢的军事统帅，在短暂的一生中戎马倥偬，未尝一败。他曾在少年时驯服了烈马布切法拉斯，斩断了传说中不可解开的戈尔迪之结，还曾在绝域辽远之地攻克了一座又一座城池，在征战中以不择手段的决心追求着胜利，无论自己与他人付出何种代价都在所不惜。[32]

亚历山大三世所做的一切几乎都是**公开的**，其中多少都带有一些表演成分，无论是战场上最为伟大的胜利，还是那些连古代与当代最推崇他的传记作者也要摇头的劣迹，概莫能外。亚历山大经常消灭一些与自己最为亲近，且对自己有过大恩的人：一位战友曾在阵前救过亚历山大一命，最终换来的下场却是在酒后斗殴时被他当众刺死。还有许多为他效力多年的老将只因一些捕风捉影的借口就被判处死刑，在众目睽睽之下惨遭屠戮。[33] 对希腊人而言，弑父是最为严重的罪行；而在整个希腊世界成千上万名嘉宾的注视之下，亚历山大本人既在父王遇刺现场，又在表面上与此毫无关系，还能顺利逃脱嫌疑……这或许正是亚历山大狠戾而大才的一生的终极证明。

在埃泽萨，一场高调的婚礼变成了葬礼。人们用葡萄酒洗刷腓力二世火化后的遗骨，再用紫布包裹，安放在纯金的遗骨盒中，用刻有马其顿太阳纹章的盖子盖住。1977 年考古学者马诺利斯·安德洛尼克斯发掘腓力二世的王陵时，埋藏其中的财宝仍完好无损，学者对盒中的遗骨进行了法医学鉴定，发现遗骨的主人应当是一位 40 多岁的男性（腓力二世在 46 岁那年去世）。他的右眼附近有受伤的痕迹，两条腿长短不一，这些特征都与腓力二世亲临战阵时负伤的记载相吻合。虽然在考古学界仍有争议，但我们今天还是可以大体确定，在希腊小镇韦尔吉纳郊外一座复原"帝王冢"的地下发掘出来的这座"腓力陵"的确是腓力二世的长眠之所。亚历山大本人一定出席了父王的葬礼，并亲自检视了腓力二世下葬的全过程。[34]

新王亚历山大继承了父亲征服的所有土地与人民。但为了稳坐王位，只是消灭父王身边那些可能对自己造成威胁的近臣是不够的。即位后，亚历山大以雷霆手段多面出击，镇压并预防了多场起义。首先，他遏制了希腊城邦重新争取独立的势头。在埃泽萨，雅典使者曾假意讨好马其顿人，称雅典城绝不会为谋害腓力的嫌犯提供容身之所，但在得到腓力遇刺的消息之后不久，雅典公民大会就在德摩斯梯尼的领导下举行了狂欢。[35] 类似的事件不独发生在雅典一地；听闻腓力遇刺，其他希腊城邦也一度跃跃欲试。因此，亚历山大即位后立刻在科林斯召开了新一届大会。他很可能是在父王下葬之后便立刻启程南下的，但他此次赴会并不只是出席一场传统的外交活动，而是要定义他自己今后对"外交"的认识：他带着一支马其顿大军来到了科林斯。

喀罗尼亚战役的胜利者再度兵临城下，令底比斯与雅典惊惶万分，但亚历山大只需出兵示威，就达到了自己的目的：只要各城邦保持恭顺，同意派使者出席科林斯大会，马其顿大军就不会伤害其公民。希腊各城邦代表齐聚会场之后，亚历山大重新确认了父王在两年前于会上主持达成的协议，确立了自己作为盟主的地位。只有斯巴达人依旧拒绝臣服，他们既没有派代表赴会，也不接受会上通过的任何条款，但亚历山大对他们视若无睹。在会上，亚历山大宣布远征波斯的计划将继续进行，所有城邦都要做好准备，出兵参与。与此同时，亚历山大将目光投向北面，对伊利里亚人发动了另一场战争。于是，在公元前335年春天，他再度挥师北上。[36]

几个月后，惊人的消息从北方传来：亚历山大在战场上被人杀死。庆祝的气氛再次如野火般席卷希腊各地，率先庆祝的底比斯人还宣称要为"自由"与"打破马其顿人的枷锁"而斗争。[37] 但亚历山大并没有死，而是以一如既往的迅猛速度率军南下至底比斯城外。虽然得到了不少道义支持（比如德摩斯梯尼和大部分雅典人），底比斯在亚历山大面前仍孤立无援。在守军拒绝屈服之后，亚历山大的大军强攻底比斯城。在攻破城池之后，他决定摧毁底比斯以儆效尤。亚历山大还强迫希腊其他城邦的代表共同签名，以"希腊联邦"的名义为这一决定背书，进一步加强了警示效果。马其顿军队摧毁了底比斯的卫城与整个城区，只把品达的故居保存下来，以示对这位诗人的敬意。约 6 000 名底比斯人被杀，另有 3 万人沦为奴隶。雅典人再次担心同样的命运会落到自己头上，但他们再一次得到了宽恕。亚历山大从来不信任雅典人，而后续的事态发展也证实了他的判断。但此时的他仍需要雅典作为盟友站在自己这边（无论是否有诚意），以证明进军亚洲、向波斯报当年进攻希腊之仇的正当性。[38]

到公元前 334 年春，远征工作准备停当。在之前的冬天里，来自希腊各城邦的参战部队陆续到马其顿集合。此时，腓力二世生前派往安纳托利亚的先遣部队受到新任波斯国王大流士三世的阻击，处境日益艰难。大流士三世即位与腓力二世遇刺大体在同一时期，这位国王甫一掌权，就成功地确立了自己的地位。只有立刻得到增援，马其顿先遣部队才能继续在战场上与波斯作战。只用了 20 天时间，亚历山大就率军从马其顿境内的安菲波利斯来到了达达尼尔海峡，还趁大军与辎重渡海前往亚洲之际凭吊了古特洛伊遗址。他正希望把自己塑造成阿喀琉斯再世，重现《伊利亚特》中"亚该亚人第一猛将"的威风。希罗多德（而非荷马）曾将传奇的特洛伊战争视为欧罗巴与亚细亚之间漫长对决的起点，而亚历山大所要追求的伟业，就是将这个古老的宿命延续下去。[39]

来到达达尼尔海峡亚洲一侧海岸的希腊-马其顿联军总兵力可能高达 5 万，其中包括约 5 000 名精锐骑兵。与史书对多年前薛西斯西征大军人数的估算相比，这支队伍只能算中等规模，亚历山大很快也将惯于在每一场决战中以少敌多。但在当时，这支远征军是希腊历史上前所未有的一支大军。[40]接下来，亚历山大将要展开的冒险不但在希腊历史上空前绝后，在世界历史上也算得上最伟大的冒险之一。

波斯人的行动太过迟缓，既来不及阻止亚历山大远征军渡过达达尼尔海峡，也无法阻止亚历山大与先遣部队会合，但他们毕竟离得不远。在马尔马拉海以南几英里外的陆地上，两军爆发了战斗：波斯军队沿格拉尼库斯河的陡峭河岸布阵，试图借此天险挡住希腊人的进攻。在之后8年间，亚历山大远征军将经历四场决定性战役，而格拉尼库斯河之战就是其中的第一场。战斗中，亚历山大一度有性命之忧，但河边的波斯人最终被彻底击溃，整场战役以进攻方的胜利告终。

格拉尼库斯河之战结束后，亚历山大向雅典送去一份战利品，献给该城的守护女神雅典娜。这份赠礼的献词铭文写道："腓力之子亚历山大，与除拉刻代蒙人以外之全希腊人，战胜亚细亚蛮族，在此敬献所获。"[41]这句话大肆宣扬了"希腊"对"蛮族"、"欧罗巴"对"亚细亚"的旧调，但也有含沙射影的意味。在希腊人当中，只有"拉刻代蒙人"也即斯巴达人既不曾参与腓力二世的"希腊联邦"，也没有为亚细亚远征出力；而在不久之前，斯巴达人还曾是雅典人最为仇恨的宿敌。讽刺的是，亚历山大献给雅典娜的这份战利品是不多不少300整套从战场上缴获的甲胄，与公元前480年温泉关战役中牺牲自己、死战殿后的斯巴达军人数量相当。可以说，这场祭献是亚历山大对斯巴达的终极嘲讽：当年在伯罗奔尼撒战争中打倒了雅典的那个尚武强国，此时已成为无关紧要的小势力。

出于同样的心态（尽管在手段上更令现代人胆寒），亚历山大也对波斯败军中为数不少的希腊人雇佣兵施加了残忍的惩罚。格拉尼库斯河战役期间，亚历山大曾命手下围住这些替波斯效力的希腊人，"杀到一个也不剩"。但最终，战败一方的希腊佣兵仍有约2 000人遭到生俘。为杀鸡儆猴，亚历山大将这些俘虏用镣铐锁住，一路押回马其顿做苦工。科林斯会议曾明令禁止希腊联邦各成员国公民在外国军中服役[42]，亚历山大的这一决定因此尚可算作希腊联邦盟主的合法之举，而让俘虏服苦役的判决，也没有脱离希腊各邦战争的传统规则。不过，这段颇为戏剧性的插曲无疑也向我们表明，亚历山大的远征并不如流行的说法所言，是一场希腊人的"圣战"。事实上，当时为**波斯**一方效力的希腊人甚至比亚历山大自己军中的希腊人更多：虽然时常被史书蔑称为"雇佣兵"，但这些有偿从军的战士往往是逃离故乡的流亡者，抑或是底比斯屠城惨剧的幸存者，与马其顿不共戴天。所谓"希腊联邦"远远没有收获全体希腊人的忠诚。[43]

到公元前334年秋天，亚历山大的远征军已扫荡了安纳托利亚与爱琴海之间的沿海地区，来到半岛的南方沿海。"解放"希腊城市的工作已经完成了——尽管以米利都和希罗多德本人的故乡哈利卡纳苏斯为代表，很多希腊城市都曾以武力发起反抗，迫使亚历山大以征服的形式强行"解放"它们。到当年年底，亚历山大进军内陆，来到安纳托利亚腹地。传说中，亚历山大正是在古弗里吉亚人的城市戈尔迪乌姆（今土耳其安卡拉附近）"斩开了戈尔迪之结"。据说，这个绳结诞生于几百年前，因结构过于复杂，谁也不曾将它解开。而根据当地的一则预言，谁能成功将它解开，就能成为整个波斯帝国之王。据传说所述，亚历山大解开戈尔迪之结的方式，是挥剑把绳结劈开。此时，亚历山大远征军的所经之地已然属于此前希腊世界的外围地带。次年春天，亚历山大继续朝希腊世界之外进军，离父亲开拓的疆土越来越远。

公元前333年11月，两军在今天土耳其南部海岸爆发了第二场决战，当地在希腊语中被称为"伊苏斯"。伊苏斯之战中，大流士三世亲自坐镇指挥，在他逃离之后，马其顿人俘虏了他行营中的随行人员，包括大流士三世的母亲、一位配偶和两个女儿。几百年后，亚历山大善待这些尊贵俘虏的举动将被奉为"骑士精神"的楷模。在伊苏斯战败之后，大流士三世试图媾和，但被亚历山大拒绝。亚历山大宣称自己才是新的"全亚细亚之王"，还在回信中骄傲地写道："你所拥有的一切，现在都归我了。"他还说，如果大流士对此不服，就应择日再战，挽回颜面。[44]

两年后，两军再次相遇。这一次，两军的战场已来到今天的伊拉克库尔德斯坦地区，那里是一处靠近摩苏尔的平原，距尼尼微古城不远。战败之后，大流士三世表示愿将整个帝国西部献给亚历山大，与他隔幼发拉底河东西分治，还愿把女儿嫁给亚历山大为妻，并缴纳一笔高昂的赎金，换回其他被俘虏的亲人。[45] 但亚历山大不愿议和：他的远征军不但渡过了幼发拉底河，也已跨过了底格里斯河，来到了决战的战场高加米拉。在此期间，亚历山大攻占了推罗与加沙两座名城，屠杀了大部分幸存的抵抗者，还与当地人相配合，攻占了被波斯帝国统治的埃及，甚至亲自深入利比亚沙漠，参拜锡瓦绿洲的神谕圣所。据传说，锡瓦的祭司可能当着亚历山大的面宣布他是宙斯（也即埃及的阿蒙神）之子。据说亚历山大在离开埃及之前还规划在地中海边建造一座因他自己而得名的新城，这便是亚历山大城。

公元前 331 年 10 月 1 日的高加米拉战场上，亚历山大面对的是一支规模空前的大军。在高加米拉，希腊骑兵第一次遭遇了波斯人的战象，这是大流士三世从帝国最东方的行省征召而来的。但在战斗中，马其顿人再一次击溃了敌军。大流士三世侥幸逃出了战场，但在不久之后就被手下人背叛杀害。接下来，亚历山大长驱直入，来到古代世界名城巴比伦，以及波斯帝国的行政都城苏萨。在这两座都会，他可能都曾正式自称为波斯的新任国王。[46] 随后，他一路南下，挺进波斯帝国古老的典礼之都，即希腊语中的波斯波利斯。在亚历山大离开前，他的军队纵火焚烧了波斯列王居住的宏伟宫殿，将其中大部分建筑夷为平地。有传说认为，焚毁宫殿的大火是由亚历山大本人在醉酒后不小心点燃的，还有说法认为，焚毁波斯宫室是亚历山大的蓄意之举，以报当年薛西斯与马多尼乌斯摧毁雅典之仇。之后不久，亚历山大解散了一路跟随他至此的希腊盟友部队，愿意继续随他征战的人可作为雇佣兵从军。最终，一些人继续随他东进，其余人则掉头返乡。[47]

在这之后，亚历山大的追随者们越来越无法理解这位统帅的意图。在今天，我们只能依赖几百年后的希腊文史书了解当时的事态，而这些史书的作者也和我们一样，无法参透亚历山大的动机。亚历山大之所以在实现了所有既定目标之后继续远征，到底是出于无穷无尽的征服欲，还是出于某种理性计划？他在战场上的卓越才干毫无疑问，但这些能力是否服务于某种带有政治意味的战略思考，背后有没有更长远的目的驱动？

公元前 330 年 5 月，亚历山大离开了波斯波利斯。之后的四年半里，他先率军北上来到里海岸边，随后东进今天的阿富汗境内，再从阿富汗南下跨过印度河，进入旁遮普。公元前326年5月，亚历山大远征军在今巴基斯坦境内的杰赫勒姆河迎来最后一场大战，对决身材魁梧的保拉瓦斯国王波鲁斯（希腊一方的称呼）。波鲁斯麾下战象之多，为亚历山大远征军所未见；即便如此，波鲁斯还是输掉了战斗。亚历山大要求波鲁斯宣誓效忠，然后保留了他的统治权。

之后不久，亚历山大的远征抵达了极限。他的人马在印度西北部的希达斯佩斯（今比亚斯河）畔扎营，位置可能距阿姆利则不远。对于接下来发生的事，所有古代文献的记载高度一致。当时，亚历山大仍想继续进军，跨过下一条更为宽阔的大河——恒河，征服对面更广袤的沃土。在那之后，根据当时希腊人的观念，亚历山大就将来到俄刻阿诺斯河畔，抵达人类世界的边界。亚历山大因此催促手下继续追随自己前进，缔造一个"于人间无界，与天地同疆"的大帝国。[48]

如果上述传说属实，这便是亚历山大人生中遭遇的唯一一场挫折。据记载，亚历山大的手下拒绝服从统帅的命令，不愿继续前进。在营帐中苦思三天三夜之后，亚历山大终于决定调整进军方向，不是班师折返，而是顺印度河而下，寻找俄刻阿诺斯河。一路上，他的军队又经历了多场战斗，一旦麾下有人敢于反抗，就对其施以重拳，严厉打击。抵达海岸之后，他分兵两路，派一半人马走海路经波斯湾进入霍尔木兹海峡，自己则率另一半人走陆路，穿越极度艰险的俾路支沙漠。

这就是传说中的亚历山大大帝，只要无人阻挡就从不停止进军的世界征服者。这段传说很可能符合事实：没有一份古代文献对此提出过反对意见，大部分现代史学家也全盘接受了这些叙述。但也有观点认为，亚历山大远征的动机也许比我们想象的更加务实：这种观点认为，亚历山大的远征路径不多不少，正好与波斯帝国传统上的最大疆界相吻合。从战略与政治角度看，他发起远征的目的或许在于向帝国全境宣示自己的个人权威，坐实自己作为战胜大流士三世的征服者的地位。如果这一解释属实，那么他在希达斯佩斯河畔遭遇的唯一一次挫败或许就不曾发生，他率军沿印度河经俾路支沙漠返回的举动也早就在计划之中。[49]

公元前324年春天，亚历山大回到了波斯首都苏萨。在这之后，他埋头于帝国行政工作，只在当年冬天短暂率军出征平叛。他似乎不愿让自己的亲信统治被征服地区，也不想向这些地方强加希腊人或马其顿人的生活方式。他的作风在某种程度上类似之前的波斯帝国诸王，也与后世规模更为庞大的罗马帝国有相通之处：他的统治策略重在笼络地方当权集团，通过他们施行间接统治。

时人与后世许多希腊史家常批评亚历山大三世贪图"蛮族"的头衔与统治责任，采用"蛮族"的服制与习俗。这些行为在古人看来无异于"投敌"，或以自高自大的手段成为"暴君"或者东方式的专制君主（在古代希腊世界，这些都是批判政敌的常用词），但在现代史家看来，亚历山大推行的或许只是一种影响深远的文化与政治融合。[50]公元前324年的亚历山大致力于统合的不是一个**希腊人**帝国：它可能是人类历史上超越一切族群、文化与身份认同藩篱，缔造世界性霸权的首次尝试。然而，即便亚历山大本人或许从未有过这样的意图，他发起的远征的确在客观上产生了这样的**效果**：把希腊的思想、希腊的风俗、希腊的技艺和希腊的语言带到了亚洲内陆，其痕迹远及今天的乌兹别克斯坦、阿富汗、巴基斯坦以及印度西北部。

亚历山大征服造成的希腊化浪潮或许与 19 世纪以来的"英语全球化"可以相提并论，其原因也与英语的崛起高度相似。正如英语在当代成为一种横跨多族群背景、为数亿人所使用的全球语言，亚历山大时代以地位最崇高的古雅典方言为基础形成的"古希腊共通语"（Koine）也在世界各地生根发芽，成为许多地区的行政、商业与文化通用语。

在亚历山大远征东方的同时，雅典城内也迎来了一场文化投资的热潮。公元前 335 年底比斯覆灭之后，希腊城邦世界迎来了一段几乎前所未有的和平岁月。腓力二世在喀罗尼亚战役后建立的制度总体运转良好：斯巴达人曾在公元前 331 年起兵反抗，但没有得到任何一个城邦的响应，而斯巴达本身也从来不曾是希腊联邦的一员。亚历山大远赴亚洲之后，联邦盟主之位也交由他在马其顿任命的摄政者安提帕特代理。安提帕特只用了不到一年就平息了斯巴达人的叛乱，从此直到公元前 324 年，整个希腊半岛与爱琴海诸岛都享受了持久的和平。

和平令城邦重现繁荣气象。在之前连绵几十年的混战中，不少希腊城邦的财政都已捉襟见肘，雅典也是其中之一。但现在，财富的流通再度活跃起来。在采取民主制度的雅典，公民团体采纳了最杰出雄辩家兼执政者来库古的意见，批准了一系列大规模公共工程，以令本城居民与外来访客折服。雅典修建了一座大理石竞技场，以作为泛雅典竞技会（雅典本地版本的奥林匹亚竞技会）的会场，还在卫城南面山坡下的狄俄尼索斯圣所修建了一座大理石剧场。这处圣所作为戏剧演出场地已有 150 年以上的历史，但奇怪的是，雅典人此前从未在这里建造过永久性剧场设施。留存至今的狄俄尼索斯剧场耗费了 30 年时间才宣告完工，到公元前 324 年来库古去世时仍未落成。这项工程可能是为了服务于某种"品牌战略"，以标榜雅典在之前 100 年间馈赠给整个希腊语世界的戏剧艺术宝藏。[51]

正是在这一时期，哲学家亚里士多德来到雅典，在伊利索斯河畔的绿树掩映之地兴建了吕克昂学园。这位亚历山大的国师拒绝成为雅典公民，一直以外邦人身份在当地居住。在抵达雅典前不久，亚里士多德曾在莱斯沃斯岛的一座潟湖中展开生物实验，为生物学乃至当今一切科学之根源的实验探究方法奠定了基础。[52] 在雅典的哲学课堂上，亚里士多德提出人类生命的目的在于"尽可能地追求不朽，在任何方面都要遵循我们内在的最美好之物生活"——这"最美好之物"就是理性。亚历山大或许真的相信自己是神祇下凡，要求手下以对待神明的礼节崇敬自己，但他的老师显然更具人性，认为每个人无须杀戮、征服、破坏，也能将神性化为己有。[53]

与此同时，雅典广场与狄俄尼索斯剧场周边的空间也涌现了数量空前的男女人物铜像与大理石像。此时的雕塑家已能用更为流畅的手法表现肢体的动感，一种更温和感性的美取代了上一个世纪的克制庄重。当时最伟大的希腊雕刻家雅典的普拉克西特列斯因为创作出第一尊全裸女像而闻名（雕刻的对象正是爱神阿佛洛狄忒）。他的作品《克尼多斯的阿佛洛狄忒像》在问世之初就曾引起争议，其年代可能在公元前 330 年左右。后世的观者对于这尊体态挑逗的雕像仍时常给出两极分化的评价。[54]

在千百里外，远征军不断从东方传来捷报，但在雅典和希腊其他地方，人们仍在安享太平，追求着文化事业，这样的年代想必让人有浮生若梦之感。探索人类幸福的本质、整理古典戏剧的瑰宝或者刻画人类肉体的欢愉无可厚非，但在今天追思这些遗产的同时，我们也应该注意到，上述事业在当时的人们眼里，很可能只是一场命运来临前的狂欢。亚历山大会不会回来？如果他回到希腊，接下来又会做些什么？对于这些问题，当时的希腊世界并没有答案。

在于波斯波利斯遣返了希腊各邦的部队之后，亚历山大似乎不再对希腊城邦世界给予关注。公元前324年初夏，亚历山大需要在苏萨好好盘点自己的江山。此时，这个新帝国的权力重心正在美索不达米亚，而非爱琴海，但接下来，亚历山大决定让希腊人明白自己在这个新世界秩序中的位置。十多年前，他的父亲在赢得喀罗尼亚战役后曾为希腊世界设置了一套秩序，但如今的局面已不同往日。此时，四年一度的奥林匹亚竞技会即将再次举办，在8月4日，这场盛会将在满月时迎来高潮。[55] 届时，奥林匹亚的宙斯圣所不但会聚集大批运动健儿，还将有大批观众与来自希腊语世界各个角落的政要前来观看。在那里，亚历山大决定给他们一份"惊喜"。

在奥林匹亚，亚历山大的使臣宣读了一份文件，史称"流放者法令"。从字面上看，这部法令并不严厉，甚至颇为宽仁，但它在政治上造成的影响极为深远。在"流放者法令"中，亚历山大宣布，所有之前被故乡城邦放逐或剥夺公民权的公民都应享有回归的自由。"法令"还授权安提帕特在必要时诉诸武力，保障前公民的回归权得到落实。

在理解这道法令的真正意义之前，我们需要设想这样一个世界：在当时的希腊城邦，流放或剥夺公民权都是十分常见的法律制裁手段。公元前 4 世纪的希腊世界到处可见流放者，其中一些人可能是罪犯，但大多数人都是放弃了故乡公民权的雇佣兵、在政治斗争中落败的流亡者，或者因被敌人入侵而举家逃难的人。萨摩斯岛就是最后一个人群中尤为悲惨的例子：大约 40 年前，他们曾在雅典的胁迫下集体流亡安纳托利亚。公元前 324 年夏天，参加奥林匹亚盛会的被流放者多达两万，他们在听到"流放者法令"的条文之后，自然狂喜不已。

但对其他人而言，"流放者法令"简直是祸乱之源。当前所有者是否仍对流放者被剥夺的财产享有权利？返乡后的流放者要住在哪里？最令人不安的是，"流放者法令"完全违背了 14 年前由腓力二世订立、又在几年前由亚历山大亲自确认的联邦体制：现在，亚历山大再也不用向科林斯大会代表征求同意，也不必通过联邦会议这一名义上的决策机构，令所谓希腊联邦名存实亡。用一位现代历史学家的话说，"流放者法令"是"用独裁专制的语言写就的"。[56]这道法令也服务于一个非常具体的目的：从此之后，亚历山大能轻而易举地在希腊所有大小城邦扶植一股规模可观且直接效忠于自己的公民集团，他们的权利并非来自城邦政府的保障，而是由亚历山大亲自赐予的。这确实是一种专制。

希腊邦国都不敢违抗"流放者法令"，但包括雅典在内的几个城邦试图尽可能拖延执行的步调，为本邦争取例外条款。当第二年夏天亚历山大的死讯再次传来时，这一过程仍未结束——但这一次，亚历山大真的死了。公元前 323 年 6 月 10 日，亚历山大在巴比伦因病去世，此时距离他 33 岁生日只有一个月。亚历山大的死很快引发了猜测与谣言，时至今日依旧不衰，但他很有可能是死于自然原因。

得知亚历山大去世，雅典人既没有哀悼这位希腊世界有史以来最杰出的军事统帅，也没有纪念他短暂的一生，而是和腓力二世去世时一样互相庆祝。亚历山大死去的消息传入城中后不久，雅典人就开始暗中筹划推翻"马其顿暴政"。亚历山大的死讯得到正式确认之后，雅典公民大会通过决议，提出"我邦人民应为全体希腊人的共同自由而着想"。雅典人派出使节联络可能的盟友，提醒他们当年的雅典人民曾如何"为希腊人的共同祖国"挺身奋战，并呼吁友邦立刻起兵，与雅典"共图解放大业"。[57]

最终，至少有 20 个城邦响应了雅典的召唤，表明希腊世界对这一呼声的热情颇为高涨。安提帕特随即率一支马其顿军队南下希腊，一度在拉米亚城遭希腊起义军围困，这场冲突因此被现代人称为"拉米亚战争"。但在公元前 322 年 9 月，得到本土增援的马其顿军队还是在色萨利地区的克兰农彻底击败了城邦联军。随后，安提帕特与反马其顿同盟的各成员国分别议和。安提帕特要求在雅典驻军，并以寡头制推翻了该城的民主制，从此只有少数最富有的公民能在公民大会上投票。[58]矢志反对马其顿扩张的德摩斯梯尼此前 30 年间凭口才征服了雅典政界，拉米亚战争结束后，他流亡国外，最终被安提帕特的手下抓住，被迫服毒自杀。

至此，雅典终于退出了政治与军事的舞台。但从长远来看，来库古时代雅典人为文化事业倾注的心血仍得到了回报。从这一时代开始，雅典将应验伊索克拉底的预言，成为一个全新的、空前广阔的希腊语世界的**文化**之都。这个新的希腊语世界迥然不同于之前的希腊语世界，由此诞生的新文明也全然有别于之前的希腊语文明，正因如此，它所属的时代在今天没有被称为“希腊时代”（Hellenic），而是被称为“希腊化时代”（Hellenistic）——在希腊语中，这个词的本义是“采用希腊习俗”，或者“成为希腊人”。[59]

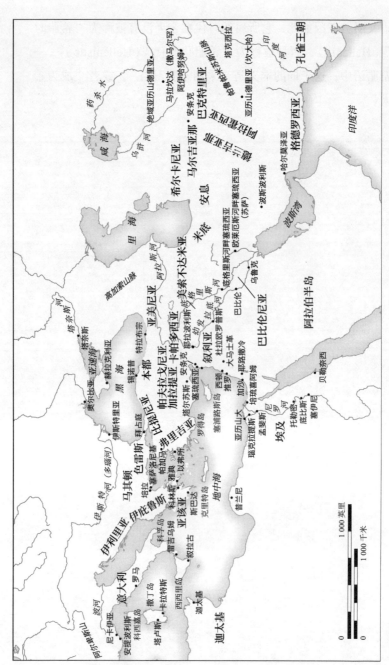

希腊化世界

第六章

"成为希腊人"

（前 322 年—前 27 年）

如果说亚历山大曾有意缔造一个"新世界秩序"，他的后继者无疑彻底辜负了他。亚历山大病逝于巴比伦之后，他的麾下旧将彼此争斗了 30 年。这场斗争的格局与之前几百年间的希腊城邦战争颇为相似，只是在地理范围上更加广阔。与之前的希腊世界相比，这个新希腊世界的一切都无比宏大——统治者的野心空前膨胀，用于纪念的建筑奇观空前宏伟，治下的非希腊人口也空前众多。最终，这个新世界形成了三个相对稳定的王国，分别控制着亚洲、非洲和欧洲。每个王国都将由一位"继业者"开创的王朝统治——这是对亚历山大麾下旧将的称呼。[1]不过，无论在东方还是西方，所谓"希腊化世界"的影响范围都比这三个王国的疆域更为广大。

在最东方，凡是亚历山大率马其顿军队经过并留下驻军的地方，都形成了说希腊语的定居社群。亚历山大远征结束后不久，这些地区最东方的土地就被印度君主旃陀罗笈多［（希腊史籍称桑德拉克托斯（Sandrakottos）]夺回。旃陀罗笈多创立的孔雀王朝将在之后成为大半个印度次大陆的主宰，到其孙阿育王在位时，那些生活在孔雀王朝治下的希腊人与马其顿人已融入了这个帝国。阿育王皈依佛教，信仰甚笃，在阿拉霍西亚的亚历山德里亚（今阿富汗坎大哈）发现的一块碑文曾用两种语言歌颂了这种新宗教的伟大成就，其中一种就是希腊语。显而易见，当时新皈依的佛教徒中已有说希腊语的人。约 100 年后，其中一位名为麦南德的君主（弥兰陀王）还将在印度佛教的发展史上留下自己的痕迹。[2]

孔雀王朝崩溃后，今天的巴基斯坦境内兴起了许多小国。它们在后世被称为"印度-希腊王国"，其中国祚最长久者存在了约 300 年。如此看来，希腊人在印度次大陆部分地区的统治甚至长于近现代英国在印度的殖民统治（终结于 1947 年）。这些希腊化政权统治者及其臣民从未见诸史册，也许没有人为他们撰写过历史，即便有也没能保存下来。关于这些政权，我们能够掌握的证据往往只有它们铸造的钱币。这些钱币采用希腊风格，表面印有统治者的名字与高度格式化的肖像。在今巴基斯坦首都伊斯兰堡附近，古城塔克西拉曾是一个希腊语王国的首都，那里诞生了一种独特的雕塑艺术风格，融合了印度与希腊的雕塑技法与特征。这种风格因其所在地区而被称为"犍陀罗风格"，即便在最后一批希腊化王国消亡之后，它仍将产出许多令人惊艳的混合风艺术作品。[3]

对于巴克特里亚的希腊语人群，我们掌握的情况相对更多，但仍十分有限。巴克特里亚的范围大致涵盖了今天的阿富汗与乌兹别克斯坦南部。在被亚历山大征服之后，巴克特里亚成为希腊化世界东陲一个由马其顿人统治的独立小王国，存在了至少一个半世纪。在这一时期，坎大哈与撒马尔罕都曾是繁荣的希腊人城市。1966年，考古学家又在阿富汗东部与塔吉克斯坦交界地带发现了第三座希腊人城市遗址，这里根据当地的现代地名，被称为阿伊哈努姆古城。据考古学家发现，阿伊哈努姆古城的一些建筑呈现波斯风格，但也有一些建筑明显带有希腊风格。

出土于阿伊哈努姆古城遗址的一块纪念碑上刻有几句著名的格言，其出处可追溯到 2 000 英里外的德尔斐阿波罗神庙。这些铭文的作者自称克利尔库斯，他可能是亚里士多德的一位学生，在离开故乡塞浦路斯之后前往雅典就学，最终来到这希腊语世界的极远之地。克利尔库斯描述了自己如何"一丝不苟地镌刻"格言，以尽可能还原其最初所处的环境，让它们能"光耀远方"。在另一段发现于阿富汗境内的铭文中，一位在屡次诉讼之后得偿所愿的商人用墓志铭讲述了自己的故事。这位商人自称"纳拉托斯之子索斐托斯"，这两个名字皆非希腊语，可见希腊语很可能不是他的母语。不过，为他写作墓志铭的人不但通晓希腊语，也熟谙希腊语文学的典故。无论这些文字是否出自墓主本人之手，他都希望把自己的生平经历凝聚成"路旁一座会说话的纪念碑"。而在此时此地，希腊语是他达成这一目的的首选媒介。[4]

接下来，让我们把目光转向西方的美索不达米亚，这片底格里斯河与幼发拉底河流经的"两河地区"位于肥沃新月的中心，一般认为是农业发祥之地，在亚历山大征服之前的几千年间一直是世界上人口最为稠密的地带之一。波斯帝国的行政首都苏萨建立在底格里斯河的一条支流沿岸，幼发拉底河畔的巴比伦曾是巴比伦帝国的首都，那里的空中花园被誉为古代世界最伟大的奇观之一，传说由《圣经》中著名的巴比伦王尼布甲尼撒二世建造。去世前不久，亚历山大曾将自己的驻地从苏萨迁到了这里。在更南方的幼发拉底河岸边，还有一座历史更为悠久的城市乌鲁克。在继业者们的战争结束后，上述三座古城依旧繁荣昌盛，成为当时最大的希腊化王国的权力中心。这个位于小亚细亚的王国，其疆域不仅西至地中海，还横跨安纳托利亚，直抵爱琴海边。该王国被称为塞琉西王国，其创始者塞琉古一世在公元前305年自称"巴赛勒斯"（古希腊语basileus的音译，意为"王"）。

考古学调查发现，美索不达米亚地区的历史名城在塞琉西时期几乎没有发生什么改变。巴比伦的希腊居民人数很少，且大多居住在一处专门的城区。更为古老的乌鲁克城内没有发现任何希腊人的痕迹，但当地出土了大量印在泥板上的税收凭据，向我们揭示了希腊人在当地的统治地位。苏萨现在有了一个新的希腊语名字"欧莱厄斯河畔塞琉西亚"*，但城内的生活似乎一切如常。在这个人口稠密的地区，希腊人显然只占少数，但塞琉古一世仿佛不满足于这一地区的城市数量，又建造了新的**希腊**城市，这一做法后来又为他的儿子安条克一世所延续。他们新建的大多数希腊城市都以塞琉古或安条克为名，其中最为著名的欧朗提斯河畔安条克位于今土耳其南部，在今天被称为安塔基亚。

新建于巴比伦附近的底格里斯河畔塞琉西亚是塞琉西王国地位最接近首都的政治中心城市，那里位于底格里斯河与幼发拉底河最接近的地方，有一条运河将两大河连通。建成后不久，底格里斯河畔塞琉西亚就茁壮成长为拥有10万人口的大城市，相当于古典盛期雅典人口的两倍以上。这些新城市遵循了同样的网格状布局，这种规划据传由公元前5世纪的米利都人希波达穆斯首创，现在则成了希腊语世界所有新城市的通用模板。[5]

---

* 欧莱厄斯河（Eulaios）在今伊朗胡齐斯坦省卡尔黑（Karkheh），希伯来语称乌莱河。——译者注

波斯帝国的行政通用语阿拉米语保持住了原本的地位，在官方场合与希腊语并用。各地居民开始采用希腊语名字，其中很多从他们原本的非希腊语姓名中转写而来。当时有很多人（乃至大多数人）都能用多种语言沟通——这是他们在之前千百年间的生活常态。但和从前不同的是，此时他们生活中**最尊贵**的语言成了希腊语。比如，巴比伦史家贝罗索斯为这座古城与其悠久文明撰写一部"庞杂史书"时，用的就是希腊语。因为现存内容太少，我们已无从了解他这么做的动机，但我们显然有理由怀疑，贝罗索斯之所以萌生了写作史书的念头，或许就和他采用的这种新语言有关。另一方面，塞琉西王国历代君主延续了亚历山大本人的传统，极力以波斯帝国的正统继承者自居。他们为此投入大量人力物力，遵循传统风格建造神庙，祭祀古巴比伦众神。塞琉古一世甚至迎娶了一位名为阿帕玛的波斯女子为后（还以她的名义命名了几座新城），但这只是王朝历史上的个案，而非常态。[6]

在塞琉西王国统治的第一个世纪，希腊文化与巴比伦文化的碰撞擦出了影响深远的火花，彻底改变了后世的历史书写，塑造了人们对遥远过去的一切认识。古巴比伦人根据王统世系纪年，如"尼布甲尼撒王十年"。每当新王即位，都要从元年重新开始。在古代世界，类似的王统纪年曾是十分普遍的做法，希腊城邦也曾以每年当选的最高执政者的名字纪年。但在塞琉古一世于公元前281年遇刺身亡之后，巴比伦的史官没有将年份的数字归零，而是以塞琉古立国的公元前312年（即塞琉古一世正式称王的7年前）为起点开始纪年。这是有史以来第一种普遍纪年法。[7]

从美索不达米亚向西1 500英里，是位于非洲的另一个"继业者"王国——埃及。埃及的规模在三大"继业者"王国中排行第二，但富饶程度遥遥领先。与塞琉西不同，埃及的权力中心毋庸置疑：自亚历山大手下旧将托勒密于公元前305年称王以来，由亚历山大本人始建于公元前331年的亚历山大城便快速崛起，成为一座崭新且明确带有首都色彩的新都会，其地位相当于18世纪的圣彼得堡或20世纪的新德里、巴西利亚。而以规模和在国内商贸活动中的比重衡量，亚历山大城在建成后1000年间之于埃及的地位，远远超过了华盛顿、堪培拉、安卡拉等这些后世现代国家规划出来的首都。

在希腊化时代以前，埃及已在相对稳定的政治环境下享受了2000年的发达与富饶。尼罗河是埃及与埃及人的生命线，它用一年一度的洪水为埃及带来富含养分的淤泥与灌溉用水，把沿岸化为适合开垦的沃土。然而，随着亚历山大决定在尼罗河三角洲最西端的海岸上建立新城，埃及王国的地理重心骤然向下游倾斜：新来的历代马其顿统治者还在尼罗河三角洲与大海间兴建运河，把埃及内陆的古老贸易动脉与遍布地中海的希腊商业网络连成一片。[8]

很快，亚历山大城的人口就激增至近百万，这使其成为当时世界上最大的城市之一。凭借埃及的巨大财富，托勒密王朝得以兴建在希腊本土贫瘠的山海之间根本不可想象的巨型工程，建成于公元前3世纪上半叶的法洛斯岛灯塔就是这场巨型建筑热潮的代表作。法洛斯岛灯塔因其所在的岛屿而得名，它俯瞰附近两座新建的港口，高300英尺以上，在之后千百年间仍是世界上首屈一指的超高建筑，仅次于吉萨大金字塔。[9]然而，和金字塔这种用于纪念古代法老的建筑不同，这座新修建的"摩天大楼"具有实际意义：用火光引导船舶平安入港。大灯塔保障了航行安全，带来了丰厚的商贸利益，也为巨大的人力物力投资带来了经济回报。法洛斯岛灯塔在建成后挺立了约 1 500 年，直到在一场地震中被损毁。大部分残骸落入港中，在 20 世纪 90 年代才被潜水员重新发现。至于残留在岸上的灯塔遗迹，则在公元 15 世纪被改造为盖贝依城堡，至今仍是亚历山大港市沿海天际线上一道不可忽视的风景。

在灯塔背后的陆地上，托勒密王朝修建了一系列奢华的宫殿建筑群。人们曾相信这些宫殿的地基遗址一定埋藏在大体沿袭了古亚历山大城街道格局的现代城区之下，后来得益于 20 世纪 90 年代开始的考古调查，我们现在已经知道，亚历山大港的海岸线从托勒密时代至今已有显著改变，托勒密宫殿的纪念建筑和其他公共设施已成为需要被发掘的海底遗迹。[10] 在宫殿建筑群中，考察者发现了一处主祭九位缪斯女神的圣所，她们在传说中以神力启迪了荷马与赫西俄德，被希腊人奉为一切创意之神，其司掌领域从科学到艺术无所不包。这处圣所名为"mouseion"，即现代许多语言中"博物馆"（museum）一词的起源，但这座缪斯圣所的廊柱之间似乎并无展品陈列。以现代视角来看，托勒密一世创立的这一设施更像一座研究院，或一处学术机构。

坐落在缪斯圣所附近的便是大名鼎鼎的亚历山大图书馆，它是世界上第一座专门的图书馆。常驻馆内的学者开创了一门学问，用以从数十乃至数百个版本中整理、拣选出权威文本，以及对资料进行批判、评注、阐释乃至（最为重要的）分类编目。后世常嘲笑亚历山大图书馆里的学术工作之枯燥如同埃及沙漠之干燥。当然真相肯定没有这么简单，但亚历山大学者确实对罗列与分类管理十分热衷。此外，亚历山大学者收集、保存、分类管理的所有文献，都是用**希腊语**写成的。

这种对希腊语文献如此专一、执着、不惜代价的追求背后到底有何动机？马其顿人为什么要投入心血，保存弘扬一种并非其祖国原生文化，但在更广大的希腊语世界中广为传播的**文化**成果？马其顿人虽然已是世界的征服者，但其自身的文化中没有可与希腊文化相媲美的成就——这个答案有些粗疏，但并非毫无道理。无论如何，推崇希腊文化是一项精明的策略，也收获了不错的效果。正如伟大的法洛斯岛灯塔为无数商船提供了庇护，缪斯圣所与大图书馆也在之后千百年间成为文教枢纽，从整个希腊化世界吸收贤才。在那里开展的研究事业，也绝不仅限于今人所谓的艺术与人文学科。[11]

埃拉托色尼博学广识，是亚历山大图书馆早期的一位馆长。他来自历史悠久的希腊语城市昔兰尼（在今利比亚沿海），当时隶属于托勒密王国。埃拉托色尼是以科学方法计算地球圆周长的先驱：为比较太阳在同经度不同地点的照射角度，他在王国北端与南端的亚历山大城与阿斯旺展开了测量，最终得出了与真实数字十分接近的结果。

来自博斯普鲁斯海峡亚洲一侧卡尔西顿的希罗菲卢斯与来自阿提卡近海凯阿岛的埃拉西斯特拉图斯也都来到亚历山大城，在托勒密王朝最初两代君王的赞助之下于图书馆供职。这两位说希腊语的学者是最早的人体解剖学家，我们不知道他们到底从研究中掌握了什么，但他们无疑为人类医学史留下了足以流传至今的宝贵遗产——以及同样流传至今的医学伦理难题。在那之后不久，对人类尸体的解剖研究将再次成为社会禁忌，直到公元19世纪才重新得到认可。此外，也有迹象表明，这些得到托勒密王室赞助的早期解剖学者挥刀剖析的对象，并不总是死人。[12]

托勒密王朝在埃及逐步推广希腊语，最终使其成为之后1 000

年间当地的主要（而非唯一）文化与社交语言——这一时间远远长于托勒密王朝本身的统治年代。正是在这种提倡使用希腊语的氛围之下，托勒密时代早期的埃及祭司曼涅托与巴比伦人贝罗索斯一样，以希腊语撰写了一部关于自己民族的史书。在今天，我们只能通过后人的引用与摘录了解他的著作，但曼涅托的文字仍为我们了解法老时代的古埃及历史提供了宝贵的素材。

犹太人的神圣经典《托拉》首次被翻译成希腊文时可能得到了托勒密二世的资助，由此形成的宗教文集将成为后世基督宗教的《旧约圣经》，也是现存年代最久远的古希伯来圣经。一些观点认为，这场翻译活动是为了便利当时定居于亚历山大城、正在迅速接受希腊语的犹太人，不过他们同时也保持了本民族的独特信仰。然而，也有一段最早可追溯到公元前 2 世纪的传说认为，托勒密本人希望将希伯来语圣经译成希腊语，以供亚历山大图书馆的御用学者研究。如果这一传说属实，亚历山大图书馆对待其他文化的态度或许会比我们根据现有证据所设想的更为开明。但无论用意为何，翻译《托拉》这一事件本身无疑证明了希腊化时代希腊语在亚历山大城不可撼动的重要地位。[13]

然而，托勒密王朝并未对埃及本地的民意与传统置若罔闻。和亚历山大本人以及统治美索不达米亚的塞琉西诸王一样，托勒密埃及的统治者也极力将自己塑造为埃及本土君主（即法老）的继承人。根据曼涅托的记载，埃及法老的世系可以追溯到第一座金字塔建立之时。今天尼罗河沿岸一些保存最为完好的埃及神殿、浮雕与象形文字（最为古老的一种埃及文字）铭文，大多也是由托勒密王朝的马其顿统治者建造或复原的。

亚历山大城是当时希腊化世界的一个特例：在这里，本土的埃及人和犹太人一样拥有自己的聚居区，在城市人口中显然只占少数。与其他地方相比，埃及本土的古老文物与祭祀礼俗在亚历山大城地位相对次要，但仍占有一席之地。最近几十年间在亚历山大东港水下展开的考古调查为我们揭示了一些相关证据：这些遗址中出土了一些古老的埃及神像，其历史比当地有人居住的年代还要早1 000多年。显然有人将它们搬出了几百英里外尼罗河上游的神庙，用船一路运抵亚历山大城，供奉在托勒密王朝的宫殿中。[14]

上述现象在托勒密埃及形成了一种奇特的文化交错局面：它既非"文化隔离"，也非文化融合。比如，由托勒密二世订立的姐弟兄妹婚传统，就是一个典型例子：公元前274年，他迎娶了自己的姐姐阿尔西诺伊，将她封为王后。这种王室成员间的亲姐弟兄妹婚是古埃及法老的神秘传统之一，但在希腊人看来，近亲婚姻是奥林匹斯诸神的专利（诸神本就无所不为），胆敢尝试的人类则难逃天谴（传说中俄狄浦斯就因杀父娶母而被诸神折磨，尽管他起初并不知情）。不过，亚历山大城宫廷中的饱学之士还是设法把托勒密王朝的近亲婚姻包装成了一种合法的习俗。从那时开始，托勒密王朝的大多数王室成员都只在本族内通婚，这既能巩固他们作为埃及正统君主的合法性，也能保证马其顿王族血脉纯正。[15]

与规划严整、街道宽阔的亚历山大城相比，公元前3世纪的雅典（借用当时一位访客的描述）"街巷狭窄""古旧寒酸"。城市供水不佳，食品价格也十分昂贵。这位旅行者承认，雅典仍有"世间最美的景色"，卫城里的神庙依然矗立，山下的狄俄尼索斯剧场也完工不久。但他还是对读者发出警告："如果从外地初来乍到，你可能根本不敢相信，自己面前的这座城市就是大名鼎鼎的雅典。"[16]

此时，虽然公共建筑依旧壮丽，雅典城早已盛景不再，城邦的政治权力也不可避免地被更上一级的政权侵夺，那就是亚历山大死后的第三个"继业者"王国——马其顿。统治着这个王国的家族是由亚历山大另一位旧将"独眼"安提柯开创的安提柯王朝。马其顿与雅典之间的权力关系因时代变迁以及马其顿在位君主的更迭而不同，这在公元前 3 世纪初尤为明显。表面上看，雅典很快恢复了在公元前 322 年兵败克兰农之后被废除的民主的**形式**与措辞，并在这之后将其大体维持下去，这能从当时很多镌刻在石头上供大众阅读的法令与宣言中得到佐证。但事实上，当时的雅典政制有多么民主？在现实中，雅典仍以几千名公民组成大会，在理论上践行独立的自治权，但实际上，此时的公民大会只能处理一些很小的本地事务，对很多重要的政治问题已没有影响力。此时的希腊语世界以一系列新生的王国为基本单元，像地米斯托克利或伯里克利那样由一位极具感召力的领袖左右公民大会政局、领导雅典挺过希波战争与伯罗奔尼撒战争的时代已成为历史。雅典政坛已失去了生气，一味陈陈相因。[17]

但在惨淡的现实之下，雅典人仍在言说、书写自己的所思所想。公元前 3 世纪的雅典人很少有著作流传至今，这在一定程度上无疑是因为，此时决定什么文献值得流传后世的权力已落到亚历山大图书馆的学者手中。这一时期雅典最为重要的文化创新是一种新型喜剧。与阿里斯托芬等早期雅典喜剧作家热爱淫秽笑料和时事讽刺的风格不同，新型喜剧的剧情更为紧凑，起承转合都围绕少数套路与角色展开，比如年轻的爱人冲破重重阻碍、终成眷属，长期失散的亲人突然团圆、相认。在此期间，奴隶主与油嘴滑舌的奴隶会用幽默的对话娱乐观众。在公元前 3 世纪，始于雅典的新型喜剧在整个希腊语世界广为流传。[18]

在哲学领域，雅典也保持着领先地位。上一个世纪由柏拉图和亚里士多德创办的学园依旧欣欣向荣，还有一些新的教育机构在当地崛起。这些"学园"（school）既指代用于传授知识的教学机构，也指代有师承渊源的"学派"。在这一时期，对于普遍真理（抑或人生最高目标）的探究逐渐让位于一种更加功利的探究方法。发祥于雅典的新哲学旨在教导人们从现有处境中尽可能活出最好的自己，而根据伊壁鸠鲁（他主要在雅典活动，直到公元前270年去世）的主张，这种理想生活的关键在于尽最大可能利用人生中美好的一面。来自塞浦路斯岛季蒂昂的哲学家芝诺也在同一时期来到雅典，在城市市场旁的彩绘柱廊（Stoa）发表演说。他的主张与伊壁鸠鲁恰恰相反：他认为理想生活的关键在于尽可能避免邪恶。这两位哲学家的追随者在后世分别被称为"伊壁鸠鲁派"与"斯多葛派"（Stoics，源自"柱廊"）。

伊壁鸠鲁和芝诺都认为世界由远在天边、不问俗事的神祇支配。他们都相信，由群体或社会统一发起的任何行为终究都是徒劳无益的；如果用现代人的话来说，通往幸福美满的正确道路在于个人看待自我的心态。尤为重要的是，伊壁鸠鲁和芝诺都相信，这种心态可以通过后天传授与练习塑造。在现代，"伊壁鸠鲁派"被等同于庸俗享乐主义，人们认为其格言无非是"该吃吃、该喝喝、该乐乐，反正死亡就在明天"。与此相对，"斯多葛派"则在今天成为默默忍耐痛苦的代名词。但事实上，这两种在后世被称为学派的思想都十分复杂，远非上述刻板印象所能概括。尤其是斯多葛派思想，将在接下来的800年里对整个古典世界造成深远影响，一些斯多葛派的观念与实践甚至还为后来的基督教奠定了部分基础。但与启示性宗教不同，伊壁鸠鲁派与斯多葛派哲学都以一种深植于古希腊哲学的普遍前提为基石，即通过运用**理智**与理性判断探索真理。[19]

雅典和希腊半岛构成了亚历山大征服之后三大希腊化王国疆域的西陲，但公元前3世纪希腊语世界的范围并非到此为止。从希腊本土往西，西西里岛与亚平宁半岛沿岸各地仍遍布着繁荣的希腊人城市；如果从意大利往西，马萨利亚（今法国马赛）也繁盛如昔，保持着作为希腊殖民城市的本来面貌。西地中海地区最大的希腊人城市是叙拉古。为了与亚历山大去世后的马其顿"继业者"分庭抗礼，叙拉古僭主也在公元前304年自封为"巴赛勒斯"[20]。

自公元前5世纪初希波战争时代以来，西西里岛上的希腊人城邦就一直在与迦太基人交战，互有胜负。迦太基位于今突尼斯境内，原本是腓尼基人在西地中海建立的多个殖民据点之一，但此时已崛起为当地最强盛的国家。到叙拉古建立希腊化王政的时代，西西里岛已形成了希腊人、迦太基人东西分治的格局。

在接下来的一个世纪，叙拉古将孕育两位希腊化时代的诗歌与科学英才。他们都曾受托勒密王朝赞助，在亚历山大城工作过一段时间——这再次向我们证明了希腊化世界超越政权边界的高度连通性。叙拉古诗人忒奥克里托斯是后世所谓"牧歌"（英语称pastoral，来自拉丁语）体裁的发明者，他的对话体韵文"田园诗"（idyll）经常以理想化的西西里乡村为舞台，到处是牧羊人与草场。在他的作品当中，最为出名的当属擅长歌唱的牧羊人达弗尼斯因单恋而死，为整个自然界所哀悼的故事。[21]

阿基米德是叙拉古王室的亲属与密友，被誉为"古希腊科学界最具创意的天才之一"。他发现的"阿基米德定律"可以测出浸泡在液体中的特定物体的质量，进而判断出其化学成分。这个定律以及他发现这一定律的故事在后世都已家喻户晓：他在泡澡时突然萌生了灵感，于是赤条条地冲了出去，逢人便喊："尤里卡！"（Eureka，即"我明白了"。）[22]

阿基米德在世期间，一股新势力崛起于希腊语世界的最西端。有朝一日，这股势力将缔造一个更为庞大的帝国，甚至令亚历山大的伟业相形见绌。公元前212年，阿基米德就是因发明守城武器助叙拉古在这个新强权的围攻下坚持了两年，才死于非命的。这个围攻叙拉古的敌人、未来的世界征服者，就是罗马。[23]

从前的罗马只是希腊语世界外围的一座不起眼的城邦。几百年来，罗马的疆域从未超出拉丁姆地区，即罗马城周围的一小片腹地，位于今意大利中西部。罗马的早期历史与许多更早以前的希腊城邦相似。公元前509年，罗马人废黜了最后一任国王，在那之后，罗马的政体在拉丁语中一直被称作"共和"（res publica），即"属于民众"之意，这是后世"共和国"（republic）一词的来源。在亚历山大远征东方的同时，罗马共和国已建立了元老院（由最富有公民组成的寡头集团），其与人民大众在名义上权力对等，这种对等体现在"罗马元老院与人民"的首字母缩写"SPQR"之中。然而，这种名义上的对等在事实上绝不平等：以希腊的标准来看，罗马的共和制实为一种寡头体制，尽管它也设有一些公职可供民主选举，因此在严格意义上应算作混合政体。[24] 在希腊各城邦中，与早期罗马最为相似的当属斯巴达。罗马也是一个高度军事化的国家，其公民总是以为国杀敌为最高荣耀。在这一传统的驱动下，罗马终将踏上武力扩张之路。

在罗马觊觎亚平宁半岛南端与西西里岛的同时，迦太基也正试图从西西里北上，双方因此必有一战，这就让当地的希腊城邦陷入进退两难之境。公元前264年，第一次布匿战争（"布匿"即拉丁语对"迦太基人"的称呼）爆发。在此之前，罗马虽然有强大的陆军，却没有海上力量。罗马人冒险向海洋进军了。在一系列激烈的陆战与海战之后（其中很多战场位于西西里岛上或其周围），战争在公元前241年告一段落。罗马人战胜了迦太基人，将西西里岛据为己有。作为结果，岛上的希腊城邦也和迦太基城市一样沦为罗马的臣属。

但冲突只是刚刚开始。公元前218年，罗马与迦太基战事再起，这便是第二次布匿战争。迦太基将领汉尼拔率编有战象的远征军从西班牙出发，穿过法国南部，在严冬中翻越冰天雪地的阿尔卑斯山隘口，奇袭罗马后方，在意大利中部连战连捷——这是第二次布匿战争中最令人难忘之处。在汉尼拔的袭击之下，罗马危如累卵；但在之后十多年的消耗战中，罗马人逐渐夺回了优势。被迫撤回非洲的汉尼拔在公元前202年的扎马战役中被罗马人击败，这处战场已距迦太基城不远。

大约半世纪以后，希腊史家波里比阿率先注意到，随着罗马与迦太基开战，一种我们现代人所谓的"全球史"拉开了序幕。借用波里比阿的说法，在布匿战争之前，历史事件的影响最多不出其发生地所在的周边地区。但在布匿战争之后，"历史开始如生物一般：发生在意大利和北非的事件与亚细亚和希腊的命运相关联，而这一切都指向了同一个结果"。在波里比阿看来，这"同一个结果"，就是罗马的霸权。波里比阿在著作中明言，自己书写历史的目的就是向希腊同胞解释这场巨变是如何在"短短53年间"发生的。[25]

第二次布匿战争再次将南意大利与西西里的希腊人城市卷入

其中。其中一些城市被汉尼拔"保障希腊人自由"的承诺所打动，不小心站错了阵营，结果迎来了与叙拉古一样的厄运。在亚得里亚海对岸，马其顿安提柯王朝也与汉尼拔结为同盟。因此，罗马决定在解决迦太基的威胁之后出兵巴尔干半岛南部。一些希腊城邦选择追随腓力五世统治的马其顿王国，还有一些城邦倒向罗马。公元前197年，腓力五世在色萨利战役中惨败，罗马元老院随之成为希腊各邦事务的仲裁者。以战胜马其顿军队的将领提图斯·昆提乌斯·弗拉米尼努斯为首，一支罗马使团来到科林斯。根据波里比阿的记述，弗拉米尼努斯曾如此劝说元老院：

> 如果［罗马人］想要赢得希腊人的普遍敬重，向希腊人证明罗马进军亚得里亚海东岸不是为了扩张自己的利益，而是为了保障希腊人的自由，他们就必须赶走腓力［五世］在希腊各城安插的全部驻军。

公元前196年，罗马方面的提案在科林斯附近举行的伊斯米亚竞技会上公开宣布，引起在场人群的欢呼。向弗拉米尼努斯致敬的人群蜂拥而至，传令官不得不警告两次，才让人群安静下来听他发言。当时还只是孩子的波里比阿后来在他的书中这样写道：

> 各种因素……交相作用，带来了这个人声鼎沸的时刻。只因一纸宣言，亚细亚与欧罗巴的全体希腊人便重获自由，他们可以根据自己的法律管理自己，不必受驻军监视，不再有进贡的负担。[26]

弗拉米尼努斯并未食言。得胜之后，罗马军团离开了希腊，希腊城邦重获独立自主，可以再次管理自己的事务，自行维持彼此之间的和平。

但5年之后，罗马人又回来了。这一次，塞琉西王国的安条克三世（"大帝"）嗅到了扩张领土的机会，出兵跨过赫勒斯滂海峡，试图将希腊各邦纳入自己麾下，而这触怒了罗马元老院。经过一系列会战，罗马军队在曾经战胜了迦太基的大西庇阿指挥下一路进击，在击退安条克三世之后进军安纳托利亚。公元前188年，罗马人在马格尼西亚会战（战场位于今土耳其伊兹密尔附近的马尼萨）中彻底击败塞琉西。这是罗马军队第一次在亚洲大陆上作战。

在那之后，罗马对希腊语世界的姿态越发自信，乃至有傲慢之嫌。希腊化时代马其顿王国的末代国王名为珀尔修斯。神话中的珀尔修斯曾手刃蛇发女妖美杜莎，建立了希腊历史上最古老的王朝，而马其顿的珀尔修斯也有重现这位英雄之伟业的雄心。据罗马史家李维记载，公元前171年，马其顿国王珀尔修斯集结了一支自亚历山大以来所未见的大军，与罗马对抗。[27]希腊各城邦再次分成两派，其中一些支持马其顿，包括雅典在内的另一些城邦站在罗马一边。公元前168年6月，马其顿军在马其顿南部沿海的皮德纳战役中败北，珀尔修斯的壮志以破灭收场。

一年后，被废黜的珀尔修斯与其他战俘一道，被押解到罗马城中游街示众，在所谓"凯旋式"上供人群观看。此时，战败的马其顿已被一分为四，每一个属国都要直接受罗马元老院支配。马其顿一方沦为奴隶者数以千计，希腊各邦也被迫派本城要人前往罗马作为人质，以示忠心臣服。这些人质当中就包括史家波里比阿。他作为人质在罗马生活了20年，在此期间写出了《通史》的大部分篇章，试图理解罗马霸权崛起的根源。

皮德纳战役之后不久，亚细亚与埃及两大马其顿人王国间爆发的一系列"叙利亚战争"也走向尾声，埃及的托勒密六世败给安条克四世（即在马格尼西亚战役中败给罗马人的安条克三世之子）。此战之后，塞琉西王国眼看就要收复亚历山大帝国的大部分疆域，成为盛极一时的大国，但罗马元老院再次出手干预。在安条克四世准备攻入亚历山大城、彻底打垮托勒密王朝之际，一支来自罗马的高级使团乘船赶来了。

罗马使者盖乌斯·波皮利乌斯·拉埃纳斯连大军都没有带就前来介入了。据波里比阿记载，拉埃纳斯没有回应安条克四世的问候，当场宣读了一份蜡封文书，以元老院的名义要求安条克四世立刻停战撤军，放弃此前一切领土所得。安条克四世试图搪塞拖延，但拉埃纳斯用手杖在他脚边画了一个圈，"要求他必须给出答复，否则不得从圈中出去"[28]，安条克四世别无选择，只得答应。这段故事就是成语"［不敢越］雷池一步"（a line in the sand）的起源，这场会面也因发生在亚历山大城郊外的厄琉西斯，而被称为"厄琉西斯之日"。在那之后，统治埃及的托勒密王国开始受当时世界上头号强国罗马庇护，并对此感恩戴德。

和之前笼络波斯的时候一样，彼此斗争的希腊各邦也争相以罗马为奥援。为在迫在眉睫的威胁面前保持政治独立，伯罗奔尼撒半岛上的一些城邦重建了所谓"亚该亚联邦"，即现代史学界所谓"亚该亚同盟"。"亚该亚同盟"被一些观点誉为"希腊化世界的伟大宪制创新"，还有人认为美利坚合众国联邦宪法也曾受其启发。[29]波里比阿的父亲曾主持筹建这一同盟，波里比阿本人因此也对其大为赞赏。然而，即便亚该亚同盟真的在宪制建设上为希腊人开辟了新天地，这场革新也来得太迟、太羸弱了。和此前希腊人组建的各种同盟一样，亚该亚同盟也难逃两大问题的挑战：各成员邦应保留多大的自主性？同盟应以怎样的强制性机制确保成员邦统一协作？在伯罗奔尼撒半岛上，斯巴达从来不愿加入任何一种邦联机制，在亚该亚同盟组建时也极力不愿卷入其中。此外，也有一些邦国追随了斯巴达的策略。因此，到公元前146年，罗马人又一次拥有了介入希腊事务的借口。

对希腊人而言，罗马人在此时干预，可谓莫大的不幸。无论在古代还是在今天，我们都不知道为什么罗马的政策要在公元前146年发生如此凶残的转向。[30] 但至少可以确认，只是让对方不敢越"雷池一步"已不再能满足罗马元老们的要求了。迦太基在第二次布匿战争结束时已经摆出卑下的姿态了，然而这对罗马人来说依然不够：迦太基必须毁灭。因此，公元前149年，罗马悍然发动了第三次布匿战争，3年之后，名城迦太基化作一片荒野。

几乎与迦太基灭亡同时，在公元前146年夏天，罗马执政官卢修斯·穆米乌斯在科林斯城外击败了亚该亚同盟军。随后，科林斯迎来了与迦太基同样的命运。此时，很多科林斯人已逃离家乡，留在当地的男子大多被杀，妇女儿童惨遭奴役。罗马人拆毁、焚烧了城内的公共建筑，把诸多艺术珍宝运回罗马，元老院还发布命令，严禁任何人重返科林斯废墟，或在其中居住。直到100年后，这道禁令才终于废除，科林斯作为意大利移民的定居点，迎来了第二次生命。但在那之前，科林斯的断壁残垣和迦太基的废墟一样陷于彻底的荒废状态，以恫吓任何敢于对抗罗马的人。[31]

直到一个多世纪之后，罗马城才会成为有皇帝居住的帝国首都。但在这一时期，随着罗马元老院与军队不断扭转政治与军事力量的天平，增强自身的实力、削弱希腊语世界的势力，一个新的罗马文明也逐渐走向成熟。和**被希腊征服**的人一样，"成为希腊人"的过程也发生在征服希腊的人身上。

在形势急转直下之前，大多数希腊人都不曾对罗马抱有太多关注。罗马则不然：罗马人从一开始便仰慕希腊的传说与艺术。根据考古学证据，早在罗马建城以前，意大利西部的民居与坟墓中就有大量希腊彩绘陶器。罗马人的语言——拉丁语虽与希腊语不同，仍隶属于印欧语系（这与其近邻伊特鲁里亚人不同）。罗马人的神祇名字与希腊诸神不同，但主神朱庇特、天后朱诺以及其他各位男女神祇的身份与宙斯、赫拉等希腊奥林匹斯诸神高度相通。根据至少从公元前5世纪就开始流传的一个传说，罗马人为《伊利亚特》中的英雄埃涅阿斯之后，他在特洛伊陷落后率领城中移民一路迁徙，到意大利建立了新家园。从很早的时期开始，罗马人就以上述神话与英雄先祖传说为纽带，把自己编入更为古老的希腊故事当中。[32]

直到公元前3世纪至前2世纪，即罗马开始走出意大利中部核心地带、对外扩张的时代，罗马人才越发高调地模仿希腊的文化风俗，尽管此时的希腊人只是被罗马征服的诸多族群之一。罗马作家模仿希腊著作的风格撰写史书、史诗与悲剧，很多时候甚至直接用希腊语写作。罗马在公元前240年有了第一座剧场，而在那之后的一个世纪，普劳图斯和泰伦提乌斯根据雅典新喜剧的经典桥段与角色模板创作拉丁语喜剧剧本，奠定了此后绵延数世纪的艺术传统。虽然拉丁语在后世赢得了"雅言"的名声，但当时的罗马精英阶层往往通晓拉丁与希腊双语。[33]

第二次布匿战争结束后不久，一位以拉丁语写作的罗马作家宣称，是罗马人残酷的对外扩张迫使希腊神话中主司艺术的缪斯女神"为强横的罗马之民"带来启迪。科林斯灭亡约一个半世纪之后，伟大的罗马诗人贺拉斯（本名昆图斯·贺拉提乌斯·弗拉库斯）也曾写道："被俘虏的希腊征服了它那粗暴的征服者，为蛮荒的拉丁姆带去诸般艺术。"[34]

远在罗马触角之外的东方，还有一场双重变革正在发生。一方面，一度幅员辽阔的塞琉西王国日薄西山。另一方面，在塞琉西王国残存疆域的边缘，一系列新生的独立国家纷纷涌现，它们都以希腊化时代的王国为蓝本，延续了希腊的生活方式。

底格里斯河东岸，游牧民安息人占领了原波斯帝国的心腹之地伊朗高原，逐渐成为塞琉西（以及后来的罗马）在周边地区的头号对手。不过，安息的统治者仍以希腊风格铸造货币，他们以希腊文在货币上印下自己的名字，以希腊语中的"巴赛勒斯"自居，有时甚至还会加上"崇慕希腊者"（philhellene）的字样。里海东岸出土的一座安息宫殿完全依希腊风格建造，其中的雕像也有意模仿希腊风格，但就连亚历山大大帝也不曾踏足那里。[35] 在王国西侧的安纳托利亚，塞琉西的统治也逐渐瓦解，分裂成若干相互对抗的邦国。在西北方，与莱斯沃斯岛隔爱琴海相望的城市帕加马成为一个新王国的首都。统治帕加马王国的阿塔利德王朝系出马其顿，当地居民以希腊语为母语的历史也有数百年了。而在更东边的安纳托利亚北部，不说希腊语的色雷斯人从欧洲大陆东渡达达尼尔海峡，在毗邻黑海的比提尼亚建立了王国；同样在黑海沿岸还有本都王国，其统治者来自波斯，希腊语名为米特拉达梯。在更南方的内陆地区，另一个波斯人王朝建立了卡帕多西亚王国，还有一个小国科马基尼，存在于今土耳其与叙利亚交界地带。

上述一些国家的统治家族曾与塞琉西王国通婚，但除帕加马的阿塔利德王朝之外，这些新政权的统治者都不说希腊语；对这些国家的大多数臣民而言，希腊语也只是一种外语。然而，这些国家无一例外，都对希腊语和希腊化王国的遗产大加利用，希腊元素也借此逐渐向社会下层渗透。这些非希腊语王国的统治精英争相标榜自己对希腊的热爱——不是在政治上接近，而是在文化上仰慕。此外，在安纳托利亚地区，希腊语成为有史以来第一种超越地理区隔的通用语言，因此也颇具使用价值。可以说，在公元前 2 世纪，"成为希腊人"是一种风靡各地的潮流。

只有一个地方的一个特定人群对这种希腊化风潮进行了有意识的抵制，而即便是这种抵制，也难免其局限。这个足以反证希腊化之普遍性的特例，就是犹太人。在被马其顿征服之前，过去隶属于以色列与犹太两王国的民众已坚持了长达数百年的"高度族群孤立"。他们相信自己崇拜的唯一神不但是本民族的创造者与"救主"，也是天地之间唯一可能存在且确实存在的神。正如罗马有朱庇特、希腊有宙斯，信仰多神论的民族可以亲自将不同信仰体系中的神祇彼此对应，但犹太人信仰一神论，教义明确禁止崇拜其他神。[36]古代的多神信仰能彼此通融妥协，但犹太人的信仰完全不在这套规则之内。

在波斯帝国统治时期，犹太人得以在犹太地区中心城市——耶路撒冷的圣殿大祭司治下享受高度自治。亚历山大征服之初，犹太人的自治权得以延续。但在公元前 301 年，根据后世犹太文献记载，托勒密一世在继业者战争的关键时刻洗劫了耶路撒冷城，将数以千计的犹太人掠往埃及。之后的 100 年里，托勒密王朝（而非亚细亚的塞琉西王国）统治了当时所谓叙利亚地区的大部。在埃及，托勒密王朝解放了被掳走的犹太人，鼓励他们在当地定居，亚历山大城的犹太人社群由此诞生。不久之后，其他犹太人也凭自己的意愿加入了他们。托勒密时代的埃及不但如磁铁般吸引各地的希腊人纷至沓来，也是很多犹太人的迁徙目的地。到公元前3世纪中叶，埃及境内的犹太族群已颇具规模。[37]

遭托勒密一世洗劫之后，耶路撒冷重归大祭司统治，在之后100年间延续了传统的政治格局。但在公元前200年，塞琉西王国的安条克三世取代托勒密王朝，成为叙利亚地区的新霸主。起初，权力的更迭似乎不会带来太大的变化：新来的统治者重新确认了大祭司的地位与权力，犹太教独特的律法和习俗也得到保护。但现在，尽管不能确定是否为塞琉西王国首创，犹太大祭司在就任时必须向新的霸主缴纳一笔贡金。

公元前175年，安条克四世即位后，时任犹太大祭司的弟弟以更高的贡金赢得塞琉西王国支持，篡夺了大祭司之位。这个篡夺者的希伯来本名可能是约书亚，但他选择以希腊语名字"伊阿宋"自称。即大祭司之位后，伊阿宋立刻决定在耶路撒冷建立一座体育馆（gymnasium），这是一种兼具室内与室外空间的希腊综合性建筑群，功能相当于现代健身房、绅士俱乐部与高级中学的结合。伊阿宋引进的另一项创新是设立所谓"青年团"（ephebeion），即由青年男性组成的军事操练组织。这两项改革都以当时雅典和其他希腊城邦的传统制度为依据。因为现有文献都由伊阿宋的反对者写成，今天的我们已无从了解他推行改革的动机。毫无疑问，伊阿宋的举措至少在一定程度上存在讨好恩主的成分，但他或许也想让犹太人接纳当时在周边世界如火如荼的文化风潮。

伊阿宋担任大祭司的 7 年间，耶路撒冷圣殿的传统祭祀礼仪似乎与这些希腊化改革并行不悖。犹太男青年到体育馆就学，志愿参加青年团；犹太运动员在锻炼时似乎也会戴希腊式宽檐遮阳帽（petasoi）。这种宽檐帽来自马其顿；在雅典和其他希腊城市，运动员不会穿戴任何衣物。几十年后，一位佚名的犹太人史家曾以希腊文留下了上述记载，但除宽檐帽以外，这些史料并未提及当时耶路撒冷的年轻人在锻炼时穿有其他装束。这位史家对自己的态度倒是毫不讳言。传统犹太人强烈反对这些离经叛道的希腊化现象。如这位史家所言，"这一时期，'希腊化'［hellenismos］与'异邦化'［allophylismos］大行其道"，这是上述两个名词在现存希腊语文献中首次出现。这位史家将犹太人的希腊化归咎于"不虔诚的伊阿宋……他狂妄而卑鄙，举止与大祭司身份严重不符……一心要让自己的民族［屈从于］希腊式做派"。[38]

公元前 168 年，随着拉埃纳斯在厄琉西斯的沙地上逼迫安条克四世退兵，叙利亚战争宣告结束。这一消息在耶路撒冷造成了巨大轰动。关于当时究竟发生了什么，以及事件发生的顺序，一直存在很多争议。有一个竞争者向安条克四世交出了更高的贡金，把伊阿宋挤下了大祭司之位。落败政坛之后，伊阿宋起兵挑战新任大祭司的权威，而这位大祭司的名字"墨涅拉俄斯"也取自希腊神话。伊阿宋与墨涅拉俄斯两派在耶路撒冷城内厮杀，安条克四世可能是在从厄琉西斯回师的路上顺道进军耶路撒冷，镇压了城内的骚乱。安条克的本意也许是恢复秩序、平息冲突，但他的军队在耶路撒冷酿成了与此截然相反的后果。无论是否出于统帅的命令，塞琉西军队都洗劫了耶路撒冷全城，亵渎了犹太人的圣殿。更有甚者，在这之后不久，安条克四世发布了一道在希腊化世界前所未有的敕令，为后世诸多残酷的宗教迫害开了先河。

得益于另一位佚名犹太人史家的记载（其著作后来被译成希腊文），我们至今仍能读到这份敕令的简要内容："王国全境……将形成同一个民族，所有人都应摈弃自己原先的习俗。"据这位史家记载，安条克四世在这之后更进一步，决定在耶路撒冷圣殿山上建造"招致荒凉的可憎之物"，这指的可能是一座祭坛，祭祀的是古叙利亚神祇巴力。这位作者没有说犹太人是否被强制要求在那里祭祀，但这处设施显然具有宗教崇拜意义。犹太地区可能出现了强迫犹太人崇拜异教神祇的广泛现象，一些犹太人甚至为了安享和平开始讨好塞琉西王国，同意在信仰问题上做出妥协。[39]

安条克四世为什么发布了这样一则与亚历山大以来历代后继者的作风截然相悖的命令？毫无疑问，此时的安条克四世仍未走出被罗马人羞辱的阴影，而一个受辱之人很可能出于本能，欺凌更为弱小的一方。但安条克四世的政策背后也可能有一层更为理性的盘算：他或许扪心自问，罗马霸权崛起的背后，有什么秘密因素是自己治下这个尚未全然衰落的王国所缺乏的？也许在他看来，为了对抗统一而强大的"罗马元老院与人民"，统治广袤亚细亚的塞琉西王国必须在疆域内推行同化政策，而态度最为强硬的耶路撒冷犹太人，或许就是第一个应当被整治的对象。

在犹太地区，安条克四世的政策引发了激烈的反抗。一个在史料中被称为哈斯蒙尼的家族（别名"马加比"，即希伯来语"锤子"）发起了反抗塞琉西统治的起义。公元前 164 年，安条克四世在征战东方时去世，几乎与此同时，犹太起义军在犹大·马加比的领导下击败了耶路撒冷的塞琉西守军，夺回了圣殿，这一天后来成为光明节，为犹太人庆祝至今。不久后，新王安条克五世撤销了先王的敕令。[40]塞琉西的宗教迫害结束了，但直到两千多年后的今天，我们仍能感受到这一决定带来的余波。

上述事件的最终结果完全有悖于安条克四世本人的初衷。公元前140年，马加比家族的另一名成员自封"巴赛勒斯"，事实上宣告犹太独立。在这之后的80年间，哈斯蒙尼王朝治下的犹太王国逐渐扩张领土，吞并了整个约旦河西岸的巴勒斯坦地区，直至地中海沿岸。马加比起义不但**在政治**上终结了一个希腊化王国在当地的统治，也阻止了希腊思想与希腊生活方式**在文化**上的进一步渗透。这或许是当时历史上的唯一案例。

可即便在犹太人当中，对"希腊化"的拒绝也有其限度。和东方其他脱离希腊化王国统治的王朝（无论本身是否说希腊语）一样，哈斯蒙尼王朝也延续了希腊人的统治风格。哈斯蒙尼君主既有犹太名也有希腊语名，他们的货币上印有希腊语、希伯来语和阿拉米语。在之后300年间，关于哈斯蒙尼王朝统治和犹太民族屡次争取独立自主的历史文献，也将以希腊文书写、传抄。事实上，只有通过现存的希腊语资料，我们才能对这一时期的犹太人历史有所了解。[41]

在公元前146年迦太基、科林斯夷为平地之后的100多年里，罗马的霸权飞速扩张，最终形成了一个"没有极限的帝国"。[42]这是后世对这段历史的普遍看法；但对生活在当时尤其是生活在东方希腊语世界的人而言，这样的图景似乎根本不存在。希腊化王国内战频仍，各新生王国之间也征伐不断，在如此纷乱的局势之下，罗马人只是登场的诸多角色之一：即便强大如彼，也不能百战百胜。而在罗马军团于海外耀武扬威的同时，罗马"共和国"内部也面临着崩溃的危机：在此前的 100 年里，随着罗马从一个城邦飞速崛起为世界性强国，罗马共和国庄严的制度传统逐渐名存实亡。从公元前 91 年到公元前 31 年的 60 年间，罗马不但继续在外征战，也时常爆发内部斗争。

一切始于一场爆发于意大利的残酷战争。公元前 91 年，整个亚平宁半岛都受制于罗马订立的法律，但只有罗马公民能投票参与立法过程。这一年，罗马城与其在亚平宁半岛的其他"同盟者"（拉丁语称 socii）城邦围绕权利问题爆发了"同盟者战争"（Social War）。起初，同盟者阵营试图脱离罗马、恢复独立。在这些城邦当中，位于意大利南部的大多数城市原本就由说希腊语的人构成；直到当时，这些人仍与希腊世界的其他地方维持着文化联系与经济往来。也许这些城邦的居民也是在"希腊自由"的鼓舞之下，才起兵与罗马对抗的。但如果他们真的是为"希腊自由"而战，那么这场战争便是以截然相反的结局收场的：公元前 88 年，罗马元老院担心罗马战败，宣布将罗马公民身份及一些相关的传统特权授予意大利的绝大多数居民，呼吁从罗马治下独立的声音从此消失。可以说，就在罗马的统治精英不断在**文化上**向希腊靠拢的同时，生活在意大利南部的希腊语族群也摇身一变，成了**法律意义上**的罗马人。这为后来的历史开创了先例。

不过，当时大多数希腊人最为关心的并非亚平宁半岛上的战乱，而是罗马与本都国王米特拉达悌六世之间近半个世纪的漫长战争。米特拉达悌六世是一位希腊波斯混血的强势君主，在公元前 1 世纪初的极盛时期，他统治的本都王国以安纳托利亚北部为核心不断扩张，控制了黑海沿岸的所有希腊人殖民地，大有称霸安纳托利亚之势。公元前 89 年一年之内，米特拉达悌六世就曾接连击败罗马人至少四次。次年春天，他还发起了一场新型战争，为之后千百年的历史开了先河。

本都王国向安纳托利亚的各希腊人城市送去密令，要求各城协同行动，屠杀"罗马人与意大利人，无论妇孺还是释奴，任何有意大利血统的人都不要放过"。现代史学家曾将米特拉达梯的这一策略与后来的种族灭绝和"种族清洗"相提并论。结果，短短一日之内，安纳托利亚各地有 8 万到 15 万人遇害。这场屠杀固然骇人听闻，但如此庞大的数字无疑可以表明，随着罗马军队远征亚细亚，大量平民也从意大利来到了这片新征服的土地定居，直到米特拉达梯六世大举来袭。这些人可能是行政官员（如税吏）、获赐土地的复员军人，抑或从事商贸的生意人。约 200 年后的一部希腊史籍记载，安纳托利亚的希腊人之所以奉行本都的屠杀密令，并不完全是因为惧怕米特拉达梯六世：他们心中肯定也"对罗马人有相当的仇恨，否则不至于下此杀手"。[43]

爱琴海对岸，许多关注安纳托利亚局势的希腊人或许也对此怀有同感。虽然手段无比残暴，但在罗马崛起的新局势面前，米特拉达梯的本都或许才是"希腊自由"的真正保障。一些人决定抓住机会，就连一直致力于与罗马交好的雅典也转变了态度。很快，罗马人就降下了恐怖的惩罚：雅典也和之前的底比斯、科林斯一样，迎来了彻底的毁灭。罗马将领苏拉率军包围了雅典与比雷埃夫斯港，到公元前 86 年破城之际，雅典已出现了人吃人的惨状。苏拉军团入城时——

> 罗马人毫不留情，大肆杀戮，无论妇孺还是无力逃跑的饥民全都不能幸免。苏拉下令，对城中之人格杀勿论。

考古学调查并未发现当时守城者深受折磨的具体物证，但 20 世纪出土的雅典城市广场建筑遗址上，的确可以发现人为破坏的清晰痕迹。[44]

毁灭雅典 20 年之后，罗马人终于击败了米特拉达悌一族统治的本都王国。与此同时，爱琴海与东地中海上的海盗行为日趋猖獗，许多航海者肆行不法，掠夺奴隶与财物，表明当地在这一时期出现了日益严重的权力真空。公元前 69 年，国际奴隶贸易集散地，因商业繁荣、文化多元而著称的提洛岛遭到劫掠，毁于一旦，但现代史学家认为，这些动乱背后可能存在更深刻的原因。这一时期马其顿诸国权力瓦解，但罗马的势力尚不足以填补空白，导致周边地区广泛存在的不满情绪爆发，法律与秩序走向崩坏。[45]

直到公元前 1 世纪 60 年代，罗马才真正在东方希腊语世界确立了主导权。公元前 67 年，格涅乌斯·庞培奉罗马元老院之命，率十万余士兵乘 500 艘船进入爱琴海。他不但摧毁了当地的海盗窝点，还在 3 年后消灭了塞琉西王国最后的残余势力，并于次年（公元前 63 年）征服了哈斯蒙尼家族治下的犹太王国。

公元前 61 年回师罗马举办"凯旋式"时，庞培带回来的堪称整个东方希腊语世界。在庞培本人的战车带领下，数以千计的俘虏被押上街头，他们来自东方各地，地理分布范围几乎涵盖了亚历山大征服过的所有土地。庞培自己穿着一件自称曾属于亚历山大本人的上衣，他在几年前被授予的"伟大的"称号，也与亚历山大的"大帝"遥相呼应。时至今日，我们仍可看到庞培雕像的额前有一绺上翻的头发，那正是亚历山大本人最经典的形象符号。

这一时期庞培在罗马市中心建造的一组建筑群为这场远征留下了更为长久的印记。庞培剧场在公元前 55 年正式投入使用，这很可能是历史上规模最大的一座标准希腊式永久剧场，据说最多可容纳 4 万人。在传统的半圆形看台之外，这组建筑群还设有前厅与两翼的厅堂，以陈列诸多从东方带来的精美展品。由于空间过于开阔敞亮，元老院议员们在议事厅被骚乱者焚毁之后借用了其中一座大厅作为临时会场。就这样，希腊化世界的王权威严被带到了罗马。[46]

此时，罗马的领土已涵盖了多瑙河以南的巴尔干半岛南部、整个安纳托利亚与爱琴海地区，罗马人还在更东方与安息人围绕塞琉西王国的故地反复争夺。在西面，罗马的势力扩张得更快也更远，囊括了整个西班牙和高卢地区（包括今法国全境、瑞士与德国在莱茵河以西的部分地区）。征服高卢和对更北方不列颠岛的第一次渡海远征，都出自庞培年轻的挑战者盖乌斯·尤利乌斯·恺撒。这些军事强人可以让数十万将士为自己效忠，也能大兴土木、改变罗马城的面貌，他们开始争夺权力，其野心已非罗马传统的共和政体所能制衡。

公元前 49 年，罗马内战爆发。在这之后，发生在罗马人之间的一系列斗争都将以东方希腊语世界为舞台，三大希腊化王国中硕果仅存的托勒密埃及难免卷入其中，最终走向灭亡。100 多年来，托勒密王朝一直仰赖罗马的军事庇护。后来，由于托勒密家族的不同分支间纷争不断，罗马人也在其中发挥了仲裁作用。在罗马的支持下，"吹笛者"托勒密十二世得以统治埃及直到公元前 51 年去世；在远征东方期间，庞培曾致力于和他交好。因此，在公元前 48 年兵败法萨卢斯（位于色萨利）之后，庞培选择逃亡亚历山大城。[47]

此时统治埃及的君主是整个托勒密王朝中最为著名的克娄巴特

拉七世。这位年轻的女王是"吹笛者"托勒密十二世的女儿，但她此时正深陷与弟弟托勒密十三世的血腥内讧，令国家混乱不堪。在内乱中，其中一派势力为讨好恺撒杀害了庞培，但恺撒选择支持克娄巴特拉，由她年仅 12 岁的幺弟托勒密十四世就任傀儡国王。几年后托勒密十四世从史料中销声匿迹，可能被谋杀了。恺撒离开埃及之后不久，克娄巴特拉诞下一子，坊间传闻此子为女王与恺撒所生，将他称为"小恺撒"。

不久后，恺撒在公元前 44 年 3 月 15 日被聚集在庞培剧场大厅中的元老院议员刺死。拜莎士比亚的戏剧《尤利乌斯·恺撒》和《安东尼与克娄巴特拉》所赐，恺撒之死及其后续事件成为整个古代史上最为人熟知的一段故事，而莎士比亚的这两部剧本又大量参考了事发 100 多年后由普鲁塔克用希腊语书写的传记作品。罗马和罗马治下的东方世界再次陷入战乱。事发两年后，刺杀恺撒的主谋布鲁图斯和卡西乌斯在腓立比一战中败亡（腓立比位于马其顿，因腓力二世得名），获胜一方的统帅是恺撒生前的支持者，曾在恺撒葬礼上发表悼词、令罗马市民群情激愤的马克·安东尼，以及恺撒本人的远亲，当时年仅 19 岁的盖乌斯·屋大维。

10 年之后，安东尼与屋大维之间爆发了新一轮权力斗争。公元前 31 年，双方兵戎相见，此时安东尼已与埃及的克娄巴特拉结盟（两人还结为重婚）。斗争的双方都有资格以恺撒的继承者自居。克娄巴特拉此时（至少在名义上）与年方十余岁的儿子托勒密十五世共治埃及，他就是当初被坊间传为恺撒私生子的"小恺撒"；不过，盖乌斯·屋大维的继承资格仍更胜一筹。在遗嘱中，恺撒将屋大维收为养子兼唯一的合法继承人，并在此过程中将后者的名字改为屋大维，并加上恺撒的家族姓氏。相比之下，克娄巴特拉的儿子也许在血统上与恺撒更为接近，但在那个年代，人们并没有验明生父的手段。而在古代罗马，合法性的意义至关重要。

这一次，安东尼与屋大维的决战在海上爆发，但距离战斗海域最近的陆地仍是希腊：名为亚克兴的战场靠近希腊西海岸的一处岬角，距离今希腊城镇普雷韦扎不远。这场战斗有可能是另一个结果：如果安东尼与克娄巴特拉一方取得胜利，普鲁塔克对于开战不久前亚历山大城举行的一场盛会的记载，或许能让我们一窥后来的历史走向。在华丽仪仗的簇拥下，安东尼与克娄巴特拉的 3 个新生子女和"小恺撒"托勒密十五世巡游街头，接受人群致敬。四人分别被封为东方各王国的统治者，其中安东尼与克娄巴特拉的双胞胎儿子被封为"万王之王"。

近 2 000 年后，同样生活在亚历山大城的希腊诗人卡瓦菲斯以独具特色的讽刺笔调，在诗歌中重新演绎了这一场面。卡瓦菲斯认为，当时在场的亚历山大城居民"肯定知道，这只是一场假戏，一堆空话"，但因为风和日丽，他们也乐得参与这场盛事，尽管"心里清楚这些功业不值一文，这些疆土子虚乌有"。[48] 不从普鲁塔克和卡瓦菲斯这个后见之明的角度来看的话，这种梦幻般的壮观排场只是在夸示希腊化时代君主的王权罢了。而罗马作为众邦之首，自然也将扮演重要角色。但最终，赢得了亚克兴战役的是屋大维。而除了在展示君权时多了些肃杀，少了些浮夸，历史的进程似乎并没有那么大的改变。

战败后的安东尼与克娄巴特拉逃回亚历山大城，于公元前 30 年夏天双双自尽。年仅 17 岁的托勒密十五世（"小恺撒"）在亲政仅数星期之后就被屋大维下令处死。希腊化的托勒密王朝从此灭亡，埃及随即成为罗马治下的行省。公元前 27 年，今希腊大部地区也被罗马纳为"亚该亚"行省；同年，屋大维成为罗马的独裁者。时年 36 岁的他实现了无数人多年来的夙愿，继承了亚历山大大帝的衣钵，也赢得了新的称号"奥古斯都"，意为"至尊者"。后世所谓的罗马帝国，由此诞生。[49]

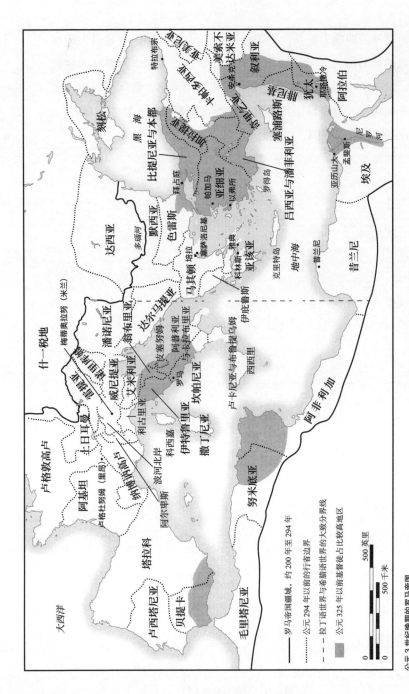

公元 3 世纪晚期的罗马帝国
来源：Charles Freeman, *A New History of Early Christianity* (New Haven, CT, and London: Yale University Press, 2011), map 3

大西洋

卢格敦高卢

阿基坦

卢西塔尼亚

贝提卡

毛里塔尼亚

塔拉科

什一税地

梅蒂奥拉努（米兰）

土日耳曼

纳博讷高卢

波河北岸

阿尔卑斯

黑海

达西亚

多瑙河

默西亚

色雷斯

马其顿

伊庇鲁斯

阿非利加

努米底亚

拜占庭

亚细亚

帕加马

以弗所

罗得岛

塞浦路斯

吕西亚与潘菲利亚

美索不达米亚

亚美尼亚

叙利亚

犹太

阿拉伯

那路撒冷

埃及

尼罗河

孟斐斯

亚历山大

亚该亚

克里特岛

地中海

昔兰尼

普兰尼

罗马帝国疆域，约 200 年至 294 年

公元 294 年以前的行省边界

拉丁语世界与希腊语世界的大致分界线

公元 325 年以前基督徒占比较高地区

0   500 千米

0   500 英里

第七章

罗马的希腊帝国
（前 27 年—公元 337 年）

　　整个希腊语世界迎来了一段武力强制的和平。在奥古斯都以前，也曾有人做过类似的尝试，结果往往不能持久。但这一次，奥古斯都成功了：在希腊语世界的大部分地区，和平整整延续了 200 年。直到今天，我们仍用"罗马治下的和平"（pax romana）或"奥古斯都治下的和平"（pax Augusta）称呼这段历史时期。这是希腊人从未体验过的。

　　罗马治下的和平也为希腊带来了前所未有的政治稳定局面。虽然在奥古斯都以后，罗马开国王朝诸帝荒淫萎靡、尔虞我诈的故事广为人知，但这种稳定才是种种闹剧之下的历史主旋律。关于罗马帝国早期诸帝的传说故事早在公元 1 世纪末即已公开传播，在这之后也不断给后人以骇人或猎奇之感。奥古斯都之后的皇帝提比略残酷镇压罗马统治阶级的其他要人，结果自己因恐惧归隐不出，在公元 37 年以七旬高龄去世。他的继任者卡里古拉或许并不曾如传说中那样把自己的爱马任命为执政官，但他还是在光天化日之下被自己的卫兵谋害于罗马市中心。至于这个王朝的末代君主，作为暴君名留史册的尼禄，还会在接下来的段落里出现。

不过，也有观点认为，在罗马帝国两个世纪的和平年代里，皇帝本人的私德问题对绝大多数帝国臣民并无实质影响。奥古斯都在位的约 40 年间打造的罗马帝国体制实现了长治久安。[1] 虽然个别皇帝的统治地位经常受到挑战，但只要帝国本身依旧存续，从来没有人试图攻击帝制本身，这与希腊城邦时代频繁的政治动荡与变革构成了鲜明对比。

公元 14 年奥古斯都去世时，罗马帝国的疆域已向西抵达今葡萄牙、西班牙与法国的大西洋沿岸，向东抵达幼发拉底河西岸，向南深入埃及阿斯旺。帝国统治着地中海的所有岛屿和几乎所有海岸线，罗马人因此称这片海域为"我们的海"（mare nostrum）。在帝国东部边境上，一些脱离塞琉西王国统治的小王国一度在名义上维持着独立地位，但在几十年后也将被彻底吞并。奥古斯都时代过去一个世纪后，罗马帝国的疆域将在图拉真与哈德良时代达到最大，幼发拉底河与地中海之间自亚历山大以来经历过"希腊化"过程的所有地区，都将再次归属于同一个政治实体。[2]

拉丁语是高等法庭和帝国全境上级行政机关的官方语言。但在东部各行省，希腊语就算不是当地人数百年来的母语，也是商贸、文教与地方行政的传统书面语言。出于现实考虑，罗马的行政官员总需要入乡随俗。罗马帝国从未以制度形式承认东方地区存在另一种官方语言，但在无形中将帝国分为拉丁语西部地区和希腊语东部地区的习惯最早可追溯到奥古斯都在位时期（或去世后不久）。在这之后，这种不成文的东西之别将在欧洲一直存在。

从来没有人以地图形式呈现罗马帝国东西部的语言分布差别。除少数飞地以外，东部希腊语地区和西部拉丁语地区大致以亚平宁半岛东南端与希腊科孚岛之间一条纵贯南北的直线为界。在直线西侧，今奥地利（多瑙河以南地区）、克罗地亚和巴尔干半岛西部部分地区，以及北非沿海的突尼斯和以西地区使用拉丁语，在直线东侧以及多瑙河以南地区，所谓"古希腊共通语"仍是日常生活中最常见的口头与书面语言，也是地方行政的通用语。[3]

　　帝国东西部之间的语言分界线给希腊语世界的面貌带来了微妙但不可小觑的影响。在西西里、意大利南部、法国南部和西班牙地中海沿岸，多年来由希腊人经营的定居点被同化了。罗马人仍以"大希腊"（Magna Graecia）称呼亚平宁半岛南部地区，但这个名词本身是拉丁语。直到公元 2 世纪末（乃至之后），意大利南部仍保存了一些从前希腊殖民地的语言与文化痕迹，但在这些个例之外，到奥古斯都在位时，所谓"大希腊"已彻底融入了以拉丁语文化为主导的帝国西部。与此同时，在地中海**东部**的岛屿和陆地上，因希腊语族群如"蚂蚁或青蛙"般不断离散迁徙而形成的希腊语世界，也得到了空前的巩固。[4]

　　在希腊语东方地区，大都会比之前更为繁荣，规模也更为壮观。直到今天，约旦境内的杰拉什、加达拉和土耳其境内的以弗所、阿弗罗狄西亚等遗址仍保留了当时的铺装道路、大型柱廊、装饰喷泉与浴场（供水技术来自罗马）等遗迹，供游客参观。在西边，克里特岛成为罗马帝国的行省首府，下辖地区包括北非的昔兰尼加，当地在集权化行政机构的治理下繁荣起来，这是自米诺斯时代以来从未有过的。在希腊本土，科林斯在荒废了一个世纪之后成为欣欣向荣的罗马殖民城市；在伊庇鲁斯沿海地区，另一座罗马殖民城市尼科波利斯（希腊语意为"胜利之城"）也颇为繁盛。尼科波利斯靠近今希腊城镇普雷韦扎，由奥古斯都下令兴建，以纪念在当地近海爆发的亚克兴海战。不过，到公元 2 世纪，罗马"殖民地"与希腊人城市之间的区别已逐渐被人淡忘。正如西西里和意大利南部的希腊人殖民地逐渐被罗马同化，这些罗马"殖民地"也逐渐被希腊同化了。彼时，这些居住在当地的意大利移民后裔也开始用希腊语言说和书写。[5]

罗马帝国对这些城市的统治颇为松散。罗马建立霸权靠的是强大的中央军事力量，但在和平时代，罗马帝国仅由最低限度的官僚力量运营。罗马人的做法与之前的波斯人和建造帝国之后不久的亚历山大颇为相似，主要通过被征服城市与地区的本地精英阶层施行间接统治。在一个传统的希腊城邦里，罗马帝国的统治可以保障富有公民的利益及其在共同体内的地位，从而换取他们为帝国效忠。而随着时间推移，越来越多的本地精英还得到了罗马公民身份，以作为效忠帝国的回馈。罗马公民身份所附带的特权与利益，是绝大多数帝国臣民无法享有的。[6]

在上述制度下，很多希腊式的行政传统在罗马时代得以长久延续。虽然帝国统一了全境的货币价值与铸币的贵金属比率，较大规模的城市仍可自行铸币。地方公职仍由选举产生。城市公民大会仍可定夺市政政策，但只有富裕市民可以参与。为追求荣誉，富裕市民争相赞助公共工程，筹办节庆活动与娱乐赛事；作为回报，纪念他们的石像或铜像会陈列在公共场所，基座上还刻有铭文，以将他们乐善好施的事迹传诸后世。社会的财富分布越来越集中，但这一趋势可以追溯到马其顿征服时代，也即"希腊化"时代的最早期，罗马帝国的统治只是加剧了这一过程。有人因此提出了"长希腊化时代"的概念，认为"希腊化"从亚历山大东征一直延续到了公元 2 世纪中叶。[7]

希腊语族群的历史上从未有过人口如此众多、经济如此繁荣、生活如此安适的时代，在罗马帝国东部各地，他们也没有忘记自己一直以来最擅长做的事，那就是用希腊语演讲、书写。这一时期的作家不但在纸莎草纸上延续了各种既有的文学类型，还开创了传记、小说和讽刺白描等新体裁。史学家仍在尽全力探究、诠释往事，他们还出于显而易见的怀古之情，对亚历山大大帝的功业给予了尤为强烈的关注。这一时期的希腊语作家从未赢得如古典时代先贤那样的高度评价，但他们留存至今的文献总量极为庞大。我们关于更古老年代的很多认识，都来自罗马时期希腊人留下的著作。

在这两个世纪里，希腊语作者在其他知识领域留下的著述被后世称为"古代自然科学的巅峰"。亚历山大城的托勒密生活在公元 2 世纪上半叶，主要研究恒星与行星的运行问题。他在公元 150 年前后撰写的天文学著作后来被译成阿拉伯语《天文学大成》（*Almagest*），在很长一段时间里代表了人类天文学的最高成就，直到 16 世纪才被哥白尼的新发现推翻。帕加马的盖伦比托勒密晚一个世代，作为一名外科医生兼解剖学家，他为后世留下了整整 21 部著作，总量堪居古代希腊之冠（但据传说，这些著作只占他著作总数的三分之一）。虽然在文学和科学领域，著作总量不代表一切，但盖伦对人类与动物身体构造的深刻理解以及他开展实验探究的方法，为医学领域树立了标杆，直到现代依然如此。[8]

上述成就都是和平带来的红利，但红利并非毫无代价。希腊语族群再也不能掌握自己家园的命运，只能左右最基层的市政决策。普鲁塔克就曾在公元 1 世纪末写出了当时很多人心中的想法：一位青年有意在家乡的城市竞选公职，普鲁塔克向他发出告诫，说他面临的将是当年伯里克利背负的重担。但接下来，普鲁塔克又让这位青年切记，"你在统治城市时，也要受别人统治；你的城市要受［罗马的］总督管辖，总督又听命于皇帝"。他因此建议这位青年不要过分看重自己的权力，"因为总有罗马人的鞋［calcei，即拉丁语'鞋'之意；在这里，普鲁塔克借用这个拉丁语词，更像是在指代罗马士兵的钉头靴］踩在你头上"。据此，普鲁塔克建议这位青年效仿演员，在有限的职守之内尽自己的本分。他写道，在这个"希腊衰弱"的年代——

> 智者应追求生活的和谐与安稳，因为命运没有给人留下什么值得追逐的东西。如果总督随便一纸命令……就能驳回你的决策、剥夺你的地位，个人的权势还有什么意义？就算把这样的权力久久握于手中，又有什么价值？[9]

罗马帝国最初的一二百年间，包括普鲁塔克在内，有许多作家都花费了无数篇幅，对上述问题间接给出了答案。他们往往不愿提及当时的政治体制，更不想讨论这种体制所必然要求的让步与妥协。普鲁塔克生为维奥蒂亚地区喀罗尼亚城的市民，后来到德尔斐阿波罗神庙担任祭司，他在以希腊语名字发表的著作中从未提到自己后来获取的另一重身份——罗马公民卢修斯·梅斯特里乌斯·普鲁塔库斯。[10]这个身份被镌刻在德尔斐哈德良皇帝像的基座上，表明普鲁塔克对此并非全无自豪感，但在写**希腊语**的作品时，作为罗马公民的普鲁塔克绝不能出场：泄露罗马身份有辱品味，又或者会构成今天所谓的"范畴错误"。

相比之下，书写往日辉煌显然更合时宜。奥古斯都去世后的几代人时间里，整个东方希腊语世界的私人教育界形成了一套传授古希腊历史与文化的教学体系，这个非官方、非正式的体系之所以如此繁荣，显然离不开强大的需求。在教学的最高阶段，学生需要模仿伊索克拉底与德摩斯梯尼等雅典民主制盛期名人的经典作品，写作高雅的演讲稿。毕业的学生将作为专业演讲者前往帝国各省，乃至在首都罗马发表演说，人们将他们比作公元前 5 世纪的希腊云游哲学家，把他们也称为"诡辩家"。但和之前的"诡辩家"不同，新时代诡辩家传播的不是观点，而是**言辞**。像亚西比得或德摩斯梯尼这样在雅典公民大会上慷慨陈词、一言可定千万人生死的时代早已过去，此时的演说已变成一种纯粹的艺术，有时甚至带有娱乐意味。

对这个新生的文人精英阶层而言，只是书写美好往昔是不够的：他们还极力寻求模仿古代先贤的语言与写作风格，试图把希腊语言倒回更古老的时代，推翻自马其顿人以雅典方言为官方语言以来出现在日常希腊语中的诸多变化。马其顿征服希腊以来的400 年里，所谓"古希腊共通语"经历了显著的演变，但新时代的诡辩家们争相试图"恢复"古代雅典的阿提卡方言，重现当年伟大雄辩家们的言语。这种崇尚古语的风潮始于公元 1 世纪中叶，一直持续到公元 250 年左右，为时整 200 年。当时有人将其称为"第二智者运动"（Second Sophistic），这一名词由此一直沿用至今。[11]

推崇希腊古代文化、历史与语言的风气也感染了罗马帝国的最高统治者。恺撒曾在亚历山大城拜谒亚历山大陵墓，他的养子奥古斯都在称帝之前也曾前往瞻仰。在夺取最高统治权的过程中，奥古斯都赢得的所有战斗都发生在希腊语东方地区。成为皇帝之后，奥古斯都对当时罗马人所谓的"真希腊"（Graecia vera）也即希腊历史上的中心地带予以高度关切，但相对轻视了帝国治下地域更广的希腊语地区。奥古斯都在雅典、斯巴达和希腊本土的其他城市兴建了许多造价昂贵的建筑，也在尼科波利斯建立了一座规模浩大的殖民新城。罗马的统治者或许也希望借推崇希腊的文化遗产平息希腊语臣民的不满，甚至有意识地在暗中（或公然）怂恿第二智者运动中的希腊语作家和演说家歌颂古代希腊的荣光。无论是哪种情况，罗马统治者与希腊文人的关系都似乎颇为融洽，几乎没有人公开表达过不满。[12]

从政治上看，除非在东方边境发起战争，否则所谓"真希腊"与帝国的希腊语地区对历代罗马皇帝并无战略价值。希腊故地被分为亚该亚、伊庇鲁斯、马其顿三省，在当时并非军事要地，没有军团驻扎。但在奥古斯都之后，公元1世纪的尼禄和公元2世纪的哈德良都对希腊情有独钟，他们都曾亲自巡幸东方，不惜从国库中动用重金，为特定的希腊城市建设新建筑与公共设施，令这些城市的居民感恩戴德。

今天，尼禄因精神失常而为人所知，据说他曾"在罗马大火时弹琴唱歌"。可即便在世界其他地方名声扫地，尼禄在帝国东部的希腊语地区仍不乏支持者。尼禄曾率先提出建造运河连接科林斯地峡两端，这一项目直到1893年才正式完工；此外，为表示慷慨，尼禄在赢得所有"泛希腊"竞技会（为迎合尼禄东巡的日程，这些竞技会纷纷改期）之后宣布免除整个亚该亚行省的一切赋税。在公元67年11月28日的科林斯地峡演说中，尼禄宣称："其他君王只能解放城市……只有我尼禄解放了一个行省。"一个希腊人出于感激，甚至搬出多年来早已沦为空壳的古老口号，感谢尼禄皇帝恢复了"希腊人天赋而原生、只因外力而被夺走的自由"。[13]可即便免税这一小小的"自由"也在不久之后被另一位皇帝夺去，从此再未恢复。

在所有罗马皇帝当中，哈德良对所谓"希腊"的兴趣最为浓厚。在公元117年到138年在位期间，他曾至少三次来到雅典，在那里度过了一整个冬天。出于对雅典的热爱，哈德良在这座城市开启了新一轮建设工程，似乎是为了胜过伯里克利与来库古留下的遗产。时至今日，我们仍可一睹当年哈德良留下的宏伟遗迹：阿提库斯露天剧场从20世纪中叶开始，已成为雅典举行露天音乐会与戏剧表演的殿堂圣地；哈德良图书馆的建造意图则在于挑战托勒密王朝修建的亚历山大图书馆。哈德良还授意在伊利索斯河畔建造哈德良拱门与奥林匹亚宙斯神庙，即便伊利索斯河的河床已在20世纪被城市高速公路取代，拱门与神殿的石柱遗迹仍屹立在原地，俯瞰着繁忙的现代雅典市中心。

在哈德良时期，雅典正式成为一个新组织"泛希腊同盟"（Panhellenion）的中心。这个同盟以古典时代的希腊城邦同盟为蓝本，没有实质政治意义。但通过以雅典为同盟中心，哈德良以皇权认证了这座城市在希腊乃至整个罗马世界的文化至尊地位。在其他方面，哈德良的这项创新似乎泥古不化："泛希腊同盟"的成员资格取决于候选城市能否证明自己的开国元勋具有希腊血统[14]，一些渴求皇帝恩惠的城市因此投入了不少心血，以满足加入同盟的前提条件。但在更遥远的地方，当时的大多数希腊语使用者以及那些博学多才、有讲稿留存至今的辩士似乎没有对哈德良的提议给予多少关注。其中的原因不难想见：几百年来，有太多来自不同文化背景、使用不同母语的人经历了"希腊化"过程，仅凭想象的家族世系，早就不能定义"希腊人"的身份范畴。

这一时期的希腊世界应验了伊索克拉底当年的预言："希腊人"的身份并不取决于一个人的出身，而取决于他是否接受过一个特定教育体系的熏陶。这个教育体系始于公元前 5 世纪的雅典，到此时已再度崛起，影响广泛。当时最著名的希腊语作家包括来自幼发拉底河畔城镇萨莫萨塔（今土耳其南部萨姆萨特，靠近叙利亚边境）的讽刺作家琉善，以及来自埃梅萨（今叙利亚霍姆斯）的小说家赫利奥多罗斯。琉善曾在（用典雅的希腊语写就的）著作中自称为叙利亚人，赫利奥多罗斯则出身腓尼基。就连在希腊本土腹地的维奥蒂亚出生长大的普鲁塔克也认为，希腊人的身份首先取决于一个人能否从古代的优秀典籍中汲取**道德**品质，而非出生地或家族的血缘传承。[15]

在哈德良时期短命而徒有其表的"泛希腊同盟"之外，帝国东部更广泛的希腊语世界仍享受着一种高度的团结——在希腊人尚未失去政治"自由"的时代，这样的团结是不可想象的。伊索克拉底曾呼吁当时的人们把目光放到自己城邦的边界之外，把整个希腊当成自己的新"城邦"。在政权分散、争斗不休的公元前 4 世纪，这一构想只能沦为空谈。但在公元 155 年，即哈德良去世 17 年后，来自安纳托利亚的辩士埃利乌斯·阿里斯泰德在于帝国首都罗马发表的一场表演性演说中，进一步阐发了伊索克拉底的想法。

阿里斯泰德向听众宣告，如今整个罗马帝国都已成为一个"城邦"。帝国疆域之内数以千计的城市之于帝都罗马，好比城邦的郊野之于中心城区。[16] 换言之，对于凭武威称霸于世界的罗马帝国，一位伊索克拉底的忠实信徒所能想到的最高赞誉，就是将它比作一个更大的希腊城邦。我们不知道罗马的听众对阿里斯泰德的这番话有何反响。几百年来，罗马人一贯将自己的国家视为"共和国"，直到公元 155 年仍是如此，他们认为共和政体是罗马的专利，并以此为荣。在演讲中，阿里斯泰德使用的是一种非常文雅的希腊语，这在当时合情合理；而在 2 世纪中叶的罗马，对那些愿意听阿里斯泰德演说的人而言，"希腊化"的过程显然已扩散到了罗马帝国全境。

阿里斯泰德发表演说 6 年后，马可·奥勒留即位为帝。和之前的每一位皇帝一样，他是土生土长的罗马本地人，但他曾受希腊式教育，这也与很多前任皇帝的经历一致。不过，与之前的皇帝不同，当马可·奥勒留将目光投向希腊世界时，他所关心的既不是政治，也不是古代文物。在漫长的统治时期里（直到公元180 年驾崩），马可·奥勒留将大部分心力用于多瑙河前线，对抗入侵的日耳曼部族（这是罗马帝国的第一场防御性战争），几乎无暇踏足希腊语东方世界，但他仍为希腊哲学所倾倒，尤其推崇公元前 3 世纪初芝诺在雅典开创的斯多葛派。当时，斯多葛派的观点早已在罗马精英当中广为流传，马可·奥勒留大可以用自己的母语表达哲学思考、书写私人日记，但他在写作时依旧选用了希腊语。

对马可·奥勒留写作《沉思录》的原因和目的，学界仍存在争议。但无论答案如何，奥勒留在《沉思录》中表达的真诚省思仍让我们得以深入这位在世界史上颇为特异（乃至独一无二）的帝王的内心世界。他曾如此自戒："不要妄想建立柏拉图的理想国。"[17]还有什么比承认皇权的局限性更令人感动的呢？毕竟，他自己就是皇帝。而破解奥勒留为何以希腊语写作的关键，或许就在他作为皇帝的身份之中。在使用拉丁语的公共场合，马可·奥勒留·安东尼努斯·奥古斯都是罗马帝国军队最高统帅，已知世界的统治者，神在人间的化身，西起不列颠岛上的哈德良长墙，东至今伊拉克境内的幼发拉底河畔，帝国境内的一切公共祈祷、一切神庙祭献都要为他祈福。但在私下里，用希腊语写作的奥勒留会把自己看作一个会犯错误的独特个体，在面对自然和他不确定自己是否相信的神圣力量时，他是谦卑的，同时他会努力用文字来表明他能意识到自己作为个人的一面。

在公元 2 世纪晚期，对于人的哲学思考并不只局限在奥勒留皇帝和他身边的小圈子之内。事实上，这位哲人皇帝留下的文字，也反映了那个时代所特有的焦虑与省察。这种思潮的根源可以追溯到整个希腊化时代 [18]，但直到罗马帝国统治时期才终于达到顶峰。这一时期出现了一些思想上的新趋势，其中之一可以概括为对于"个人"的发现，而另一个趋势的内容也与前者密切相关，即个人（无论出身高低）对某种"救赎"的需求。传统希腊城邦社会是一个高度集体主义的社会，公民共同体的存续与繁荣是最高道德追求。公共祭祀活动与对传统神祇的崇拜从来都是为达成上述目的、为保障整个共同体的福祉而展开的。

斯多葛主义与伊壁鸠鲁主义等相对较新的思潮从这一时期开始鼓励追随者思考自己作为个人的人生目的与意义，但对大多数人来说，哲学思辨的作用也就到此为止了。避免痛苦、尽可能享受快乐听起来固然很好，但只是这样空想，并不能治病救人，更不能解答死亡的终极之问。公元前 1 世纪罗马的伊壁鸠鲁派思想家卢克莱修曾认为人死后就不会担忧了，所以死亡问题并不重要。[19] 但如果人在有生之年仍对死亡感到不安，又该如何应对？正因如此，一个此前从未出现在希腊或罗马宗教体系中的新名词，开始在这一时期的希腊语思想著作中出现——"信仰"（faith）。"信仰"指的并非只是分享故事、参与祭祀以表达共同体的集体期盼或忧虑，而是关乎个人的。"信仰"不但意味着相信，也意味着把自己全然托付给一种神圣的力量，让它帮助实现**个人内心**的愿望。早在奥古斯都时期及之后的几百年间，人们就已开始寻找这种可以信任的、超越自身的力量。

在官方宗教活动与公共祭祀之外，这一时期的人们开始向新的神明祈求福祉，投身于相应的宗教教团。例如，起源于托勒密埃及的牛神萨拉匹斯与女神伊希斯信仰就传遍了帝国各地。这些教派时常融合更古老的希腊与埃及信仰元素，目的可能是迎合新时代的新需求。在公元 2 世纪，来自波斯的太阳神密特拉崇拜也以同样的方式传入罗马军队，随后传遍帝国境内的各个角落。希腊神话中与治病有关的小神阿斯克勒庇俄斯也在罗马时代受人膜拜，他的圣所在当时类似 19 世纪的疗养院，抑或今天的保健疗养中心，病人往往要在其中参与复杂的祭祀活动，并在圣所里睡觉。如果幸运，他们可以在梦中看到阿斯克勒庇俄斯显灵，等一觉醒来，他们的病痛就能痊愈。讲述阿斯克勒庇俄斯治愈疾病的铭文遍布整个希腊语世界，留存至今的数不胜数。[20]

然而，阿斯克勒庇俄斯只能治疗疾病，不能解决死亡的问题。为此，人们仍需要举行祭祀，并追随某种宗教信仰。在当时，通过某种秘密祭祀仪式才可加入的"秘仪"教团并不新鲜，其中最著名的厄琉西斯秘仪始于雅典郊外的厄琉西斯。数百年来，这个仪式一直是雅典人以及其他地方的希腊人的成人礼，但在这一时期，以厄琉西斯为发源地的秘仪信仰快速扩散。此时，是否加入教团以及加入何种教团，成了个人的选择。在古代世界，这些祭祀仪式的保密之彻底令人称奇，但在2世纪中叶，一位即将加入伊希斯"秘仪"教团的入门信徒曾被要求为"某种自愿献身和因神恩而得救的过程"做准备，我们由此大概可以想见，这种信仰对信众提出了怎样的**期许**。[21]

帝国东部的希腊语精英阶层也曾试图从世俗层面解决这一需求。结果在约公元50年到约3世纪初之间出现了"古代希腊语小说"或说"罗曼司"，这便是今天所谓"小说"文体之滥觞。故事内容往往是年轻男女偶然相遇、相爱又被迫分离，在最为偏远的异域历经磨难之后再度团圆、结婚，最终过上幸福的生活。在故事里，男女主人公都要面临死亡的威胁，都愿意为爱牺牲性命。在类似后世惊悚片的固有桥段里，其中一方还有可能被误以为已经惨遭杀害，直到后来才如奇迹般"起死回生"。

当时的小说中文字最为精巧、技法最为先锋的当属《埃塞俄比亚传奇》(*An Ethiopian Story*)。它的作者埃梅萨的赫利奥多罗斯自称为希腊语世界的外来者，却擅长写作优美的希腊语散文。赫利奥多罗斯的小说时常出现超自然的"神佑"描写，男女主角往往在神的护佑下渡尽劫波，迎来美好的结局。然而，这种救赎纯然通过男女之间世俗的异性之爱获得（这本身也是一项创新：直到此时，歌颂同性之爱仍是希腊语文学的主流）。在包括《埃塞俄比亚传奇》在内的诸多小说作品中，人通过与自己相仿之人的爱恋发现了自我存在的意义，从而获得终极救赎。

无论在当时还是在几百年后，像早期希腊语小说家这样用作品探索人类自我与救赎的努力都走进了死胡同。当时有太多的虚构故事用第二智者运动时期古奥矫饰的语言写成，只有受过精英教育的人才能欣赏。直到很多年后的 20 世纪，这些小说的价值才被人发现，成为所谓"世俗经典"。[22] 而同样在这一时期，还有一种崭新的宗教为新近崛起的"个人"意识指出了通往救赎的可能。这个新宗教的经典文本，也是首先由希腊语写成的。

虽然当今世界最为普及的公元纪年法由基督教世界创立，号称以基督教创立者诞生之年为元年，但目前学界普遍认为，拿撒勒人耶稣应出生在公元前 4 年或那之前不久。这一年里，由于大希律王去世，犹太王国（此时已为罗马附庸）一分为四。耶稣人生中的大多数时间在加利利度过，那是历史悠久的"希腊化"进程几乎尚未渗透的地方。[23] 一般观点相信，耶稣和他的弟子们生前用阿拉米语交谈，这是亚历山大征服之前波斯帝国的通用语，至今仍被一部分普通犹太人广泛使用。据说耶稣本人从未留下任何著作，他的直传弟子即便留下了文字记录，其原文也从未保存下来。

在短暂人生的末尾，耶稣来到了当时罗马帝国犹太行省的首府耶路撒冷。当地人曾抵抗过来自希腊文化与希腊语的影响，但到耶稣的时代，这座从前希律王的都城洋溢着希腊色彩。从考古学家在耶路撒冷发现的铭文推断，此时的希腊语已是城内流行的交流与书写用语。在耶路撒冷，耶稣被控以言惑众，钉死在十字架上，这是罗马人对没有公民权的奴隶与罪犯使用的标准刑罚。在耶稣被处决（约公元 30 年）之后的差不多 20 年里，他的追随者也开始在耶路撒冷传播宗师的教义。直到一位犹太人传教士离开本民族故地、向外邦人传教时，耶稣的教诲才第一次以文字形式得到记载。向外邦人宣讲的宗教道理必须用一种尽人皆知的语言书写，而希腊语就是当时自然而然的选项。就这样，早期基督徒以含蓄的"福音"（euaggelion，或称"好消息"）之名宣扬耶稣的教义，"福音"一词也成为英语中"福音派""福音主义"等词的源头。[24]

这位向外邦人传教的人名叫保罗。在保罗的时代，第二智者运动正在逐渐塑造帝国东部的希腊语文学风尚，但保罗本人的背景与"智者"们截然不同。保罗出身寒微，本名扫罗，来自奇里乞亚行省（今土耳其南部）塔尔苏斯的一户犹太人家庭，父母可能是释奴。后来，保罗来到耶路撒冷，时间可能就在耶稣上十字架后不久。在那里，他遇到了幸存的耶稣门徒，对耶稣的生平与教导有了直接的了解，这一过程应当是用阿拉米语进行的。但与此同时，保罗也具备希腊语的读写能力，这可能是他早年在塔尔苏斯习得的。他很可能也因此阅读过一些更古老的希腊语文献，接触了其中的思想，但对希腊语没有更深入的追求。对保罗和其他所有著作流传至今的早期基督教作家而言，希腊语都只是一种工具。保罗的希腊语反映了当时日常希腊语的面貌。他用希腊语写作书信——在当时可以保存信息与想法的永久性媒介中，这是最为直接的一种。在此时的帝国东部希腊语世界，书信往来是日常生活的重要组成部分，绝不是一种纯粹的文学体裁。早期基督教的绝大多数文献，都是以书信的形式写成的。[25]

保罗书信是现存最早的基督教文本，这些信原本是写给他在东地中海沿岸参与草创的基督徒社群的。保罗的文字与此前的一切希腊语文献都有很大差别。在其中最早的信（可能写作于公元50年前后的几年间）里，我们可以看到作者以"使徒"自称（"不是由于人，也不是借着人，乃是借着耶稣基督，与叫他从死里复活的父神"）。在这里，英语中的"使徒"（apostle）对应希腊语"使者"（apostolos）一词。在书信中，这位自称使徒的作者告诉读者，耶稣"照我们父神的旨意为我们的罪舍己，要救我们脱离这罪恶的世代"——这是一则不折不扣的关于救赎的承诺。保罗书信认为救赎之道在于培养某些德行，其内容在当时大多数说希腊语的人看来必然是十分古怪，甚至不可理喻的："仁爱，喜乐，和平，忍耐，恩慈，良善，信实，温柔，节制。"保罗还留下了一句广为流传的名言："要爱人如己。"[26]

保罗书信几乎没有提及耶稣的生平、教义以及他在历史中的形象。虽然我们所知道的四福音书此时尚未写成，但在保罗有生之年，后来出现在四福音书中的一些故事很可能已通过其他渠道开始流传。保罗认为，耶稣最重要的意义在于他是"基督"（Christos）。这个词原本不是一个希腊语人名，而是一个头衔，它译自希伯来语单词"弥赛亚"，即"受膏者"，而"敷膏油"是古代以色列国王加冕时的一种仪式。和《新约圣经》里的其他很多内容一样，虽然经文本身由希腊语写成，其中的概念却来自犹太人的古俗，截然不同于希腊的文化传统。

保罗认为，耶稣之为基督的证据在于他"为我们的罪死了，而且埋葬了……第三天复活了"。他相信，基督的复活象征着战胜死亡。为此，他留下了另一句著名的文字："死啊，你得胜的权势在哪里？死啊，你的毒钩在哪里？"保罗还认为，基督的复活是后世所谓"基督复临"的保证。[27]第一代基督徒相信耶稣会在他们有生之年降临，到那时，整个世界将在火海中走向终结，上帝将审判一切生者与死者。

到公元 64 年，"福音"已传入帝国首都罗马。几年之前，保罗曾致书当地的基督徒社群，这份文本保留下来，成为当地早期基督徒存在的证据。而根据一份年代较早的历史记载，保罗本人也曾到罗马传教两年。[28] 当年 7 月，罗马突发大火，一连延烧九日，将中心城区化为灰烬。当时罗马城中接触过基督教教义的犹太人很可能认为，这场大火应验了"基督复临"的预言。虽然在古代文献中没有确切证据，但这可能就是尼禄皇帝将大火归咎于当时尚名不见经传的基督教的原因。大约 50 年后，史学家塔西佗记载：

> 首先，承认了信徒身份的人被逮捕；然后，还有许多人因为他们的证言被判有罪……他们在奚落中走上了末路：行刑者给他们裹上兽皮，放狗把他们活活咬死；或把他们捆在十字架上，在日落后点燃，以在夜间提供照明。[29]

塔西佗很显然夸大了受难者的人数，但尼禄迁怒于基督徒的暴行仍可与后来关于"殉教"（martyrdom，希腊语原意为"见证"）的历史记载相呼应。据传说，保罗和耶稣生前的弟子彼得，都在这场迫害运动中被处决。

到塔西佗用拉丁语记载这段历史的时候，基督徒也已开始用文字讲述耶稣的生平与死亡。和保罗书信以及其他被编入《新约圣经》的文本一样，这些文献也是用希腊语写成的。在这当中，最早问世的《马可福音》完成于公元 1 世纪 70 年代初，《马太福音》和《路加福音》紧随其后，可能成书于 80 年代。这三部福音书常被称为"同观福音",它们的内容大体重合,故事脉络也大致相近。《约翰福音》成书相对较晚,主流观点一般认为其完成于公元90年到110年之间。各福音书直到后来才被人与四位"福音作者"一一对应,到四部福音书完成时,耶稣生前与去世经历的见证者几乎已不可能活在人世。

四福音书中,《马可福音》的语言最为浅显。《路加福音》的文风近于通俗文学,作者似乎也对希腊文化比较熟悉。《约翰福音》则更进一步,不但强调耶稣作为基督的神性(这一点在早期基督教的发展过程中出现得很缓慢),还将他等同于"道"(logos,"言语""理性""计算"之意)。基督教引申的这一概念背后有着悠久的思想传统,其源头可以追溯到七百年前的赫拉克利特,又先后为柏拉图与斯多葛派所继承。[30]

在公元 2 世纪,基督教对帝国东部精英阶层的影响十分有限。2 世纪后半叶的哲学家塞尔修斯曾用专著证明其"谬误",而像他这样注意到基督教的人凤毛麟角,他们认为基督教执着于信仰,罔顾理性。[31] 崇尚信仰的基督教在当时是一种自下而上的运动,早期的皈依者大多来自大城市与主要城镇的底层居民,但从已知证据来看,基督徒大多并不属于当时最为低贱(且在人数上可能最为庞大)的奴隶阶级。也有一些迹象表明,这种新宗教的女性信徒可能多于男性。虽然保罗对女性的看法并不比希腊人的传统观念更开明,此时的罗马帝国仍为其治下的女性臣民赋予了远多于之前在希腊城邦时代的权利。而早期基督教会似乎在此基础上更进一步,积极地向女性敞开大门。[32]

在诞生之初的约两个半世纪里,除了少数臭名昭著的例子外,基督教在罗马帝国境内大体没有受到罗马当局和其他公民机构的迫害。个别基督徒可能会被监禁受拷打，如果在这之后他们依然拒绝弃教，就将遵循罗马的惯例，接受公开处刑。公元2世纪，一些早期基督教的著名领袖与传播者都因此殉难，但罗马帝国到当时为止还从未系统性地镇压这一新宗教，更不用说将其一网打尽了。殉道者在基督徒中仍然是极少数，而基督徒群体本身在帝国大部分地区也无足轻重——用现代术语来说，统计上不显著。[33] 当时大多数罗马执政者的态度与福音书中的犹太行省总督彼拉多相近，允许被指控者尽己所能避免极刑，因此当时的基督徒必须主动争取，才有殉教的机会。在帝国官方看来，基督教只是一种"迷信"，基督徒只需证明自己忠于国家即可，至于其信仰的内容并不重要。统治阶层畏惧并打击的对象是政治上的颠覆行为，而非个人的信仰。

后来的基督教传统对殉教者经历的痛苦有浓墨重彩的刻画。几百年来，这些愿意为信仰直面折磨与死亡的烈士都被奉为基督徒美德的最高模范。[34] 然而，这些殉教故事掩盖了一个对时人影响更为深远，也对后世基督教成为世界性宗教的过程更有推动作用的事实：在公元2世纪到3世纪的希腊语东方世界，基督教与主流文化之间的交融要大于对抗。

当时并不只有基督徒质疑在光天化日之下宰杀大量牲畜的仪式能否换来人与神的和谐。曾与马可·奥勒留共事的医学与解剖学大师盖伦（去世于公元200年后不久）曾如此描述自己的科学事业，并间接概括了当时的新观念：

[我的研究]是一首献给造物主的神圣赞歌：我相信真正的虔诚不在于宰杀了多少牲口、焚烧了多少香料与油膏，而在

首先于自己的心中发现造物主的智慧、权能与善意，再将其展现给其他人。[35]

大致与此同时，在安纳托利亚西南部一座名叫奥诺安达的小城镇，居民们从荷马史诗中撷取了这样一段韵文，镌刻在外城城墙的显要位置：

自生而自发，自启而自知，其来也无由，其所在不可易，
不为世间万名所动，又于世间享有万名，其所居处火中，
是为神：我等不过神之使者，其在世之片羽。

这段铭文随后指出，这是阿波罗在被询问"何为神性"之后通过神谕给出的答案。[36] 在耶稣生活的时代约 200 年后，这样的文字并不能证明基督教教义已经对更广泛的希腊语世界造成了直接而显著的影响，只能表明这种新宗教及其所使用的话语体系与当时存在于希腊语世界的其他思潮并行不悖，共同指向了基督徒与非基督徒都普遍关切的问题。

与之前相比，这一时期的基督教会领袖接受希腊修辞术和哲学教育的机会大为增长。进入公元 3 世纪，基督教作家开始在信件、布道词和宗教论著中使用远比保罗和诸福音书作者更典雅的希腊语陈说自己的信仰，讨论经文的正确意涵。从公元 200 年之前不久直到公元 3 世纪中叶，亚历山大的克雷芒和奥利金曾先后用高雅的希腊语探讨、宣传基督教信仰，其修辞技巧并不逊于第二智者运动时期的文学。这些基督教思想家还在论述中展现了对于古希腊哲学尤其是柏拉图思想的深刻认识，柏拉图主义也从这一时期开始成为基

督教思想传统中不可分割的一部分。在3世纪末期以前，新生的基督教已全然适应了当时主流的希腊语教育体系。[37] 这种融合的影响力直到多年以后才逐渐显现，希腊语的言说与思考方式将迎来永久的变革。

英国史学家爱德华·吉本出版于18世纪70年代到80年代的经典著作《罗马帝国衰亡史》将马可·奥勒留去世、其子康茂德即位设为叙述的起点。这起事件发生于公元180年。康茂德在当代英语世界享有出人意料的知名度，这大半要归功于在1964年的《罗马帝国衰亡史》（由克里斯托弗·普卢默饰演）和2000年的《角斗士》（由罗素·克劳饰演）两部大片中对康茂德人物形象的成功塑造。这些大众影视作品对他的描绘大体符合事实，例如他确实身穿角斗士装束，在圆形剧场中被人刺杀。[38] 但和尼禄一样，他的人格邪恶性也有被后世严重夸张之嫌。不同的是，公元68年尼禄自杀之后，罗马帝国只经历了为时一年的短暂内战，就重新恢复了奥古斯都时代形成的安定秩序。而在公元192年康茂德遇刺后，帝国全境陷入了断断续续长达一个世纪的内讧与纷乱。

纵观整个公元3世纪，罗马帝国经历了一系列严重危机。"罗马治下的和平"宣告结束——尽管在希腊语东方世界，这种和平仍将回归。罗马皇帝之位更迭不断，其中很多人先被手下的军队拥戴，后来又被同一班军人谋杀，有时在位仅几个月。在莱茵河、多瑙河以及中东地区，帝国边疆外患四起，这让罗马军队尤其是驻扎在边疆地带的边防军掌握了前所未有的政治话语权。

公元224年，萨珊王朝成为波斯的新统治者。兴起几十年后，萨珊王朝逐渐取代了此前罗马在东方的传统劲敌安息，几乎恢复了古波斯帝国的声势。公元 260 年，罗马皇帝瓦勒良在远征波斯时与他手下的大部分将士一道，沦为萨珊王朝的阶下囚。从前塞琉西王国治下的主要城市、希腊化世界的名城欧朗提斯河畔安条克，也一度被萨珊波斯占领。不久后，一支哥特人战团也跨过多瑙河，突破巴尔干地区的罗马边防，围攻塞萨洛尼基（又名"帖撒罗尼迦"），随后一路劫掠安纳托利亚沿海，向南直抵以弗所，在公元 262 年纵火焚烧了著名的阿耳忒弥斯神庙。另一个来自克里米亚半岛、名为赫鲁利的部族也跨越博斯普鲁斯与赫勒斯滂海峡，渡过黑海入侵爱琴海地区，在雅典和希腊本土及海岛上的诸多城市大肆破坏。

200 多年的太平江山突然沦为无常乱世，而就在这个危急关头，帝国的财政也陷入危机。为铸造货币偿付军饷，帝国只得降低钱币中的贵金属含量，使其逐年贬值。顷刻之间，整个货币经济都被逼到了崩溃的边缘。日用品价格腾贵，富豪不再出资修建公共建筑，也不再资助昂贵的娱乐赛事——而他们即使资助了，也不再有钱雇工匠在石头上刻下自己的乐施行为。富裕赞助人勒石记事的"铭文传统"曾在之前几百年间为现代考古学家留下了许多关于希腊语东方世界城市生活的宝贵信息，但在公元 3 世纪，这一习俗突然消失了。[39]

除了保卫边疆等最基本的手段之外，这一时期的历代皇帝都曾试图以各种不同的政策挽救时局，其中不少举措颇为激进。公元 212 年，即所谓"三世纪危机"之初，皇帝卡拉卡拉突然颁布敕令，宣布帝国境内所有未受奴役的臣民皆享有完整的罗马公民权，引起一片哗然。这只是一种权宜之计，意图通过大幅扩张征税范围提高财政收入。卡拉卡拉还没有来得及解释自己如此决策的原因便离开了人世，但这道敕令的永久效力仍在这之后极大改变了罗马帝国的面貌。在卡拉卡拉的敕令之前，罗马公民身份是一种光荣的特权。据现代学者推算，卡拉卡拉敕令前拥有罗马公民身份者最多不超过罗马帝国臣民总人数的三分之一，甚至可能只占五分之一。但在这项敕令之后，可能有超过 3 000 万人的生活迎来了改变。有人甚至认为，卡拉卡拉敕令"一次性赋予公民权的规模在世界历史上数一数二，甚至就是规模最大的"。[40] 卡拉卡拉的本意可能只是另辟蹊径、扩充税源，但他的这份敕令造成了一个更为深远的影响：从这一刻起，世界上几乎所有说希腊语的人都能自称为罗马公民了。久而久之，说希腊语的人将不再自认为是"希腊人"，而是以"罗马人"（Romaioi）自居——直到 19 世纪，绝大多数希腊语使用者都延续了这种自我认识。

随着危机持续，还有一些皇帝试图用另一种极端方法根治时弊，那就是回归多神教传统，重振从前的集体主义意识：帝国国运之所以如此衰微，一定是因为触怒了诸神，那么，谁应为亵渎神明负责？国家应该惩罚谁，才能重新让诸神满意？作为结果，罗马帝国当局发起了第一场针对整个基督教信仰而不只是个别基督教信徒的系统性镇压。公元249年，皇帝德西乌斯首次颁布基督教迫害令，其本意并不在于逼迫基督徒大量殉教，而是强制他们回归官方的正统信仰。在这场迫害运动持续的两年之内，为祭神而宰杀的动物远比因镇压而殉难的基督徒更多，但后世传说着力记述了那些因拒绝参与官方祭献活动而惨遭虐待的基督徒的经历。这是罗马国家意志对基督教前所未有的一次积极干预。

公元 251 年德西乌斯战死（他是第一位战死沙场的罗马皇帝）

之后，他生前发起的迫害运动也宣告结束。但几年后，新皇帝瓦勒良就发起了新一轮残酷的镇压。在整军备战、企图与波斯人争夺帝国最东方省份的同时，瓦勒良再次要求帝国全体国民宰杀动物献祭诸神。公元258年，瓦勒良加强了镇压力度，要求处决所有基督教会领袖。但和德西乌斯一样，瓦勒良也在两年后兵败被俘，最终死在敌营，针对基督徒的镇压再次告一段落。因为只有后来的基督教文献记载了这段历史，今天的我们已无法通过更为独立的史料判断这两位皇帝的意图。[41] 直到德西乌斯和瓦勒良屈辱丧命几十年后，罗马帝国才在另一位皇帝的统治下发起了又一场针对基督徒的镇压行动。

主流观点认为，戴克里先皇帝（公元284年至305年在位）通过一系列军事与经济改革，为罗马帝国的危机时代画上了句号。但对当时仍占少数的基督徒而言，安宁的局面没有持续太久。据早期基督教会史的亲历者兼记录者、凯撒里亚主教攸西比乌斯记载：

> 到处都张贴了皇帝的敕令，要求把基督教堂夷为平地，把《圣经》投入火中，所有身居高位的基督徒都要失去地位，家中仆人如果拒不放弃基督信仰，就要贬为奴隶。[42]

和以往一样，基督徒一方的史料没有对迫害敕令的背后动机多加记录，而除基督教文献外，我们对这段历史没有其他了解渠道。公元303年，罗马帝国并未受到威胁；事实上，在短短五年前，罗马军队还曾在战争中彻底击败了波斯。如果当时的罗马帝国并不需要以基督徒为替罪羊，戴克里先为什么要发起这场迫害？到公元300年，基督徒在帝国全境各地居民中的平均占比可能只不过7%

到 10%，在规模上显然也不足以对帝国构成威胁。[43]

无论背后的动机为何，戴克里先迫害令都改变了基督教在帝国的性质。在这之前，基督教只是一个边缘教派，在社会和政府行政中制造了一些无关痛痒的麻烦；但短短数年之内，基督教就被罗马帝国官方视为最大的政治问题。最终，基督教赢得了这场与帝国的对决。

戴克里先改革中还有一项奇异而短命的安排，即改革帝制，将皇帝的权威一分为四。罗马帝国将由两位皇帝和两位副帝共同统治，每人负责领导帝国的一部分疆域。所谓的"四帝共治"根据语言的边界将帝国分为拉丁语和希腊语两大地区，从结果上看为日后罗马帝国的分治提供了最初的参考，但这项政策本身没有推行多久。四帝共治在戴克里先之后酿成了过于复杂的皇权继承问题：最终，其中一位共治皇帝的儿子君士坦丁在 306 年成为新一任共治皇帝。君士坦丁或许从一开始就决心恢复一帝统治，直到近 20 年后，他才实现了这一目标。

君士坦丁生于今塞尔维亚南部的尼什，他的母亲海伦可能出自一个说希腊语的家族，但他自己以拉丁语为母语。君士坦丁早年应受过上流阶级的传统教育，可以阅读希腊语文献，但似乎并不能流畅使用希腊语。[44] 成为共治皇帝之初，他的统治疆域位于帝国最西端：事实上，他是在今天英国的约克，受到他父亲的老部下拥戴，才成为共治皇帝的。即便如此，君士坦丁仍将在帝国东部留下他最重要的一笔历史遗产。君士坦丁早年是否受过基督教影响，是自古以来便为人们所争论的一个问题。但我们可以确定的是，在公元313 年，随着四位共治皇帝减少到两位，君士坦丁和最后一位与他并立的共治皇帝李锡尼发表了一份共同声明，宣布在帝国全境终止对基督徒的官方迫害。[45]

基督徒当中很快流传出一则故事，称君士坦丁曾在率军征讨其他共治皇帝时见证了上帝显现的奇迹。公元 312 年 10 月，君士坦丁在内战中大获全胜，将罗马纳入囊中。攸西比乌斯在君士坦丁去世后不久为他撰写的传记中为这场奇迹留下了最为丰富的记载。攸西比乌斯宣称，君士坦丁亲口向他讲述了这段故事，并宣誓为真：

> 日正中天之际，他［君士坦丁］说他亲眼看到阳光在天上形成十字徽记，其上写有这样一行字："凭此得胜。"

攸西比乌斯记载，第二天夜里，君士坦丁梦见"基督"要求自己以十字为军旗上的记号。[46]到这里为止，一切还很符合传统。君士坦丁找到了一位新的保护神。至少从希波战争时代起，军事统帅因神佑而得胜的故事在希腊与罗马历史上便不胜枚举。在接下来的几年间，君士坦丁还作为帝国西部的共治皇帝，在罗马出资建造了基督教堂，以作为克敌制胜的报答——这也合乎旧例。

但与此同时，在帝国东部，最后一位与君士坦丁共治的皇帝李锡尼发起了新一轮针对基督徒的迫害运动，酿成了意料之外的政治局面。李锡尼的这一决定违背了之前与君士坦丁共同发布的声明，令两位共治皇帝就保护还是迫害基督徒问题产生了分歧，最终引发了争夺权力的战争。公元 324 年 9 月，君士坦丁在博斯普鲁斯海峡的亚洲一侧海岸上击败李锡尼，而无论他自己内心有何打算，这场令他成为帝国唯一皇帝的战争也成了一场捍卫基督教作为少数教派之权利的战争。在战胜李锡尼之后不久，君士坦丁致信攸西比乌斯，写道：

> 现在，凭着至高上帝的庇佑与我们的努力，自由已经恢复，恶龙已从政界驱除。我认为神的力量已明明白白地展现在众人面前，从前因恐惧或缺乏信仰而沦为罪人之人也将认识到真神的存在，重归属于真理与正道的生活。[47]

历史从此迎来了不可逆转的转折点。在政治上，君士坦丁作为一个受压迫少数教派的庇护者以及该教派神明的拥护者战胜了李锡尼，取得了整个帝国的统治权，此时他别无选择，必须兑现自己的承诺。相信神与受恩宠之人可双向交易的传统信仰从此走向消亡——但在马可·奥勒留、盖伦和奥诺达铭文之后 100 多年的此时，这种观念或许本就已无人信奉。基督教不许凡人与唯一的上帝讨价还价，对于信仰中的任何瑕疵都不予容忍。这是一种与专制政体极为般配的宗教。

作为推崇基督教的代价，君士坦丁放弃了罗马皇帝在生前享受的神圣待遇，也没有在死后正式封神。公元 337 年复活节（一个在不久前才取得官方地位的节日）之后不久，君士坦丁在尼科米底亚（今土耳其城市伊兹米特）去世，他在临终前"领受了基督秘仪的重生仪式"，成为第一位接受基督教洗礼的罗马皇帝。攸西比乌斯记载，弥留之际的君士坦丁洗心革面，"身穿熠熠发光的浅色帝王装束，躺在纯白的软榻上，不愿再碰紫袍"。[48]

时至今日，君士坦丁本人的宗教观念和他皈依基督教的决定真诚与否，仍深受争议。他到底是一个传统主义者，直到自己引发的革命招致激进结果之后才追悔莫及，还是一个现实主义者，认清了时代精神的新变化，决定在不可阻挡的潮流中顺水推舟？又或者，君士坦丁确实是一位世所罕见的改革者，愿意冒险创新，迈入前途不可预测的领域？攸西比乌斯笔下的君士坦丁只有"信仰捍卫者"的一面，这过于单一，不可能符合事实——除非我们和攸西比乌斯一样，相信君士坦丁只凭信仰就能在政治和军事上取得胜利。君士坦丁统治着当时依然强大的罗马帝国，也是帝国建立三个多世纪以来为数不多的杰出统治者之一。无论他本人是否笃信基督教，他都曾出于冷峻的政治考量，将自己的儿子与第一任妻子置于死地。对君士坦丁而言，给混乱的帝国带去秩序也许才是第一要务，基督教只是他相中的一种手段。直到近两千年后的今天，人们仍在讨论他的这一决定是否正确。[49]

无论如何，到君士坦丁领洗、去世时，基督教仍未成为罗马帝国的官方（更不是唯一）宗教，但世界头号帝国统治者的皈依也对基督教本身造成了影响。击败李锡尼、成为全罗马帝国的皇帝之后不久，君士坦丁在安纳托利亚西北部的尼西亚（今土耳其伊兹尼克）召集帝国全境的基督教主教，对当时盛行的几种教义流派进行判决。有观点曾精辟地指出，尼西亚会议和之后罗马皇帝召开历次基督教"公会议"的目的都不是鼓励讨论，而是打击异见分子。[50]

尼西亚公会议最终形成了《尼西亚信经》，这是对基督教信仰的官方定义。《尼西亚信经》原文以希腊语写成，这段文字后来被译成各种语言，至今仍被世界各地的基督教众记诵。《尼西亚信经》以"我信"开头，将信仰确立为一种公开宣认的**行为**，为后来的基督宗教信仰奠定了基础。有史以来，第一次有宗教对信徒个人及信教团体是否在旁人面前宣称自己"相信"提出要求，这就把个人的信仰与观点（doxa）带入了公共领域，使其更容易受到规训或管控。从这一刻起，宗教带上了空前浓厚的政治色彩，人们开始使用一个此前很少被人提及的名词，称呼这种新的观念："正统"（orthodoxia），也即"正确的信念"。基督宗教作为官方宗教的历史不是从拿撒勒人耶稣的时代开始，也不是从使徒保罗的时代开始，而是从公元325年的尼西亚公会议开始的。宗教与政治的复杂关系，也正是从这一刻起登上了历史舞台，为世界带来无数风云变幻。

君士坦丁的另一项决定对世界历史的影响同样重大，也同样远远超出了他本人生前的预想。自亚历山大大帝以来，得胜而归的希腊化王国君主或罗马军事统帅（以及皇帝）时常建造新城或重建旧城作为纪念。这些城市往往位于某处决战战场附近，胜利者以自己的希腊语名字为其命名，如腓力二世的菲利普波利斯（今保加利亚普罗夫迪夫）和哈德良的哈德良波利斯［英语写作 Adrianople（哈德良堡），今土耳其埃迪尔内］。君士坦丁也没有免俗：在博斯普鲁斯海峡的欧洲一侧海岸，一座荒废的希腊小城坐落在马尔马拉海与一条狭长海湾之间，与他在内战中击败李锡尼的战场隔海相望。传说这座城市由公元前7世纪来自科林斯地峡附近墨伽拉的殖民者建立，如果属实，这座小城在当时便已有长达千年的历史。这里地势险要、三面环海，把守着欧洲与亚洲两大陆间的诸海峡水道。这座城市的名字叫拜占庭。

公元330年5月11日，经过重新翻建的拜占庭举行了盛大的落成典礼。[51]新城完全以帝国中心城市的规格建造，当地最早设立的机构之一便是仿效罗马传统权贵议会设置的元老院。然而，这座城市此时还不是帝国首都。余生的大多数时候，君士坦丁都将在这座新城居住，它的名字也沿袭惯例，取自皇帝本人的希腊语名："君士坦丁堡"（Konstantinoupolis），意为君士坦丁之城。通过这一近乎偶然的事件，希腊语世界获得了有史以来第一个属于自己的政治中心。在之后近800年里，这座城市的崇高地位都将无人挑战，它在希腊人心中的分量更是一直延续到了今天。

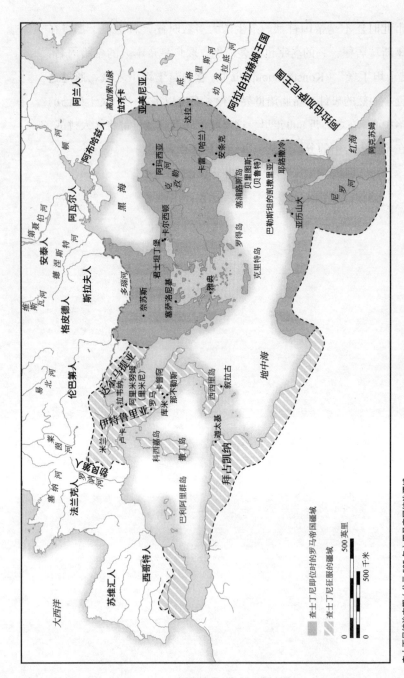

查士丁尼统治末期（公元 565 年）罗马帝国统治疆域

来源：Cyril Mango, *The Oxford History of Byzantium* (Oxford: Oxford University Press, 2002), 52

第八章

成为基督徒
（337 年—630 年）

公元 337 年君士坦丁在临终之际领洗时，他治下的绝大多数臣民仍是以传统方式崇拜希腊与罗马神明的多神教信徒。和以往一样，当时社会的公共生活仍以祭祀古老神祇的神庙与圣所为中心，即便皇帝在博斯普鲁斯海峡岸边建造的新城也不能免俗。事实上，在建设君士坦丁堡期间，君士坦丁曾派人到帝国东部四处搜罗摆放在城市公共空间的铜像与大理石像，将它们集中到这座新城来。其中很多雕像后来都被摆放在新修建的君士坦丁堡大赛马场，这里是举行战车竞技的场地，在之后的许多年间一直是君士坦丁堡城市生活的中心舞台。直到今天，伊斯坦布尔蓝色清真寺前维持了古赛马场赛道格局的广场上仍陈列着许多雕像遗存。攸西比乌斯宣称君士坦丁将众多古代艺术品汇于一地是为了让未皈依者的"崇拜对象受所有路人嘲讽"，以强迫他们"痛悔自己的错误"。[1]但这位主教的说法显然有些言过其实。

事实上，君士坦丁和他先后继承皇位的三个儿子在推广基督教时的态度颇为谨慎。他们从未犯此前罗马皇帝镇压基督徒时的错误，用强硬手段制造层出不穷的殉教者。这一时期的罗马帝国甚至没有订立多少积极支持基督教的法律，官方吸引人们投向这种新宗教的主要动力来自高层的政治恩庇。在君士坦丁堡与帝国东部的其他城市，历代皇帝的资金捐献、对基督徒个人或团体慷慨的免税优待以及国家对建造基督教堂的资助持续数十年，最终取得了显著成效，但这个过程本身是渐进式的。此外，基层仍是这一时期基督教影响力扩散的主要渠道——直到这一时期，基督教仍未失去早年自下而上传播的特质。

在帝国治下的埃及、叙利亚和美索不达米亚等行省，上述现象尤为明显。在这些地方，新涌现的宗教模范人物远远多于此前的基督教殉教者，他们既有男性也有女性，来自各种不同的社会背景（甚至包括当时最低贱的阶层）。很快，他们成为成千上万信徒眼中基督徒生活的纯粹典范。

其中一些宗教楷模仿效福音书中耶稣入旷野四十天受魔鬼试探的事迹，独自深入大山或沙漠隐居。他们被称为"隐士"或"苦修者"，自愿陷于极度艰苦的条件之下，有意让身体承受折磨，以让内在的灵魂更加纯净，只求在死后享有更美好的生命。和福音书里与撒旦抗争的基督一样，这些苦修者也视苦修为一场艰巨的斗争。据记载，隐士曾广泛分布于叙利亚和美索不达米亚，他们"身穿兽皮，貌似野蛮的乞丐，头发蓬乱，仿佛猛禽"；他们"暴烈如火……用张扬的姿态震撼了整个希腊-罗马世界"。但苦修者们并不孤单：在抛弃了世俗社会之后，他们反而受到了世俗之人的追随。人们不断向他们寻求道德指教，请他们驱散魔鬼，又或者只是叹服于他们对苦难的惊人耐受力。君士坦丁去世一个世纪以后，人们曾在阿勒颇围观登塔者圣西蒙在一根石柱顶端的小平台上生活

37 年，只靠当地信徒用篮子运送的食物维生。这些致力于宗教修行的人就是当时社会的超级明星。[2]

还有一些人为与此相似的目的，建立了全新的社群。在埃及，一个名叫帕科米乌的农民在为罗马军团服役期间皈依了基督教，他可能是一种新的宗教社群的最初创立者，这种社群让男性或女性基督徒集中隐居于一地，遵循严格的宗教戒律，始终远离城镇。到公元 346 年帕科米乌去世时，这样的宗教社群在埃及境内已有九处。这些社群就是后世的"修道院"（monastery），加入修道院、服从院内戒律的人则被称为"修士"。希腊语中的"修道院"（monachos）一词原意为"独自一人"，这似乎更像隐士与独行苦修者的行为，而不太符合帕科米乌等人创立的修道团体的状态。一百年后，埃及已有约 1.5 万人修道，其中至少 400 人是修女。[3] 其中很多修道者说科普特语，这是古埃及语的一个变种，也被埃及基督徒接纳为一种书面语言，但当时流传在埃及与帝国东部的《新约圣经》福音书仍以希腊语写成。对各地平民而言，本地的修道者与隐士为基督徒生活的含义提供了十分重要的参考，其意义足可与远在君士坦丁堡订立法律的皇帝相匹敌。

然而，从公元 361 年 11 月开始的 20 个月里，基督教似乎又要陷入逆境。君士坦丁最后的儿子君士坦提乌斯二世去世，他时年 30 岁的堂弟（君士坦丁的侄子）、已自封为西部皇帝的尤利安即位，成为整个罗马世界的统治者。他在后世被称为"背教者"，抑或"罪人"（Transgressor，时至今日，这仍是他在希腊语中的外号）。君士坦丁生于巴尔干半岛上说拉丁语的人家，作为他的父系同宗亲属，尤利安也有一个拉丁语名字，但以希腊语为母语（这随他母亲）。尤利安在君士坦丁堡出生长大，后来到雅典学习哲学、语法学和修辞学。他曾统兵抵御日耳曼人越过莱茵河进犯，因此取得的军功全在帝国西部；但就内心归属与文化熏陶论，尤利安始终以帝国东部的希腊语世界为故乡。[4]

即便在罗马诸帝之中，尤利安也颇为特异。他蓄着络腮胡子，以效仿古希腊哲学家的形象，他的智识与才学也远胜之前除马可·奥勒留（他对这位皇帝十分推崇）以外的历代皇帝。即位之后，尤利安不但决心镇压君士坦丁本人提携的新宗教——基督教，还打算用一项近乎空前的新发明取而代之。尤利安的计划不只在于恢复牺牲献祭与宗教节庆等祭祀传统神祇的礼俗（这些礼俗在当时本就没有断绝），还带有一种强烈的宗教性：在他无比推崇的古典时代雅典人看来，这种"宗教性"恐怕是根本不可理解的。尤利安和当时基督教的苦修者一样厌弃肉身——毕竟，他早年也是作为基督徒被抚养长大的。

尤利安虽然崇尚希腊哲学，但他真正追求的不是对人类理性力量的肯定，而是对超自然神祇的虔诚信仰。这位新皇帝要求他的臣民统一**信仰**。此时，因《尼西亚信经》而进入官方宗教话语的"正统"概念也被套用到古代希腊神话上。尤利安承认古希腊文学缺乏像犹太教或基督教经典那样的神圣启示性要素，下令对古老的神话故事做全新解释。[5] 结果，尤利安宣扬的这种宗教与他原本试图振兴的古希腊信仰渐行渐远，反而与他试图压制的基督教越来越近。

尤利安为自己设定的目标是把传统希腊教育体系转变成一套新宗教信仰的基础。此前，在这套教育体系中受过熏陶的人一直以"希腊人"自居，这表明当时的人们默认以教育经历而非出身背景为"希腊性"的定义标准。但现在，希腊语中的"希腊人"

（Hellene）一词又带上了"希腊多神崇拜者"的意味，而尤利安也许就是这一观念的开创者。尤利安的"背教"行为因此留下了一笔漫长的遗产：直到公元18世纪末，"希腊人"一词在希腊语中仍指代那些反对基督教的人，或者因年代太早而无缘享受基督教救赎的人，也即所谓的"古希腊人"。

公元363年6月26日，形势又一次发生转折。在率军远征萨珊波斯期间，尤利安被人用矛刺伤，随后身亡。如果他的政策成功，罗马帝国的东部也许就能形成一个由文化、宗教与语言定义的**希腊人**国家；反过来说，尤利安的失败，或许也解释了为什么说希腊语的基督教东部帝国即便在不久之后与罗马的西部帝国分治，仍在之后的历史上始终将自己的臣民称为"罗马人"而非"希腊人"。从后世的角度来看，尤利安重新包装出台的"希腊式"宗教或许只能吸引精英阶层参与，而基督教能真正适合所有人。[6]

尽管如此，东部帝国仍没有彻底放弃"希腊式"的文化教育与语言体系。归根结底，希腊语也是基督教的语言。即便最早期的基督教作家对古希腊文学与修辞学了解有限，到尤利安的时代，这一文学修养上的落后局面也早就不存在了。在尤利安治下，顶尖的基督教神学家都接受过与尤利安本人完全一样的希腊语和希腊古典文学教育。事实上，今天被基督宗教奉为"教父"[*]的两个主教——圣大巴西勒和纳西昂的圣格列高利，都曾是尤利安在雅典的同学。他们与金口圣约翰和圣大巴西勒的弟弟尼撒的圣格列高利等下一代

---

[*] 教父（Father of the Church），一般指基督教创立之初至公元六七世纪时期，制订、传播、解释基督教教义，为后世教会奠定神学基础的神学家或教会首脑。——编者注

神学家一道，对基督宗教产生了巨大的影响，让后世基督徒把那些曾令教会先师受益匪浅的知识体系保存了下来。[7]

令尤利安命丧战场的远征只是罗马帝国在东部前线经历的一系列战事之一。在这之后的 300 年间，罗马东线的征战仍将贯穿其中的大部分岁月，迟迟决不出胜负。而在其他战场上，曾经征服四方的罗马帝国也被迫转入守势。日耳曼部族已跨过莱茵河，进入今天的法国境内——事实上，称帝前的尤利安正是在与这些日耳曼人的战斗中取得了自己的第一场胜利；而在巴尔干半岛上，还有一些民族大举跨过多瑙河，在罗马帝国境内定居。公元 378 年，一支哥特人的军队在距君士坦丁堡仅 150 英里的哈德良堡城外击败罗马军队，皇帝瓦林斯阵亡，但在这之后，哥特人没能乘胜追击。渐渐地，帝国东部不再面临迫在眉睫的入侵威胁，但到 4 世纪末，一个惨淡的现实已无法掩盖：罗马国家持续千年的权力基础开始瓦解。

最终，罗马帝国的皇帝、元老院和分散在各地的军事统帅都没能在如此严峻的挑战下维持帝国过于庞大的统治体系。对于接下来的事态，现代史学家再次搬出了"系统性崩溃"理论。[8] 首先，公元 395 年，皇帝狄奥多西一世在弥留之际正式将帝国一分为二，交由自己的两个儿子统治。结果，帝国西部顷刻间走向瓦解。公元 410 年，哥特人的军队洗劫了罗马城；公元 455 年，日耳曼的汪达尔人再次洗劫罗马城。西罗马帝国在名义上坚持到了公元 476 年：在这一年里，最后一位以罗马为首都的皇帝惨遭废黜，取而代之的日耳曼统治者自称为王（rex），这个拉丁语头衔曾是罗马人多年以来的禁忌。此时，西部罗马帝国已崩解为一系列小王国，这一局面将在之后几百年间延续下去。

此时，君士坦丁堡必须独自支撑——它不再是帝国的首都之一，而是罗马帝国残余部分的唯一首都。这个残余的部分依旧称得上是一个帝国，人口可能仍多达 3 000 万。它的疆域北抵多瑙河，南迄埃及阿斯旺的尼罗河第一瀑布，西起巴尔干半岛面朝奥特朗托海峡的海岸，东至幼发拉底河。帝国治下的统治机构仍运转良好，政府仍能正常征税，产自埃及的粮食仍在源源不断地输往首都君士坦丁堡和其他主要城市。大多数东方行省的人口与社会财富也再次开始增长。

社会的健康发展为帝国带来了充沛的陆海军兵员供应。此外，自君士坦丁在位以来，高加索山区发现了一处新的黄金矿脉，这笔宝藏在当时很可能没有与帝国西部共享，却在之后几百年间为一种价值长期坚挺的货币提供了基础。[9]公元 408 年至 450 年狄奥多西二世皇帝在位期间，东部帝国集中大量资源，为君士坦丁堡修建了规模庞大的防御工事，即后世所谓"狄奥多西城墙"，其遗迹直到今天仍矗立在伊斯坦布尔城内，蔚为大观。在这之后的一个多世纪里，尽管罗马帝国西部地区四分五裂，帝国东部的处境仍将进一步好转。

在官方层面，罗马帝国东西分治时各行政区的边界已经被划定。但罗马帝国真正的东西分界是以奥古斯都时代以来的语言和文化分布为依据的。直到狄奥多西二世时代，说希腊语的帝国东部才终于获得了独立的政治地位，但即便如此，这仍不是一个严格意义上的"希腊人的"帝国：皇帝及其近亲以及帝国最高级别的文武官员仍说拉丁语。自从卡拉卡拉约两百年前赋予帝国全体臣民以罗马公民权以来，帝国东部的居民也与西部一样，习惯了以"罗马人"自居，只不过他们在这么做的时候用的是希腊语，而非拉丁语：他们是"Romaioi"，不是"Romani"。希腊语中的"希腊人"一词延续了尤利安时代以来的负面色彩，只为那些依旧执着于这位"背教者"皇帝未竟事业的人所使用。随着西罗马帝国崩溃，东罗马帝国实质上成了一个崭新的独立国家，其名随罗马，其语言随希腊：这是个"希腊语罗马帝国"。[10]

狄奥多西二世在位时，东罗马帝国也正在逐渐变成一个**基督教**帝国。教会屡次召开公会议，解决新的教义之争，其中分歧最为严重的在于如何理解耶稣基督的人性与神性。还有一个重大争议在于怎样定义圣父、圣子与圣灵的"三位一体"，才不至于动摇一神信仰的原则——无论当时还是今日，这都是许多非基督徒质疑基督宗教的一个切入点。在今人看来，这些教义论争或许过于深奥枯燥，但在当时，这些问题足以在大众当中引发强烈的热情。例如，相信基督与上帝"本体同一"（homoousios）抑或"本体相似"（homoioousios）*的观点看似一字之差，却足以决定一整个行省的立场走向。

在埃及和黎凡特地区，绝大多数基督徒都倾向于认可公元 325 年尼西亚公会议确立的教义，主张更严格地遵守一神论原则，但公元 451 年的卡尔西顿（位于博斯普鲁斯海峡亚洲一侧，与君士坦丁堡相望）公会议再次确认基督有神人二性为正统教义。当时的顶尖学者立刻跟随公会议决议的步伐，试图引导信徒的宗教感情，还在彼此之间爆发了不顾颜面的琐碎争执。直到狄奥多西二世的继任者

---

* 《尼西亚信经》认为基督"与父一体"，其本质（οὐσία）完全与上帝相同，这称作"本体同一"。"本体相似"论认为基督与上帝的本质相近但不相同，此观点没有被公会议采纳。——译者注

马西安如之前的君士坦丁那样，以皇帝大权出面介入，决议才最终落定并得以尝试推行。然而，即便此时基督教已稳固占据社会主流，令多神信仰的影响力不断收缩，让不愿服从的帝国臣民接受唯一的"正统"教义仍无比困难。[11]

基督教在帝国东部成为主流宗教的转折点可能出现在公元5世纪初，但即便在当时，仍有大量多神崇拜者（所谓"希腊人"）没有皈依基督教，或积极抵制了皈依。[12]帝国东西分治以前，狄奥多西一世皇帝曾立法禁止多神崇拜，后来的狄奥多西二世则禁止多神崇拜者出任民事与司法部门的最高职务。我们很难确知这些针对多神崇拜的规定在现实中如何落实，又取得了怎样的效果。帝国从来没有对维持多神崇拜的"希腊人"展开系统性迫害，但也很少阻止针对多神崇拜者个人、组织或设施的自发性暴力袭击。这些袭击事件往往是由本地基督教宗教领袖发起的，就连皇帝本人有时也对此视若无睹。

公元391年，一群忠于主教西里尔（他是当时基督教会中对异教态度最强硬的一位主教）的宗教狂热分子在亚历山大城焚毁了祭祀埃及牛神萨拉匹斯的宏大神殿。公元415年，西里尔又驱逐了亚历山大城内的犹太人（那可能是当时世界上规模最大的犹太群体之一）。在由此引发的混乱中，一群狂热的基督徒盯上了当时城内最为显赫的一位女性"希腊多神崇拜者"希帕蒂亚。希帕蒂亚曾在亚历山大城内有着约七百年历史的学府——缪斯圣所教授哲学与数学。一位同时代的教会史家（他本人信仰基督教）以惊恐的笔调记载了她接下来的命运：

　　人们将她拽下车，把她拖到由恺撒神殿改建的教堂中扒光了衣服，用瓦片杀死了她。在把她分尸之后，人们把残骸带到一个叫齐纳隆的地方烧了。[13]

类似这样的描写不难让人想起 21 世纪宗教激进分子的暴行。在 2015 年被所谓"伊斯兰国"破坏的叙利亚帕尔米拉遗址在公元 385 年也曾遭到来自沙漠的极端**基督徒**袭击，令这座当时仍有人居住的城市受到了同样严重的破坏。[14]但值得注意的是（这一点同样适用于今天看待宗教激进主义），那些袭击者只是个别极端基督徒或基督徒团体，不是有国家命令的官方行为。直到公元 6 世纪，大部分皇帝仍满足于让民众逐渐被基督教吸纳，而不是强迫他们立即皈依。

因此，这一时期仍有一些信仰孤岛在基督教占主流的社会中保存了多神信仰与习俗。公元 393 年，奥林匹亚举行了最后一场奥林匹亚竞技会；随后，这场盛会被狄奥多西一世下令取消。不过，直到 520 年，安条克仍在举行竞技会。在这一时期，参与竞技的运动员在锻炼时不再赤身裸体；后来，为竞技而锻炼的行为本身也逐渐消亡了。希腊语中代表体育锻炼的"askesis"一词此时已被新兴的基督教挪用，成为对"苦修"的称呼。

数百年来，融合了歌舞与热闹喜剧的戏剧表演曾风靡整个希腊语东方世界。这种名为哑剧（mime 或 pantomime）的艺术形式是古希腊戏剧传统的最后遗存。基督教布道者抨击戏剧表演"厚颜无耻"，指责演员"以卖笑为业""变化无常、毫无定性、轻佻无度"，由此可见，此时的希腊语世界已完全走到了荷马史诗中奥德修斯"诡计多端"的对立面上。我们不知道东罗马帝国有没有像 17 世纪清教徒革命时代的英格兰那样发布过明确的"剧院禁令"，但即便这样的法令曾经存在，我们也不可能确认其发布时间了。但无论如何，希腊传统戏剧的确在这一时期与角斗士竞技、野兽表演等更为粗暴的娱乐活动一道走向消亡。基督徒仍允许剧本在希腊语教育中出现，但学生只能学习其中的修辞和语言，不再将其视为活生生的戏剧文本。[15]

这一时期的日常生活也在发生变化。君士坦丁向基督教会的最高地方管理者——主教赋予了新的世俗权力。希腊语的"主教"（episkopos，这个词也是英语中指代主教的"bishop"一词的来源）的本义是"监督者"。这些主教大多具有人格感召力，往往受过良好教育，与城市官员、行省总督不同，他们一经选任即终身任职。到公元 5 世纪，城镇居民往往视主教而非地方官员或皇帝派遣的管理者为领导者。从前，富裕市民曾争相出资举办竞技娱乐活动、修建豪华建筑，以赢得较贫穷市民的感激。现在，主教成为社会剩余财富的分配者，在辖区兴建福利设施，为穷苦患病之人提供救济。到公元 5 世纪，基督徒的慈善事业已成为一种公共责任。主教本人既不贫穷也不低贱，但他们向他人宣扬同情、谦逊与宽恕等截然不同于古代希腊人思维、行为方式的美德。基督教会宣扬每个人的价值，主张每一个人的灵魂都有可能得到永恒的救赎。[16]

城市的面貌也有了显著变化。改建成教堂的古代神殿与宏伟的柱廊仍然屹立，但除此之外的神庙不是遭人废弃，就是沦为废墟。朝拜者不再聚集于神殿前的开阔地，也不再设置露天祭坛来燔祭敬神；以牺牲献祭之后，男性公民不再参加宴会，分食仪式后剩下的祭肉。新时代的宗教仪式转移到了在多神信仰中很少使用的室内空间，这或许也象征着之前那个外向的、集体主义的世界观逐渐被重视内省、重视个人体验的基督教世界观所取代。

不过，城市生活中仍有一个方面扛住了"教父"的所有严词说教，一直延续了下来。在君士坦丁堡和东罗马帝国的其他所有大城市里，赛马场每逢马拉赛车竞技时依旧人头攒动。也许因为其他各种公共娱乐活动不是被取消就是逐渐消亡，赛马场在这一时期不但躲过了被淘汰的宿命，反而赢得了比之前更大的人气，收获了比之前更高涨的热情。起初，大赛马场上有四支队伍，分别以不同颜色命名，但到公元5世纪末，包括皇帝本人在内，君士坦丁堡的几乎所有居民都可分为蓝队或绿队的支持者——类似的情况也存在于塞萨洛尼基和安条克等大都会。

从至少4世纪末狄奥多西一世时期开始，赛车队支持者间爆发的冲突便经常酿成流血事态。在当代人看来，这些集体骚乱或许与足球流氓颇为相似。起初，赛车支持者的派系矛盾似乎没有多少宗教色彩，支持蓝队或支持绿队也不代表支持某个具有特定政治主张的派别。但从公元5世纪初开始，君士坦丁堡的蓝绿两派逐渐发展为有强大政治影响力的压力集团，足以成就或毁灭一个皇帝。[17]

公元518年7月，87岁高龄的皇帝阿纳斯塔修斯去世后，皇位一度无人继承。当时君士坦丁堡仅次于皇帝的权力机关是当年君士坦丁根据罗马先例设置的元老院。和罗马的元老院不同，君士坦丁堡的元老院一般无权定夺帝国国策，但如果皇位继承出现问题，新皇帝就将由元老院推举产生。不过，此时掌控君士坦丁堡街头政局的权力存在于元老院之外：可容纳10万人的大赛马场上正聚集着大批民众，为皇帝哀悼。在此期间，政坛显然发生了一些幕后交易，后世甚至认为，有人用钱收买了人心。结果，一位年长的军人查士丁领先一步，走入大赛马场的皇帝包厢，接受蓝绿两队支持者的一致喝彩。在 6 世纪到 7 世纪，类似这样的皇位更迭事件还将一再发生。[18]

查士丁即位为帝时已年过七旬。九年后的 527 年，查士丁在去世前指定自己的外甥兼养子查士丁尼继位。此时的查士丁尼年龄约为 45 岁，一篇近 40 年后写作于他执政晚期的传记曾如此描述他的外貌：

> 他身材不高，胸膛挺拔，鼻梁高耸，皮肤白皙，头发卷曲，面庞圆润，五官英俊。他的发际偏高，须发渐呈灰色，气色极好。

这段文字中的大部分描述都能在今天意大利城市拉韦纳的查士丁尼一世马赛克像（制作于查士丁尼本人在位时）中得到印证。接着，这部传记的作者、出身安条克的忠实官员约翰·马拉拉斯（或许是出于职责）写道："他雅量恢宏，笃信基督。"同样记述了查士丁尼时代历史的史家凯撒里亚的普罗科匹厄斯则以更具批判性的态度（尽管我们不知道为什么）提到了这位皇帝的不同侧面（他肯定认识查士丁尼本人）：

> 与人接触时，他表现得和蔼可亲；任何人求见皇帝都不会遭到拒绝，就算在谒见时有失礼数……也不会引发他的怒火……如果被人冒犯，他从不会表露出愠怒之意，但即便面不改色，他仍以温和的声音将数以万计无辜之人置于死地，摧毁了一座又一座城市，将死者的钱财统统收归国库。[19]

在今天，查士丁尼最为人称道的功绩当属编纂《查士丁尼法典》，以文字形式为后世留下了完整的罗马法律体系。这部法典自查士丁尼即位次年（公元 528 年）开始编纂，在短短五年之内即宣告完成。今天世界上一切自称以罗马法为依据的法律体系，其源头都能追溯至查士丁尼手下的法学家们。他们在编纂法典时修订、整理了大量古老的拉丁文法律文书，由此产生的法典本身自然也是以拉丁文写成的。而在收集整理历代法律文献的同时，查士丁尼自己也将很快以勤于制定新法而闻名。从公元 6 世纪 30 年代开始，帝国的新法律将采用希腊语而非拉丁语。就这样，由于一位以拉丁语为母语的皇帝的决定，希腊语终于跻身帝国法律体系的顶峰，成为官方立法语言。

不难想象，查士丁尼积极的立法活动也对当时存在于帝国境内的最后一些多神信仰据点降下了最为严厉的制裁。公元 529 年，查士丁尼开始编纂第一部法典之后，帝国颁布了如下政令：

> 我国治下所有臣民，都应遵从使徒彼得传给罗马人的正统信仰。帝国特此命令所有遵从此法之人以大公教会信徒自称。

还有一些法律推翻了千百年来对同性关系的包容（古代雅典人甚至特别推崇同性关系），首次禁止了同性性行为。据马拉拉斯记载，同样是在公元 529 年——

> ……大举镇压希腊多神教。大批多神教徒的财产被没收……皇帝传令雅典，严禁教习哲学、妄解法律，同时禁止各城赌博，拜占庭城内任何赌徒一经发现，即视同渎神，应被砍

去双手，骑骆驼示众。[20]

对哲学家的惩罚至少比对赌徒更为人道，还有少数哲学家一度潜逃到波斯境内。不过，像马拉拉斯这样一位信奉基督教的官员能在史书中将柏拉图与亚里士多德创立的哲学学园与博斯普鲁斯海峡之畔的赌博窝点相提并论，也足可反映当时的社会观念。从此直到 19 世纪，雅典都不复为思想与知识的中心。亚历山大城的哲学教育在这之后还将延续一百年，但教师全都由基督徒担任。[21] 查士丁尼治下的东罗马帝国在语言上更加希腊化，在宗教上更加基督教化，在政治上则变得比之前更为集权化。

但不久之后，查士丁尼自己险些在一场风波中丢掉皇位。这一次，问题依旧因大赛马场上的蓝绿两队支持者而起。无人能从马拉赛车竞技的狂热中免俗：据普罗科匹厄斯记载，查士丁尼本人支持蓝队。公元 532 年 1 月，由于一些著名的赛车驭手得罪了当局，赛车场内的观众在皇帝注视之下爆发斗殴。随后，人群拥入中心城区，冲突很快演变为政治骚乱。绿队支持者要求皇帝罢免三位高官，查士丁尼同意让步，可即便如此，这群"暴民"（普罗科匹厄斯语）仍不满足，开始要求皇帝本人下台。他们和从前为最喜爱的驭手欢呼时一样，高喊"尼卡"（希腊语，指"胜利"）口号，其中一些人甚至开始拥戴自己派系的领袖为皇帝。这场事件因此被后世史家称为"尼卡起义"。

据普罗科匹厄斯记载，查士丁尼在危机面前一度动摇，直到皇后狄奥多拉出言相劝才再次下定了决心。几天后，帝国军队进城镇压暴动，在大赛马场与周围的街道上留下了约 3 万具市民的尸体。包括圣索非亚大教堂（希腊语意为"圣智大教堂"）在内的君士坦丁堡市中心大部分设施陷于火海。[22]

尼卡起义的后续影响不但改变了之后近两百年间整个地中海的地缘政治，还彻底改变了君士坦丁堡时至今日的城市面貌。在起义中，皇帝本人险些被民众推翻，只因皇后狄奥多拉立场坚决、禁卫军指挥官贝利萨留果敢机警才逃过一劫。此时，他必须证明自己，让臣民心服口服。为此，他需要发起战争，并取得**胜利**。尼卡起义中响彻大赛马场的"胜利"口号，想必仍盘桓在他心中。

当时，东罗马帝国已陷入一场对波斯的战事，处境不利。但在公元533年，西方突然萌生了新的扩张机会，帝国因此仓促与波斯媾和。到当年6月，贝利萨留即率600艘战船从博斯普鲁斯海峡驶入地中海，踏上远征北非之路。在之前的100年里，原本属于罗马的北非各行省一直为汪达尔人所占据。汪达尔人是日耳曼部族之一，曾于公元455年第二次洗劫了罗马。

9月15日，贝利萨留攻入汪达尔人的首都迦太基。短短一年之内，整个北非沿海地区便重回罗马治下。535年元旦，得胜的贝利萨留驱赶着大批汪达尔战俘回到君士坦丁堡，场面不难令人联想起旧时罗马帝国的凯旋式，但这只是之后一系列征战的序曲。同样在535年，帝国出兵攻打控制着意大利全境与巴尔干北部部分地区的东哥特王国，夺取了西西里岛。随后，贝利萨留率军发起新一轮攻势，踏足意大利本土。公元536年12月，贝利萨留攻占罗马，东哥特人节节败退，据守位于亚得里亚海北部沿岸的首都拉韦纳。3年后，贝利萨留将拉韦纳团团围困，直到公元540年5月将其攻克。[23]

为纪念这一系列惊人的胜利，查士丁尼下令在皇宫旁设立一根记功圆柱，其外包有铜板，顶端立有一尊巨大的皇帝骑马像，查士丁尼本人的雕像手捧金球，象征着已征服了整个世界。在那之后，这根圆柱和柱顶的皇帝像将在君士坦丁堡矗立近千年。[24] 到公元 6 世纪 30 年代结束时，查士丁尼和他手下的将领们已取得了无比丰硕的战果。现代史学家通常将这一系列征战称为"再征服"，但查士丁尼打下的这些疆土此前从未受以君士坦丁堡为首都的东部帝国管辖。从版图上看，查士丁尼的新"罗马"帝国迥异于之前存在过的任何一个政权：与旧罗马帝国不同，查士丁尼的新帝国依靠海洋，完全沿海路扩张，与一千多年前希腊语族群在西地中海的殖民活动遥相呼应。自希腊化时代以来，地中海世界的权力中心再次回到了以希腊语为主的东部地区。

在前线大动干戈的同时，查士丁尼也在国内大兴土木。尼卡起义结束、城市秩序恢复之后，查士丁尼立刻召集建筑师与建筑工人，开始重建君士坦丁堡中心城区。起义造成的破坏给了查士丁尼机会（乃至动机），让他可以在帝国首都发起前所未有的宏大工程。为重建在起义中被毁的圣索非亚大教堂，查士丁尼选取了一种在当时颇为新颖的设计方案。新的圣索非亚大教堂的主体结构为方形，中心有一片广阔空间，顶部有一座圆形穹顶，这开启了一种新的教堂建筑风格，一度在西方世界流行了几百年。但在巴尔干半岛与今天的俄罗斯，圣索非亚大教堂时至今日仍是大多数东正教堂的设计范本，后来的伊斯兰教清真寺在风格上也参考了圣索非亚大教堂。

重建的圣索非亚大教堂是查士丁尼在位时兴建的最宏大工程，仅耗时 5 年即告竣工，相当于雅典帕提侬神庙（常被用来与圣索非亚大教堂相比较）的三分之一。公元 537 年 12 月，圣索非亚大教堂正式落成，此时距贝利萨留率军攻占罗马已过去 12 个月。在这之后的一千年里，圣索非亚大教堂都将是世界上规模最大的宗教建筑，其中殿长 80 米，穹顶最高处距地面 55 米，至今仍俯瞰伊斯坦布尔城区。圣索非亚大教堂由米利都的伊西多鲁斯和特拉勒斯的安提米乌斯联手设计，是古希腊几何理论与罗马建筑工程学的伟大结晶。穹顶下方的窗户上设有滤光栅栏，令堂内的巨大空间无比幽静，仿佛无远弗届的上帝包容整个宇宙。[25]

在尼卡起义五年后即从废墟上拔地而起的圣索非亚大教堂，为希腊语世界自君士坦丁去世以来二百年间经历的巨变提供了最为奇崛、最为醒目的写照。巨大的教堂向所有人宣示了基督教的胜利。以君士坦丁堡为首都的希腊语帝国也在战场上所向披靡。在公元6世纪30年代末，节节胜利的查士丁尼完全有理由相信，当初攸西比乌斯对君士坦丁皇帝的这段描述已经成真：

> 这位皇帝钦崇上主，以最高在者为模范，为世间的一切事务掌舵，他的统治几可折射出天上国度的面貌。[26]

但在遥远的地方，一股力量即将彻底打破查士丁尼靠武力与工程实力缔造的天人和谐局面。在圣索非亚大教堂即将落成之际，发生在东亚的一场大规模火山爆发将大量尘埃与碎屑喷入高空大气层，造成所谓"尘幔效应"，给世界大部分地区的气候带来了短期扰动。当时生活在欧洲与中东的人们对此毫无头绪，现代科学家是通过古树树干中的年轮形状发现当年这一异常气象的。迫于气候变化，原本在广阔地域上依托"脆弱草原生态系统"为生的中亚游牧民族大举向西、向南迁移，进入欧洲与已有人定居的中东地区。公元539年，大批游牧民（普罗科匹厄斯称他们为"匈人"）跨过多瑙河，闯入无人防守的巴尔干半岛，蹂躏了伯罗奔尼撒半岛以北的希腊本土，还一度兵临君士坦丁堡城下。[27]

或许同样因为火山爆发造成的气候扰动，帝国东方的实力均衡也逐渐发生了改变。波斯帝国的新皇帝库思老一世［希腊语称为科斯洛埃斯（Chosroes）］指责查士丁尼结交北方的游牧民威胁波斯，决心先发制人，西征地中海沿岸地区。540 年，希腊语东方世界有多座城市被波斯军队洗劫并摧毁。当年 5 月，在贝利萨留接受拉韦纳守军投降的同时，地中海东岸的名城安条克也被库思老一世的军队攻占，大批居民或遭屠杀，或被掳为奴隶，或流离失所，贝利萨留不得不匆忙从意大利回师，应对来自东方的新威胁。曾亲历这些事件的普罗科匹厄斯在著作中生动记载了时人惊慌失措的心态：

> 　　要用文字记下这深重的苦难，我于心不忍……我无法理解上帝的想法，他怎能让一个人或一个国家崛起至巅峰，随后又转瞬间使其跌落，而无半点可见的缘由。[28]

　　接下来，局势将进一步恶化。有观点认为，导致游牧民族横跨草原而来的这场气候扰动很可能对红海沿岸地区的啮齿类动物群落造成了影响，令它们的活动范围越发接近人类。公元 541 年，尼罗河三角洲地区首先出现了有记载的腺鼠疫疫情，患者可能是因鼠类携带的跳蚤而染病的。到第二年春天，鼠疫已传过中东，来到君士坦丁堡，并在接下来几年里席卷整个欧洲与中东地区。据现代估算，仅君士坦丁堡约 40 万市民当中，就有约五分之一到约四分之一死于瘟疫。普罗科匹厄斯笔下的鼠疫对当时日常生活的影响，与 2020 年以来席卷全球的新型冠状病毒感染疫情有着骇人的相似之处：

没有人出门购物，所有人都枯坐家中。那些身体还算健康的人不是忙于照顾病患，就是为死者哀恸不已。百业荒废，工匠也放下了手中的活计。所有人都抛下了自己正在做的事。

普罗科匹厄斯记载，公元 542 年春夏之交的四个月里，疫情最为酷烈，每天都有 5 000 到 1 万人死亡。这位本性冷静的史家带着恐惧记下了自己的所见所闻：

一些人染疫后立刻死去，还有一些人在病痛中忍受了多日折磨。患者身上如果出现大量豆子大的黑色脓疮，便会很快死去，活不过一日。不久之后，很多人都会突然呕血而死。

让普罗科匹厄斯尤为困惑（当时受过良好教育的君士坦丁堡居民对此想必也有同感）的是，"这场瘟疫的起因完全非人智所能理解"。而和起因同样令人捉摸不透的，是患病造成的结果。就连医生也对这种疫病一头雾水：一些本以为生还无望的人反而幸存下来，一种疗法可以在某一位患者身上缓解症状，却在另一位患者身上适得其反。任何预防措施似乎都没有作用，有效疗法更是无从谈起。"病魔不经预警就向你袭来，能否痊愈，只看造化。"[29]

很多人把瘟疫解读为基督复临、最终审判即将到来的信号。虔诚的马拉拉斯在疫情结束不久后写道："上主看到人类的罪恶越发增长，决心将人从大地上抹除，于是在所有的城市与国度降下死亡。"当时伟大的宗教诗人圣罗麦诺（他和马拉拉斯一样，是用希腊语写作的叙利亚人）也在查士丁尼统治晚期创作的一首赞美诗中，描述了（很可能在当时弥漫于君士坦丁堡城内的）末日预言即将兑现的复杂预感：

> 末日将至，
>
> 我们见证的这一切……
>
> 一切都应验了基督的启示……：饥荒、瘟疫，地震频频。
>
> 国家起来攻打国家。
>
> 所有人心怀畏惧，所有人心怀怨恨。[30]

不过，致命的瘟疫也带来了意想不到的好处：波斯人同样在疫情中损失惨重，被迫于 545 年与帝国议和，查士丁尼得以再次腾出手来面向西方。在接下来的十年里，他的军队将征服亚平宁半岛的其他地区和西地中海上的所有岛屿，还会从西哥特人手中夺取西班牙南部沿海的部分地区。

公元 547 年，新建成的圣维塔莱教堂在拉韦纳正式落成，此时距贝利萨留战胜东哥特人已过去七年。圣维塔莱教堂后殿的马赛克装饰留存至今，是这一时期基督教艺术的杰出典范。这组马赛克镶嵌画的侧面表现了查士丁尼与狄奥多拉的形象，其身边还有身穿华服的廷臣、教士与侍女。画中人物（尤其是女性）的服装色彩明艳，线条柔顺。皇后头戴宝冠，其上缀有珍珠链，一直垂到胸前；皇帝的冠冕上也缀满珠宝。皇帝与皇后的头部四周还环绕着金色光晕，镶嵌画的背景也饰有大量贴有金箔的镶嵌玻璃块，画面边缘高高挂起的帷幕之下还描绘了一眼正在涌水的喷泉。虽然画中人物表情肃穆，但画面背景（尤其是在狄奥多拉和她的侍女们背后）的色彩颇为缤纷。这一切当然服务于宗教目的：所有呈现于侧面的凡人都要服侍高居中央半圆形穹顶的耶稣基督，镶嵌画中的查士丁尼还手捧满载金钱的碗，可能代表了他对这场工程的资助。[31] 此时的君士坦丁堡正沉浸在末日将至的气氛中，但圣维塔莱教堂内却看不到半点灾难的阴霾。

公元 6 世纪 40 年代到 50 年代，在世界其他地方，人们似乎仍未放弃未来——或者至少没有放弃生意。得益于查士丁尼的征战，地中海地区自西罗马帝国崩溃以来便陷于低迷的长距离贸易得以再现生机，而在东南方向，说希腊语的贸易商人从红海沿岸的埃及港口出发，一路深入阿拉伯海与印度洋，足迹远播非洲与印度海岸。[32]

公元 6 世纪 50 年代，其中一位贸易商人科斯马斯（Cosmas Indicopleustes，意为"去过印度的科斯马斯"）根据自己的见闻写下了一部著作。他写作的主要目的是证明世界是平的（尽管与当时的主流科学观点不符），并阐释世界各地的居民如何遵循《圣经》中记载的神圣秩序生活，但他也不乏好奇心，善于观察自己所到之处的风土人情。他远离罗马帝国的疆域，亲眼见证了外部世界的广阔。他曾见过犀牛和长颈鹿但没见过河马（他只知道河马的名字，并在做生意时经手过河马的牙），也曾见过树上的椰子与地里的胡椒。他的足迹向东远及斯里兰卡［希腊语称"塔普罗班"（Taprobane）］。作为贸易商人，科斯马斯具有不折不扣的全球视野，他在著作中提到斯里兰卡"地处中间"——这一位置描述显然不是以他自己的母国（更不是以母国的首都君士坦丁堡）为参照系，而是从当时西起非洲、北至印度波斯、东抵中国［科斯马斯称为"秦尼扎"（Tzinitza）］的广阔海洋贸易网络着眼的。

公元 565 年，年过八旬的查士丁尼驾崩。此时，他的帝国不但在新的战线上开疆扩土，对于世界的认识也有了大幅提升。科斯马斯或许对已知世界在宇宙中的位置多有误判，但他对世界地理的描述多源自亲身经历，内容十分准确。科斯马斯也可能是第一位知晓中国地理位置与距离（虽然有些粗略）的希腊人。无论目的多么一厢情愿，这位虔诚而善于闯荡的希腊船主仍在疫情、战祸与自然灾害余波未平的公元6世纪50年代以自信的笔调撰写著作，仿佛从未被君士坦丁堡城内的末世气氛浸染：

> 罗马人的帝国因此分享了我主基督之国的荣耀：我主基督的国度超越了现世的一切权柄、一切存在，永远不会被征服，直到此世的尽头。[33]

现代史学家常把查士丁尼的西征视为昙花一现的插曲。这种观点认为，查士丁尼的扩张严重透支了东罗马帝国逐渐萎缩的实力，被"收复"的西部领土也根本不可能长期维持。在查士丁尼统治末期，普罗科匹厄斯也以尖酸的讽刺笔法将皇帝与皇后描述为一对披着人皮的"嗜血恶魔"，"一心寻找最为便捷的方法，以毁掉所有民族和他们的一切功业"，为现代史家的观点开了先河。[34] 不过，也有一些现代史学家对查士丁尼的评价更为积极。查士丁尼征服的大部分领土都维持到了7世纪初，其中还有一些坚持得更久。到公元600年，虽然在巴尔干半岛失去了更多土地，但包括安条克在内，很多被波斯占领的东方城镇又重归帝国统治。公元591年，帝国还与萨珊波斯签订了一份新的和平条约。[35]

主持签订这份和约的皇帝莫里斯在九年前即位，此前曾在军中担任将领。7世纪初，莫里斯在巴尔干半岛发起了一系列行动，以夺回沦陷的领土，到公元602年征战结束时，帝国已取得显赫战果。但在这之后，随着巴尔干半岛进入严冬，皇帝决心继续对蛮族部落用兵，结果在军中引发哗变。在一位名叫福卡斯的下级军官领导下，兵变队伍一路开往君士坦丁堡。到此为止，事态尚未超出历史惯例的范畴：早在公元 3 世纪，罗马皇帝就经常遇到兵变的情况。但接下来，局面将朝着前所未有的方向发展。

随着兵变流言传入君士坦丁堡，皇帝下令举行马拉赛车竞技，全城居民蜂拥来到大赛马场，观看自己最喜爱的偶像驭手彼此竞技。在当年 11 月的竞技日里，在场的蓝党与绿党观众或许并没有具体的政治目的，赛马场上的驭手或许也没有明确的政治背景，但车队的管理者在当时与高层过从甚密，可能确实怀有一定的政治意图。莫里斯以为自己能像约一个世纪前的查士丁皇帝那样收获蓝绿两党的一致拥戴，这样一来，自己就能掌握足够的力量，与福卡斯叛军据城相抗。

然而，接下来的事件在很大程度上重演了尼卡起义的局面。大赛马场内爆发群殴，随后演变为波及全城的骚乱。蓝绿两党的鼓噪者不断煽动气氛，令局面彻底失控，莫里斯和他的家人最终不得不在暴动民众的威胁而非城外乱军的逼迫下仓皇逃生。最终，直到皇帝本人与他四个儿子（总共有五个）的首级被摆到大赛马场示众之后，首都才恢复了秩序。[36]

莫里斯被推翻之后，他与波斯皇帝库思老二世签订的和约也宣告终结。福卡斯在位的八年间，帝国与波斯爆发大战，这也是自亚历山大以来波斯与欧洲国家之间最为残酷的最后一场战争。战争的第一阶段在很大程度上也可视为罗马帝国军方与政界精英的一场内战。对于这一阶段的经过，我们如今只能参考胜利者一方的记载，但现存史料无不宣称福卡斯在皇帝任上发起了数次大清洗，是一位从未令臣民信服的非法暴君。[37]

公元 610 年，一支来自北非（查士丁尼征服的新领土之一）的舰队来到君士坦丁堡，终结了这一阶段的混乱局面。这一次，君士坦丁堡的元老院成为最后的仲裁者，但为掌握权力，他们必须有效利用蓝绿两党的鼓噪者。当新皇帝希拉克略即位时，福卡斯的尸体已被大卸八块，在大赛马场内供民众围观奚落，他手下一位谋士的头颅还被丢进公共火炉中焚烧。福卡斯的其余追随者则可能被活活烧死了。[38]

希拉克略即位之初，帝国灾难频仍。从耶路撒冷、亚历山大到大马士革、安条克，东方的各大名城在波斯兵锋之下或被迫屈服，或惨遭洗劫；到希拉克略即位时，巴尔干半岛也已被斯拉夫人、阿瓦尔人、保加尔人等蹂躏。依托狄奥多西二世时代建造的宏伟城墙，连接爱琴海与欧洲大陆的门户塞萨洛尼基得以勉力维持，成为帝国在巴尔干硕果仅存的据点，但当时一位匿名史家将这一奇迹归功于塞萨洛尼基的主保圣人圣德米特里。[39] 面对危局，希拉克略决定弃守欧洲领土，将所有兵力投入东线，但即便如此，帝国仍无法阻止波斯人在公元 615 年深入安纳托利亚，逼近首都君士坦丁堡。波斯大军在博斯普鲁斯海峡的亚洲一侧海岸结下营寨，与君士坦丁堡仅隔今天伊斯坦布尔横跨海峡的三座悬索大桥的距离。迫于无奈，希拉克略提出了极为屈辱的乞和条件，如果得到应允，整个罗马帝国将沦为波斯的附庸，但库思老二世傲慢地拒绝了这一提议，还杀死了希拉克略的使臣。

接下来的十年里，东罗马与波斯的战况时有反复。波斯军队曾再次深入安纳托利亚，但在 622 年春天，希拉克略制定了一项奇谋。他离开君士坦丁堡，亲征今阿塞拜疆境内的高加索山麓地带，决心把战火引向波斯境内，但因波斯军队再次进抵博斯普鲁斯海峡东岸，远征只得半途而废。与此同时，在海峡欧洲一侧，一群阿瓦尔人和斯拉夫人也正聚集在狄奥多西城墙之外。波斯人随即开始认真考虑与对岸的这股力量合作，一道进攻君士坦丁堡。公元626年7月29日，持续十天的攻城战打响。波斯军队没有运兵船，但斯拉夫人自愿为他们提供船只，送步兵跨越博斯普鲁斯海峡。这些小舟［希腊语史料轻蔑地称其为"小艇""舢板"（monoxyla）］是斯拉夫人侵者从多瑙河沿陆路扛来的，十分轻便狭小，屯驻于君士坦丁堡的舰队因此看准波斯人渡海的机会出击，将来犯之敌击沉。

五天后，斯拉夫人再度发难，打算从海岸线远端登陆，但守军及时发现了他们的动向，故意把这股敌军引入狭窄的金角湾，随后一举出击，决定了整场战役的胜负。此时，围攻君士坦丁堡的两支敌军始终不能会师，后勤补给也濒临枯竭。公元626年8月7日到8日夜间，阿瓦尔人和斯拉夫人烧毁了攻城兵器，向北撤回巴尔干，波斯军队在海对岸无计可施，只得退兵。君士坦丁堡和整个希腊语罗马帝国，因此逃过了一劫。[40]

公元前480年，地米斯托克利也曾以类似的策略赢得萨拉米斯海战，击败入侵的波斯舰队。受那场扭转乾坤的大捷鼓舞，当时的希腊城邦间兴起了一种新的认同感与自信心，由此孕育了今天所谓的"古典"希腊文明。埃斯库罗斯与希罗多德开创的"希腊自由"理念在后世不断回响，苏格拉底等哲学家则歌颂了人类理性的光辉。而在公元626年，人们将君士坦丁堡的奇迹归因于圣母马利亚——在围城期间，君士坦丁堡人曾高举她的圣像，在城墙上往来巡行。位于布雷契奈的圣母教堂俯瞰着金角湾战场，时人传言是她从那里亲自出手，拯救了这座基督教帝国的首都。[41]如果说与波斯的第一次战争为希腊语族群带去了**作为希腊人**的团结意识，那么1 100年后的君士坦丁堡之战也以同样的方式让他们空前团结起来，**拥抱作为基督徒**的新身份。

一种在今天被称为"圣战"的全新战争方式逐渐萌生。在突破高加索山区、远征波斯腹地的行动中，希拉克略第一次明确打出了圣战旗号，要求手下将士"勿忘敬畏上帝，时刻英勇作战，报复一切侮辱上帝的行为"。当年的希腊城邦也曾为报复公民共同体、公共建筑与圣所神庙蒙受的损失而战斗，但希拉克略直接将自己的敌人认定为上帝的敌人。他宣称，无论如何寡不敌众，自己的军队都可以放心前进，因为"我们身涉险境不会空手而归，危险就是通往永生的吉兆"。[42]

希拉克略的远征计划可谓铤而走险，但确实取得了成效。君士坦丁堡解围两年后，希拉克略从北方突袭波斯，萨珊王朝一触即溃。公元628年，库思老二世被自己的手下谋害，底格里斯河以西的中东地区尽归罗马帝国所有，几百年来一直以粮食供养罗马和（后来的）君士坦丁堡的埃及也重回罗马治下。在短暂的几个月里，波斯新君似乎要成为一名领洗、用希腊语名字的基督徒，对一个以宗教信仰定义臣民身份的帝国而言，这无疑是对敌人最为彻底的报复方式。《旧约圣经》说上帝用六天创造了世界，在第七天休息；当时也有人传说，希拉克略同样是苦战六年，直到第七年君士坦丁堡终于凯旋。这一次，他不再遵循罗马人传统的祝捷方式，以游行夸耀军容与财富，而是举行了一场"神秘庆典"，这可能是在圣索非亚大教堂的穹顶下进行的一场宗教仪式。[43]

不久之后，希拉克略启程南下耶路撒冷。那里的圣墓教堂珍藏着"真十字架"（据说耶稣便死在上面）的碎片，这个圣物自从三百年前被人发现便一直保存在那里。公元 614 年，劫掠耶路撒冷的波斯军队把这件圣物带到底格里斯河畔的首都泰西封，直到希拉克略在战胜波斯之后的和约中将其讨回。希拉克略决定出席将真十字架碎片物归原主的仪式，以纪念罗马信仰（而非罗马武力）的象征性胜利。

公元 629 年，希拉克略在离开君士坦丁堡之前采用了一个新尊号。此前，帝国的统治者沿袭了罗马的尊号，以"皇帝"或"奥古斯都"（希腊语中的"Sebastos"）自称，在之后几百年里，这些头衔也都将以希腊语形式继续存在。但在这些传统尊号之外，希拉克略重新启用了早已失传的希腊语"巴赛勒斯"头衔，成为"罗马"帝国历史上的第一位巴赛勒斯。[44] 在那之后，"巴赛勒斯"将成为君士坦丁堡历代统治者的希腊语官方头衔，直到奥斯曼时代仍为 18 世纪末以前的历代苏丹所沿用。

希拉克略自称巴赛勒斯的意义不只是宗教上的。有不少观点注意到，"巴赛勒斯"是希腊语《旧约圣经》中以色列国王大卫的头衔，而耶路撒冷正是曾忠于他的一座城市。但相比之下，"巴赛勒斯"作为古马其顿与其他希腊化王朝统治者头衔的历史更为悠久。通过以"基督之内忠实的巴赛勒斯"自居，希拉克略在一瞬间彻底改变了"罗马"帝国的定义：他不但继承了上帝垂青的以色列王国，也继承了罗马以前的历代希腊化王国。曾经的多神教帝国已成为基督徒的国家，它在信仰上以基督教为支柱，在语言上以希腊语（尽管并无成文规定）为核心。

公元 630 年 3 月 21 日，希拉克略在庄严仪仗的簇拥下进入耶路撒冷，将真十字架碎片供奉在纪念耶稣受难地的圣墓教堂。在当时亲临现场的人们看来，这无疑是一个具有非凡意义的时刻。当时流传于世的一则末日预言曾说，最后一位罗马人的皇帝（另一个版本称其为"希腊人的国王"）将在耶稣受难的故地重新竖立圣十字架，把他的冠冕置于其上，"把王权献给圣父"。这将是基督复临确凿无疑的预兆：在那之后，人类将迎来最终审判，天国也将来到世间。[45]

当然，希拉克略没有在耶路撒冷摘下皇冠，世界也没有因此结束。但在以巴赛勒斯为新尊号之后，希拉克略的确在某种意义上成了最后一位统治（其臣民仍自称）"罗马人"的皇帝。在后世，我们知道希拉克略标志着一个时代的结束，尽管当时最为灵验的先知也不可能预想到这一终结将如何来临。君士坦丁堡落成后的三百年间，罗马帝国的面貌已彻底改变：希腊语族群重新定义了自己的身份，成为信仰基督教的罗马人。他们的国家将再一次由一位"巴赛勒斯"统治。君士坦丁兴建的这座城市也被称为"第二罗马"或"新罗马"，并在地中海到中东的地缘政治舞台上逐渐取代了旧罗马的位置。[46]

阿拉伯人围攻君士坦丁堡（717—718 年）之后数百年间的地缘新格局
来源：Ian Morris, *Why the West Rules—For Now: The Patterns of History, and What They Reveal About the Future* (London: Profile, 2011), 361, fig. 7.7

第九章

"宇宙之眼"
（630 年—1018 年）

希拉克略或许发明了圣战，但这个概念直到阿拉伯的伊斯兰教先知穆罕默德才第一次臻于完成，并得到了一个明确的名字："吉哈德"（jihad）。公元 632 年 6 月，穆罕默德在罗马帝国疆域以南的地方去世，此时希拉克略皇帝刚回到君士坦丁堡不久。在之前的 10 年里，这位一呼百应的领袖以一个新生的一神宗教——伊斯兰教为旗号，将阿拉伯各部统一起来。从 635 年开始，一支穆斯林军队在穆罕默德继承者哈里发欧麦尔的率领下横扫周边地区，首先攻占了大马士革，又在次年大败从君士坦丁堡赶来的罗马军队。这场决战发生在耶尔穆克河谷汇入加利利平原之地，面朝戈兰高地，距今天约旦、以色列和叙利亚三国交界地不远。到 638 年，穆斯林军队攻占了耶路撒冷，在这之后，这座城市成为伊斯兰教、犹太教与基督教的共同圣城。

希拉克略在对波斯的战争中苦苦赢得的胜利，顷刻间化为泡影。现代史学家认为，罗马与波斯之间历史悠久的冲突让这两个帝国精疲力竭，最终在整个中东世界造成了权力真空，阿拉伯人只是趁机崛起，奠定了霸业。641 年希拉克略去世时，地中海沿岸城市凯撒里亚失守的消息刚传入君士坦丁堡；不久后，亚历山大城也被穆斯林攻占。短短 5 年之内，穆斯林军队就占领了整个埃及。到公元 650 年前后，阿拉伯人又征服了波斯全境，萨珊王朝的四百余年国祚至此断绝。至此，这个定都大马士革的哈里发国成为整个中东的统治者。

此前，君士坦丁堡的帝国在逆境中总能恢复威势。但这一次，帝国的衰落已不可扭转。伊斯兰教的势力将在中东长期存在，阿拉伯语也终将取代希腊语在所有被征服的前罗马行省成为通用语言。帝国不但失去了超过一半的疆土，也失去了超过一半的人力、赋税和数百年来维持城市与行政制度运转所需的粮食来源，帝国治下的希腊语人口只能困守位于安纳托利亚的腹地，忍受阿拉伯人从东、南两个方向发起的侵袭。与此同时，瘟疫也再度席卷周边地区，平均每十年就要暴发一次。接连不断的浩劫之下，以弗所（古典世界七大奇迹之一的阿耳忒弥斯神庙所在地）、帕加马、安西耳（今土耳其安卡拉）和阿弗罗狄西亚等繁荣了几百年的城市纷纷陷入萧条，人口严重萎缩，而安纳托利亚许多规模较小的城镇更是被居民彻底放弃，幸存的人们被迫离开家园，迁徙到规模更小、更易守难攻的聚落中居住。[1]

巴尔干半岛上的形势甚至更为恶劣。公元 6 世纪 70 年代到 80 年代，一个说斯拉夫语的民族似乎已开始在巴尔干南部长期定居。626 年，阿瓦尔人曾纠集斯拉夫人组成大军进攻君士坦丁堡，但这个游牧民族在那之后便很快从史书上消失了。只有斯拉夫人留了下来，尽管在定居巴尔干半岛之初，他们的集落大多小而零散。此时的斯拉夫人并没有形成一股有组织的势力，他们的扩散只是当时帝国势力瓦解的结果。但在公元7世纪80年代，说突厥系语言的保加尔人在巴尔干半岛上建立了自己的国家，其疆域直逼君士坦丁堡城北，这便是今天保加利亚的前身。

在公元7世纪，今天希腊境内大部分地区的城市生活都濒临消亡。塞萨洛尼基仍在坚壁固守，但与君士坦丁堡之间只有海路相连。而在更南方，古典时代的大部分希腊名城都沦落到了与安纳托利亚各城一样的境地。雅典衰落成一座地方性城镇，勉强存在于卫城脚下；到公元700年，君士坦丁堡自身的人口也从巅峰时期的约40万剧减至约4万。如果这一估算合理，7世纪君士坦丁堡的人口衰减幅度就与约两千年前标志着希腊西南部迈锡尼时代皮洛斯宫殿文化崩溃、引发数百年"黑暗时代"的灾变相当。[2]

这一时期也经常被描述为一段"黑暗时代"。公元630年之后不久，继承了希罗多德与修昔底德著史传统的最后一位史家狄奥菲拉克特·西莫卡特斯（Theophylact Simocattes）销声匿迹。在这之后，相关历史记载一度断绝，直到公元818年修士圣狄奥法内斯（Theophanes）在临终前完成了《狄奥法内斯编年史》。人们不再像查士丁尼时代的普罗科匹厄斯那样探求瘟疫的起因，记录疫情的影响；如果整个世界都在土崩瓦解，人们只能挣扎求生，拼命满足基本需求，或投身信仰，寻求死后的安泰，而后者就是这一时期和之后很长一段时间里希腊语著作的主旨。这一时期几乎所有希腊语作家的作品都以宗教为主题，如赞美诗集、圣人传和持续不断的教义论争。[3]

自19世纪以来，史学界习惯将这一时期诞生的文明称为"拜占庭"，将其人民称为"拜占庭人"。在今天的话语习惯里，希腊语罗马帝国自公元641年希拉克略去世之后就变成了拜占庭帝国。

在这一历史过程中，一个新的希腊语文明诞生了。接下来，本书也将顺应当代人的称呼习惯，将缔造了这个新文明的人群称为拜占庭人——尽管他们自己从未如此自称，而他们的后代也将在之后1 000多年里继续以"罗马人"自认。[4]

　　从7世纪后半叶到8世纪，一连几代阿拉伯人的哈里发不断对拜占庭帝国发起冲击。653年，阿拉伯军队兵临君士坦丁堡对岸，在博斯普鲁斯海峡亚洲一侧沿海扎营。这一次，阿拉伯人组建了一支作战舰队，进入了地中海。次年年初，海峡对岸的阿拉伯陆军与舰队成功会师，而马尔马拉海上一次被敌对海军力量侵入，还要追溯到君士坦丁堡建城的数百年前。因为来袭之敌可以海陆并进，这一次君士坦丁堡面临的威胁甚至大于626年，似乎真的只有"上帝的干预"才能扭转困局。传说皇帝"脱下紫袍、穿上麻衣，命众人斋戒"，这时海上突发风暴，消灭了来袭的舰队，阿拉伯人失去渡海的手段，只得撤军。但10多年后，阿拉伯军队将再一次进抵君士坦丁堡城下，发起持续两年（667年到669年）的围城战，对马尔马拉海的封锁更是持续到678年。[5]

　　到公元700年，拜占庭帝国的疆域已萎缩至今土耳其西部，以及位于欧洲大陆最东南角的首都君士坦丁堡及其郊区一隅。在这片核心领土之外，君士坦丁堡的帝国还控制着爱琴海上的若干岛屿和零星海岸、整个西西里岛和亚平宁半岛上的少数地区（如亚得里亚海边的拉韦纳）。在这当中，西西里岛成为这一时期君士坦丁堡市民的粮食来源（也算进一步印证了查士丁尼近两百年前发起"再征服"战争的"先见之明"），海洋与航海也再一次成为希腊语民族的生命线。即便将这些零散疆土拼在一起，拜占庭的疆域也很难算得上一个成规模的国家，更遑论"帝国"了。能将这些土地统一起来的只剩中央集权体制的心脏——帝都君士坦丁堡了。这座城市就是帝国存续的关键。[6]

在穆斯林军队逼近博斯普鲁斯海峡的同时，拜占庭皇帝的更迭也日趋频繁。这一时期的很多皇帝都出身行伍，被军中将士拥立为帝，又在军中将士的背叛中惨遭废黜。从711年到717年，拜占庭先后经历了五位皇帝的统治。因为在位时间太短，被废黜的皇帝根本没有机会证明自己的能力，即便能在下台后归隐修道院也算幸运了。711年，查士丁尼二世和他的儿子被害，推翻了他们的菲利皮科斯则在两年后被人刺瞎——这是一种新的手段，可以有效阻止盲者卷土重来。在如此残酷的时代，就连对帝国的忠诚也可变作交易的筹码。716年，阿纳斯塔修斯二世皇帝一度请求来袭的阿拉伯军主将协助镇压君士坦丁堡城内的篡位势力，但对方未予理睬。帝国的崩溃正是来自权力体系的最高层与最核心地带。

717年3月，在又一场兵变之后，帝国东部的军事统帅在圣索非亚大教堂加冕为帝，这便是利奥三世。5个月后的8月15日，阿拉伯军队对君士坦丁堡发起了第三次（也是最后一次）围攻。阿拉伯舰队大举闯入博斯普鲁斯海峡，到次年春天，又有一支船队从埃及出发，将攻城部队送上了欧洲一侧的海岸。君士坦丁堡遭到了水陆两面的围困。

这场持续了一整年的攻防战并无一手文献留存。利奥三世似乎颇具战术才能，以有限的资源发挥了最大限度的作用。前任皇帝出于谨慎起见，曾与北方的保加尔人订立盟约，这样一来，君士坦丁堡非但不会像近一百年前波斯人与阿瓦尔人来袭时那样，从博斯普鲁斯海峡两岸遭到夹攻，保加尔人甚至还与拜占庭联起手来，对攻城之敌发动了反击。在另一方面，拜占庭守军还有一件秘密武器。大约在 7 世纪 60 年代，一位来自叙利亚（此时在阿拉伯帝国境内）的希腊人卡利尼克斯发明了一种"液态火"，也即后来西方世界所谓的"希腊火"。"希腊火"可能是一种比较原始的火炮：使用者从管中喷射一种以石油为主要成分的可燃液体，可在水面上燃烧，以火焰包围敌舰。"希腊火"对阿拉伯舰队造成了毁灭性打击，这一秘密武器的原理也在之后数百年间一直秘而不宣，时至今日也无从确证。[7]

围攻一年之后，反而是攻城而非守城的一方陷入了饥饿的境地。如果狄奥法内斯在约一个世纪以后的记载可信，阿拉伯军队在粮草告罄以后，只能以粪便和战友的尸体果腹。虽然不知是否与这一处境有关，但阿拉伯人的士兵确实因疫病暴发而遭到重创。718 年 8 月，在大马士革即位的新一任哈里发下令撤军。在之后几百年里，穆斯林史书都将视 718 年的这次围城战为伊斯兰历史上惨烈程度数一数二的一场失败。从那时起，穆斯林领袖只得接受拜占庭帝国［他们仍在阿拉伯语中称其为"罗马"（Rum）］无法消灭的现实。直到 14 世纪至 15 世纪奥斯曼土耳其人崛起之后，穆斯林军队才再次开始围攻这座"世界渴望之城"。[8]

进入公元 8 世纪上半叶，整个欧亚大陆西半部的地缘格局都迎来了巨变。从大西洋到兴都库什山脉，从撒哈拉沙漠边沿到北极圈以南，人类分布的总体格局逐渐打破了之前的东西之分，转变为南北之别。与此同时，人类社会有史以来第一次不再以彼此竞争的**政权**（或者集权国家与其外部的非集权国家）为主要分野，而是以彼此对立的**宗教**为根本界限。界限的一端是伊斯兰教，而另一端未形成统一的政治实体，在今天被称为"基督教世界"（Christendom）。[9]

若在比利牛斯山与高加索山之间画一道自西向东的弧线，在其南方的将是一个以伊斯兰教为官方宗教、以阿拉伯语为主要语言的世界。之后一段时间里，这一广大地域的政治权力都集中于阿拉伯哈里发国。在弧线以北，前西罗马帝国（定都罗马）领土与拜占庭帝国（定都君士坦丁堡）统治的领土全都信奉基督教，只有一些被未皈依的"蛮族"一次次大举迁入的地区是例外。这样的情况同时存在于欧洲西端的不列颠群岛和东端的巴尔干半岛大部（包括今希腊境内大部地区）。而在基督教世界内部，拉丁语西方与希腊语东方的差异也日益明显。关于希腊语的知识在拉丁语西方逐渐失传，而东方希腊语世界也逐渐遗忘了拉丁语。在西方，拉丁语仍是之后几百年间各王国的官方书面语，更是罗马天主教会一直以来的官方语言。而在东方，除了特定地区曾受斯拉夫语和阿拉伯语浸染，各地都以希腊语为主要语言——只不过，与仅停留在书面上的拉丁语不同，希腊语不仅是当地通行的书面语，也是绝大多数人使用的**口语**。

所谓基督教世界的西半部分虽未形成统一的政治权力中心，但历代罗马主教已逐渐开始确立绝对的宗教权威，直到 16 世纪才真正面临挑战。与此同时，拜占庭帝国从未承认罗马主教（官方头衔为"教宗"）的神权地位。拜占庭皇帝的政治领导地位从未中断，而掌握了帝国最高宗教权威的君士坦丁堡牧首通常也由皇帝选任。尽管基督教世界的东西两部分都试图抵抗乃至逆转伊斯兰教在其边境地带的扩张势头，但是双方在如此根本性的分歧面前仍难免爆发冲突。

718 年以后，虽然阿拉伯人的主力不再兵临君士坦丁堡城下，针对安纳托利亚中部地区的小规模袭扰仍持续了几十年时间。直到 740 年，即利奥三世统治结束前的最后一年，拜占庭军队才取得了一场决定性胜利，扭转了攻守局面。[10] 这一时期，来自阿拉伯哈里发国的军队已不再是摆在拜占庭帝国面前的唯一生死威胁。726 年夏天，锡拉岛海底火山发生了自阿克罗蒂里被火山灰掩埋以来的 2 000 多年里可能最为猛烈的一次喷发。据狄奥法内斯（喷发时尚未出生）记载，烟尘"从海底喷出，仿佛烧焦的火炉"。在"勃然而起的烈火"中，"大量飞砾高腾如山丘"，在被抛射入高空之后落到了几百英里外的海岸上。"整个海面"都被浮石碎屑铺满。到火山活动平息时，火山口附近的海床上已崛起了一座新岛屿。

在这之后，自然灾变接连发生。741 年，君士坦丁堡发生大地震，安纳托利亚各地教堂倾圮、城防毁坏，爱琴海上还发生了海啸。不久后的 747 年，拜占庭境内再度暴发疫情，严重程度仅次于两百年前普罗科匹厄斯笔下的查士丁尼大瘟疫。临时改装的运尸车上，尸体堆积如山，城中居民甚至掘开果园的土地，以埋葬死者。可即便如此，殡葬用地依旧不足，尸体最终被塞入水井与蓄水池中，令公共卫生条件进一步恶化。在这场瘟疫之后，大规模传染病直到 14 世纪的黑死病时期才再次来袭，但当时的人们对此显然毫不知情。[11]

现代社会与现代国家在这样严重的灾难面前，往往求助于科学与技术界的"专业"意见。而在 8 世纪，拜占庭帝国诉诸的"专业"意见来自神学界。此时，基督教已全然浸透于人们的意识当中，也因此承担了一些古代宗教曾经扮演的角色。在希腊语世界，战争的结果、自然环境的平和曾取决于人神之间的和谐关系。自从希拉克略以圣战旗号集结队伍、战胜不信基督教的波斯人以来，基督教的上帝也开始接管这一角色。基督教信仰与之前的宗教有一个关键区别：如果整个宇宙都受一个全能的上帝宰制，那你在讨好神明时就必须一步到位。在718年，君士坦丁堡虽然获救，终究只是命悬一线；那么，信仰伊斯兰教的阿拉伯人靠什么赢得了上帝的垂青，乃至在运数上胜过了信仰基督教的"罗马人"？皇帝与帝国臣民到底犯了怎样的过错，才让上帝降下瘟疫、大火与地震等惩罚？[12] 在之后的近一个半世纪里，这些问题引发的争论将持续困扰拜占庭教会与世俗政府的顶级精英，并成为拜占庭帝国留给现代世界的一项持久的重要遗产。

在今天，我们将这场争论称为"圣像破坏运动"（iconoclasm）。但拜占庭人自己对这场争论的称呼更为准确："圣像论争"（eikonomachia，英语写作"iconomachy"）。[13]关于这场论争的大部分细节已很难查考，自18世纪以来更成为史学界争论的焦点。我们唯一可以确定的是，在754年到787年以及815年到843年间，拜占庭帝国曾两度禁止公开以人类形象表现基督、圣母马利亚、天使与基督教圣人，两段时期总长60年有余。公元754年的一场教会会议认定这种做法违反了《旧约圣经》中不可崇拜偶像的诫命。支持这一禁令的所谓圣像破坏派注意到，与帝国为敌的穆斯林便严格遵守《旧约圣经》的这条诫命；时至今日，伊斯兰教依然严禁"偶像崇拜"。圣像破坏派因此认为，正如伊斯兰教的清真寺不供奉任何人类形象，基督教的教堂也只能出现十字架，除此之外的一切崇拜都是对上帝的冒犯与亵渎。由此推论，信仰基督教的帝国在无意间犯下了崇拜偶像之罪，帝国臣民自然难逃天罚。

禁止圣像的激进政策在君士坦丁堡与罗马两教会间引发了第一次严重分歧。以罗马为首的西方教会不认为供奉圣像构成了偶像崇拜，因此既不认同圣像破坏运动，也不认同圣像破坏运动结束后的解决方案。圣像破坏运动期间有多少宗教艺术作品被毁，如今已难以估量。在今天，我们可以从一些马赛克镶嵌画上发现圣像破坏运动的修改痕迹，其中一些玻璃碎片显然被人移除并替换过，以符合圣像禁令的要求——不过，这种改动或许并不如传统观点想象的那样普遍。圣像破坏运动结束后，希腊语世界仍流传着很多关于圣像破坏者以下流手段亵渎圣像，以及神父和修士为保护圣像而受难乃至殉道的故事。[14]

圣像破坏运动的涨落与拜占庭帝国边境用兵的成败高度相关。利奥三世（他在后世被视为圣像破坏运动的一大煽动者，尽管这可能不符合史实）统治末期，帝国已显露出复苏迹象，到他的儿子君士坦丁五世在位时，帝国的实力更是大为恢复。君士坦丁五世的统治始于 741 年，终于 775 年，在此期间，帝国不但在东方取得了胜利，也在巴尔干半岛战胜了斯拉夫人和此时与帝国为敌的保加利亚。即便后世对君士坦丁五世多有诟病的评论者也称赞他恢复了始建于 4 世纪、在 626 年围城战之后陷于荒废的君士坦丁堡输水渠（其残迹至今仍矗立在伊斯坦布尔市中心附近）。一些迹象表明，这一时期君士坦丁堡的人口开始回升，可用的经济资源也有所恢复，足以支持一些公共工程继续进行。787 年第一次圣像破坏运动结束时，拜占庭帝国正由一位女皇伊琳娜统治（她在名义上为自己年轻的儿子君士坦丁六世摄政）。对于伊琳娜为何终结圣像禁令，史学界莫衷一是。也许她恢复圣像的主要动机来自政治考量，而非宗教信仰：她或许希望以此为契机，修复帝国与西方罗马教会间的关系。[15]

在这之后，君士坦丁六世一度图谋推翻伊琳娜的统治，反被母亲致盲，伊琳娜随后继续统治帝国，成为拜占庭历史上第一位独自执政的女皇。但这场女皇当国的实验没有持续多久，就在802年因宫廷重臣发起的和平政变而结束了，伊琳娜被放逐到帝国境内的其他地方，不久后死去。推翻伊琳娜的新皇帝尼斯福鲁斯一世曾是一位财政官员，他很可能是拜占庭帝国影响深远的"军区制"改革的主导者。军区制彻底重塑了帝国的财税与军政制度，鼓励地方社会自行承担防御义务，为中央财政省下了一笔宝贵的开支。军区制改革的基本逻辑崇尚防御，在之后的至少两百年里，拜占庭帝国的统治都将因此大为巩固。

不过，尼斯福鲁斯并不满足于被动防御，决心主动出击。公元9世纪初的十年里，拜占庭帝国发起一系列征战，收复了今天希腊的大部分地区。尼斯福鲁斯将军区制延伸至希腊本土，让当地信仰异教的斯拉夫语居民快速同化为信仰基督教、说希腊语的"罗马人"。"尼斯福鲁斯"在希腊语中有"承载胜利者"之意，但在811年，尼斯福鲁斯的胜利戛然而止：他在与保加尔人的战斗中战败身亡，据说保加利亚国王还把他的头颅改成了一只酒杯。[16]

两年后，另一位篡权上位的皇帝利奥五世急需巩固皇权，因此再度将圣像破坏提上日程。在尼斯福鲁斯惨败于保加尔人之手以后，包括利奥五世在内的很多人都开始怀念圣像破坏派皇帝君士坦丁五世的丰功伟绩：在他们看来，上帝终究还是不肯容忍圣像崇拜，所以再次给帝国降下了惩罚。结果，815年的教会会议推翻了之前的政策，再次发布圣像禁令。[17]

但在十几二十几年后的西奥菲卢斯皇帝统治末期，帝国似乎又一次失去了上帝的庇荫。827 年，来自西班牙的阿拉伯劫掠者攻占了克里特岛；与此同时，西西里岛也开始遭受阿拉伯人的进攻。不可避免地，拜占庭对亚平宁半岛南部的统治逐渐衰落。838 年，一支阿拉伯军队从陆上深入安纳托利亚，一度劫掠了阿莫里翁（今土耳其西部城市阿菲永卡拉希萨尔）。842 年 1 月西奥菲卢斯皇帝去世时，拜占庭帝国再次迎来女皇当朝，由太后狄奥多拉为幼子摄政。和之前的伊琳娜一样，狄奥多拉也出于尚不能明确的原因召开了一场教会会议：843 年 3 月 4 日，即大斋期第一个主日，庄严的队伍走入圣索非亚大教堂，纪念"正统信仰的胜利"，这一天标志着圣像破坏运动的彻底结束。

在后世一幅描绘当时场景的圣像中，圣母马利亚与圣婴占据了最受尊崇的位置，其他圣人则以略大于凡人的形象，出现在俗世信众上方。禁止使用圣像的尝试引发了强烈反击：虽然有一些神学"专家"认为模仿穆斯林的做法才能让帝国重获上帝恩宠，公元 843 年由各地主教出席的会议仍决定反其道而行，让拜占庭帝国的基督信仰走上与圣像破坏**截然相反**的方向。在这之后，拜占庭帝国的所有钱币上都印有基督的肖像[18]，所有拜占庭教堂的内部都要装饰描绘《圣经》场景与圣人形象的壁画。在中央穹顶的最高处，基督作为普世君王（Pantokrator）以严肃的神情俯瞰一切。希腊语"圣像"（eikon，原意为"形象"）开始专门指代那种可在宗教仪式中携带，或定期摆放在教堂入口供信徒亲吻的便携式圣像。

教会建构了神学理论，将对圣像的"崇敬"与对偶像的崇拜区分开来。只要在权威教会的正确引导与管理之下，圣像就能为信众充当与神沟通的宝贵渠道。在 867 年复活节圣周六的布道词中，当时知识最为渊博的学者、君士坦丁堡牧首佛提乌曾称"圣像"

为"宇宙之眼"。在皇帝与皇储面前，佛提乌祈求上帝——

> 像呵护瞳孔一样呵护［圣像］，让它们免受任何邪恶侵犯，让它们的敌人也感到畏惧，愿它们与我们都能与您的荣光相称，进入您无尽的天国。[19]

随着拜占庭帝国及其臣民面临的危险逐渐消失，触怒上帝的恐惧也走向平息。借用牧首佛提乌的说法，"基督徒罗马人"此刻终于能安下心来，相信自己依旧和《旧约圣经》中的以色列人一样，是上帝的选民。[20]与古代的以色列人一样，他们也可能因犯错而受惩罚，但一经选中，他们就永远不用像先祖在8世纪上半叶的危机岁月里所担心的那样，被上帝永远抛弃。

随着圣像破坏运动结束，拜占庭帝国的自我定位也发生了改变。但和以往一样，无论在当时还是之后，帝国都从未承认这一新定位与之前有任何断裂。时至今日，东正教教会仍在纪念正统信仰胜利日，即"正信凯旋主日"，认为这一天标志着基督教自创始以来的正统信条与信仰实践得到了恢复。拜占庭帝国的所有著作都称圣像论争的终结为"正统光复"，并以最严苛的语言称圣像崇拜禁止论为"异端"。然而，将圣像视作人神之间特殊媒介的思想本身绝非"传统"，而是在阿拉伯征服之后的两个世纪由君士坦丁堡神学界在与圣像破坏派的历次较量中逐渐创造出来的。[21]

在圣像论争终结前，拜占庭帝国的大多数皇帝都愿意遵从所谓"防御性帝国主义"。尼斯福鲁斯一世皇帝是其中的一大例外，但他身首异处的下场也反过来巩固了这一观念。在这一时期，历代拜占庭皇帝都以巩固现有领土为要务，不太倾向于扩张疆域、称霸境外。甚至有观点认为，拜占庭帝国本性不喜征战，这种防御性帝国主义一直是历代皇帝默认的首选方针。[22] 在公元 4 世纪末东西罗马帝国分道扬镳之后，以君士坦丁堡为首都的东部帝国官僚机构就形成了一套独特的外交策略，提倡以外交而非武力手段应对外邦和其他竞争者的挑战。

外交从来不是古典希腊文明的强项，盛极一时的罗马人在对待外邦时也常常态度强硬。但在东罗马向拜占庭过渡的时期，说希腊语的东部帝国政府曾凭借巧妙而耐心的外交周旋收获了不错的成效。拜占庭帝国的外交政策建立在一种对内在优越性的假设之上：这种战略的妙处在于，拜占庭总能让外国统治者对皇帝掌握的财富与权势艳羡不已，并让他们相信自己只要为拜占庭效劳，就能从中分一杯羹。在之后的几百年里，这种策略屡屡奏效。很多时候，帝国可以向外邦君长许以官方封号：这不会给帝国带来任何实际成本，却能在外邦的语言中赋予受惠者崇高的地位。有些时候，如果财政状况允许，帝国还会采取更直截了当的手段，以金钱买通潜在的敌人。在最为理想的情况下（到帝国后期，这种做法将成为常态），拜占庭皇室还可与外邦君长协商通婚，以和亲形式建立联盟。[23]

拜占庭帝国举办盛大的仪式，以震撼外邦的使者与来访王公。一份可以追溯到 10 世纪的典礼操办手册为我们描述了拜占庭宫廷君臣在炫目仪式上的复杂等级秩序。典礼期间，皇帝端坐于可以升入空中的黄金御座之上，一旁有嘶吼的机关狮子与啼叫的机关鸟，仿佛有出神入化的权能，令访客啧啧称奇。[24] 拜占庭帝国有着长年以各种光鲜仪式震慑外人的传统，也为现代英语中的"拜占庭"一词赋予了"狡猾多变、不可捉摸"的意味。

到 9 世纪中叶，世界各地的国家与政权都派遣使节来到君士坦丁堡。在东边，拜占庭最远曾结交了当时控制中亚大部地区的可萨人，在南方，拜占庭也与阿拉伯哈里发国（无论是定都大马士革的倭马亚王朝还是定都巴格达的阿拔斯王朝）有所往来。早在 7 世纪中叶，拜占庭使节就有可能到访过中国，后来的中国史书称君士坦丁堡为"拂菻"，可能相当于当时希腊语对君士坦丁堡常见的简称——"城市"（Polis 或 Poli）。在西方，拜占庭曾遣使与罗马教宗交涉，甚至还曾勉为其难，与西方日耳曼部族法兰克人的国王通交——这位法兰克人的国王在公元 800 年圣诞节当天被教宗加冕，成为统治西方的神圣罗马皇帝，他就是后世口中的"查理大帝"。[25]

对于斯拉夫人，拜占庭帝国采用了一种颇不寻常的外交手段，其后续影响一直流传到了今天。美多迪乌与君士坦丁两兄弟在塞萨洛尼基长大，当时他们的父亲曾作为高级军官在那里任职。他们在塞萨洛尼基学会了城外斯拉夫定居者的语言。很快，他们的语言天赋就得到了赏识；美多迪乌兄弟在教会内部不断快速升进，弟弟君士坦丁更被带到君士坦丁堡，接受当时最优质的教育。很快，他便受命出使中亚。公元 9 世纪 60 年代，君士坦丁堡牧首佛提乌打算派一支传教使团前往中欧，让当地的斯拉夫人皈依基督教，把他们纳入君士坦丁堡的影响之下，他最终选择让美多迪乌兄弟担此重任。君士坦丁根据希腊字母，为斯拉夫语发明了其有史以来第一套文字体系，美多迪乌在此基础上更进一步，把《圣经》译成了这种新生的书面斯拉夫语。

虽然美多迪乌兄弟对斯拉夫人发起的第一次传教活动没能成功，他们的努力仍将在后来令巴尔干地区的大多数斯拉夫语民族，乃至今天俄罗斯人与许多乌克兰人的祖先皈依东正教。进入现代，这些正教徒斯拉夫民族后裔建立的国家还将以君士坦丁首创的西里尔文字（"西里尔"是君士坦丁晚年进入修道院后的修士名）为通用文字。让这些原本信仰异教的民族改宗基督教，是拜占庭帝国通过徐图缓进的外交与偶然萌发的创造取得的又一大成果，这样的做法既不同于 7 世纪伊斯兰教的武力征服，也不同于 8 世纪晚期以武力强制德意志境内大部分居民改信基督教的查理曼等西欧统治者。[26]

但软实力的作用终究有其极限。拜占庭帝国不乏军事力量，即便在 9 世纪中叶失去了地中海大部海域的控制权，帝国仍在爱琴海与亚得里亚海上保有一支强大的海军。随着国内的圣像破坏运动平息，阿拉伯阿拔斯王朝陷入内乱，拜占庭帝国的硬实力即将派上与软实力同样显赫的用场。而一位新皇帝的登基，以及一个国祚异常持久的王朝的创建，就是局势出现决定性转变的最初征兆。

这位皇帝和他的皇储，就是在公元 867 年复活节圣周六亲临圣索非亚大教堂、聆听牧首佛提乌赞美圣像的米海尔三世与巴西尔一世。由现任皇帝在有生之年指定继承者是当时的常例，被指定为皇储的人可与皇帝分享头衔，但没有独立执政权。皇储一般是皇帝的儿子或者近亲，但米海尔三世没有婚内子嗣，选定了一个比自己更年长的人担任这一要职。米海尔与巴西尔之间可能存在同性恋爱关系，但若果真如此，这在当时笃信基督教的拜占庭帝国触犯了大忌，必然要严加保密。

巴西尔出身寒微，凭极度魁梧的身材与驯服烈马的技巧而受宠。但在圣索非亚大教堂的复活节布道过去 6 个月后，巴西尔与米海尔的关系开始转冷。米海尔三世嗜酒如命，他的公众形象也因此受到打击；与此同时，他还注意到巴西尔似乎打算利用皇储的地位扩张权势。867 年 9 月，米海尔与巴西尔都试图谋害对方，最终，巴西尔先下手为强：当米海尔皇帝烂醉如泥时，巴西尔打开皇宫寝室大门，放一群刺客鱼贯而入，先砍掉了米海尔的双手，再从背后刺死了他。[27]

在巴西尔一世治下，拜占庭帝国再次开始对外扩张。帝国舰队重新夺回了亚得里亚海与意大利南部海岸的控制权。到 9 世纪 80 年代，虽然不能将穆斯林赶出西西里，帝国军队仍夺回了亚平宁半岛南部地区（北至那不勒斯），在当地设立了两个新"军区"，此后延续了近两个世纪。今天意大利卡拉布里亚和普利亚地区的希腊语居民，可能就是这场再征服战争的遗产。在东方，拜占庭陆军也在这一时期反攻安纳托利亚，进军到此前一个多世纪不曾深入的地区。886 年巴西尔一世去世后，他的继任者一方面坚守了帝国在西面夺取的新领土，一方面向四面八方扩张疆域。

在南方，拜占庭军队越过爱琴海，于 961 年夺回克里特岛。4 年后，拜占庭夺取了此前近三个世纪与阿拉伯人共治的塞浦路斯岛，再度将其纳为百分之百的"罗马"领土。从 10 世纪 30 年代起，拜占庭军队开始从安纳托利亚出击，进攻叙利亚。969 年，拜占庭收复安条克与阿勒颇，帝国的东部边境再度来到幼发拉底河畔，重现了从前罗马帝国的格局。在东北方向，帝国软硬兼施，直到 11 世纪 60 年代，将黑海以东的格鲁吉亚与亚美尼亚大部地区纳入势力范围。这些地方的居民以基督徒为主，但他们坚持说自己的语言，时至今日依旧如此（当时，亚美尼亚人的分布区域远大于今天亚美尼亚共和国的领土范围）。

在最靠近君士坦丁堡的北方战线，拜占庭帝国遇到的挑战最为严峻。虽然统治者弗拉基米尔在 989 年皈依了东正教，以基辅为首都的罗斯政权（后世俄罗斯与乌克兰的共同祖先）仍拒绝接受拜占庭的宗主权。曾在上一次阿拉伯军队围攻君士坦丁堡时出手相助的保加利亚王国也拒绝就范。保加尔人的国家起初由来自中亚的突厥系游牧民族创建，但到 11 世纪初保加利亚与拜占庭爆发决战时，保加尔人早已改用当地大多数人使用的斯拉夫语。保加利亚此时也已皈依基督教，和罗斯一样采用东方正统教会的礼仪，使用以西里尔字母写成、由西里尔之兄美多迪乌翻译的古教会斯拉夫语版《圣经》。

巴西尔二世 976 年即位，1025 年驾崩，是拜占庭历史上统治时间最长的皇帝。他致力于征服保加利亚王国及其境内以斯拉夫语为主要语言的居民，由此引发的征战断断续续地打了近 20 年。1014 年，拜占庭与保加利亚军队在一处名为克莱狄翁的狭窄隘口中爆发决战，那里靠近今天保加利亚、北马其顿共和国与希腊三国的交界处。后世史料记载，得胜之后的巴西尔二世下令将 1.5 万名保加利亚战俘致盲，每百人分作一队，由其中一名只被刺瞎了一只眼睛的军官带领，送回保加利亚宫廷。据说，保加利亚沙皇塞缪尔见状也猝然失明，不久忧惧而终。这段骇人故事的真实性一直受人质疑，但无论手段是否真的如此残忍，战胜了保加利亚的巴西尔二世都将在希腊语中以"保加尔人屠夫"的嗜血称号为人所知。到1018 年，即克莱狄翁战役 4 年后，整个多瑙河以南以西的巴尔干半岛都重归"罗马"治下——这对半岛上的很多地区而言，是（至少）近五个世纪以来的头一遭。[28]

为纪念这一成就，巴西尔二世做了一件在拜占庭历代皇帝中空前绝后的事。他率队伍一路向南，赶往雅典。在此前的几百年里，这座衰落的古城一直乏人问津，无论在政治还是军事上都不复为帝国的重地，只有 1 500 年前雅典人为礼敬本城童贞守护女神雅典娜而建的帕提侬神庙依旧矗立，此时已被基督徒改建为圣母教堂。到巴西尔二世的时代，圣像论争已平息了近两个世纪，帕提侬神庙的内壁上想必画满了圣母马利亚、耶稣基督与其他圣人的形象。正是在这里，巴西尔二世举行了"为胜利向圣母马利亚感恩"的仪式，并向这座圣母教堂捐赠了大量珍宝。[29] 许久之前，伯里克利时代民主的雅典城邦，也曾在战胜波斯之后向本邦的童贞守护女神献祭感恩，仰望着与神庙本身同高、用黄金与象牙装饰的雅典娜神像。而现在，另一位说希腊语的统治者则代表了一个与雅典截然不同的政权，感谢另一位有神圣意义的贞女庇佑自己战胜了另一个敌人。这一次，一切都要接受"宇宙之眼"的俯瞰。

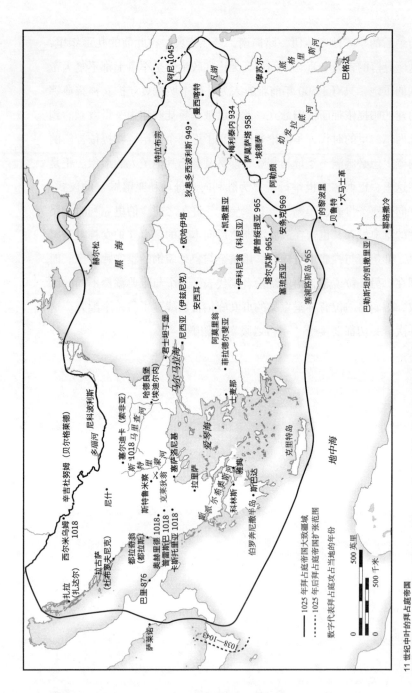

11 世纪中叶的拜占庭帝国
来源：Cyril Mango, *The Oxford History of Byzantium* (Oxford: Oxford University Press, 2002), 178

第十章

"世界渴望之城"
（1018 年—1204 年）

巴西尔二世于 1025 年去世时，中世纪的所谓拜占庭帝国无论权势还是幅员，都已接近极盛。在这之后的 40 年里，帝国只在安纳托利亚东部和西西里岛上进一步攻占了小片领土，且最终没能守住。此时的君士坦丁堡是欧洲（甚至也有可能是全世界）最大且最富裕的城市，其人口数可能再次回到了 542 年查士丁尼大瘟疫以前的高位，达到 40 万。拜占庭帝国控制着欧亚之间直通中国的陆上通道，得以尽享世界贸易活动带来的财富。在巴西尔二世去世一个多世纪后，来自穆斯林治下西班牙的犹太人旅行者图德拉的便雅悯曾赞叹：

> 希腊人有黄金宝石无数，他们身穿金缕绸衣，骑马时宛如君王。他们的土地上盛产各类织物，面包、肉类与美酒也无比丰盛。君士坦丁堡的富饶更是冠绝世界。[1]

帝国的盛名像磁石一样吸引了世界各地的武士与商人。瓦兰吉皇宫卫队从罗斯人、诺曼人、盎格鲁-撒克逊人，乃至生活在斯堪的纳维亚半岛和冰岛的维京人当中招募精锐士兵，来自意大利威尼斯、热那亚与比萨等商业重镇的商人也争相与帝国贸易。没过多久，因为人数太多，来自意大利的商人获准在城郊的加拉塔与家眷长期居住，隔金角湾与君士坦丁堡主城区相望。图德拉的便雅悯走过的君士坦丁堡可能是当时世界上最具国际化氛围的一座城市，与便雅悯大体同时代的学者约安尼斯·策策斯（Ioannes Tzetzes）曾自称能熟练运用身边常见的拉丁语、波斯语、格鲁吉亚语、阿拉伯语、斯拉夫语和希伯来语等 6 种语言（以及他的母语希腊语）。因评注荷马史诗而闻名的塞萨洛尼基主教尤斯塔修斯也曾在君士坦丁堡皇宫中震惊于外邦访客的异国语言与风俗习惯。尤斯塔修斯的记载中提到了诸多人名，其范围涵盖了欧亚草原的游牧民族、匈牙利人、塞尔维亚人、突厥语族群、亚美尼亚人、印度人、撒哈拉以南非洲人、北欧人，以及意大利人——还有一些人的名字"如此古怪，根本无法发音"。[2]

从 11 世纪中叶到 12 世纪末，君士坦丁堡孕育了许多新的艺术成就，也见证了古典时代思想遗产的复兴。米海尔·普塞洛斯是当时最为杰出的全才学者。普塞洛斯生于 1018 年，曾在多位皇帝手下担任高官，后来留下一部著作，以辛辣的笔法记载了自己有生之年经历的十四代拜占庭皇帝的历史，年代始于 976 年巴西尔二世即位，终于 1078 年普塞洛斯本人去世前不久。这部名为《编年史》（Chronographia）的史书中充满了作者对人性心理的洞察和作为局内人的戏谑挖苦，而作为深谙古希腊哲学的学者，普塞洛斯也曾对诸多科学问题有所论述。他还有超过 500 封文采斐然的私人书翰流传至今。普塞洛斯和少数与他同时代的作家一道重振了此前已中断几百年的文学传统，开始在写作时表达个体的自我意识，迫切地想要探求（以及彰显）自己在俗世中的位置。普塞洛斯常被称赞为近现代人文主义的先驱，而在普塞洛斯去世后的一个世纪里，君士坦丁堡的文学创作活动爆发性增长，让人不禁将其与至少两百年后才在西欧萌芽的文艺复兴运动相提并论。[3]

自罗马帝国时代的第二智者运动以来一度衰落的世俗类型文学，也在这一时期突然焕发新生。人们再次开始撰写小说（罗曼司），探讨爱情能否给人带来救赎。讽刺文学作品或嘲笑现实中人的道貌岸然，或对古典文学名著进行戏仿。当时甚至有人试图整理安纳托利亚东部与美索不达米亚地区的穷山恶水间流传的口传故事，将此前几百年间帝国与阿拉伯人征战不休的传说写成史诗。仅从传世作品的体量来看，当时肯定也有一些文人以朗咏诗文、自由写作者们争相寻求皇室或高级官员的资助。歌颂赞助者，或为恩主死去的亲人撰写讣告为业，尽管这种生计可能并不稳定。[4]

这一时期新兴的拜占庭作家修辞典雅、征引广博、饶富机智，他们有时诙谐，有时粗俗，可以转向任何文学风格，用任何类型的希腊文写作。他们既能引用《伊利亚特》与《奥德赛》中早已失传的格言，也能写出日常行政文书中更为平淡的文字，甚至还重拾公元前5世纪阿里斯托芬以来的传统，将市井街头的口语付诸笔端。塞奥佐罗斯·普罗德罗莫斯是12世纪最为活跃的拜占庭诗人，其文风在当时也最为灵活多变。现代希腊语中最为古老的一些韵律格调，就是由普罗德罗莫斯奠定的。在接下来这段写给皇帝本人的名句里，长期怀才不遇的普罗德罗莫斯愤愤不平地表示自己已忍无可忍：

> 基督在上，请让文字去死，让一切舞文弄墨的人都去死吧，
>
> 那些在学校里研习文学的时日都去死吧——以文谋生，谈
>
> 何笑话！[5]

同样在这两个世纪里，拜占庭帝国迎来了前所未有的教堂与修道院建设热潮。到图德拉的便雅悯到访君士坦丁堡时，这座帝国首都城内已有众多教堂，如果每天拜访一座，一整年也拜访不完。恢宏的基督普世君王修道院（今伊斯坦布尔泽伊雷克清真寺）于 12 世纪 30 年代建成，这座建筑俯瞰着金角湾，是拜占庭皇帝的陵寝所在。当时世界上其他政权的统治者（他们经常与拜占庭为敌）也争相效仿帝国宫殿与教堂的建筑奇观与内部装饰，有时还为此专门聘请在君士坦丁堡受过培训的工匠为自己效力。今天，西西里岛切法卢与蒙雷阿莱（靠近巴勒莫）的教堂仍有保存完好的拜占庭式内部装饰，巴勒莫的诺曼王宫也是今天最接近拜占庭式宫殿的建筑遗存，它们都是由当地的诺曼统治者在 12 世纪下令修建的。今天的乌克兰基辅与俄罗斯诺夫哥罗德也保存了这一时期根据拜占庭风格建造并装饰的古教堂。[6]

拜占庭帝国璀璨的文化成就与这一时期恶劣的政治和军事形势形成了鲜明对比。11 世纪 60 年代，巴西尔二世去世仅 40 年后，新一批强敌开始从各个方向觊觎帝国的疆土：帝国的东面有塞尔柱突厥人，西面有诺曼人，北方还有新来的佩切涅格人与库曼人从草原南下而来。从这一时期开始，之后的历代拜占庭皇帝都将重归阿拉伯征服之后几百年间奉行的防御性帝国方针，将有限的防御战争与积极的外交折冲相结合，在几条战线间辗转周旋。

1068 年，在一系列混乱的宫廷政治风波（普塞洛斯曾以抽丝剥茧般的笔法对此有所记述）之后，帝国又迎来了一位军人皇帝：罗曼努斯四世·第欧根尼。他率军出征安纳托利亚东部，与在 1055 年攻占了巴格达的塞尔柱突厥人交战，起初取得了一定战果。但在 1071 年 8 月，罗曼努斯四世在凡湖附近一个名叫曼西喀特的地方接连犯下大错，最终兵败被俘，成为塞尔柱苏丹"狮子"阿尔普·阿尔斯兰的阶下囚。与罗曼努斯获释后在拜占庭的遭遇相比，苏丹对他的态度可谓十分宽大：罗曼努斯回国后，帝国爆发了近十年的内战，罗曼努斯本人在开战之后不久即被刺瞎双目、软禁于一座修道院中，他随后很快死去。拜占庭帝国的体制对失败者从不留情。[7]

曼西喀特战役之后，塞尔柱突厥人继续向西扩张，攻占了爱琴海沿岸的士麦那与尼西亚（今土耳其伊兹尼克），距君士坦丁堡只有 90 千米。一直以来，希腊语世界的核心地带都是安纳托利亚而非欧洲大陆。但从 1071 年到 11 世纪 90 年代中期，希腊语世界的中心在塞尔柱突厥人的逼迫之下一路西迁，逐渐转移到巴尔干半岛南部与爱琴海周边。而在西边的亚得里亚海对岸，原本以今法国北部沿海地区为根据地的诺曼人也一路远征地中海，成为一股挑战拜占庭统治的新兴力量。1071 年（即曼西喀特战役发生的同一年），诺曼人攻占了拜占庭帝国在意大利南部的最后一处据点巴里；此后二十年间，诺曼人从阿拉伯人手中夺取了西西里岛全境，实现了拜占庭帝国始终没能达成的目标。在这之后又过了十年，诺曼人远征军跨过南亚得里亚海，来到伊庇鲁斯西部海岸。这支诺曼军队由杰出的军事家罗贝尔·吉斯卡尔领导，直接威胁到拜占庭帝国对巴尔干半岛的统治。与此同时，佩切涅格游牧部族也频繁跨过多瑙河，骚扰帝国的北方边境。

在君士坦丁堡，随着内战平息，帝国终于赶在局面不可挽回之前做出了有力反应。1081 年 4 月 1 日，出身安纳托利亚的军事贵族阿列克塞·科穆宁发起一场计划周密的政变，取得了皇位。阿列克塞开创了拜占庭历史上的一个先例，把自己的科穆宁家族打造成了拥有统治特权的阶层，让"科穆宁"之名与古罗马时期的"恺撒"一样，成为特殊地位的象征。今天，我们对阿列克塞一世的为人品行与生平成就有着异常详细的了解，这都要得益于他的女儿安娜·科穆宁：在阿列克塞一世去世数十年后，安娜成为希腊语历史上（可能也是世界历史上）第一位女性史家。安娜·科穆宁记载先父生平的著作在笔法上致敬了希罗多德与修昔底德的鸿篇巨制，无论文学功底还是史学造诣都堪为普塞洛斯的继承人。不过，这部著作的标题也指出了她写作目的的主观性色彩：《阿列克塞传》（*Alexiad*）的用词有意致敬荷马史诗中的《伊利亚特》，也预示了现代名人传记的风格。[8]

阿列克塞一世甫一即位，就要面临堆积如山的难题。此时，近三个世纪前尼斯福鲁斯一世皇帝奠定的军区制已名存实亡，地方社会不再为本地防务贡献兵力，拜占庭帝国只得以雇佣兵（往往像瓦兰吉卫队这样来自境外）维持必要的武力。这些雇佣兵在立场上不甚可靠，也需要国家耗费大量金钱维持，而到阿列克塞即位时，帝国财政已捉襟见肘，此前几十年来一再贬值的货币更是让情况雪上加霜。在阅读安娜·科穆宁的著作以及现代史学家的著述时，我们总会好奇为什么在如此艰苦的局面下，仍有许多外邦人对君士坦丁堡的绝世繁华深信不疑。当然，贫富的印象只是相对的，但对阿列克塞一世而言，重振币制、恢复国库储备仍是即位之后迫在眉睫的两大挑战。

11 世纪 90 年代初，阿列克塞击败了入侵希腊北部的吉斯卡尔与其手下的诺曼人，又在色雷斯击败了佩切涅格人。在东方，帝国则对安纳托利亚的塞尔柱突厥人馈赠厚礼，一度似乎已通过外交手段稳定了局面。但到 11 世纪 90 年代中期，塞尔柱鲁姆苏丹国爆发一系列动乱，外交怀柔的成果也被彻底推翻。依傍大湖、固若金汤的尼西亚城牢牢掌握在帝国的敌人手中，其他曾隶属于塞尔柱的势力则瓜分了安纳托利亚内陆地带。一位名叫恰卡的埃米尔以士麦那为中心控制着沿海地区，不断骚扰帝国在爱琴海上的航运活动。借用一部现代历史著作的说法，"11 世纪 90 年代中期拜占庭帝国的处境即便称不上不可救药，也可谓多灾多难"。[9]

如此危难的时局最终催生了一起在世界历史上几乎可与数百年前的伊斯兰征服相比的重大事件，那就是今天所谓的"第一次十字军运动"——尽管这个说法直到很晚之后才流传开来。这次十字军运动的本意是保卫拜占庭帝国，但从长远来看却间接推动了帝国走向崩溃。当时，帝国兵力不足是困扰阿列克塞一世的一个大问题：如果要攻下易守难攻的尼西亚，他还尤其需要攻城武器，而此时西欧各国制造攻城武器的技艺已领先于拜占庭。阿列克塞一世的想法可能十分简单：他只需要从境外再征召一支雇佣军为帝国作战，但因为财政吃紧，这些佣兵得到的将不是实物货币，而是信仰上的酬劳。

1095 年 3 月，阿列克塞的使节来到意大利北部城市皮亚琴察，拜见了当时正在出席教会会议的罗马教宗乌尔班二世。他们以皇帝的名义请求教宗在西欧各国征召军队，以"捍卫因异教徒进逼君士坦丁堡而濒临灭亡的神圣教会"。精明的教宗从这一请求中看到了为教廷谋取利益的大好机会：自 1054 年君士坦丁堡牧首与罗马教宗互相绝罚以来，拜占庭使臣口中的"神圣教会"已与罗马天主教会分裂 40 余年。这起纠纷虽然在当时没有造成太大的轰动，却将在后世被称作"东西教会大分裂"，基督教世界从此被分为罗马天主教会与东正教会两系。[10]

东西分裂 40 多年后，阿列克塞一世突然遣使求援，这不但为东西方教会复合提供了契机，也让罗马天主教会恢复对东正教会及其教士组织的管治权威成为可能。与此同时，部分由于塞尔柱突厥人的扩张妨碍了基督徒到圣地巡礼，西欧各地兴起了一阵反穆斯林的热潮，发动宗教圣战的时机臻于成熟。阿列克塞一世的本意是为帝国请来援兵、抵御塞尔柱鲁姆苏丹国的侵犯，但在当时的西欧世界，十字军运动的口号更强调象征意义：天主教会呼吁圣战者"解放"耶路撒冷，夺回基督教的圣地。

1095 年夏天，乌尔班二世游说各方领袖，为圣战争取支持。当年 11 月，他在法国中部城镇克莱蒙费朗正式发起了第一次十字军运动。西欧各地的贵族与骑士纷纷前来助阵，反响之热烈远非阿列克塞与他的谋士们所能想象。乌尔班二世决心发起一场井然有序的军事远征，这也是阿列克塞所乐见的，但战火虽然能轻易点燃，却不能随便熄灭。在乌尔班二世亲自监督备战的同时，法国北部与德意志部分地区也爆发了一场自发的宗教运动。在一个名叫"隐修士彼得"的人物感召下，一支没有明确领导的队伍一路穿过整个德意志与巴尔干半岛，打算取道君士坦丁堡，前往耶路撒冷，史称"平民十字军"。然而，在进入拜占庭帝国领地之前，这支队伍便自行发动"圣战"，在沿途经过的德意志各城镇大肆杀戮犹太居民。在成书于半个世纪之后的著作中，安娜·科穆宁记载了"平民十字军"抵达帝国境内时的场面，但对自己尊敬的父皇与这场运动之间的联系避而不谈：

> ［隐修士彼得］似乎真有神助，鼓动了无数人心。各地凯尔特人带着武器、马匹与其他装备，前来投奔者络绎不绝，群情澎湃，充塞于各条要道。还有许多平民与战士一路同行，或携棕榈枝，或背十字架，其数多过沙砾，超于星辰，甚至也有妇孺背井离乡，与他们一道远征。他们如小溪汇聚成大河，以不可阻挡之势向我们奔来。

阿列克塞"机智地"（在一些西欧人看来不太厚道）把这支大军送过马尔马拉海，带到亚洲一侧海岸上为十字军主力准备的前进基地。他们不顾阿列克塞的劝阻，对附近的突厥人发起了无比凶猛的进攻，结果死伤惨重。包括隐修士彼得在内，"平民十字军"中只有少数人得以逃回君士坦丁堡——据安娜·科穆宁记载，他们之所以能够幸存，还要感谢她父亲阿列克塞及时相救。[11]

相比之下，十字军主力部队的到来与接应更为有序。阿列克塞为十字军的后勤补给做了周密安排，还派人到今天阿尔巴尼亚与希腊西部海岸的各处登陆点迎接十字军，防止他们在从陆路前往博斯普鲁斯海峡途中骚扰乡间。第一次十字军的规模远远超出了阿列克塞的估计：现代史学家认为，这场十字军最多可能动员了8万人参加。[12] 这支军队并不团结一致，而阿列克塞从一开始就打算维持这一局面。他还时刻避免让这支大军靠近君士坦丁堡：只有十字军的统帅能进入城中，而对这些获准进城的指挥官，阿列克塞也尽可能安排他们分别与自己会面。

阿列克塞的意图是让十字军统帅们分别向自己宣誓效忠，保证将他们在圣战中夺取的所有城市与领土归还皇帝，认可皇帝为其合法领主。然而，很多指挥官表示拒绝，阿列克塞只得施展拜占庭帝国的各种外交手段，甚至不惜以重金收买。向罗马求援是阿列克塞的一场豪赌，但对他而言，根本不是他应十字军的请求为他们效劳，而是**他**自己花钱雇**他们**充当拜占庭帝国的军事力量。他不关心十字军最终能否拿下耶路撒冷；理想状况下，他们应该做的只是让安纳托利亚重归"罗马"统治。对阿列克塞而言，为达成这一目的，投入如此之大的赌注显然是值得的。但现在，随着十字军大举前来，阿列克塞自己已经别无选择。[13]

　　在君士坦丁堡城外往复交涉了几个月后，十字军统帅们终于接受了阿列克塞的条件，就连曾与拜占庭为敌的罗贝尔·吉斯卡尔之子博希蒙德（他在之后将再次与拜占庭对抗）也认为暂时同意皇帝的条件对自己有利。1097 年初夏，十字军在尼西亚城外集结完毕。阿列克塞也与两位亲信将领一道率军渡过博斯普鲁斯海峡，在一旁引导十字军作战。6 月 19 日，"固若金汤"的尼西亚要塞被十字军攻克，但这场胜利也彻底暴露了拜占庭与十字军双方在目的和方法上的分歧。

　　来自西欧的十字军拥有更先进的军事技术。弩似乎没有在尼西亚之战中发挥太大作用，但这种新式兵器显然令平素态度高傲的安娜·科穆宁印象深刻，即便在半世纪之后她仍不吝笔墨描述其工作原理，称赞其巨大的威力。拜占庭军队与十字军都在尼西亚城外制造了攻城武器，但对于哪一方更为有效，似乎没有定论。阿列克塞当初向罗马求援或许是看中了西欧先进的攻城技术，但至少在尼西亚之战中，这一优势并未直接决定战斗的胜负。[14] 尼西亚不是在强攻中陷落的：是阿列克塞信赖的助手兼将领曼努埃尔·伯托米特斯两度进城谈判，最终说服守军投降的，这颇能反映当时城池攻防战的形态。围城期间，十字军歼灭了塞尔柱苏丹派来的一支援军，阿列克塞还从马尔马拉海上征集了大量小舟，从陆路扛运到伊兹尼克湖中，从水上切断了守军的后路。如果没有这些军事压力，与守军的交涉也不可能成功；但也正是因为这些典型的拜占庭战术，阿列克塞才省去了强攻坚城的高昂成本与巨大麻烦。

尼西亚的突厥守军将领直接与阿列克塞本人立约，同意献城投降以换取人身安全；阿列克塞也许诺，如果这些突厥将领今后愿意为自己效力，帝国可以为他们提供金钱与官衔（安娜·科穆宁为此事留下了满怀钦佩的记载，但对守军其他将士有何下场，她和以往一样并未提及），但在这之前，缔约双方必须让十字军相信，尼西亚是在拜占庭军队的突破之下以武力攻克的。因此，尼西亚守军故意放拜占庭军队的一辆攻城塔车靠近城墙，送一队士兵杀入城中。随后，拜占庭军队宣告胜利，突厥守军向伯托米特斯投降。直到控制全城之后，拜占庭军队才允许十字军进入尼西亚；据安娜·科穆宁记载，鉴于十字军人数太多，且"性格暴躁易怒"，他们必须以十人为一小组分别进城，以免引发事端。[15]

接下来，十字军转而向安条克进军，阿列克塞也一路率军征服安纳托利亚西部（这得益于东方的十字军对塞尔柱守军造成的震撼），两军在安条克会合。攻克尼西亚一年后，拜占庭与十字军联手围攻安条克，但在博希蒙德·吉斯卡尔攻占该城之后，双方的嫌隙日趋明显。此时，阿列克塞本人已回到君士坦丁堡，只有他手下的将领仍在安纳托利亚西部，继续成功地与塞尔柱鲁姆苏丹国作战。随着博希蒙德撕毁之前与皇帝订下的协定，安条克已无法重回帝国怀抱。[16]

拿下安条克之后，十字军一路南下，于 1099 年 7 月 15 日攻占耶路撒冷，将城中居民屠杀殆尽。就这样，这支以寡击众的队伍踩着无数尸体，取得了"圣战"的胜利。此时，十字军的大多数成员都已不再信任阿列克塞和他手下的那些"希腊人"。"希腊人"和异教徒暗通款曲，还违背了之前的承诺——尽管他们自己先前也接受了拜占庭方面的大笔贿赂。

归根结底，拜占庭帝国与十字军从一开始便怀有不同的想法。几百年来，没有任何一位拜占庭皇帝曾认真考虑过夺回耶路撒冷。在拜占庭方面看来，十字军运动没有任何战略意义，几百年前由希拉克略发起的圣战概念早已过时了。阿列克塞一世之所以冒险利用十字军运动的宗教热忱（尽管他自己对此持怀疑态度），只是为了满足现实政治的需要，但他并非没有意识到自己的这一决定带来了怎样的风险。1118 年，阿列克塞在临终前告诫太子约翰（即位后称约翰二世）：

> 要时刻警惕近来始于西方的这场骚乱，不要让它在危急时刻夺去新罗马的荣耀，践踏皇帝的权威。[17]

阿列克塞在弥留之际的这番警告，最终一语成谶——但因为他儿子和他孙子在之后一个世纪的精明统治，十字军令拜占庭帝国荣誉扫地的时刻暂时还不会到来。

约翰二世在位时期，拜占庭帝国没有遭受第二场"骚乱"的侵扰，但他必须设法面对第一次十字军运动在黎凡特地区遗留的一系列基督教政权。统治这些政权的天主教贵族和博希蒙德·吉斯卡尔一样，拒绝承认"希腊人的皇帝"对自己的宗主权。1143 年，约翰二世决心以武力逼这些十字军国家就范，但在率军行进至安纳托利亚南部时，皇帝本人因一场狩猎事故意外身亡。此后，不时有人怀疑这场"事故"是否真的纯属意外，其中一个主要疑点，就是这场远征在约翰二世死去后立刻取消了。新即位的皇帝曼努埃尔一世必须把军队调回首都附近，以巩固自己的统治。[18]

东地中海的十字军诸国虽然躲过了来自拜占庭的征讨，却难逃来自塞尔柱突厥人的持续打击。1144 年，占据今叙利亚部分地区的埃德萨伯国灭亡；3 年后，西欧天主教世界发起了新一轮十字军运动，打算夺回失地。这一支十字军不但有许多普通贵族与王室远亲参与，还有两位君王加盟：他们分别是法国国王路易七世和神圣罗马皇帝康拉德三世。1147 年，他们率军经君士坦丁堡一路向东，在争夺埃德萨失败之后，又于次年经君士坦丁堡西返。这支不请自来的外邦大军出现在君士坦丁堡城外，再度令拜占庭方面感到不安，但曼努埃尔重拾祖父阿列克塞的故智，一边让十字军主力驻扎在远离首都的地方，一边用国库里还算充裕的金钱款待远道而来的十字军领袖。

在曼努埃尔的招待下，路易七世与康拉德三世在君士坦丁堡城外逗留了数月之久。虽然他们在这段时间里的具体经历并不见于史册，但他们手下的廷臣想必与拜占庭朝廷有过颇为密切的往来。与此前（以及之后的十字军）相比，当第二批十字军拔营出发时，双方大体上相安无事，西方骑士与拜占庭精英之间的矛盾也大为缓和。在接下来几十年间发源于法国的所谓"中世纪骑士文学"，可能就与第二次十字军时期法国骑士与拜占庭宫廷间的文化交流有关。到 12 世纪 70 年代初，法国北部的作家克雷蒂安·德·特鲁瓦曾撰写一部历史小说，讲述一位来自君士坦丁堡的贵族一路西行前往大不列颠，协助亚瑟王拯救了他的王国，而在这之后，亚瑟王也远征东方，拥戴这位"希腊"的合法继承者登上了君士坦丁堡的皇位。[19]

拜占庭方面（至少就最高统治者而言）的态度也有所转变。统治帝国多年的曼努埃尔一世以亲西方而闻名，他的第一任和第二任皇后都出身西欧王室家族，在天主教背景下长大。曼努埃尔还从西欧引进了骑士比武活动，令当时立场保守的拜占庭观众大为惊诧。[20] 这与安娜·科穆宁的态度大相径庭：她在著作中遵循当时希腊语的常用口吻，将西欧人称为"法兰克人""拉丁人"，或"凯尔特人"。无论当时的帝国臣民有何想法，曼努埃尔仍是一位愿意认真对待西方"蛮族"的皇帝。在 12 世纪 60 年代，他用外交而非武力手段让东方的十字军诸国（尽管只是在名义上）接受了拜占庭的宗主地位，此时距离阿列克塞约束十字军诸将的失败尝试已过去半个多世纪。此外，曼努埃尔也致力于恢复东西方教会的团结——这也曾是阿列克塞的期望，但在第一次十字军运动结束后一直没有进展。

到 12 世纪 70 年代，拜占庭国内开始出现反对曼努埃尔亲西方政策的声音。1176 年，拜占庭军队在安纳托利亚中西部的密列奥塞法隆惨败于塞尔柱突厥人之手，曼努埃尔在国内外的声望从此一蹶不振。他在 1180 年 9 月 24 岁去世，享年 61 岁。从那时起，科穆宁王朝在此前一个世纪取得的成就逐渐走向凋零。曼努埃尔去世仅 20 多年后，拜占庭帝国就从内部开始崩溃。

对于这场帝国崩溃的经过、成因与对后世的具体影响，史学界至今仍没有定论。但这段历史的亲历者、在 13 世纪初危机降临时成为拜占庭文官最高领袖的尼基塔斯·科尼亚提斯（Niketas Choniates）在著作中对这一时期展开了无情的剖析，由此揭示的现象与当代的"系统性崩溃"理论不谋而合。在拜占庭史家中，科尼亚提斯的地位颇为卓越，作为帝国政局的一线亲历者，他的著作最能反映当时君士坦丁堡精英阶层的看法。他对帝国时弊的诊断，有时也会暴露出他自己以及他所属阶级的一些成见。比如，科尼亚提斯在著作中对"暴民"大加贬斥，其语气甚至与抨击"法兰克人"或"拉丁人"时一样激烈。同样不可忽视的是，科尼亚提斯本人和当时那些与他立场相近的人本身，可能就是帝国崩溃的原因之一。但在这里，让我们抛开评价，只关注史实本身。[21]

1180 年，拜占庭再次迎来幼主临朝、母后监国的局面。但这一次，科穆宁王朝的内讧以及科穆宁家族与其他大贵族的权力斗争，给帝国带来了 20 多年的权力真空。拜占庭皇位在 1182 年、1185 年和 1195 年三次因政变而更迭，被废黜的皇帝大多被致盲、谋杀，或先致盲再谋杀；1203 年到 1204 年间，帝国更是在短短一年多时间里四度废立，君士坦丁堡市民在每一场变乱中都扮演了激进乃至残暴的角色。我们甚至不禁怀疑，当代所谓的民粹主义是否已在这一时期的拜占庭帝国的政治中心彻底失控。[22]

1182 年的事变中，君士坦丁堡街头爆发了针对拉丁人的敌对行动，其源头可能是自发的。金角湾对岸的意大利商人（当时主要来自比萨和热那亚）聚居区成为众矢之的，有数百人在暴动中惨遭杀害。就规模而言，这场针对君士坦丁堡意大利商人的屠杀远不及 1 000 多年前本都国王米特拉达梯六世针对安纳托利亚罗马移民的屠杀，但后世所谓"种族清洗"的阴云确实再一次浮现在希腊语世界之上。3年后，部分出于对君士坦丁堡方面的报复，西西里岛上的诺曼人再度入侵希腊本土北部，洗劫了塞萨洛尼基。1189年，十字军第三次经君士坦丁堡向东进发，但没能从库尔德出身的穆斯林领袖萨拉丁手中夺取耶路撒冷。在与神圣罗马皇帝"红胡子"腓特烈一世、英格兰国王"狮心王"理查和法国国王腓力二世的钩心斗角中，拜占庭皇帝伊萨克二世·安基卢斯左支右绌，十字军领袖甚至一度威胁要改变目标，对君士坦丁堡动武。

类似的情况之前并非不曾出现，拜占庭帝国每一次也都能从中恢复。但现在，种种危机同时袭来。此外，还有一个新的趋势在12世纪末逐渐抬头：从前，如果帝国行省境内爆发叛乱，叛军领袖如果不进军首都、夺取皇位，就只能走向灭亡，在这之间没有第三条道路。但到1200年，包括科穆宁家族在内的各大贵族世家已在帝国境内建立了封建领地，范围远及塞浦路斯、特拉布宗、西安纳托利亚的菲拉德尔斐亚以及伯罗奔尼撒半岛。与此同时，巴尔干半岛上的斯拉夫人也脱离帝国统治，建立了塞尔维亚与保加利亚王国，顷刻间推翻了"保加尔人屠夫"巴西尔二世的遗产。在君士坦丁堡城内皇权扫地的同时，帝国首都对于地方的控制权也走向衰微。[23]

此时，西欧世界兴起了又一股夺回圣地的浪潮。在1198年当选的教宗英诺森三世鼓动下，天主教世界发起了第四次十字军远征。和之前的三次十字军不同，第四次十字军打算走海路进击，骑士们将搭乘威尼斯共和国提供的船只进攻埃及，再从那里对圣地发起总攻。时任威尼斯共和国总督、90多岁高龄的恩里克·丹多洛接受了十字军方面的条件，但要求他们为船队支付佣金。

1202年10月，在丹多洛本人和蒙费拉托侯爵博尼法斯率领下，十字军从威尼斯扬帆出海。但远征伊始，威尼斯方面就发现十字军根本付不起之前约定的佣金。这时，一位名叫阿列克塞的拜占庭贵族提出一计，为双方解了燃眉之急。年轻的阿列克塞是伊萨克二世皇帝之子，但在 1195 年，他的伯父篡夺了皇位，成为阿列克塞三世。阿列克塞皇子承诺，如果十字军能把远征的目标改为君士坦丁堡，拥立自己为拜占庭帝国的正统皇帝，他就会用帝国公帑为他们偿还欠款。

尽管在远征君士坦丁堡后不久就出现了指控，并且从那以后又多次出现，但无论是英诺森还是十字军的领导人都并非从一开始就蓄谋攻占君士坦丁堡。事实上，直到远征的后期，十字军才意识到原来自己是**有能力**进攻君士坦丁堡的。从后世十字军参与者的记载来看，当时来自西欧的圣战者显然对君士坦丁堡壮观的市容、森严的城防设施与皇帝麾下的军威赞叹无比。[24] 而在另一方面，十字军显然也被这座城市所蕴藏的巨富珍宝所吸引，相信这座城里的财富不但可以偿付给威尼斯人的欠款，还能为之后不知多少次十字军行动提供充足的军费。最终，是拜占庭帝都内部不断恶化的权力真空，给十字军制造了机会。

1203 年 6 月，十字军与威尼斯舰队来到博斯普鲁斯海峡亚洲一侧海岸扎营。但与十字军方面之前得知的说法相反，试图取得皇位的阿列克塞并未受到君士坦丁堡的欢迎。为了以武力替他夺取皇位，威尼斯舰队一路闯入金角湾，试图从海上逼近中心城区，湾内的拜占庭海军此时实力极为衰弱，根本不能抵挡。就这样，威尼斯人控制了城墙与海岸之间的土地，阿列克塞皇子也如愿以偿，在圣索非亚大教堂加冕为阿列克塞四世·安基卢斯。此时，威尼斯舰队仍停留在金角湾内，其中一些船只将十字军从海峡对岸陆续运了过来。接下来，十字军把驻地搬到了君士坦丁堡城墙下的海岸上。从前，每当危机爆发，拜占庭帝国舰队总能从三面拱卫君士坦丁堡周边的航道。但现在，拜占庭军舰不是搁浅就是被俘，几百年来支撑起拜占庭海上霸权的"希腊火"，也没了用武之地。[25]

只要新皇帝阿列克塞四世信守承诺、拿出公帑、偿付欠款，十字军就会离开。但在本来显而易见的危急关头，阿列克塞一世时代的陈腐观点重新在君士坦丁堡城内占据了主流。君士坦丁堡人认为，这些"法兰克人"是一群空有武力的蛮夷，终究只能为拜占庭所用；只要重施收买与离间的故技，就能把这些蛮不讲理的不速之客玩弄于股掌之中。在这一想法的影响下，阿列克塞四世开始对十字军虚与委蛇，君士坦丁堡城内对十字军的态度，也变得日益强硬——这或许进一步反映了当时民粹主义的兴起对帝国决策者的影响正不断深化。[26]

1204 年初，十字军的耐心即将耗尽，但君士坦丁堡市民的愤怒也即将爆发。1 月 25 日，阿列克塞四世被推翻，不久遇害身亡，新即位的皇帝是来自杜卡斯家族的阿列克塞五世，外号"莫尔祖弗洛斯"（Mourtzouphlos，意为"多毛者"，指的可能是他生有一字眉）。此时，收买十字军领袖仍为时未晚；根据帝国此前几百年来的传统，任何有才干的统治者都会这么做，而"多毛者"阿列克塞五世也的确有这么做的能力。但我们不知道此时的皇帝在多大程度上可以发挥自己的意愿，他的权力很可能受到了权臣乃至城内暴民的严重制约。结果，"多毛者"阿列克塞非但没有向十字军支付欠款，反而以傲慢的语气下达了一份最后通牒，命令他们在一星期之内乘船离开。[27]

直到 2 月，攻打君士坦丁堡的意见才在十字军内部逐渐形成。

3月，丹多洛、博尼法斯和其他十字军领袖就如何瓜分战利品制定了方案。接着，在1204年4月12日星期一早上，威尼斯人的桨帆船把笨重的攻城塔带入金角湾，对君士坦丁堡城墙最薄弱的地方发起进攻，第一批入城的十字军随即突破了城防工事，其他十字军战士则在攻城器械的掩护下突破了一座临时封死的侧门，闯入君士坦丁堡。巷战随后持续了一天，"多毛者"阿列克塞在当晚逃离了首都。君士坦丁堡人随后又推举了一位皇帝，但到第二天早上，因为守城一方战意全无，这位新皇帝也仓皇逃了出去。在24小时之内，君士坦丁堡就失守了。4月13日，城内暴民再次走上街头，这一次他们欢呼博尼法斯的名字，想要拥立他为新的皇帝。但现在，十字军的积怨已如决堤般不可遏制了。曾亲历这场动乱的科尼亚提斯在事发后不久记载：

> 就这样，一帮来自西方、名不见史册的乌合之众攻占了举世闻名、万人敬仰的名都君士坦丁堡，将它付之一炬，私人、公家抑或敬献给上帝的所有珍宝，无不抢掠一空。[28]

在这之后，今天所谓的"拜占庭帝国"仍将苟延残喘两个半世纪，但它作为一个政治强国的地位，再也没有恢复。而从1204年4月的那一天开始直到1923年为止，绝大多数说希腊语的人都将不得不被一代代语言、宗教与自己不同的政权所统治。

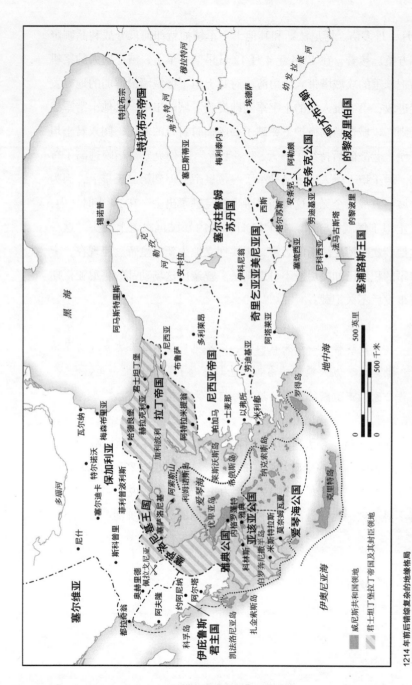

1214 年前后绘制复杂的地缘格局

来源：A. Kazhdan et al, eds., *The Oxford Dictionary of Byzantium* (Oxford: Oxford University Press, 1991), 357

第十一章

有希望的怪物
（1204 年—1453 年）

　　以基督教为旗号的十字军战士摧毁基督教世界最大城市的行径，没有在西欧得到普遍欢迎。发起第四次十字军运动的教宗英诺森三世谴责这些以基督为名远征东方的战士，指出他们违背了解放圣地的誓言，批评他们的暴行只会激起东正教会信友的仇恨。[1] 尼基塔斯·科尼亚提斯和安娜·科穆宁这样的拜占庭精英文人则始终相信十字军运动的终极目标不是夺回圣地，而是掠夺拜占庭帝国手中远比圣地更丰厚的财富。第四次十字军运动似乎印证了他们的判断，这种观点也因而在后世的希腊语世界变得根深蒂固。

　　但事实上，事态如此发展也许同样超出了十字军参与者和威尼斯方面的预想。洗劫君士坦丁堡之后，这些胜利者发现自己的处境比预想的更为困难：1204 年 3 月十字军领袖和威尼斯共和国首脑只讨论了如何瓜分战利品，完全没有考虑应怎样接管一个帝国。他们甚至对君士坦丁堡进行了分割占领——圣索非亚大教堂和城内的教会机构将由威尼斯人接管，前佛兰德斯伯爵鲍德温则被拥立为"拉丁"皇帝，驻跸于金角湾畔的布雷契奈宫。本次十字军的名义领袖、蒙费拉托侯爵博尼法斯没能成为皇帝，而是成了塞萨洛尼基国王。

接下来几年间，威尼斯人不断蚕食拜占庭帝国治下的岛屿和海岸线，为日后的东地中海商业"帝国"打下了基础。其他岛屿以及君士坦丁堡的部分城区则被威尼斯在贸易界最大的敌人热那亚所占。十字军领袖瓜分了拜占庭帝国在希腊本土的各行省，但后来又为夺取领地控制权与当地人交战，乃至彼此攻伐，而如果在争夺战中取胜，这些新的统治者就会在治下地区推行西方的封建制度。这些地方领主原则上应对君士坦丁堡的皇帝宣誓效忠，但这个后世所谓的"拉丁帝国"的实际统治范围仅限于首都君士坦丁堡及其城外的色雷斯部分地区，以及博斯普鲁斯海峡（在黑海与马尔马拉海之间）亚洲海岸一隅。其他领主名为皇帝的封臣，实则自行其是。

从前高度中央集权的拜占庭帝国体制，由此裂变为一系列错综复杂的小封建领地、邦国与王国。就像万花筒里的碎片不断转动一样，其中一些政权的君主、效忠对象以及疆域也将在之后不断变换。在接下来的三个世纪里，生活在爱琴海欧洲一侧海岸以及伊奥尼亚海到塞浦路斯之间诸多岛屿上的希腊语族群将迎来走马灯一般的各路统治者，其中既有法国人、威尼斯人、热那亚人、佛罗伦萨人，也有加泰罗尼亚人、阿拉贡人、纳瓦拉人，还有圣约翰医院骑士团从西欧各地招募的成员。

在整个 13 世纪，雅典都被一个来自勃艮第的法国男爵家族所统治。而在 14 世纪的大多数时候，雅典的统治权又落到一群加泰罗尼亚佣兵和他们的后代手中（他们一度在希腊本土横行无忌，最终在雅典定居）；进入 15 世纪，来自佛罗伦萨的意大利公爵又成为雅典的统治者。在这一时期，原本被改为东正教堂的帕提侬神庙又被挪用为天主教的主教座堂，宏伟的卫城山门也一度被改成雅典公爵府。为保护公爵府，卫城还兴建了一座高 100 英尺的防卫塔，其风格与至今仍矗立在博洛尼亚和圣吉米尼亚诺等意大利城镇中的塔楼相同。在 19 世纪 70 年代被拆除以前，这座"法兰克人塔"都将是雅典城内的最高建筑。这是薄伽丘《十日谈》（成书于 14 世纪 50 年代）中的雅典，也是乔叟的《骑士的故事》、莎士比亚的《仲夏夜之梦》中的雅典。[2]

雅典公国只是十字军运动在东地中海留下的诸多政权之一。现代史学家时常把这些十字军国家视为近代西欧殖民统治的先兆。[3]从殖民史角度来看，这一认识颇有道理——十字军国家与殖民者在行为上存在不小的连续性。但除了威尼斯人以外，这些新的统治者并未以殖民的名义施行统治，也没有追求殖民利益。他们只是些地位较高的冒险者，试图在东方出人头地。对于这一时期希腊语世界的历史状况，一个更好的比较对象或许是当时的西欧本土社会。同样在这几百年间，这些"殖民者"的母国开始将个人效命、身份和政治忠诚逐渐融合为我们今天所熟悉的一些模式，为后世的**民族认同**奠定了基础。[4]而随着古老的拜占庭帝国分崩离析，我们也能看到一些建构政治与文化新身份的类似尝试在希腊语东方世界发生。

演化生物学有"有希望的怪物"（hopeful monster）一词，代指那些没能成功演化出新物种的基因突变。在 1204 年之后的几百年里，东地中海地区也不乏这种"有希望的怪物"，而这种现象并不只局限在那些被后世称为殖民者的西欧封建政权当中。即便是由说希腊语的人统治（无论是一直在统治，还是一度失去之后再次夺回统治权）的地方，也曾经历了与此高度类似的过程。

在拜占庭帝国原本疆土的最东端，黑海东南角的港城特拉布宗及其周边内陆地区与帝国其他地方的关系变得日益疏远，这既受制于当地的地理位置，也源自当地统治者的政治选择。早在 1204 年以前，科穆宁家族就已在当地形成了一股独立于君士坦丁堡的势力。此时，这个袖珍的"特拉布宗帝国"已成为连通中国的陆上丝绸之路的西端终点。当地的拜占庭统治者自行与南方的突厥穆斯林政权展开外交，通过威尼斯人和热那亚人的桨帆船贸易航线与地中海和西欧往来，直到 1461 年才被吞并。[5]

在拜占庭帝国西端，远在品都斯群峰以西、位于希腊半岛西部的伊庇鲁斯山区，将三代皇族姓氏集于一身的米海尔·杜卡斯·科穆宁·安基卢斯最大限度地利用了自己的高贵血统（尽管他本人只是杜卡斯家的私生子），以阿尔塔为首都，在伊庇鲁斯建立了另一个袖珍帝国，史称"伊庇鲁斯君主国"。不久后，伊庇鲁斯君主国的统治者战胜了今天希腊北部的拉丁人政权，在 1224 年攻下了塞萨洛尼基，其疆域距君士坦丁堡只有一步之遥。[6]

依旧由拜占庭政权掌握的最大一片领土存在于特拉布宗与伊庇鲁斯两极的正中间。这一地区北迄博斯普鲁斯海峡以东、马尔马拉海以南不远处，向南涵盖了安纳托利亚爱琴海沿岸的大部分地区及其内陆，以距离君士坦丁堡不远的尼西亚城为临时都城，那里正是第一次十字军运动时阿列克塞一世从塞尔柱突厥人手中夺取的坚城，可谓历史的一种讽刺。1208 年，出身安基卢斯家族的狄奥多尔·拉斯卡里斯在尼西亚加冕为帝。在那之后，这个以尼西亚为首都的新朝廷就将专注于一个目标：兴复皇权，还于旧都。[7]

但在 13 世纪支离破碎的希腊语世界，三个继承了拜占庭帝国的政权不可能为了这个目标联合起来。事实上，最终决定了帝国晚期命运的那场决战不是在拜占庭人与拉丁人之间，而是在尼西亚和伊庇鲁斯的两位敌对的希腊人"皇帝"间爆发的。1259 年 7 月，伊庇鲁斯君主米海尔二世·杜卡斯的附庸与在尼西亚加冕的篡权者米海尔八世·巴列奥略在今北马其顿共和国城镇比托拉附近的佩拉戈尼亚交战，最终尼西亚一方胜出。此战之后，巴列奥略家族扫清了权力之路上的最后障碍，缔造了拜占庭帝国历史上以君士坦丁堡为首都的最后一个王朝。[8]

此时的君士坦丁堡孱弱不堪，宛如待人撷取的果实。拉丁人皇帝鲍德温二世仍在布雷契奈宫统治着他的"帝国"，但他的君士坦丁堡没有可以提供赋税的疆土，也失去了此前从外界获取粮食与财富的渠道，更没有来自西欧的物资支持，只能沦为一片不断萎缩的废墟。讲希腊语的东正教信徒已经悄然消失。城内的街道与房屋被人废弃，为填补财政需要，市政当局只能从教堂的房顶拆下木料与铅板卖钱。鲍德温二世还被迫卖掉了一些在 1204 年尚未被十字军与威尼斯人掳走的圣人遗物，在那个强调宗教信仰的时代里，用最为珍贵的宝物换取钱财。[9]

拜占庭帝国的"光复"看似辉煌，实则波澜不惊。尼西亚朝廷原本在君士坦丁堡城外派驻了一小队人马，负责监视城市面临博斯普鲁斯海峡一侧的城墙。这时，城内有人密报称威尼斯舰队与城内的大部分拉丁守军将乘船出城、到黑海沿岸劫掠，正是乘虚而入的好时机。于是，在一些当地人的帮助下，这股尼西亚小部队闯入城中。1261 年 8 月 15 日圣母升天节当天，巴列奥略王朝的米海尔八世终于踏进了帝国的首都。[10]

接下来的 20 年里，拜占庭帝国似乎真的恢复了本来的面貌。

一切都能像从前那样运转了——至少，米海尔·巴列奥略本人显然如此认为，而他的强硬性格与坚定决心也推动着他为实现这一目标而努力。米海尔的做法与之前科穆宁王朝的诸帝类似：他面临的地缘格局固然比科穆宁时代更为恶劣，但总体仍颇有相通之处。巴列奥略王朝面临的实际敌人与潜在威胁与科穆宁王朝相似，也和帝国一直以来的局面相差不多。因此，米海尔着手重建在1203年夏天的金角湾之战中被威尼斯人歼灭的帝国舰队，随后再度从海上出发，夺回了爱琴海。米海尔从敌国治下雇用陆海军人。尽管阿列克塞一世及其后继者的经历已证明了这一政策的危险性，但由于皇帝的统治疆域已大幅缩小，帝国只能向境外寻求军队所需的人力与（海军）专业技术人才。他与威尼斯、热那亚等正在崛起的意大利城邦展开贸易，还利用这些城邦间的矛盾站稳脚跟。事后证明，这一政策甚至比雇用外国人从军更加危险，但这种离间计曾在之前收获成效，只要拜占庭帝国能继续在交涉中占据优势，或许就能在之后取得同样的成功。

米海尔的外交手腕在拜占庭诸帝中无出其右者，以至于我们甚至无从判断他的手下在1282年的"西西里晚祷"事件中扮演了怎样的角色。当时，一支法国军队在西西里城市巴勒莫集结，准备推翻米海尔的帝国，反遭当地人屠杀。和东西教会大分裂以前的大多数拜占庭皇帝一样，米海尔八世也曾主动与接连几代教宗往来。如果东正教会愿意接受天主教教宗的领导，来自西欧的势力就再也无法以"讨伐异端"的名义威胁帝国，帝国则得以再次请求西欧基督教世界提供军队抵抗东方的突厥人。在这个政策方向上，米海尔比之前的历任皇帝都走得更远：1274年，一支拜占庭使团来到法国城市里昂，在西方天主教会的一场公会议上签署了东西方教会合一的协定。[11]

上述策略或许在 12 世纪发挥了不错的效果，但在 13 世纪，随着时势更易，这些故技已很难带来持久的影响。此时，只有最为严苛的"恐怖统治"才有可能逼迫拜占庭治下的东正教会各级神职人员接受帝国的教会合一决定。结果，米海尔八世的儿子安德洛尼卡二世（他在 1282 年底父亲去世后即位）上任伊始便不得不迫于帝国境内的压倒性反对意见，撤回了这一政策。[12] 在这之后，拜占庭帝国直到灭亡之日仍将受教会合一问题的困扰，由此引发的宗教论争激烈程度甚至不逊于从前的圣像破坏运动。与之前不同，这一次的宗教问题根本无法解决：一方面，能否与逐渐崛起的西方世界交好，关系到帝国世俗统治的存亡；但另一方面，在大多数信仰东正教、说希腊语的"罗马人"看来，即便只是在信仰事务上接受远在罗马的天主教教宗统治，也是对自己身份的背叛。[13]

与此同时，帝国正在安纳托利亚节节败退，越来越多的土地落入突厥人手中。13 世纪后半叶，随着塞尔柱鲁姆苏丹国在蒙古西征面前崩溃，拜占庭帝国本应迎来收复失地的大好时机，但米海尔八世和安德洛尼卡二世都没能乘机收拾残局。最终，塞尔柱鲁姆苏丹国的故地出现了一系列动荡不安的突厥埃米尔政权，它们不但彼此征战，还进一步蚕食了拜占庭帝国的疆土。安纳托利亚本为帝国腹心之地，但生活在那里的希腊语基督徒似乎很少怀念从前被拜占庭帝国统治的岁月，很多被突厥穆斯林政权征服的当地人没有选择抵抗，而是皈依了伊斯兰教，自愿成为新生的穆斯林社会的一员。为什么希腊东正教徒如此抗拒西方天主教会的影响，却不曾积极反抗穆斯林突厥人的统治，仍是一个未解之谜。在这些地方，希腊语族群和新征服者交错杂居的局面，也催生了一种"有希望的怪物"，但因为新皈依的穆斯林往往在一两代人之内就逐渐抛弃了原本的母语，他们很快便不再以"希腊人"之名见于历史记载。[14]

领土之外，还有财政问题。米海尔八世的外交策略固然有效，但代价不菲，而由于十字军多年来的破坏与怠政，重建首都君士坦丁堡必然也成本高昂。但此时，帝国的财政收入来源已濒临枯竭。迫于财政压力，安德洛尼卡甚至解散了拜占庭海军，为后来的大祸埋下了隐患。这个决定让君士坦丁堡失去了海防屏障，而因为此前帝国已对威尼斯、热那亚商人屡屡妥协，失去海军无异于将所有海上贸易活动以及随之而来的财政命脉交给意大利商界把持。到1328年安德洛尼卡去世时，江河日下的拜占庭帝国爆发了一场长达7年的内战，国力大为萎缩。

在艺术领域，巴列奥略王朝的"复兴"尚且可圈可点。乔治·阿克罗波里特斯（George Akropolites）、乔治·帕奇米列斯（George Pachymeres）与尼科弗鲁斯·格列戈拉斯（Nikephoros Gregoras）三位史家先后用直率而雄壮的笔法书写了各自时代的历史。乔治·阿克罗波里特斯身为米海尔八世·巴列奥略的近臣，曾作为拜占庭正使出席1274年的里昂公会议，也曾主持重建君士坦丁堡的官方教育体系。这一时期，一些受过良好教育、人称"哲学家"的神学家仍在探索以古典哲学思想解释基督教教义的边界，以13世纪后半叶的修士兼学者马克西莫斯·普拉努德斯（Maximos Planoudes）为首，一些君士坦丁堡的学者开始阅读西方天主教世界的拉丁文文献，上起公元5世纪的圣奥古斯丁，下至与他们同时代的圣托马斯·阿奎那，开辟了此前7个世纪以来所未有的局面。[15]

这一时期，由作家、全才学者兼高官塞奥佐罗斯·梅托基特斯（Theodoros Metochites）于1315年到1321年间出资重修的科拉教堂（今改为卡里耶清真寺）也标志着拜占庭教堂马赛克装饰艺术迎来了璀璨的复兴。自20世纪重见天日以来，教堂内描绘圣母玛利亚生平的装饰画一直备受推崇，但一些艺术史家也从中发现了一种过于刻板矫饰的手法，表明制作者当年可能也对"复兴"有一种刻意的执着。乔治·阿克罗波里特斯恢复的教育体系也反映了类似的心态，在本质上没有脱离1 000多年前第二智者运动留下的框架。接受了优质教育的拜占庭作家仍在以一种古老的希腊语写作，全然不顾日常口语在几个世纪以来经历的种种变迁。[16]

与拜占庭帝国凄惨的现实处境相比，所谓"巴列奥略文艺复兴"时期的艺术与思想成就无疑令人称奇，但这些优秀的文化成果本身也折射出一种拒绝或无法适应于时代变迁的倔强。在科拉教堂的马赛克装饰画中，有一处细节便反映了这一点。在其中一幅画面里，出资重修教堂的梅托基特斯双膝跪地，用手捧着教堂的微缩模型，献给宝座上的耶稣基督。这一场景的构思与表现手法完全合乎传统，但梅托基特斯头上一条类似头巾的头饰颇有新意。这条充满异域风情的头巾尺寸数倍于梅托基特斯本人的脑袋，也略大于他手中的微缩教堂，是当时宫廷风尚已经改变的一大证明。这种新的装扮显然也对在朝中任官的梅托基特斯有一定的意义，让他授意马赛克背后不知名的工匠把头巾作为自己风光形象的一部分，呈现在教堂的内壁上。可以说，在遍布科拉教堂内部、传达着怀古与复旧意味的装饰画中，唯独梅托基特斯的这件头饰承载了新时代的气息。

复兴之后的拜占庭帝国最大的败笔，在于没能阻止希腊语世界的进一步分裂，斩断1204年大崩溃的病根。在君士坦丁堡以外，各地的希腊人政权都不再试图为这个祖先曾经服务过的帝国效力。而生活在拉丁人政权境内的希腊臣民即便对信奉天主教的统治者耿耿于怀，仍选择拥抱新的未来，而不是汲汲于恢复业已失去的往昔。

伯罗奔尼撒半岛，抑或希腊口语所谓的"摩里亚半岛"（这个名称在当时更为流行）成为两名骑士的共治封地，他们来自法国北部的香槟地区，分别是维尔阿杜安的若弗鲁瓦（Geoffrey of Villehardouin）和尚普利特的威廉（William of Champlitte）。一个世纪后，若弗鲁瓦驱逐威廉、在伯罗奔尼撒半岛上建立维尔阿杜安王朝的故事将被人写成名著《摩里亚编年史》，并在接下来的两个世纪以各种语言不断流传、演变。最初以希腊语写成的《摩里亚编年史》是希腊语文学上的一部开创性作品：与此前用君士坦丁堡文人偏爱的"高格调"希腊语著作不同，《摩里亚编年史》使用的语言更接近现代希腊语，也很可能在一定程度上反映了当时伯罗奔尼撒当地希腊人的语言习惯。此外，《摩里亚编年史》以韵文体写成，这可能也反映了当地的口头叙事传统。[17]

《摩里亚编年史》的最长版本有近一万行诗句，讲述了说法语、信奉西方拉丁教会的"法兰克人"与一部分说希腊语、信奉东正教会的本地人彼此联合（尽管并非全然共融）的故事。故事开头，不知名的作者似乎有意模仿口传叙事艺人的腔调，对上述两种人群宣讲道：

> 法兰克人和罗马人［即希腊人］且听我一言，
> 你们都信仰基督，受过洗礼
> 请你们聚拢过来，听我讲这一桩大事。[18]

《摩里亚编年史》描述了一种强大的**地域**认同感。法兰克与希腊两民族、天主教与东正教两教派全都统一起来，成了"摩里亚人"。其中的一个关键段落虚构了一篇 1259 年佩拉戈尼亚战役前夕维尔阿杜安的威廉*对麾下骑士发表的演讲。当时，他们即将**联合**伊庇鲁斯君主国的希腊人，一起**对抗**尼西亚朝廷的希腊人（即后来收复君士坦丁堡的米海尔八世）。在演讲中，威廉承认，战场距离骑士们的故乡摩里亚很远，但他们必须奋勇作战，不负世间芳名。威廉在演说中回避了一个尴尬的事实，那就是尼西亚皇帝被当时的很多希腊人奉为拜占庭帝国的正统继承者；他转而强调，拜占庭军队是一支乌合之众，由操着各种语言的雇佣兵拼凑而成。之后，他又将敌人与自己手下的队伍进行了对比：

> 即便敌众我寡，
> 我们仍是用统一本体打造的同胞，
> 一定要爱人如己，亲如兄弟。[19]

在这里，"本体"一词显得很是突兀。这个概念可能是从神学中借用的，一如"爱人如己"挪用了《约翰福音》中耶稣的诫命。在威廉口中，他的部下似乎是被一种近乎神圣的纽带联系在一起的，他们忠于伯罗奔尼撒故土，忠于摩里亚的邦君，其强度远胜希腊人对于任何以拜占庭之名复兴的希腊语政权的认同感。

---

* 维尔阿杜安的威廉（约 1211—1278）是若弗鲁瓦的幺子，在 1246 年兄长若弗鲁瓦二世无嗣而终后继位，成为摩里亚邦君（也称亚该亚邦君）威廉二世（威廉一世即上文提到的尚普利特的威廉）。——译者注

《摩里亚编年史》在多大程度上体现了13世纪伯罗奔尼撒半岛的情况，如今已很难断言。作者歌颂了当地的大贵族世家（无论出身法国还是希腊），他们曾经生活过的城堡至今仍是当地的重要地标，但当年为修建这些城堡出工出力的本地小农与工匠没能在历史上留下半点声音。同理，城镇居民、普通兵卒、佃农以及牧民曾是维系当地社会生活的不可或缺的人群，但他们的经历也湮没在了历史的长河里。与拜占庭帝国高度发达的民政体制相比，《摩里亚编年史》中受法兰克人统治的摩里亚社会显得更为原始，更具英雄气息，甚至可让人联想到荷马史诗。[20]

　　事实上，摩里亚的法兰克统治者很可能也在有意识地标榜自己与远古英雄传说间的联系。征服摩里亚和开创维尔阿杜安王朝之后不久，若弗鲁瓦一世就将自己的头衔改为"亚该亚君主"，这既复活了罗马帝国时代亚该亚行省的名称，也是对特洛伊传说中发起远征的"亚该亚人"的一种致敬。关于特洛伊战争的传说故事再次流传于摩里亚境内，而与《摩里亚编年史》一样，这些故事也是同时以法语和当时流行的希腊语口语写成的。新的社会催生了新的文学品味，统治者和他们的臣民似乎都能从传说中古希腊与特洛伊的战士身上找到自己的榜样。在14世纪后半叶形势恶化以前，摩里亚地区一直在孕育一种独特而混合的"摩里亚人"文化与身份观念。[21]

　　12世纪80年代，位于地中海东端的塞浦路斯岛曾是最早脱离拜占庭帝国统治的希腊语地区之一；早在第四次十字军运动之前的1192年，那里就已成为法国十字军领袖的领地。到塞浦路斯与耶路撒冷王国（这是塞浦路斯当地政权的全称）成立时，耶路撒冷已彻底落入十字军之手。由此直到 1489 年，塞浦路斯将由来自法国的吕西尼昂家族（此前曾统治耶路撒冷的十字军国家）统治近三个世纪。与摩里亚相比，塞浦路斯岛上占多数的希腊语东正教徒显然受到了歧视，仅被统治者视作二等公民。但他们并未受到显著的迫害；十字军统治者很少强迫他们改宗天主教，即便有也受到了成功的抵抗。

在吕西尼昂家族的统治时期，塞浦路斯的政治体制始终保持了稳定，当地出现了一些新的制度，也产生了一些新的效忠关系。当地统治者在尼科西亚修建了哥特式主教座堂，在今天凯里尼亚城外的山坡上修建了贝拉派斯（Bellapais）修道院，在附近的圣希拉里翁和布法文托修建了壮观的城堡，还在法马古斯塔修建了"奥赛罗之塔"（后来成为莎士比亚剧本中的一处场景），这些工程在建造时无疑需要征用大量的当地民工。中世纪晚期塞浦路斯的宏伟教堂建筑都是由来自西方的天主教统治者主持建造、由天主教会祝圣的；相比之下，当地人只能在更为狭小的东正教堂里勉强维持自己的信仰。不过，在今天塞浦路斯岛南部的特罗多斯山区深处，我们仍可在乡间教堂中一睹中世纪东正教堂豪华的内部装饰。

即便处境并不理想，塞浦路斯希腊语东正教徒仍在吕西尼昂政权治下表现活跃，在最高统治者以下的各个阶层都可看到他们的身影。到 15 世纪 30 年代塞浦路斯希腊人开始在历史上留下自己的声音时，整个希腊语世界的分崩离析已开始波及语言本身。自迈锡尼文明崩溃后的黑暗时代以来，希腊语再次分裂成几个差异显著的方言区。在《摩里亚编年史》开辟希腊语文学新空间、使用近似当代希腊语的白话写作约一百年后，塞浦路斯的莱昂提欧斯·马凯拉斯（Leontios Machairas）也在用故乡本地的希腊语撰写散文体史书。

时至今日，他著作中采用的方言仍承载了许多令塞浦路斯希腊语有别于其他种类希腊语的特征。[22]

　　马凯拉斯是吕西尼昂家族统治下的一名东正教徒。在著作中，他自称曾为一位当地法裔贵族担任秘书。1426 年 7 月，在塞浦路斯国王雅努斯·吕西尼昂整军抵御埃及马穆鲁克王朝入侵南部沿海时，他曾受命为守军管理葡萄酒供应。随后，攻守双方在沿海口岸利马索尔与首府尼科西亚（位于内陆）之间一个名叫希罗基蒂亚的地方爆发战斗，马凯拉斯在战后不久写下的史书也于此迎来高潮。最终，塞浦路斯军队一败涂地，国王雅努斯沦为俘虏，希罗基蒂亚镇也被马穆鲁克军劫掠一空。入侵者离开之后，塞浦路斯当地的希腊语东正教徒臣民在自称国王的阿列克塞领导下发起叛乱，但当局筹资赎回了国王，阿列克塞也在同一天被处决。在写作于雅努斯之子约翰二世·吕西尼昂时期的这部史书中，马凯拉斯明确表达了自己的效忠对象。他称造反的希腊人叛军为"可憎的农民"，指责他们行为"邪恶"，对于自称为"阿列克塞国王"的叛军领袖，更是以几行文字草草带过。在所有记载反抗或叛逆行为的段落里，马凯拉斯的立场都站在国王一边。[23]

　　不过，马凯拉斯笔下的"国王"（regas）是当时希腊语中一个由拉丁语"国王"（rex）衍生而来的新名词，更古老的"巴赛勒斯"一词仅被用于称呼君士坦丁堡的拜占庭皇帝。到马凯拉斯撰写史书时，君士坦丁堡作为拜占庭帝国首都的历史已临近终结，东正教拜占庭皇帝（"巴赛勒斯"）治下的领土也已所剩无几。但在史书中，马凯拉斯仍以略带伤感的笔法，对这个奄奄一息的旧帝国保持了敬意。正如《摩里亚编年史》创造了"摩里亚人"这一新身份，马凯拉斯的史书也第一次成体系地将"塞浦路斯人"描述成一个带有明确归属意识、囊括了统治者与被统治者的新集体。[24] 根据马凯拉斯的记述，在 1426 年 7 月的希罗基蒂亚之战中败北的是作为统一整体的**塞浦路斯人**，无论国王雅努斯·吕西尼昂、他手下说法语的骑士，还是当时为他们调运葡萄酒的马凯拉斯自己以及发起动乱的农民，都包含其中。到 15 世纪中叶，虽然在方式上与伯罗奔尼撒半岛短命的亚该亚公国截然不同，"塞浦路斯与耶路撒冷王国"已在通往地区性身份认同的社会演进道路上走得更远。

在希腊语世界各个角落发生的这种社会变迁，或可与中世纪英格兰自 1066 年诺曼征服以来，在两三个世纪之内经历的族群、文化与语言融合相提并论。摩里亚和塞浦路斯的案例只是在文献记载上最为翔实，在当时的希腊语世界并非绝无仅有。[25] 此外，直到 15 世纪，"有希望的怪物"们的演化也没有完全结束，而其中最为明显的例子——极盛时期的威尼斯属克里特岛——还要过一段时间才会出现。

在这段时间里，拜占庭帝国的残余部分仍在逐渐走向衰落。1347 年，黑死病在传入君士坦丁堡之后向西传播，最终令西欧人口减少了三分之一。此时，拜占庭帝国的疆土已仅限于少数几座城镇、岛屿和一些彼此不相连的海岸线，今天的希腊全境几乎都被南方的拉丁诸政权和北方不断扩张的塞尔维亚王国瓜分。君士坦丁堡的统治范围已龟缩到城外的色雷斯地区，规模与一个城邦无异。"众城之女王"仍有宏伟的城墙拱卫，拜占庭帝国的宫廷也依旧自命不凡，但以军事和商业实力论，君士坦丁堡已被威尼斯和热那亚远远地甩在了后面。

即便皇权的价值大为缩水，拜占庭帝国仍围绕皇位的归属爆发了几次内战。1346年，一度有三方势力自封"罗马人的皇帝"，加入混战。最终，约翰六世·坎塔库尊在1347年战胜了年幼的约翰五世·巴列奥略一派，这是一场代价高昂的胜利。因为帝国的真品皇冠与皇室珠宝已在4年前被反对派抵押给威尼斯人（且最终再未赎回），约翰六世在1347年5月21日加冕时只能佩戴廉价的赝品。而因为圣索非亚大教堂此时年久失修，即位典礼只能改在布雷契奈宫旁的一间教堂举行。[26]

接下来，形势还会更加糟糕。在之前的几十年里，历代拜占庭皇帝尚能利用帝国东南方各大突厥领主间的矛盾艰难求存，如果不试图在小亚细亚收复失地，帝国甚至可以将突厥人雇为佣兵，又或者与某位突厥埃米尔结成策略性同盟，以削弱另一位埃米尔的实力。约翰六世·坎塔库尊就曾与比提尼亚埃米尔奥斯曼的儿子奥尔汗过从甚密，甚至把女儿嫁给了他。奥尔汗的领地囊括了整个马尔马拉海南岸，在各突厥领主中离君士坦丁堡最近。他的后人将在后世崛起，缔造庞大的奥斯曼帝国，这是约翰六世生前不可能预料到的；但在1352年，由于拜占庭再度爆发内战，奥尔汗的儿子苏莱曼作为佣兵来到赫勒斯滂海峡对岸的加利波利平叛，却在战斗结束后拒绝返回，对于这一事件，约翰六世或许并不惊讶。最终，苏莱曼在加利波利半岛上占据了几座小镇，1352年也成为土耳其人在欧洲大陆上永久定居的开端之年。

为了保住皇位，"满腹犹疑的皇帝"（这是现代唯一一本约翰六世传记对他的评价）约翰六世·坎塔库尊无意间付出了过于高昂的代价，但他终究还是在不久后迫于压力让出了皇位，把帝国交给此前被自己击败的政敌约翰五世·巴列奥略。[27]到14世纪末，奥斯曼家族已将首都从位于马尔马拉海亚洲一侧海岸的布尔萨迁到了色雷斯地区的哈德良堡，并击败了保加利亚与塞尔维亚两王国。1394 年，自称苏丹的奥斯曼统治者巴耶塞特还对君士坦丁堡发起了一次围攻。

面临如此紧迫的局面，拜占庭社会的各个阶层与一些掌握实权的个人开始朝截然不同的方向寻找救命稻草。其中一种努力来自当时的修士与修道院。14 世纪，拜占庭宗教界出现了一场融合神秘主义灵修与私人祈祷的避世思潮。这种名为"静修"（hesychasm）的运动至少在表面上与伊斯兰教苏非派的传统，以及今天的瑜伽、正念冥想等活动有所类似。"静修"一词的本义相当于"静默之道"：在政治秩序不断崩塌的现实之下，遁入内心世界无疑是一种吸引人的选项，但对静修的追求也必然在政治上造成了一种近乎宿命论的消极心态。[28]

在拜占庭帝国的统治阶级中，还有一些更为务实的人选择反其道而行之，致力于拯救国家体制本身。他们试图与西方教会达成外交妥协，以换取来自西欧的军事支援。为达成这一目的，约翰五世·巴列奥略（他在约翰六世退位之后统治多年）忍辱出访罗马，与教宗见面。他于 1369 年 10 月抵达罗马，在那里交涉了 5 个月，但作为拜占庭皇帝，他最多只能同意以纯粹的个人名义服从天主教教宗的节度。或许是出于危机之下的利益权衡（虽然个人信仰的因素也无法排除），约翰五世同意改宗天主教会，但与近一个世纪前的米海尔八世不同，此时的他甚至无法装腔作势地要求帝国治下的东正教会与神职人员接受教廷管辖，因此不能在教会组织层面带来实质性的改变。而在战略层面，此时的教宗也已不复当年的权威，不能像 11 世纪 90 年代的乌尔班二世那样一呼百应、发动十字军东征，约翰五世对罗马教廷的访问因此不可能取得任何有意义的成果。[29]

约翰五世的儿子曼努埃尔二世采取了一条与父亲不同的路线。1399 年 12 月，曼努埃尔二世离开君士坦丁堡，前往西欧。当时，奥斯曼苏丹巴耶塞特对君士坦丁堡的围攻仍未解除，这座基督教世界在东方最后的堡垒依旧危如累卵。曼努埃尔二世没有与教宗展开交涉，也没有为天主教会的会议多费口舌，更没有对西欧方面许下东西教会合一的空洞承诺（这是历史上的第一次）。史学家评价曼努埃尔二世"教养良好、饶富学问，比他的父亲更精明也更有威严"，他在 1399 年来到西欧之后直奔法国国王查理六世与英格兰国王亨利四世的宫廷，向他们请求军事支援。

曼努埃尔二世的西欧访问持续了三年。1400 年底，他在伦敦得到盛情款待，还受邀在埃尔瑟姆宫（Eltham Palace）*出席圣诞晚宴、莅临骑士比武大赛。此时距离亨利·博林布鲁克推翻理查二世、成为英王亨利四世仅过去不到一年半（与拜占庭相比，这种王位废立之事在英格兰颇为罕见）。听闻东道主表示自己乐于率领十字军驰援东方，曼努埃尔二世大喜过望，但他或许没有注意到亨利四世之所以做出这一承诺，只是为了转移国内的注意力，让政界忽视自己得位不正的问题。结果，正如所有熟读莎士比亚历史剧或熟谙英格兰历史的人所知，亨利四世的余生都将为英格兰的内战所困扰，他的儿子亨利五世则将致力于征服南方的法兰西王国。虽然曼努埃尔二世一度重燃希望，但在此时的欧洲西北部，人们对十字军的热情已经消散殆尽了。[30]

最终，让拜占庭帝国绝处逢生的机缘并非来自西方，而是来自

---

* 埃尔瑟姆宫位于今伦敦格林尼治。——译者注

东方。1402 年 7 月，曼努埃尔二世访问巴黎期间，帖木儿率领的蒙古军队在安卡拉之战中击败了奥斯曼军队，苏丹巴耶塞特本人被俘，奥斯曼苏丹国只得暂时仰蒙古之鼻息。在欧洲各地（尤其是君士坦丁堡）看来，奥斯曼似乎也要陷于分裂境地，一如之前被蒙古人击败的塞尔柱鲁姆苏丹国，但这场变故最终只给拜占庭延续了50 年寿命，拜占庭帝国各界继续为如何自救争论不休。[31]

截至彼时，至少在表面上，拜占庭国内对于如何扭转帝国的命运，存在两种战略方向：其一是主张维护东正教会的内部统一，其二是寻求保全帝国及其政治制度。但到 15 世纪第二个十年，拜占庭国内出现了一种明确的新要求——主张让帝国治下的某**部分领土独立**，这在拜占庭早期的几个世纪里是前所未有的。这个观点发源于摩里亚，亦即伯罗奔尼撒半岛。在之前几百年里，摩里亚作为区域中心的地位不断走向复苏。此时，法兰克人统治的亚该亚公国早已消亡，到 1430 年，整个伯罗奔尼撒半岛再度回归拜占庭统治，史称"摩里亚君主国"，但当地的统治权并不直接归属于君士坦丁堡朝廷，而是集中在地方首府米斯特拉斯。始建于中世纪的米斯特拉斯位于陡峭的山峰之上，俯瞰埃夫罗塔斯河谷与荒废的古斯巴达城遗迹。摩里亚的"君主"（despot）由皇帝任命（且通常由皇帝的近亲担任），但能在当地享受高度的自治权。[32]

15 世纪上半叶，米斯特拉斯的宫廷始终作为一处独立的政治与文化中心发挥着作用。今天的米斯特拉斯古城街道蜿蜒，游客能越过成排的房屋俯瞰拉科尼亚地区的橄榄园，或仰望另一边巉岩耸立的塔伊耶托斯群峰，点缀其间的宫殿与教堂遗迹（其中一些已得到重建）依稀残存着当年摩里亚君主国的威严。正是在这座城市里，当时最为杰出且最具原创性的思想家格弥斯托士·普勒托（Gemistos Plethon，本名乔治·格弥斯托士）根据新时代的新背景，为希腊人打造了一套全新的自我认同体系。

　　普勒托的生平如今已很难查考。他可能在 1360 年之前不久诞生于君士坦丁堡，在那里享受了最为优质的拜占庭式教育，还曾在首都与米斯特拉斯（约 1400 年以后）担任多项公职。今天，普勒托最为知名的成就是他对古典时代柏拉图哲学思想的再诠释（他以"普勒托"为名似乎就是有意向柏拉图致敬），以及他对后世意大利文艺复兴运动的影响。但他也在给摩里亚君主狄奥多尔二世与其父拜占庭皇帝曼努埃尔二世·巴列奥略的两篇奏书（可能在 1416 年到 1418 年间写成）中紧扣当时伯罗奔尼撒半岛的现实，阐述了十分务实的政治主张。

　　普勒托认为，摩里亚的土地足够广阔，土壤也足够肥沃，可以满足当地居民的生活需要。当地与大陆之间只有狭窄的科林斯地峡相连，"既可为海岛，亦可为大陆之一部"，只需"最低限度的防备，即可抵御外患"。不仅如此，这里"世代为希腊人所居，族群自有史以来便不曾更易"。据此，普勒托在给皇帝的奏书中留下了这样一句时常为后人所征引的名言："我们是古希腊后裔，无论语言还是文教传统都可为见证。"[33]

　　普勒托的想法推翻了与柏拉图同时代的伊索克拉底在大约 1 800 年前的公元前 380 年提出的传统观点。伊索克拉底主张，"希腊人"的身份取决于一个人使用的语言和受过的教育；普勒托则认为，语言与教育固然重要，"后裔"也即血缘关系（"genos"，与当初伊索克拉底使用的"血缘"一词相同）才是决定何为"希腊人"的第一标准。在普勒托以前，拜占庭社会也曾几度以"希腊人"自称，但从没有人像普勒托这样严肃地对待这一身份。普勒托为摩里亚君主国勾勒的蓝图在很大程度上为后来几百年间在欧洲发展成形的民族认同提供了先声。[34]

在论述"希腊人的"摩里亚如何可以独立于君士坦丁堡自给自足之后，普勒托列出了一些具体的举措，以根据柏拉图的思想改革摩里亚的行政制度。他的一些提议以今天的标准来看颇具极权主义色彩。普勒托不但崇拜柏拉图，也推崇米斯特拉斯山脚下的军国古邦斯巴达。在给皇帝的奏书中，普勒托建议国家没收一切私有土地，重新分发给最勤奋、最有能力的人耕种。普勒托还不遗余力地批评修道院与修士（"一群虫豸"），认为他们白白占用了太多的资源，享受了太大的权势（他也借此抨击了静修运动在当时造成的影响），限制了国家的力量，到头来助长了土耳其人的气焰。[35]

在中世纪希腊世界长达数百年的探索中，普勒托为伯罗奔尼撒构思的政治制度或许是最为怪异的一条"死胡同"，抑或"有希望的怪物"。但他的构想终究只停留在纸面上，无论君主狄奥多尔还是他的父亲曼努埃尔二世皇帝都没有对此加以重视。进入晚年以后，退出公职的普勒托不再需要向帝王推销主张，他的思想蓝图也延伸到了政治领域之外。普勒托去世后不久的 15 世纪 50 年代初，人们发现了他生前的最后一部著作《法律篇》。在这之前，这本书的内容似乎只在米斯特拉斯他最为信任的朋友和门生之间流传。在《法律篇》中，普勒托不但抛弃了拜占庭帝国，甚至否定了整个基督教，主张像 1 000 多年前的"背教者"皇帝尤利安那样，回归古典希腊的多神崇拜。然而，这项最为激进的主张甚至没能在纸面上留存下来——希腊东正教会牧首下令将《法律篇》全本手稿当众焚毁，只留下几页最具挑衅意味的文字，以示普勒托思想离经叛道之甚。

15 世纪 30 年代后半段，君士坦丁堡再度迎来危机。此时统治帝国的是曼努埃尔二世的儿子约翰八世·巴列奥略。当时，拜占庭帝国手中仅剩的一项策略就是寻求东西方教会的完全合一，但皇帝和他的廷臣们知道自己既不能保证赢得西方天主教会的认同，更不可能压制东正教会各级神职人员与平信徒的强烈反抗。所幸，天主教教宗尤金四世接受了拜占庭方面始终坚持的一个条件，同意东西方教会必须在一场**全体**出席的公会议上解决合一问题，双方的交涉终于有所进展，但依旧以教宗权威的至高无上为底线，迫使拜占庭方面对此做出让步。

　　1438 年 3 月，一支约 700 人的庞大使团应约来到意大利北部城市费拉拉，代表东方正教会参加普世公会议。这支使团由皇帝与君士坦丁堡牧首领衔，几乎囊括了来自首都君士坦丁堡、摩里亚君主国及其他拜占庭帝国领地的所有知识界与宗教界要人，年过八旬的普勒托也因职责所系位列其中——尽管在私下里，他已彻底背弃了整个基督教会。会议期间，因为费拉拉暴发瘟疫，与会代表只得将会场迁至佛罗伦萨。一位现代历史学者描述，"与会双方的资深神学家激情澎湃，像全神贯注的学者一样展开辩论"。[36]

　　1439 年 7 月 6 日，东西方教会在佛罗伦萨正式宣告合一。作为回报，教宗尤金四世同意发起一场十字军运动，从土耳其人的包围之下拯救君士坦丁堡。即便此时欧洲的政治氛围已大不同于从前，一支由西欧的勃艮第人、威尼斯人和东欧的塞尔维亚人、匈牙利人、瓦拉几亚人组成的十字军仍在 5 年后整装出发，却在 1444 年 11 月 10 日于黑海岸边的瓦尔纳（今保加利亚境内）一败涂地。这支队伍因此被称为"瓦尔纳十字军"，也是历史上最后一支十字军。在这之后，拜占庭帝国争取西欧军事支援的希望虽未完全破灭，但西方所能提供的援助规模，已全然无法与从前相提并论。君士坦丁堡陷入了孤立无援的境地。[37]

进入 15 世纪 50 年代，有两个因素决定了"世界渴望之城"君士坦丁堡不可能继续抵挡奥斯曼苏丹国的进攻：一个是地理，一个是火器。此时，奥斯曼苏丹国已征服了巴尔干大部地区，其兵锋已向西、向北深入欧洲大陆数百英里，君士坦丁堡则沦为一座孤岛，仅凭高墙在虎视眈眈的强敌包围下勉力支撑。公元 5 世纪初由狄奥多西二世皇帝修建的巨大城墙已屹立了约 1 000 年，为君士坦丁堡击退了一批又一批敌人，只要拜占庭帝国没有失去对城市周边航道与金角湾港口的控制，这座城市依旧坚不可摧。在历史上，君士坦丁堡只沦陷过两次：1204 年，君士坦丁堡失守是因为威尼斯舰队强行攻破了金角湾；1261 年，米海尔八世是因为城中守备空虚，才得以驱逐了最后一位拉丁皇帝，恢复了希腊人拜占庭皇帝的统治。

然而，奥斯曼家族年轻的苏丹穆罕默德二世（他在后世的土耳其语中被称为"法提赫"，即"征服者"）决心用一件新武器攻破君士坦丁堡。从前，拜占庭帝国曾凭神秘的"希腊火"保持了军事技术上的领先优势，一次次化险为夷；但此时，拜占庭成了在技术上落后的一方。通过融合发祥于中国的火药技术和从西方基督教世界引进的铸炮技术，奥斯曼苏丹国掌握了征服君士坦丁堡的撒手锏。1452 年秋天，随着穆罕默德二世的大军集结在君士坦丁堡城外，始建于公元 5 世纪的狄奥多西城墙即将面临 15 世纪最尖端军事科技的挑战。

1453 年 4 月 6 日，奥斯曼军队发起了最后一轮围攻。那是复活节过后的第一个星期。攻城的奥斯曼军每天都以火炮轰击城墙，拜占庭守军则在君士坦丁十一世·巴列奥略的指挥下坚持抵抗。君士坦丁十一世时年 49 岁（比他的对手穆罕默德二世大一倍以上），在 1449 年即位为帝前，他曾在兄长约翰八世手下担任摩里亚君主，任内颇有建树。这位末代"罗马人的皇帝"只在米斯特拉斯接受了皇帝头衔与冠冕礼器，从未在帝都君士坦丁堡正式加冕。因为希腊东正教会强烈反对东西教会合一，帝国此时甚至已找不到神职人员出任君士坦丁堡牧首，因而无法在圣索菲亚大教堂举行古老的即位仪式。后世盛传君士坦丁十一世手下的某位将领曾扬言"宁肯裹土耳其人的头巾，也不要天主教的礼冠"，这很可能只是杜撰，但也不是不可以反映当时拜占庭守军的一种普遍心态。[38]

虽然东西方教会关系紧张，仍有来自热那亚与威尼斯的小股部队加入了守卫君士坦丁堡的行列。帝国原本热切期待威尼斯人派舰队前来救援，但到 5 月中旬，一艘突围出城的侦察船汇报称没有看到威尼斯援军的踪影，打破了这一希望。一名官员奉命清点城中剩余的战斗人员，最终汇报说城内还有 4 773 名帝国军人与 200 名外国士兵可用。其他史料估计此时君士坦丁堡守军的兵力有六七千，而城外的奥斯曼军兵力应在 8 万人以上。[39]

5 月 21 日，穆罕默德二世遣使入城，要求守军投降。如果拜占庭方面接受谈判条件，奥斯曼军队就将不会遵循传统，对城内烧杀掳掠三天，但君士坦丁十一世当场表示拒绝。5 月 28 日星期一夜里，圣索菲亚大教堂举行了城破前的最后一场守夜仪式，无论天主教徒还是东正教徒都放下了漫长的守城任务，前来参加。第二天破晓前，奥斯曼军队发起了总攻。持续数周的炮击已对城墙造成了严重破坏，在炮兵的火力支援下，奥斯曼苏丹国的精锐近卫军——耶尼切里对君士坦丁堡发起了一轮又一轮突击。到日出时，第一批耶尼切里部队已爬上了城墙。随后，两军在城内展开了持续数小时的激烈巷战。

城内的很多威尼斯人与热那亚人乘船逃到了海上，其他居民只能坐以待毙。君士坦丁十一世与守军士兵一道在城墙上奋战，随后不见了踪影，他的遗体也从未被找到。后世有传说称他为"不朽的皇帝"，认为他在战场上被天使接走，带到城墙中某个秘密的地方化作石像，等君士坦丁堡重归东正教信仰时以胜利者之姿重回人间。[40]

城破之后，奥斯曼军队开始烧杀掳掠。在攻破君士坦丁堡之后的头 12 个小时里，他们可能就杀害了多达 4 000 名居民，还有 1.5 万人被掠为奴隶。当天午后，穆罕默德二世举行了入城仪式。据一位在场的威尼斯人描述，苏丹穆罕默德二世骑着白马进入君士坦丁堡，马蹄下"血流如注，就像风暴过后流遍街头的雨水"。苏丹的队伍一路来到前一天夜里还曾举行过基督教仪式的圣索非亚大教堂，一位伊斯兰教伊玛目登上祭坛，带领在场的穆斯林祈祷。[41] 落成近千年之后，查士丁尼以来东方基督教的圣殿，成为伊斯兰世界规模最大的清真寺。

希腊方面常把 1453 年君士坦丁堡的第二次陷落视为 1204 年第一次君士坦丁堡之劫以来一个持续瓦解的过程的最终结果。但从更广阔的角度来看，奥斯曼苏丹国攻占君士坦丁堡反而**扭转**了这个瓦解的过程。自 12 世纪末开始，君士坦丁堡作为帝国首都的向心力便不断减退。希腊语世界日趋离散，历史的潮流也渐渐弃残破的拜占庭帝国而去。在萌生于 13 世纪乱世的诸多政治试验体（"有希望的怪物"）当中，只有奥斯曼在比提尼亚建立的小小埃米尔国笑到了最后，成为周边人类社会的主宰者，而这股力量之所以能够取得成功，离不开拜占庭皇帝约翰六世·坎塔库尊在 14 世纪四五十年代的利用与栽培。通过以武力征服君士坦丁堡，奥斯曼的后人穆罕默德二世只是恢复了这座城市原本的位置。在之后的 500 多年里，它改名叫"伊斯坦布尔"，成为一个新的世界性帝国的首都。

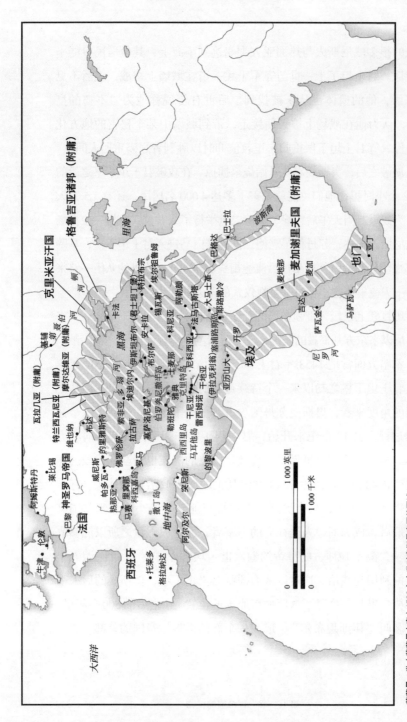

苏莱曼一世（苏莱曼大帝）1566 年去世时奥斯曼曼帝国的疆域

来源：'Territorial Changes of the Ottoman Empire 1566', Wikipedia, November 24, 2017, https://en.wikipedia.org/wiki/Territorial_evolution_of_the_Ottoman_Empire#/media/File: OttomanEmpire1566.png

第十二章

两个世界之间
（1453 年—1669 年）

　　君士坦丁堡陷落后，由希腊人领导的独立政权便仅限米斯特拉斯的摩里亚君主国和东方黑海之滨的"特拉布宗帝国"两地。但很快，穆罕默德二世就将矛头对准了这两个地区。1460 年与 1461 年，米斯特拉斯与特拉布宗先后陷于奥斯曼苏丹国之手。在接下来的三百多年里，所有以希腊语为母语的人都将受奥斯曼苏丹或某个西欧政权（且通常是天主教政权）的统治。对其中大多数人而言，这都只是一种与生俱来的处境，并非主观所能选择。对于那些选择离开出生地，并有能力这样做的人来说，选择也往往十分严峻。

　　拜占庭皇室与统治阶级的幸存者流亡到了西方的意大利，途中大多取道此时仍被拉丁人统治的克里特岛。但除了偶尔有激进分子鼓吹再度对土耳其人发动十字军以外，在异国土地上重建拜占庭帝国的希望从未重燃。末代皇帝君士坦丁十一世死后没有留下子嗣，巴列奥略王朝最后一位有合法皇位继承权的后裔安德里亚斯只能在罗马潦倒度日。因为生计无着，他不得不出卖自己的全部头衔，先是卖给法国国王，然后又卖给了天主教双君——阿拉贡与卡斯蒂利亚的斐迪南和伊莎贝拉，但他最终还是在 1502 年以贫困之身死在了西班牙。[1] 在君士坦丁堡沦陷后的几十年间，希腊人将作为学者与文人而非军人或政治领袖游走于西欧大地。拜占庭帝国久负盛名的教育体系多年来一直以通读荷马史诗与公元前 5 世纪到前 4 世纪的希腊语经典文献为基础，而现在，以这些流亡者为媒介，这套教育体系的成果终于传到了世界其他地方。得益于拜占庭的古典教育，西欧世界在近 1 000 年后终于再次打开了通往希腊语和古希腊思想世界的大门。

早在 1438 年到 1439 年间的费拉拉与佛罗伦萨公会议上，拜占庭学者就与西方学者通过非正式往来，为这种文化交流奠定了基础。与这场公会议产生的短命决议相比，与会双方的这些闲杂交流反而产生了更为长远的影响。普勒托的门生比萨林后来成为罗马天主教会的枢机主教，他将恩师的杰出著述与古希腊史书、诗歌、哲学手稿编辑成册，在当时的意大利知识界引起热烈反响，势头甚至盖过了时人对于圣灵因何而出 * 的争论。

拜占庭遗民提供的希腊思想之所以如此受欢迎，是因为在此时的意大利社会，一些乐于探求知识的人对失落的古典艺术与思想遗产抱有极大的兴趣。今天，这场在君士坦丁堡陷落后的几十年间臻于顶峰的思想与艺术运动，被我们称为"文艺复兴"。[2] 这场文艺复兴运动起初源自对古罗马的推崇，但在阅读西塞罗等古罗马作家

---

* "圣灵因何而出"（the procession of the Holy Spirit）论争即所谓"和子句"（filioque）纠纷。公元 381 年第一次君士坦丁堡公会议通过《尼西亚信经》，确立了基督宗教的三位一体神学思想。后来东西两派教会的《尼西亚信经》出现了圣灵"发自圣父"与"发自圣父和圣子"的差异，成为双方在三位一体神学观念上的根本分歧。——译者注

的名著时，意大利人难免注意到这些先贤在很大程度上受到了古希腊人的启发。正如古罗马人被他们以武力征服的希腊文明所"俘虏"（借用公元前1世纪罗马诗人贺拉斯经常被引用的说法），大约1500年后的意大利人也再一次为古希腊的遗产所倾倒了。

　　来自君士坦丁堡与或米斯特拉斯的拜占庭流亡贵人凭在故乡接受的古典希腊语熏陶与训练，受到了意大利人的热烈欢迎。当时，亚平宁半岛上的意大利城邦大多采用共和制，也和古希腊城邦一样彼此征战不休。各共和国的领袖热衷于探求治国与施政的道理，而这正是古希腊人在城邦中反复辩论，并以文字形式在柏拉图和亚里士多德的著作中得以留存的。长年以来，这些古希腊著作只能以梗概或评注形式间接存在于拉丁语世界，但渐渐地，从意大利开始，欧洲各地的人们都着手对这些经典孜孜以求，希望从中得到启迪，为自己所处时代面临的紧迫问题找到答案。由此诞生的政治哲学思想在今天常被称为"公民人文主义"（civic humanism），这是古希腊城邦政治通过意大利文艺复兴运动，为现代世界留下的一笔独特馈赠。[3]

　　15世纪后半叶，意大利各地的大学纷纷开始设立希腊语讲座教席。这些教席的第一代乃至第二代担任者往往都是流亡的希腊人——只要放弃自己的东正教信仰，改宗罗马天主教，他们就能在意大利担任教授。1448年，教宗尼古拉五世命令梵蒂冈图书馆收藏希腊语文献手稿；由此直到15世纪末，罗马将成为希腊语学术的一大枢纽，吸引许多出身高贵的拜占庭改宗者纷至沓来。这些富有教养的移民的总人数必然不多，他们也不是文艺复兴运动的**发起者**，只是作为一种催化剂，让文艺复兴成为可能。此外，虽然他们提供的希腊语文献对文艺复兴运动不可或缺，但意大利东道主真正在意的只是他们对"古代"希腊语言及其遗产的了解，其时代上起荷马、赫西俄德，下至公元 4 世纪至 5 世纪的基督教教父时代。在 15 世纪的西欧，很少有人想要学习**说**同时代希腊人使用的希腊语，想要了解希腊语族群晚近历史与未来前途的人更是寥寥无几。

与此同时，这些流亡的希腊语教师和他们为西欧带去的古希腊遗产也在世俗学术与艺术之外产生了深远的影响。有希腊语加持的人文主义教育很快对西方世界的基督宗教产生了深远影响。时隔数百年之后，西欧的神职人员第一次得以接触《新约圣经》的希腊语原文。16 世纪初宗教改革时代的著名知识分子鹿特丹的伊拉斯谟曾在帕多瓦大学学习希腊语，凭借在那里掌握的知识，他和其他一些宗教学者对西方天主教会通用的"武加大译本"*的权威发起了挑战。很快，西欧的新教徒开始把《圣经》文本直接从希腊语和希伯来语译成近代欧洲的本地语言，宗教改革、天主教反宗教改革以及席卷欧洲的宗教战争热潮由此勃发。

在另一个截然不同的领域，公元 1 世纪斯特拉波的希腊语著作《地理志》也在这一时期被译介到西欧。这本书中的两个段落启发了热那亚探险家克里斯托弗·哥伦布，让他意识到从欧洲向西航行一定有一条航线能通往印度（至少哥伦布的儿子后来是如此记载的）。讽刺的是，根据拜占庭帝国的历史纪年法，哥伦布首次横渡大西洋的 1492 年，正好标志着上帝创世以来第 7 000 年，而在当时东正教徒的传统观念里，世界的末日与最后审判将在这一年前后来临。[4] 君士坦丁堡的浩劫诚然来得比预言更早，但误差也只有几十年。不过，旧世界轰然倒下，新世界应运而生：希腊语族群失去

---

* 此即《拉丁文通俗译本圣经》。——编者注

了在故土上的政治自主权，但一场向外扩散的运动也在同时展开。无论是希腊的语言还是用希腊语记述的思想主张，都将由此传遍欧洲，乃至走向世界。

但对绝大多数说希腊语的人而言，日常生活意味着接受自己所处的新环境。首先，这个新环境是和平的：自两个半世纪前拜占庭帝国开始崩溃以来，帝国前领地上的征战从未断绝。一些现代史学家曾仿照"罗马治下的和平"，提出了"奥斯曼治下的和平"（pax ottomanica）的概念。奥斯曼苏丹国推行伊斯兰教神权政治，但在征服君士坦丁堡时，穆斯林在奥斯曼治下的人口中只占少数。面对新形势，奥斯曼苏丹国必须找到一种约束治下东正教臣民的办法。

穆罕默德二世迁都之初，伊斯坦布尔还是一座空荡荡的鬼城。因此，他立刻开始安排移民，以恢复城中的人口。他似乎有意强制生活在其他被征服地区的**希腊人**举家迁入伊斯坦布尔，以填满空无一人的街道与房屋。奥斯曼帝国征服拜占庭的 25 年后，城内人口已恢复到近 6 万，其中约三分之一是希腊语东正教徒。这一数字远不如查士丁尼时代 40 万人口的最高纪录，但这只是这座城市走向复苏的开始。在之后几百年间，随着人口持续增长，生活在城内的希腊语东正教徒人数也将不断增加。[5]

常有人将奥斯曼帝国对治下非穆斯林臣民表现出的宽容态度和同一时期（乃至之后）西方世界残酷的宗教迫害相对比。的确，奥斯曼帝国在扩张时不曾像 1492 年征服了整个伊比利亚半岛的西班牙人那样驱逐治下的异教徒（犹太人与穆斯林），也不曾像之后几百年间的天主教会那样设立宗教裁判所、大肆推行异端审判。奥斯曼帝国的统治者不关心臣民私下里怀有何种宗教信仰，只关心他们对国家是否忠诚，这与罗马人对早期基督教的态度颇为相似。把希腊东正教会收编为伊斯兰教奥斯曼帝国的一个统治机构，便是穆罕默德二世想到的奇策。

穆罕默德二世将一个名叫根拿迪乌斯·斯科拉里奥斯（Gennadios Scholarios）的修士任命为希腊东正教会的新领袖。他因公开批判拉丁人而闻名，也是拜占庭教会内反对与西方天主教会合一的重要人物，由他来领导教会，就有希望让虔诚的东正教徒彻底打消对天主教会和西方军事援助的一切残存念想，彻底拒斥罗马教宗的权威。因为他所在修道院的所有修士都被卖为奴隶，奥斯曼当局为找到他还费了一番周折。穆罕默德二世的手下一路追查，最终在埃迪尔内的一户人家里找到了正在帮佣的根拿迪乌斯，把他带回伊斯坦布尔，随后苏丹以此前几百年来拜占庭帝国的传统礼节任命他为东正教会普世牧首根拿迪乌斯二世。

从这一刻开始，奥斯曼帝国境内基督教会的最高职务将由苏丹亲自任命。这种对苏丹的依附关系也体现在教会的财政功能上：普世牧首与他手下的官员要负责向帝国的基督徒臣民征收赋税（这对东正教会而言是前所未有的）。鉴于奥斯曼帝国治下的基督徒臣民为数众多，这样做明显比宗教迫害更加有利于苏丹，但这远远谈不上后世所谓的“宗教宽容”。穆罕默德二世只是出于现实的政治考量制定了这项政策，并收获了成功。早在 1466 年，穆罕默德二世就已在希腊语中被称为“罗马人的巴赛勒斯”，因袭了从前拜占庭皇帝的尊号。几乎与此同时，伊姆罗兹的克里托布罗斯（Kritovoulos of Imbros，他是最后一批以拜占庭风格著史的希腊语史家中的一员）也在著作中歌颂这位新来的征服者，将他与“马其顿的亚历山大大帝”相提并论。[6]

但在另一方面，希腊人也必须和奥斯曼帝国的其他非穆斯林臣民一样，忍受二等国民的待遇。他们要缴纳歧视性赋税，而在奥斯曼帝国的欧洲领土上，生活在乡间的基督徒家庭还要忍受"血税"（devshirme）制度。根据这一制度，基督徒家庭必须定期交出家中的男孩，让他们离开家园、改信伊斯兰教，成为耶尼切里新军的一员，从此不得婚娶，终身服役。并非所有加入耶尼切里的人都会从军，其中一些人还会被选入民政部门，成为直接向苏丹效力的高级官僚。因此，"血税"制度固然十分残酷，却也给帝国治下一些出身寒微的臣民提供了平步青云的机会；而矛盾的是，如果帝国的基督徒臣民不能持续供给少年新兵，"血税"制度便无以为继。从这一制度设立早期开始，奥斯曼帝国的统治者就发现这些新皈依的臣仆没有家庭可以依仗，只能忠于苏丹，反而比那些出身望族、争权夺势的穆斯林廷臣更为可靠。[7]

被奥斯曼帝国征服之后，留在故土的希腊语居民凭借一些社会制度得以幸存，也保留了自己原本的语言。但归根结底，希腊人的存亡兴衰取决于新来的征服者，而非他们自己。常有人说希腊民族是在奥斯曼帝国的统治之下因共同的语言和东正教信仰而团结在一起的，但这一论断并不足够。这句话本身并非没有道理，但它描述的这个过程只取决于奥斯曼帝国统治者出于政治利益的判断。如果形势有变，犹太人与穆斯林在西班牙王国的遭遇，也完全有可能落到希腊人头上。

即便如此，当时的希腊人仍没有放过现行制度给他们提供的任何机会。无论出于强制（如"血税"制度那样）还是自愿，皈依伊斯兰教都是改善社会地位的永恒捷径。一些皈依伊斯兰教的希腊人甚至在奥斯曼帝国掌握了极大的权势：到15世纪末，奥斯曼帝国至少有两位大维齐尔（相当于奥斯曼苏丹的宰相）出身拜占庭帝国贵族。[8] 但在帝国治下的大多数地方（尤其是首都伊斯坦布尔），希腊人一经改宗，就很快抛弃了自己原本的语言。希腊人是**作为基督徒**群体而在奥斯曼帝国维持可观的规模并得到完全接受的。非穆斯林臣民也可在帝国的很多部门任职，而不会被要求皈依伊斯兰教。例如，奥斯曼军队就大量征募希腊东正教徒入伍，还根据他们的职级赋予相应的特殊待遇。久而久之，**奥斯曼军**中的希腊语使用者，可能已与西方基督教国家军队中讲希腊语的人一样多。[9]

奥斯曼征服之后的几百年间，希腊人很少对帝国的统治发起反抗或积极的抵制。希腊人的叛乱极少发生，即便有也仅限于个别地区，且很快就会被当局扑灭。所谓"新殉教运动"（拒绝皈依伊斯兰教的基督徒效仿早期基督徒的事迹以身殉教）造成的影响也很有限，尽管殉教者的事迹也为奥斯曼统治者的残酷刑罚提供了例证。在这些案例中，大多数殉教的希腊人都曾迫于压力皈依伊斯兰教，但后来又恢复了原本的信仰，因此作为伊斯兰教的叛教者，根据伊斯兰教的传统受到了惩罚。[10]16 世纪以降，随着奥斯曼帝国不断向四面八方扩张疆土，以势不可当的兵锋征服一个又一个穆斯林或基督教国度，帝国境内的希腊人臣民与其相安无事，也并非不合道理。

1512 年到 1520 年谢里姆一世苏丹在位期间，奥斯曼帝国击败了统治叙利亚和埃及的马穆鲁克政权，把疆域一路扩张至阿拉伯半岛西南端的也门，控制了伊斯兰教的麦加与麦地那两圣地，还对新生的波斯萨法维王朝取得了胜利。奥斯曼苏丹因此有资格拥有"哈里发"头衔，成为整个伊斯兰世界最高统治者。在谢里姆一世之后，继任的苏莱曼一世更以中东和地中海贸易带来的巨大财富为资本，致力于进一步扩张疆土。苏莱曼在西方历史上被称为"苏莱曼大帝"，在穆斯林历史上被称为"立法者"，他在欧洲大陆和地中海地区不断扩张，取得了此前任何一代苏丹都不曾收获的战果。

1521 年，苏莱曼一世的军队攻占了贝尔格莱德；在这之后，奥斯曼帝国控制了匈牙利大部，以及今天罗马尼亚、摩尔多瓦和乌克兰的大片土地。1529 年，苏莱曼的军队围攻了当时哈布斯堡王朝的首都维也纳，但最终没能取胜。与此同时，在希腊语世界，奥斯曼军队于 1522 年攻占了罗得岛，强迫在当地要塞中坚守的医院骑士团投降。在之后 20 年里，奥斯曼帝国首次超越了威尼斯，成为地中海上的头号海军强国。到 1540 年，爱琴海上的几乎所有岛屿都已为奥斯曼帝国所有。1565 年，奥斯曼海军一度围攻了医院骑士团的新总部所在地马耳他，但未能将其拿下。次年，苏莱曼在准备远征匈牙利期间去世。1566 年春天，虽然奥斯曼帝国的力量已不再像之前那样不可战胜，苏莱曼的军队仍从热那亚人手中夺走了希俄斯岛。[11]

希俄斯岛易手之后，"最尊贵的威尼斯共和国"成了奥斯曼帝国在东地中海上的唯一对手。1489 年吕西尼昂家族的最后一位统治者故去之后，王国留给了他的遗孀，因为她出身威尼斯，威尼斯共和国便成了塞浦路斯的新主人。在那之后，塞浦路斯岛便与克里特岛一道，成为威尼斯共和国在海外的头号战略要地。在苏莱曼一世之后即位的谢里姆二世，也把目光投向了塞浦路斯岛。1570 年夏天，一支奥斯曼大军在塞浦路斯岛南部、靠近今拉纳卡（Larnaca）的海岸上登陆；同年 9 月，奥斯曼军队攻占并劫掠了塞浦路斯的中心尼科西亚。在这之后，一支威尼斯守军又在法马古斯塔据守了近一年，但没过多久，整个塞浦路斯岛便落入奥斯曼帝国手中。岛上的希腊语居民在这次主权易手后既有所失，亦有所得：一方面，在建立统治之后，奥斯曼当局立刻推翻了天主教会在当地的教权秩序，恢复了东正教会在岛上的主教任命权。这是一项有意而为的政策，也是奥斯曼帝国在征服天主教政权之后的惯用做法。奥斯曼统治者认定天主教会是教廷与西欧大国手中的一种政治力量（这一看法在当时并非毫无道理），希腊东正教会则对自己俯首帖耳。[12]

1570 年到 1571 年的塞浦路斯之战中，攻守双方都不乏希腊人参军效力。而在法马古斯塔陷落几个月之后，当威尼斯、西班牙与教皇国联合舰队在帕特雷湾入口处与奥斯曼帝国海军交战时，我们也可在两军中看到不少希腊人的身影。帕特雷湾距离设防城镇纳夫帕克托斯（Nafpaktos）不远，而这座城市在意大利语中的名字是勒班陀，这场海战也因此而得名。在 1571 年 10 月 7 日的勒班陀海战中，由 230 艘桨帆船组成的奥斯曼舰队几乎全军覆没。[13] 从后世的历史来看，这场战役终结了奥斯曼帝国从海路向欧洲扩张的势头，但在当时的大多数希腊人看来，这场战役只是进一步巩固了一个多世纪以来萦绕在自己父祖头上的现实。1571 年以后，威尼斯治下以希腊人为主的领土只剩下克里特岛、希腊本土以西的伊奥尼亚群岛和少数孤立的驻军城镇。但正是在威尼斯人失去塞浦路斯之后，威尼斯属克里特岛的故事才正式拉开了帷幕。

在第四次十字军东征后涌现的诸多混合型文化（"有希望的怪物"）中，克里特岛的文化相当晚熟，这是因为威尼斯共和国从一开始就对其海外领地采用了严苛的殖民政策。殖民地的一切决策由威尼斯本城政府决定，包括"总督"（Provveditore Generale）在内的高级官员都要直接对威尼斯元老院负责，从本城赴任履职，任期只有两年。起初，威尼斯共和国还将克里特岛上的土地、财产与特权授予出身本城权贵家庭的定居者。克里特岛当局对威尼斯贵族和各个阶层的本地人（包括出身拜占庭世家的本地贵族）严加区别，这一隔离政策以教派身份为基础，在理论上至少存在了数百年。威尼斯的高压统治在岛上引发了一系列叛乱，直到 16 世纪仍有人为此起兵。为平息这些叛乱，威尼斯当局的手段之残暴足以令人联想到后世希腊人集体记忆中的奥斯曼土耳其人。不过，迫于这种反抗压力，威尼斯当局还是对本地的东正教徒居民做出了若干妥协。[14]

即便在如此两极分化的社会里，来自威尼斯的长期定居者仍不顾本城当局的一再禁止，逐渐"入乡随俗"。威尼斯人频频与本地贵族通婚，虽然当地地位最高的望族领袖必须信守天主教信仰，才能承袭父祖的头衔，但很多贵族家庭的旁支仍悄悄皈依了东正教，或至少与这个在当地占主流的教派实现了和解。而因为在 1211 年威尼斯人入主克里特岛之后，岛上的所有长期居民在短短数代人之内就都开始说希腊语，这一同化过程得以推进得更为顺遂。和当时的其他很多地方一样，克里特岛也开始孕育一种独特的希腊语方言。这种方言融入了许多来自威尼斯的意大利语词汇与发音，因此有别于其他地方的希腊语。[15] 到 15 世纪中叶，当地诗人已开始将这种方言付诸书页，使其像但丁的意大利语、乔叟的英语和塞万提斯的西班牙语那样，成为复杂文学创作的载体。

16 世纪中叶，克里特岛迎来关键变革。此前，奥斯曼帝国的威胁已在不断增长；塞浦路斯陷落后，抵御奥斯曼入侵成为当务之急。威尼斯共和国不惜为克里特岛投入重金，以保海上贸易帝国的最后堡垒不至于失陷。威尼斯人大幅扩建了克里特岛首府干地亚（也称卡斯特洛，即今伊拉克利翁）的城墙，还派米凯莱·圣米凯利（Michele Sanmicheli）到岛上设计建造了一整套要塞、工事与火力网防御体系，以防奥斯曼军队以重炮攻城。为守卫克里特岛，威尼斯人使用了当时最先进的科技，干地亚因此不会像上一个世纪的君士坦丁堡那样，在敌人的炮火中沦陷。威尼斯共和国为防御克里特岛投入的资金，显然远远超出了克里特岛能为其提供的财政收入，现代史学家因此将这一政策转变，视为威尼斯-克里特关系的根本转变：克里特岛不再是威尼斯共和国的海外殖民地，而是一个与首都休戚与共的行省。[16]

威尼斯人的投资并不只是化作了土木工事。虽然姗姗来迟，他们也开始在岛上笼络人心，并收获了奇效——尽管和奥斯曼帝国一样，希腊人在威尼斯属克里特岛当局也不能担任最高职务。建设克里特岛的动力源自威尼斯统治者，但归根结底，是当地的希腊人用自己的语言书写、言说，为后世留下了一场鲜为人知的奇迹，史称"克里特文艺复兴"。

从这一时期开始，威尼斯人不再对克里特岛推行天主教与东正教的隔离政策。1600 年之前不久，克里特岛当局驱逐了积极在岛上传教的天主教耶稣会，以免进一步伤害当地人的感情。在干地亚、雷西姆诺（Rethymno）和干尼亚（Chania）等兴旺发展的城镇，逐渐壮大的中产阶级开始打破威尼斯本城商人的垄断，在海外贸易中扮演越来越重要的角色。当地的教育大多掌握在私人教师而非国家机关手中，但克里特岛各地城镇似乎并不缺乏具有资质的教育者。从威尼斯档案馆的现存法律文书来看，克里特岛城镇居民识字率之高，为同时代所罕见。[17]

在新风尚的熏陶下，16世纪到17世纪的克里特岛画家们借鉴来自意大利文艺复兴运动的透视法等元素，对传统拜占庭宗教艺术推陈出新，开创了饶富趣味的新风格，他们的作品也远销岛外，不但在奥斯曼帝国境内的修道院、教堂中流传，也曾传入威尼斯。1541年生于干地亚的多明尼可·狄奥托可普利（Dominico Theotokopuli）起初在老家克里特岛上学习绘画，在成为当地的明星画家之后前往意大利发展。他首先来到威尼斯，随后前往罗马，成就了独具一格的晚期文艺复兴风格，但人们觉得他的希腊语名字过于拗口，于是称他为"格列柯"（il Greco，即"希腊人"）。1577年迁居西班牙托莱多之后，他以融合了西班牙语和意大利语的名字"埃尔·格列柯"行走于世，并以这个名字位列后世最为著名的文艺复兴时期宗教画家之一。通过调查格列柯的藏书目录，我们知道他曾受过扎实的古希腊语教育，也熟谙拉丁语和意大利语。在职业生涯末期，他在用希腊字母给自己的作品署名时，还会特意加上"克里特人"一词。[18]

不过，17世纪初威尼斯属克里特岛上东西方文化融合的集大成者，还当属这一时期以克里特岛方言写成的希腊语诗歌与戏剧。此时，定期上演的希腊语戏剧已消亡了1 000多年，但从16世纪80年代到威尼斯统治结束前夕，干地亚的居民再次开始创作、排演新的剧目，即便在城镇遭奥斯曼人围攻、圣米凯利的城墙遭受敌军炮击时也不间断。因为克里特岛上从未有人想过从威尼斯引进一台印刷机，很多当时的剧本都已失传，只有少数手稿一路传入威尼斯，在那里保存下来。但在阅读这些手稿时，我们又不难发现克里特岛融合文化的另一个奇异特征：在以当时的克里特岛方言写作剧本时，这些作者使用的是罗马字母而非传统的希腊字母，字母的音值也与意大利语相同。手稿中的文字乍一看与意大利语别无二致，但只要朗读出来，我们就能听出克里特岛希腊语留存至今的独特发音。

剧作家乔治斯·霍尔塔特西斯（Georgios Chortatsis）比格列柯年轻几岁，他的作品可能是在 16 世纪 90 年代完成并首演的。当时，比他更年轻的威廉·莎士比亚正在伦敦戏剧界崭露头角。霍尔塔特西斯创作的悲剧《埃罗菲莉》（*Erophile*）讲述了一位国王的女儿与一位廷臣相爱并秘密结婚，一心想要把女儿嫁给其他王室、建立高贵血脉的国王因此降下了残忍的惩罚。他佯装宽恕，请埃罗菲莉为自己替她准备的庆婚礼物开封，孰料里面装的是她爱人残破不堪的尸体。最终，故事里的角色几乎无人幸存，作者甚至颇为大胆地让埃罗菲莉身边的女仆们在舞台上把国王送上了西天。

霍尔塔特西斯等作者创作的一些喜剧受到了意大利文艺复兴运动的影响，而文艺复兴试图恢复的罗马喜剧传统又可追溯到公元前 4 世纪诞生于雅典的古希腊新喜剧。这些作品描述了情侣如何克服看似不可逾越的阻碍走到一起，久经失散的家人如何团聚，也有一些经典的角色会诱使观众发出预料之中的笑声。[19] 其中一个经典角色以教书先生的形象示人，他酷爱炫耀自己流利的意大利语和拉丁语，还总在剧中对自己门下的少年学生投去下流的目光。在霍尔塔特西斯创作的《卡祖尔沃斯》（*Katzarapos*）和约半个世纪后的 17 世纪 50 年代由马科斯·安东尼奥斯·福斯克洛斯（Markos Antonios Foskolos）创作的《福尔图那托斯》（*Fortounatos*）里，这位教书先生卖弄学识的台词总会被其他角色误解为希腊语中的不雅（乃至淫秽）说法，成为众人的笑料。

在今天的读者眼里，这些剧作家安排的文字游戏过于晦涩，似乎很难引人发笑，但他们的作品也为我们理解当时克里特岛人的生活提供了最好的窗口。在克里特喜剧的虚构世界里，意大利语是属于社会最高阶层的语言，拉丁语则是有教养之人的语言，这也反映了当时克里特岛的社会现实。此外，还有人注意到，这些喜剧中从来没有出现过取笑**古代**希腊语的桥段。[20]克里特岛上的剧作家似乎只能通过意大利语和拉丁语渠道了解古代希腊世界和古希腊人的遗产——换言之，他们眼中的古典希腊，本就带上了意大利文艺复兴运动的再诠释色彩。在霍尔塔特西斯的时代，很多克里特岛人仍有能力阅读亚里士多德或埃斯库罗斯的希腊语原版著作，我们也可以确定这些古代作家的作品曾在克里特岛流传。不过，在岛上受过古希腊语教育的人群，似乎很少与用克里特岛方言为古老的戏剧艺术注入新风的剧作家们有交集——这种缺乏古典学素养的特点，也跟莎士比亚和他同时代的其他英格兰剧作家相似。

温琴佐·科尔纳罗斯（Vitsentsos Kornaros）在 1600 年前后创作的韵体罗曼司《埃洛托克利托斯》（*Erotokritos*）是威尼斯属克里特岛文学史上的一部杰作。从姓名来看，这位作者可能是科雷尔家的后裔。科雷尔家族是威尼斯的望族，其成员后来移居克里特岛，在当地家族兴旺。《埃洛托克利托斯》常被人误称为"史诗"，但它其实以上万行的篇幅（相当于五幕剧本）讲述了一段浪漫爱情故事。这部作品的水准不亚于同时代菲利普·锡德尼爵士在英格兰写下的《阿卡狄亚》（*The Old Arcadia*），在内容上也颇为相似。但与锡德尼爵士的这部散文体小说不同，《埃洛托克利托斯》在成书后一直为人们所阅读。还不仅如此：自 17 世纪以来，几乎目不识丁的民间诗人（rhymester）在克里特岛的群山间不断传唱着《埃洛托克利托斯》的诗句，令其中最受欢迎的章节成为岛上口头文学传统的一部分，一直流传到 20 世纪。这恐怕是科尔纳罗斯生前不曾想到的。今天，这部作品的男主角埃洛托克利托斯在克里特岛备受欢迎，与传说中的米诺斯王一样家喻户晓，几乎所有克里特岛人都能背诵，或者至少能辨认出埃洛托克利托斯在监狱里向爱人阿莱图莎（Aretousa）道别的诗句。[21]

《埃洛托克利托斯》的故事发生在"很久很久以前，希腊人统治这里的时代"；此时，基督教尚未传来。这段故事发生的地点是

> 雅典，学问的摇篮，
>
> 权力的宝座，知识的源泉。

无论科尔纳罗斯对古代雅典有多少了解，他对这座城市的描述都止步于此。他笔下的角色并不崇拜任何古代神祇，只崇拜太阳和月亮。但我们很快就能发现，《埃洛托克利托斯》中的世界与作者本人所处的时代背景与社会环境颇为相似。[22]

在"第二幕"中，一场骑士比武（这种来自中世纪西欧的运动此时仍在克里特岛上流行）吸引了来自爱琴海各地的勇士，其中对爱琴海的描述符合的是作者**同时代**的爱琴海格局。参赛者中，有一位"拜占庭的王子"和一位克里特人，他们的互动占据了不少篇幅，但整场比赛的桂冠终究还是落到了主角头上。这个名叫哈里季莫斯（Charidimos）的克里特人还与一个蛮横的土耳其人针锋相对，作者描述，这个土耳其人"凶如野兽……对克里特岛满怀仇恨"。结果，两人抛下骑士精神，决一死战，围观的人群屏息以待，唯恐"以节操、智慧与口才"赢得全场欢迎的克里特人死于非命。[23] 科尔纳罗斯的这篇故事号称以古代雅典为背景，却描写了

克里特人与土耳其人的一场死斗（最终，克里特人赢得了胜利），反而为威尼斯属克里特与奥斯曼帝国间的紧张关系提供了写照。观众对克里特人哈里季莫斯的喜爱，也反映了希腊语人群（也即《埃洛托克利托斯》的目标读者群体）对威尼斯共和国抗土斗争的认同感。

在当时的很多克里特人，尤其是城镇居民和在乡间拥有地产的人心中，这种对于威尼斯的认同感都是真切而根深蒂固的。在克里特岛沦陷后，流亡意大利帕多瓦的一位克里特遗民撰写著作，回忆了自己之前在岛上的 50 年人生。祖安内·帕帕多波利［Zuanne Papadopoli，希腊语名扬尼斯·帕帕佐普洛斯（Ioannis Papadopoulos）］出身克里特岛上的地主家庭，他的祖先可能有拜占庭血统，后来改宗天主教。帕帕多波利本人曾为克里特岛上的威尼斯统治当局供职。为方便自己流亡之地的居民阅读，他以意大利语写下了自己的回忆：他猜想，意大利读者一定会认为自己的描述"匪夷所思"，甚至"视其为天方夜谭……但我笔下……字字属实"。[24]

帕帕多波利回忆中的克里特岛物产丰饶。他怀念的克里特岛上鱼肉与畜肉种类繁多，四季不绝，他甚至还提到岛上饲养的火鸡（这显然是当时刚从新大陆引进的物种）"肥硕如猪"；随处可见的蜗牛根本无人售卖，就连岛上最穷的居民也可以此为食材大饱口福（时至今日，蜗牛仍是备受克里特当地人喜爱的美食）。[25]产自马勒维奇（Malevizi，克里特岛首府干地亚附近）的马姆齐葡萄酒（Malmsey）享誉欧洲，声名远播英格兰。此外，因为这一时期的克里特岛出口了大量甜品，"干地亚"（Candia，既是岛上中心城镇的名字，也常被人当作克里特岛的代名词）更是成为日后美式英语中"糖果"（candy）一词的语源。

帕帕多波利的字里行间满是怀旧之情，但他也很清楚，自己如此怀念的克里特岛社会，从根本上存在着裂痕。帕帕多波利回忆，居于社会顶端的第一代威尼斯殖民贵族后裔坐拥大片土地与巨额财富，却不善经营、懒散无能。他们还雇用了名为"恶党"（bravi）的武装保镖，可以为主人肆行谋杀之事，且往往能逃脱司法制裁。每逢炎热夏夜，首府干地亚街头总有乐师结队奏乐唱歌，贵族青年则在武装随从的簇拥下四处游荡、寻衅滋事——帕帕多波利笔下的此等描述，难免让人联想起莎士比亚《罗密欧与朱丽叶》中的场景。[26]

而在克里特岛的社会最底层，农民的处境已非凄惨二字所能形容：

> 对岛上的农民来说，被强征为桨手简直等于宣判了死刑。只要克里特岛总督接到元老院的命令，需要让桨帆船队整装待发，村民们就必须做好准备，承担作为桨手的兵役。为此，官吏将来到乡下，清点村民人数，从每个村庄里随机抽选两三人上船。[27]

这种桨手兵役的残酷并不逊于奥斯曼帝国的血税制度。据帕帕多波利记载，应征登船的桨手往往活不过两三年；和那些被奥斯曼苏丹征调的少年不同，克里特岛的桨手无论多么幸运，也不可能凭服役经历改善自身处境。一个世纪前，克里特岛当局也曾发起类似的徭役，以为城镇兴建必要的防御工事。早在1589年，一位立场开明的总督就曾对远在威尼斯的上司指出，"这些可怜人用血汗修建了城墙，可危机来临时，城镇反而要将他们拒于门外，任他们落入敌手"。他还根据塞浦路斯岛的经历提出了警告：把农民逼至破罐破摔的绝境，只会让奥斯曼侵略者有机可乘。[28]

最终，这位总督一语成谶。可即便威尼斯人认识到岛上的问题，本城元老院与干地亚的克里特岛地方当局也没有解决的办法。在威尼斯方面看来，对克里特岛农民的强制劳役必不可少；虽然对克里特岛的上流阶层放开了部分权利，提高了一些待遇，但威尼斯的立法者似乎并不想对农民也网开一面。又或者，克里特岛的统治者只是害怕重蹈覆辙，不敢把武器交给农民，担心他们有朝一日再次起兵造反。结果，克里特岛上居住在城墙以外、占全岛人口绝大多数的居民不但失去了自保手段，也和威尼斯在岛上的统治机构彻底离心离德。正因如此，克里特岛虽然是希腊语东方与拉丁语西方世界碰撞、磨合产生的一头最"有希望"的"怪物"，却终究与其他类似的混合社会一样，难逃灭亡的结局。

此时，希腊人再一次踏上了迁徙之路。这可能是自古典时代以来规模最大的移民潮。希腊人迁居威尼斯或在威尼斯暂时居留的历史可以追溯到 15 世纪。1478 年，威尼斯已有约 4 000 希腊人定居；一个世纪以后，这个数字增长了近三倍。与那些把拜占庭式教育带入西欧的希腊教授相比，这些移民的社会身份往往更为低微。在 16 世纪初的史料中，我们可以看到当时的希腊移民在威尼斯从事了裁缝、铸剑、理发、地毯制作与建筑等行业，也有一些希腊人成为雇佣兵、水手，或投身贸易事业。在这些史料里，希腊女性大多从事缝纫工作或是当乳母，当然也有不少人被视为"家庭主妇"。[29]

随着希腊移民群体规模日增，这些迁居意大利的工商业者逐渐形成了自己的社群。为保障执业资格不被剥夺，威尼斯的私人教师必须在授课时坚持天主教信仰，但颇具规模的希腊移民社群向威尼斯当局发出请愿，终于获准建立了一座属于自己的东正教堂。几经迁延之后，威尼斯的希腊圣乔治堂终于在 1573 年正式投入使用。今天，这座希腊东正教会教堂的钟塔朝着一旁的运河微微倾斜，已成为威尼斯卡斯泰洛城区的一大地标。

在这个欧洲人乘船踏遍四海、探索世界的年代，一些希腊人也以威尼斯为跳板，前往更为遥远的地方。16 世纪 30 年代弗朗西斯科·皮萨罗远征秘鲁时随行的 13 人队伍里，就有一个名叫佩德罗·德·坎迪亚（Pedro de Candia，从名字就看出他的出身）的克里特岛人。同样在这个年代，生于凯法洛尼亚岛（当时由威尼斯共和国统治）的扬尼斯·富卡斯也曾作为西班牙国王腓力二世的手下屡次出海探险。他曾越过好望角、跨过印度洋抵达中国，然后继续向东横渡太平洋，来到美洲大陆西海岸。据传说，他是第一个发现温哥华岛与北美大陆间海峡水道的欧洲人；在今天，人们根据富卡斯的西班牙语名字，把这条一直深入美国华盛顿州西北部的水道称为"胡安·德富卡海峡"。[30]

1545 年，出身科孚岛的杰出旅行家尼康德罗斯·努裘斯（Nikandros Noukios）作为神圣罗马皇帝查理五世使团的一员，前往亨利八世治下的英国。当时，他认为自己开创了一个纪录；事实上，努裘斯也的确是现存文献中第一位明确记载踏上了英国土地的希腊人。不过，努裘斯留下了一段饶富趣味的记载，提到当时英格兰军中已有一小队希腊雇佣兵；努裘斯还说，自己与这些希腊雇佣兵的队长、一个名为"阿尔戈斯的托马斯"的人结下了友情。在著作中，努裘斯以希罗多德式的夸张口吻描述了这位朋友如何以言辞鼓舞队伍，在亨利八世麾下与法国人作战：

我们是希腊人的子孙，怎会惧怕这群野蛮人……要让世人都知道，我们希腊男儿即便在欧洲最为僻远的地方，也能奋勇作战。

这段讲话很有可能是虚构的产物，就算托马斯真的发表了战前演说，也不可能用这样的话。不过，努裘斯似乎决心要以这段文字重现 2 000 年前 "希腊人" 与 "野蛮人" 之间的二元观念，尽管他选定的这位代言者只是在一片遥远的土地上替一群 "野蛮人"（英格兰人）对付另一群 "野蛮人"（法国人）。[31]

无论努裘斯还是阿尔戈斯的托马斯都是当时罕见的人物——但在努裘斯的时代，像托马斯这样的希腊人雇佣兵似乎在欧洲西部随处可见。不过，从 16 世纪到 17 世纪，希腊人踏上新征程的最主要途径仍是海上贸易，但这场贸易热潮的中心不是威尼斯，也不是干地亚，而是伊斯坦布尔。到 17 世纪的头几年，伊斯坦布尔的人口已增至 20 万到 30 万之间；据估算，希腊东正教徒居民在其中占据的比例可能高达 40%。此时的伊斯坦布尔不但是奥斯曼苏丹国的首都，也再一次恢复了作为 "希腊语世界首都" 的地位。[32]

在威尼斯治下的希腊移民取得船只所有权、获准自由经商的同时，伊斯坦布尔的希腊商人已在奥斯曼苏丹国的海洋贸易活动中取得了近乎垄断的地位。很早以前，奥斯曼帝国便取消了拜占庭帝国赋予意大利商人的贸易特权。在这之后，希腊商人的地位逐渐崛起，填补了意大利人留下的市场空白。一些四处闯荡的希腊贸易世家开辟了新的商路，在东方与西方、伊斯兰世界与基督教世界间同时扩张经营网络。以伊斯坦布尔为根据地的许多商人都与散布在威尼斯、干地亚、科孚岛等贸易重镇的家族亲属互相配合，以全盘掌握远距离商贸活动。在安纳托利亚临爱琴海的地带，士麦那（今土耳其伊兹密尔）从17世纪上半叶开始飞速崛起，成为东地中海商贸活动的一大集散地，当地有大批希腊人（以及亚美尼亚人、犹太人）前来定居，从事方兴未艾的对欧贸易行业。后来，因为士麦那城内的希腊语东正教徒人口超过了穆斯林人口，这座城市还在土耳其语中有了一个"异教徒之城"的别名。[33]

在"克里特岛文艺复兴"如火如荼之际，希腊人的贸易网络再一次广布地中海与黑海沿岸。继两千多年前"探索时代"的希腊城邦先民之后，他们再一次让希腊语响彻各大贸易城镇。希腊人逐渐掌握了在两个彼此敌对的世界间周旋求生的艺术，而19世纪到20世纪希腊船运业巨头的兴起，也正是以这个过程为基础的。

威尼斯对克里特岛统治的崩溃几乎是偶然爆发的。1644年夏天，从医院骑士团总部所在地马耳他出发的一支小舰队在爱琴海上截获了一艘奥斯曼帝国的麦加朝圣船。奥斯曼方面决心采取行动，惩罚这一猖狂的海盗行为。马耳他远在西方，对奥斯曼帝国没有战略价值；更何况不到一百年前，奥斯曼帝国曾尝试从海上进攻马耳他，却以惨败收场。而克里特岛既离奥斯曼帝国更近，又是帝国一直以来虎视眈眈的目标。此外，从法理上看，因为医院骑士团的舰队曾在返航途中到干地亚暂时停留，克里特岛上的威尼斯当局也在这起袭击中负有连带责任。结果，当奥斯曼军队于1645年6月在克里特岛西部大举登陆时，无论克里特人还是威尼斯人都猝不及防。被围攻两个月之后，干尼亚落入奥斯曼军队手中；次年，雷西姆诺也被奥斯曼帝国占领。[34]

和之前那位明智的总督所预见的一样，当奥斯曼军队登陆时，克里特岛上的农民几乎毫无抵抗。结果，到 1648 年，除干地亚和少数要塞之外，克里特岛大部地区都已落入奥斯曼帝国之手。新统治者立刻开始在岛上恢复东正教会组织、扶植东正教会大主教，一瞬间废除了近四个半世纪以来威尼斯人设立的一系列限制政策。信仰东正教的岛上农民憎恶"天主教的礼冠"已久，对于"土耳其人的头巾"自然更为欢迎，甚至还有很多克里特岛村民出于对威尼斯人的仇恨，直接皈依伊斯兰教，与奥斯曼军队一道围攻干地亚，对抗自己从前的主人。据当时西欧方面的史料记载，到 1657 年，克里特岛上已有 6 万人皈依伊斯兰教，相当于战前总人口的四分之一，也远多于有史以来岛上放弃东正教信仰的天主教皈依者总人数。[35]

此时，在首府干地亚以外的地方，"克里特文艺复兴"都已步入尾声。但在干地亚，上个世纪圣米凯利兴建的城防工事依旧发挥了作用。干地亚坚守了长达 21 年，击退了奥斯曼军队的一轮又一轮攻势。因为奥斯曼海军始终无法有效封锁附近海域，干地亚守军即便失去了城外的所有陆地，也能依靠海路获得补给。最终，欧洲的大部分天主教国家都团结起来，为坚守西欧在东地中海的这最后一处据点贡献力量。西班牙为干地亚提供了金钱与物资；法国人曾几度组织小部队入城增援，不是在当地战死，就是被迫从那里离开。威尼斯人还一度试图游说以新教为国教的英格兰，请他们施以援手。来自各国（包括英格兰和苏格兰在内）的雇佣兵（"爱财之兵"）也纷至沓来，帮助干地亚守军作战。[36]

克里特本地人与外来援兵一道，勇敢地坚守城池。他们几乎都出身城镇，以威尼斯与克里特的混合文化为生活的基础。干地亚之战结束之后不久，史家马里诺斯·赞内·布尼亚里斯（Marinos

Tzane Bounialis)以希腊语克里特岛方言撰写韵文体编年史，记述了这场战事的经过。这部著作意在颂扬本地土生土长的"罗马人"（希腊语东正教徒）如何与"法兰克人"（来自威尼斯或其他地方的天主教徒）并肩作战，但布尼亚里斯也注意到，随着干地亚形势日益吃紧，一些上流要人最终还是选择了投敌，围城者似乎也从中看到了机会，不惜投入重金收买人心，鼓励更多的干地亚人前来投降。[37]

最终，干地亚之围不是在战斗，而是在谈判中结束的。奥斯曼方面终究无法突破干地亚的城防，而在不久前一批来自法国的援军撤离之后，守军的实力也受到了削弱，无法再战。1669 年 8 月底，双方代表经秘密谈判敲定了干地亚开城投降的条件。干地亚守军的指挥官是最后一任威尼斯驻克里特岛总督弗朗西斯科·莫罗西尼（Francesco Morosini）；奥斯曼围城军的主帅则是权倾一时的大维齐尔法齐尔·艾哈迈德·柯普律吕。莫罗西尼派一位苏格兰人和一位本地希腊贵族作为谈判代表，大维齐尔一方的代表则是一个土耳其人和来自希俄斯岛的希腊人帕纳约蒂斯·尼库希奥斯（Panagiotis Nikousios）。

谈判现场，两位语言相通的希腊人一边为苏格兰（他可能说意大利语）和土耳其代表充当翻译，一边致力于为自己代表的阵营争取利益。如果没有希腊人的语言桥梁，以及他们祖祖辈辈在地中海各地跨越鸿沟、往来贸易所积累的斡旋技巧，干地亚之战恐怕不可能以和平手段告终。至于两位希腊人代表如何看待站在自己敌对一方的希腊同胞，则已无从查考。布尼亚里斯在著作中难掩对希腊人投敌者的鄙夷，但他一方面高度评价了奥斯曼帝国的希腊人谈判代表（他在著作中称之为"罗马人帕纳约蒂斯"），一方面又相信此人才是干地亚守军最为难缠的对手。[38]

终于，1669 年 9 月底，威尼斯人乘桨帆船离开了克里特岛。

这支船队还带走了直到战斗最后阶段依旧留在城中的外籍军人，以及大多数依旧坚守在干地亚城内的居民。在这之后，当地的很多人前往伊奥尼亚群岛、威尼斯定居，或像帕多瓦的帕帕多波利那样，迁往威尼斯在意大利的其他领地。威尼斯的希腊语东正教徒人口迎来了数以千计的增长，东方伊斯兰教世界与西方基督教世界间的边界也再一次变动。希腊语族群仍和从前一样深度嵌入这两个彼此对立的世界当中，并将很快找到一些新的办法，利用自己的独特地位，游走于东方和西方之间。

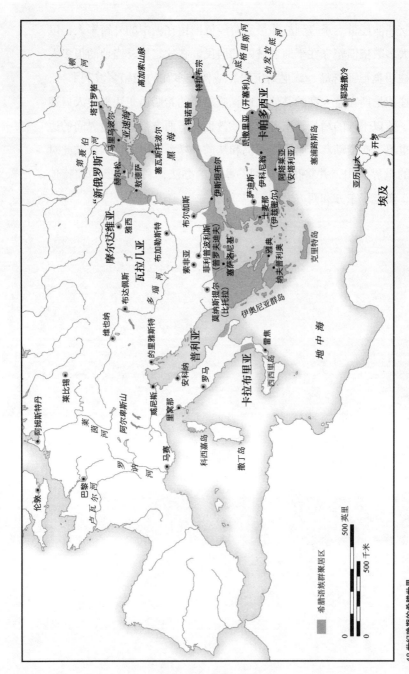

18 世纪晚期的希腊世界
来源：Thomas Gallant, *The Edinburgh History of the Greeks, 1768 to 1913* (Edinburgh: Edinburgh University Press, 2015), xii

顿河

塔甘罗格
"新俄罗斯"
马里乌波尔
亚速海
亚速
赫尔松
敖德萨
塞瓦斯托波尔
黑海
高加索山脉
特拉布宗
锡诺普
凯撒里亚（开塞利）
卡帕多西亚
底格里斯河
幼发拉底河

第聂伯河
摩尔达维亚
雅西
瓦拉几亚
布加勒斯特
布尔加斯
伊斯坦布尔
萨迪斯
伊兹尼克
阿塔利亚（安塔利亚）
耶路撒冷

塞尔维亚
索菲亚
普罗夫迪夫
塞萨洛尼基
普罗夫迪夫
土麦那（伊兹密尔）
塞浦路斯岛
亚历山大
开罗
埃及

萨瓦河
多瑙河
贝尔格莱德
菲利普波利斯

布达佩斯
维也纳

索菲亚
莫纳斯提尔（比托拉）
约阿尼纳
雅典
纳夫普利奥
克里特岛
伊奥尼亚群岛

的里雅斯特
安科纳
罗马
雷焦
卡拉布里亚

地中海

威尼斯
里窝那
马赛

莱比锡

阿姆斯特丹
莱茵河
南河
阿尔卑斯山
巴黎
卢瓦尔河
罗讷河
科西嘉岛
撒丁岛
西西里岛

伦敦

希腊语族群聚居区

0   500 英里

0   500 千米

第十三章

"希腊复兴"
（1669 年—1833 年）

威尼斯在克里特岛的统治终结了，但奥斯曼帝国与基督教欧洲间的大规模军事冲突仍要过半个世纪才告一段落。在此期间，几乎每个说希腊语的人都能感到这些战乱带来的扰动。无论是被强制征召还是作为佣兵替人卖命，希腊人再一次像从前那样武装起来，为敌对的双方作战；而在他们当中，最富聪明才智的那些人也将再一次投身于外交，为分属不同宗教、说不同语言的主人谈判议和。

1683 年，干地亚投降 14 年后，奥斯曼帝国受征服克里特岛的战功鼓动，从巴尔干半岛出动大军，再次围攻西北方向的维也纳。围城战持续了两个月，到当年夏末时分，这座哈布斯堡王朝的首都似乎也要迎来和干地亚一样的命运，但来自其他天主教国家的援军及时赶到，彻底扭转了战局。奥斯曼帝国不但从维也纳撤兵，还在之后几年间于巴尔干战场节节败退，在欧洲大陆的命运从此由盛转衰。[1]

威尼斯人当然没有放过这个机会。虽然克里特岛距威尼斯太远，且守备坚固，难以夺回，但弗朗西斯科·莫罗西尼（克里特岛末代威尼斯总督）麾下的威尼斯军队仍在 1685 年到 1687 年间占领了包括伯罗奔尼撒半岛全境在内的几乎整个希腊本土南部地区。1687 年，威尼斯军队一度占领了雅典，但在此期间，威尼斯人射出的一发炮弹点燃了储存在帕提侬神庙中的火药，不但将神殿屋顶炸飞，还摧毁了这座古建筑奇观的大部分结构。

威尼斯在希腊本土的领地空前扩张，但说希腊语的当地居民并不欢迎这些新来的征服者——毕竟，与奥斯曼帝国相比，信仰天主教的威尼斯人对东正教信仰及宗教活动的态度更为严苛：到这个时代，早就已经没有人谈论东西方教会合一了。或许正因为希腊本地人对战事漠不关心，威尼斯与奥斯曼之间的战局才在不久后发生了转折。1714 年战端再开之后，威尼斯人丢失了此前占领的全部土地，直到次年彻底退出了希腊本土。在为这最后一场短暂的希腊争夺战倾注了大量资源之后，威尼斯共和国的声势再未恢复。

此时，奥斯曼帝国也发生了变化。征服的时代结束了；随着帝国迎来改变，帝国的统治者也开始寻找此前并不受重视的专业人才。就这样，生活在伊斯坦布尔、受过良好教育的希腊语东正教徒找到了施展拳脚的舞台：在干地亚围城战尾声阶段代表奥斯曼帝国与守军谈判的帕纳约蒂斯·尼库希奥斯就曾在帕多瓦大学攻读医学，此后作为一名医生得到了大维齐尔的赏识。和伊斯坦布尔很多富裕希腊人家的子弟一样，尼库希奥斯通晓古今多种语言，也能熟练掌握奥斯曼土耳其语。他最终凭才能就任奥斯曼帝国的新设职位——大通译（Grand Dragoman）。后来，大通译成为奥斯曼帝国政府的最高外交官头衔，在此后一个多世纪为帝国境内受过良好教育的希腊语东正教徒所垄断。[2]

接替尼库希奥斯的第二任大通译亚历山德罗斯·马夫罗科尔达

托斯（Alexandros Mavrokordatos）为奥斯曼苏丹承担了一项更为困难的外交使命。1688 年，奥斯曼帝国惨败于奥地利与匈牙利之手，外交谈判也没能奏效。11 年后，在马夫罗科尔达托斯的主持之下，奥斯曼帝国终于和欧洲诸国同盟签订了第一份和平条约，即 1699 年的《卡尔洛维茨条约》（卡尔洛维茨即今塞尔维亚斯雷姆斯基卡尔洛夫奇）。凭借高超的外交手腕，马夫罗科尔达托斯赢得了俄国、奥地利与法国代表的信任，也为奥斯曼方面所倚重。有观点猜测，这位大通译可能在与会四方间充当了多面间谍；但与此同时，他仍和当年在克里特岛谈判的尼库希奥斯一样，为奥斯曼帝国争得了最为有利的条款。[3]《卡尔洛维茨条约》没过多久便再度被撕毁，但它仍形成了一个外交先例。1718 年 7 月 21 日，在击败威尼斯人、夺回伯罗奔尼撒半岛，随后又在巴尔干战场败给奥地利之后，奥斯曼帝国又与对手签订了《帕萨洛维茨条约》（帕萨洛维茨在今塞尔维亚贝尔格莱德附近的波扎雷瓦茨），开启了约半个世纪的和平局面。[4]

在这之后，还有其他希腊人以良好的教育（他们大多就读于西方的大学）为敲门砖，一路平步青云，延续了尼库希奥斯与马夫罗科尔达托斯的传统，甚至更进一步，垄断了奥斯曼帝国政府的其他要职，在奥斯曼统治阶级中形成了一个半官方的希腊语权贵集团。因为伊斯坦布尔普世牧首的驻地位于伊斯坦布尔的法纳尔区［希腊语作 Phanari，今费内尔区（Fener）］，他们也被称为"法纳尔人"。东正教徒依旧无法担任帝国的最高官职（只有皈依伊斯兰教的希腊人才能担任），但在 18 世纪，说希腊语的法纳尔人集团在奥斯曼体制内仍不断崛起，成为帝国政府不可或缺的一股力量。[5]

在法纳尔人身上，商业成功、官方优待与在海外接受的良好教育形成了相辅相成的良性循环。商贸获利可以为下一代的教育提供本钱；如果兼具良好的教育和雄厚的资本，他们就更有机会担任政府要职（在当时，这些官职必须花钱购买）。政府要职又使他们得以获取更多的利润，由此让这个循环周而复始。对这个说希腊语的权贵集团而言，流动就是通往成功的关键。他们的权势很难稳定：政府要员的任期往往颇为短暂，很多人即便身居高位，仍难免赤贫终老，乃至被处决。不过，这一社会体系并不封闭：有人失宠就意味着新人有了上升的空间。[6]

法纳尔人的权力中心自然位于首都伊斯坦布尔。但从 18 世纪初起，很多法纳尔人家族开始向北扩散，进入奥斯曼帝国与哈布斯堡王朝和俄国之间的缓冲带。《帕萨洛维茨条约》签订后，多瑙河以北的瓦拉几亚与摩尔达维亚（相当于今罗马尼亚国土的三分之二）在法理上仍是奥斯曼帝国的行省，但当地居民几乎都信仰东正教。历代奥斯曼苏丹没有将当地的统治权下放给本地居民（即今天罗马尼亚人的祖先），而是委任希腊裔法纳尔人贵族前去治理。就这样，纵贯整个 18 世纪，法纳尔人不但垄断了瓦拉几亚与摩尔达维亚的统治权，还建立了一张从伊斯坦布尔伸向布加勒斯特和雅西的行政关系网，在当地形成了一个根深蒂固的希腊语官僚群体。

在这一时期，希腊语族群中出身更为低微的成员也过上了前所未有的流动生活。以贸易为契机，越来越多的普通希腊人走出了奥斯曼帝国国境。17 世纪 60 年代，"希腊人尼古拉斯"和一个名叫乔治斯·康斯坦丁诺斯（Georgios Konstantinos）的人（他开了一家名叫"希腊人"的店）在伦敦开设了最初的咖啡馆。很快，希腊移民就在伦敦苏豪区形成了一个紧密的社群，当地至今仍有一条"希腊人街"可为见证。1681 年，伦敦第一座东正教堂在希腊人街落成。

进入 18 世纪，维也纳、的里雅斯特、里窝那、马赛、巴黎和阿姆斯特丹等欧洲商业重镇也将出现希腊人的身影。到 18 世纪末，希腊人已在加尔各答、达卡和阿根廷各地形成了移民社群。[7]

18 世纪后半叶，无数崭新机遇在希腊语东正教徒之间掀起了一股更为浩大的移民浪潮。在 18 世纪，奥斯曼帝国与西欧邻国保持了相对的和平，但与俄国之间爆发了一系列战争。在 1768 年到 1774 年的俄土战争中，俄国海军第一次从圣彼得堡出发，经大西洋进入东地中海。1770 年，克里特岛和伯罗奔尼撒半岛的希腊语居民受俄国的政治宣传鼓动，起兵反抗奥斯曼统治。这是君士坦丁堡陷落以来，希腊人第一次对奥斯曼帝国发起成规模的起义，后来这场起义被残酷镇压了。俄军没有打着东正教信仰的旗号登陆，与希腊人并肩作战，但俄国仍在这场战争中大获全胜，夺走了奥斯曼帝国在黑海北岸及其内陆地区的全部势力范围。

在这之后，俄国女沙皇叶卡捷琳娜将这片新征服的土地称为"新俄罗斯"，决心吸引奥斯曼帝国境内的基督徒前来定居。在此前反抗奥斯曼统治的行动中，有成千上万的希腊人无论是否积极参与，都被视为从犯，俄国政府提供土地、为他们建立东正教新家园的许诺，因此具有莫大的吸引力。俄国沙皇为希腊语族群提供了一个生活在东正教国度的机会，这是 1461 年穆罕默德二世征服"特拉布宗帝国"以来的第一次。据估计，有二三十万希腊人响应了叶卡捷琳娜的招揽。[8]亚速海滨的塔甘罗格飞速成长，敖德萨、马里乌波尔、塞瓦斯托波尔（后两座城市采用了略经俄语化的希腊语名字）等新城也快速崛起，土地肥沃的"新俄罗斯"在荒废了千百年后，恢复了古代的繁荣与富饶。

起初，"新俄罗斯"的希腊人移民以务农为业，但很快，大多数人都离开了田野，转而经商。其中很多人的家族在奥斯曼帝国或西欧开枝散叶，他们也因此得以利用广泛的社交网络，极大地开拓了商业机会。直到 19 世纪末，这些希腊人的商业网络仍将充当俄国粮食进出口贸易的顶梁柱。到 18 世纪晚期，希腊人已成为地中海商船界的最大业主群体，掌握了约 1 000 艘"远海"商船（船籍大多属于奥斯曼帝国）。[9] 这一时期希腊商人群体的分布东起亚速海，西至马赛，几乎与公元前 7 世纪的古希腊商业殖民格局如出一辙。毋庸赘言，昔日与此时的历史背景迥异，这一点也在希腊语的词汇中有所体现：希腊语中，近现代希腊商人社区往往被称为"paroikia"，即"异域之家"，而不是像古代的商业殖民地那样被称为"家外之家"（apoikia）。

这一次，希腊人的商业活动不再只集中于海路：对他们而言，东南欧与俄国的多瑙河、顿河与第聂伯河等主要河流的航运甚至更为重要。来自克里特岛与爱琴海诸岛的希腊人一路向北，将葡萄酒卖到了波兰。与此同时，规模较小的陆地贸易也在奥斯曼帝国境内外不断增长。从今天希腊北部的主要城市出发，诸多骆驼商队穿越巴尔干群山，直抵多瑙河干流。[10]

到 18 世纪后半叶，掌握财富与权势的希腊精英家族已在伊斯坦布尔、多瑙河公国（瓦拉几亚和摩尔达维亚的统称）、伊奥尼亚群岛、俄国南部以及西欧和中欧的诸多城市扎下根。在这当中，只有伊奥尼亚群岛（当时仍归日薄西山的威尼斯共和国所有）将成为日后希腊国家的一部分。

18 世纪的希腊语世界确实与现代意义上的国家截然不同。在希腊语族群当中占大多数的农民、牧民和渔民过着相对稳定的定居生活，罕见于史料记载，但就连这一群体也是散居于一片广阔的地域之内。希腊人的定居空间西起伊奥尼亚群岛，东至爱琴海北部与巴尔干半岛之间，横穿整个希腊半岛，向南涵盖了克里特岛及其北方的诸多岛屿，向东包括了安纳托利亚西海岸部分地区，还在塞浦路斯岛、卡帕多西亚（安纳托利亚中部）和本都（安纳托利亚东北部）有若干飞地。在上述范围内，有很多地方（尤其是城镇）以希腊语为主要语言，但并没有一个**所有人**都把希腊语作为第一语言的中心地区。无论在哪里，街头巷尾总有人说着其他语言，招牌与公共告示牌上总会写着其他语言与文字。当地的大多数人肯定都已习惯了在生活中使用多种语言。

18 世纪更为广义的希腊人世界常被称为"散居"（diaspora）——这个希腊语词的本义是"离散"，最早是用于犹太人的说法。然而，"离散"必然预设了一个聚合的"中心"；但对 18 世纪的希腊人而言，这个"中心"并不存在。[11]18 世纪希腊世界的格局因此更类似亚历山大大帝之后的希腊化时代，但这一次散居各地的希腊语族群不再是统治者，而是被统治者。

尽管历史背景不同，但 18 世纪的希腊世界与希腊化时代还有一个相似之处。在奥斯曼帝国，各宗教群体自行负责教育事业。君士坦丁堡陷落后不久，希腊东正教会就开始在城内建设学校。到 18 世纪，在基督徒居民规模足够大的中心城市，面向基督徒学生的教育机构快速增长，这些学校由教会主办，始终以希腊语教学，在事实上构成了一种对拜占庭教育体系的小规模延续。希腊语的社会地位从未动摇：它是君士坦丁堡（伊斯坦布尔）普世牧首的正式语言，也是奥斯曼帝国东正教会高级神职人员所用的语言。随着希腊语教育在 18 世纪逐渐普及，许多未来的商人、医生、官僚、神职人员乃至奥斯曼帝国高官即便生在说斯拉夫语、阿尔巴尼亚语或瓦拉几亚（罗马尼亚）语的人家，也能学习读写希腊文。[12]"成为希腊人"再次成为欧洲地区的风尚（这回是在奥斯曼帝国治下），而和之前的希腊化时代一样，希腊语既给当地人带来了实际的好处，也给他们带来了更丰富的知识。

在欧洲基督教世界的很多地方，希腊人的思维和行为方式也受到了空前的推崇。18 世纪在艺术上盛行新古典主义，在哲学和科学领域则正逢启蒙运动时期。启蒙运动的世纪之所以被称为"理性时代"，是因为当时以法国为中心不断涌现并传播的很多新思想都以理性原则为建构基础，而这些理性原则的源头，都可以追溯到古代的希腊哲学。

虽然在当时的欧洲大部分国家，政府的运转逻辑仍以贵族制为基础，一些受过良好教育的人仍开始像古希腊城邦的哲学家那样，探讨人类社会最为良善、最为理性的管治模式。这一过程自然促使许多思想家开始与天主教会（在古希腊城邦时代还不存在的机构）在公开场合或私下里产生分歧。在思维碰撞与发酵的过程中，日内瓦人让-雅克·卢梭提出了"社会契约"的概念，他第一个把民族（nation）定义为个人与群体通过自愿让渡部分自由、获取权利保障而形成的集合。在接下来的三个世纪，这一思想将改变世界大多数地区的政治面貌。[13]

在 1751 年到 1772 年于巴黎出版的多卷本巨著《百科全书》，是理性时代的一部宏伟宣言。如主编德尼·狄德罗所言，"百科全书"（encyclopaedia）一词是基于古希腊语的新造名词，意指"知识的综合"。他宣称，出版《百科全书》的目的，在于"改变人们惯常的思考方式"。《百科全书》还将"文明"（civilisation，这个新词在当时的法语中同样颇为罕见）描述为"已故才俊、古代贤哲［的遗产］……是他们投下的神圣背影，供后人敬仰"。这些"才俊"和"贤哲"包括许多来自古希腊世界的哲学家与立法者，其中排名第一的是苏格拉底：他"甘冒僭主的怒火，不贪生、不怕死，相信除理性之光留下的神圣法则之外，自己不受任何主人宰制"。[14]

这段文字出现于1765年。此前一年，德国艺术史学者约翰·约阿希姆·温克尔曼出版了极具影响力的《古代艺术史》一书，提出了一个大胆的观点：欧洲艺术与人文精神的最高峰不在古罗马，而在更早以前的古希腊。温克尔曼从未去过希腊，但他认为古希腊如此卓越的文明成就得益于当地完美的气候：他认为，在这样的自然环境之下，古希腊城邦不但孕育了最杰出的艺术，也形成了高度自由的政治氛围。他在著作中断言："我们［现代人］走向伟大的唯一途径，就是效仿古人。"新生的近代欧洲文明越发自信，古希腊城邦与罗马共和时期的思想、艺术与政治遗产在其观念中的地位也越发根深蒂固。从这一时期开始，对古希腊遗产的"再发现"（虽然也不乏曲解与再度诠释），成为建构所谓现代"西方"文明的基础。[15]

18世纪与19世纪之交，推崇希腊遗产的风尚在欧洲以及欧洲殖民者在世界各地建造的城市中留下了肉眼可见的印迹。无论是欧洲西北角建于18世纪后半叶的爱丁堡新城，还是几十年后建造于北美的殖民地城市和澳大利亚的墨尔本、阿德莱德，在规划时都与亚历山大征服之后的希腊化新城一样，遵循了最早可追溯至公元前5世纪米利都人希波达穆斯的网格状布局。在19世纪初，爱丁堡还曾以"新雅典""北方的雅典"傲然自居。[16]

与此同时，新古典主义也步入了姗姗来迟的巅峰期，一场"希腊风格复兴"很快将席卷多个大洲，对许多纪念性建筑产生影响。1819 年到 1822 年间，在蓬勃扩张的伦敦郊区新建的一座教区教堂忠实复刻了雅典卫城厄瑞克忒翁神庙的风格，连著名的"女像柱"也有所还原。今天，圣潘克拉斯的新教堂（New Church）虽然在多年的空气污染之下变得漆黑不堪，那排模仿厄瑞克忒翁神庙的女像柱依旧面朝尤斯顿路，俯瞰着满街无暇驻足的忙碌行人。温克尔曼"效仿古人"的主张似乎得到了雨后春笋般的共鸣。

　　西欧各地的艺术收藏者争先恐后，试图把古希腊雕塑珍品带回自己的国家。这在今天或许令人震惊，但当时却和海外殖民一样司空见惯。这一时期的欧洲之所以对希腊古董趋之若鹜，是因为欧洲人逐渐开始赋予这些古物新的文化价值。在当时的藏家当中，最为臭名昭著的当数第七代额尔金伯爵托马斯·布鲁斯，在 1801 年到 1803 年间，他从帕提侬神庙挪走了占据半面三角墙的大理石雕。起初，他只想把这些石雕作为装饰收藏在自己位于苏格兰的乡间宅邸，但在伦敦公开展出之后，这些石雕经历了一番意料之外的波折，最终在 1816 年被大英博物馆收藏。

　　无论在当时还是在今天，额尔金的行径都引起了巨大的争议。不过，正是在"额尔金大理石雕"抵达伦敦之后，艺术收藏界才彻底折服于温克尔曼关于古希腊艺术的大胆论断。制作于公元前 6 世纪 30 年代的雅典卫城雕塑艺术瑰宝来到西欧城市展出，是有史以来的第一次，许多人相信，这些石雕的技艺确实比古罗马时代最杰出的雕塑还要杰出，这种观点也由此成为定论，时至今日仍未动摇。这些大理石雕虽然被人带到了一个阴冷沉闷的远方国度，它的故土与创造它的古希腊人却享受了至少自罗马皇帝哈德良以来所未有的荣耀。[17]

这一时期，有越来越多的旅行者踏足奥斯曼帝国境内，寻访希腊文明古迹，再把自己的见闻带回欧洲北部。1812 年，年轻的乔治·戈登·拜伦男爵出版了自己的韵文体游记《恰尔德·哈罗德游记》，因此名声大噪。他在作品中猜想，一个古老的文明有没有可能借现代的后人之手死而复生；与此同时，其他旅行者也以不那么具有诗意的文字，提出了同样的问题。[18]结果，得益于拜伦这部早期作品（他在《恰尔德·哈罗德游记》出版时只有 24 岁）的惊人成功，复兴希腊的想法传遍了英国乃至整个欧洲的每一个角落。到 1821 年，无论在欧洲还是在当时新生的美利坚合众国，一个模糊而缺乏界定的"希腊"概念已成为公众关切的重要对象。

对于舆论的变化，当时生活在奥斯曼帝国境内与欧洲各地的希腊人有着充分的认识。以不断扩张的希腊语教育体系与希腊商人的贸易网络为媒介，各种思想理念都能快速而广泛地流传开来。随着识字率上升，希腊人对印刷书籍的需求也空前高涨。伊斯坦布尔直到 19 世纪才有了印刷机（此前只有一些短暂的试验性印刷活动），除此之外，整个奥斯曼帝国境内只有瓦拉几亚和摩尔达维亚在法纳尔人统治者与希腊东正教会的支持下置办了印刷机。但以威尼斯为首，很多欧洲城市都有颇为兴旺的希腊文出版产业。威尼斯的希腊文印刷出版业最早可追溯到 15 世纪末；到 18 世纪晚期，维也纳、莱比锡、布达佩斯、的里雅斯特、莫斯科与圣彼得堡都建立了希腊文出版社。截至 1821 年，这些出版社在一个世纪的时间里出版发行了共 12 万册书籍，其中大多是西欧著作的希腊语译本。奥斯曼帝国没有禁止书籍流通，这些书籍的消费者也很可能以奥斯曼帝国的臣民为主。以这些书籍为载体，欧洲启蒙运动的世俗思想也被世界各地说希腊语的人们所吸纳。作为对这一影响的回应，希腊人也在 18 世纪后半叶发起了一场"希腊启蒙运动"。[19]

此时，接受了良好教育的希腊人已能与西方知识分子阅读同样的著作。以苏格拉底为首的诸多希腊思想"巨擘"和温泉关、萨拉米斯等传奇战役的故事不仅令编纂《百科全书》的狄德罗等人景仰不已，也从未被那些仍在言说、书写希腊语的人所遗忘。关于"古典"的知识在希腊语东方世界从未中断。如果欧洲各民族正在用古希腊城邦的理念定义自己的集体身份，生逢启蒙时代的希腊人难道不应该抓住机会，继承这一来自祖先的传统吗？[20]

然而，现实比这个想法本身更为复杂。此时，绝大多数说希腊语的人仍以"罗马人"自居：在当时的希腊语中，他们自称为"romioi"（发音为 Romyí），而要想称为"Romios"（男性）或"Romia"（女性），首先得是东正教信徒。因为在奥斯曼帝国境内，世俗教育的普及在很大程度上有赖于希腊东正教会的赞助，当时的东正教社会（至少到 18 世纪末为止）并未如西方那样，出现传统教会与启蒙思想针锋相对的局面。但当外国人在自己的语言中提及"希腊"和"希腊人"时，他们指代的又是一个全然世俗的概念。而让人困惑的是，其他语言往往对古希腊和近现代希腊不做区分。在希腊语里，"古希腊人"仍被专门称为"Hellenes"；自公元 4 世纪"背教者"尤利安皇帝以来，这个词还带有"异教徒"的意味。现代的"罗马人"与生活在古代的"希腊人"或许因为相同的语言而联系在一起，但宗教的影响同样不容小觑；而从宗教的角度看，对现代希腊人来说，古希腊异教徒几乎和信仰伊斯兰教的土耳其人或者西方的天主教徒、新教徒一样属于外人。

从古代直到近现代，族群血缘的纽带在千百年间都不曾受人重视（15世纪的普勒托只是个例外）。但现在，随着希腊人通过外语译著发现那些沉睡了许多个世纪的古希腊人正在被西方世界顶礼膜拜，他们的认同观念也迎来了改变。最终，他们开始以古代希腊人的子孙后人自居。巧合的是，当时半官方的书面希腊语对于这一想法的表述，与埃斯库罗斯剧作《波斯人》中古希腊人在萨拉米斯战场上的呐喊完全一致："冲啊，希腊人的子孙。"对此时的"罗马人"而言，以古代希腊人为**先祖**已成为值得骄傲的事情。[21]

　　此外，既然所有外文书籍都把古希腊人描述为一个统一的民族，当代希腊人或许也能把这句话变成事实。18世纪80年代，在布加勒斯特的法纳尔人法院工作的散文家兼教育改革家迪米特里奥斯·卡塔齐斯（Dimitrios Katartzis）便主张："我们可以再度成为一个文明开化、受人仰慕的民族，甚至在教育上企及我们祖先曾经抵达的高度。"几年后的1791年，刊行于维也纳的希腊语书籍《现代地理》借用古老的"希腊"（Hellas）一词指代巴尔干半岛南端及爱琴海诸岛。这本书不但把居住在这片土地上的人称为"现代希腊人"（modern Hellenes），还把他们描述为一个古代"民族"的后裔。[22]

　　以《现代地理》为发端，很多说希腊语的人都在1790年到1820年的30年间经历了一场思维变革：对当时的希腊人而言，从"古希腊人后裔"或"现代希腊人"到直接以"希腊人"自居，在思想上只差一小步。与此同时，从档案记录来看，这一时期的希腊语东正教徒家庭也开始在教名之外给新生子女起古典名字，比如将男孩命名为地米斯托克利、伯里克利、奥德修斯，将女孩命名为珀涅罗珀、卡利俄珀、阿斯帕西娅。还有一些人效仿古希腊语的风格，像《奥德赛》中拉厄尔忒斯之子奥德修斯的名号"拉厄尔忒德斯"那样，通过给名字加上"伊德斯"（ides）、"亚德斯"（ades）等后缀来创造新的姓氏。

上述迹象表明，此时将古希腊人视为**家族**祖先的认识不只存在于知识界，也已弥漫到平民之间。这种"罗马人的希腊化"是自罗马统治时代以来希腊语族群规模最大的一次身份重塑过程，而且转变的速度比当年要快得多。它是由来自西方的思想主张驱动的，其发展也与其他革命性的历史进程相伴随。[23]

1776 年 7 月，发表于大西洋彼岸的《独立宣言》提出，"所有人生而平等……享有不可剥夺的……生命权、自由权与追求幸福的权利"，这是"不言自明的真理"。7 年后，战败的大英帝国承认美利坚合众国独立。1789 年 7 月，以攻占巴士底狱为开端，法国也爆发了大革命。在"自由、平等、博爱"的口号下，革命者推翻了有着几百年历史的君主专制，废除了天主教会在法国的地位与特权，在法国建立了一个由"公民"形成的"共和国"。大革命时期法国的一些政治制度与政治话语有意模仿了罗马共和时代的名号与公共仪轨。而如果法国革命党能以古罗马共和国的继承者自居，希腊人中的革命者也未尝不能寻求恢复雅典民主制度的古老荣光。以希腊侨商社群和多瑙河两公国的知识界为首，这种观点开始在希腊人中间形成热潮，引起了奥斯曼帝国政府与希腊东正教会高层的警觉。[24]

1797 年夏天，革命思想终于在伊奥尼亚群岛爆发。当年 6 月底，一支法国远征军占领了伊奥尼亚群岛。法兰西共和国的拿破仑·波拿巴在不久前降伏了威尼斯，随后派一支法国舰队前去接管这个"最尊贵共和国"在海外的领地。在这之后的两年里，伊奥尼亚群岛上的希腊语东正教徒居民第一次体会到了作为"公民"、（至少在名义上）享受权利的滋味。而在其他地方，以身在维也纳的韦莱斯蒂诺的里加斯（Rigas of Velestino）和身在巴黎的阿扎曼蒂奥斯·科拉伊斯（Adamantios Korais）为代表，许多受启蒙思想熏陶的知识分子也开始从哲学层面设想希腊得到解放之后的面貌。除此之外，还有很多作者（其中不少人并未留下姓名）书写爱国诗歌，发表爱国小册子，号召希腊同胞奋起反抗，打破奥斯曼帝国的桎梏。在奥斯曼帝国境内部分地区和欧洲的一些城市里，还有人开始为《马赛曲》改写希腊语版本，以作为号召革命的战歌。[25]

不是所有希腊人都对革命满怀热情。1798 年，希腊东正教会普世牧首发布通谕，严厉谴责了"夸大其词的政治自由运动"，声称是上帝亲自"安排奥斯曼从无到有，建立强大的帝国"，出于正教徒的长远利益，把他们置于其羽翼之下，以保障"天选之民的救赎之路"。[26] 的确，有一些希腊人向西方投去热切的目光，还以"新希腊人"自居；但上至伊斯坦布尔普世牧首，下至群山间的牧羊人、海岛上的渔民，绝大多数信仰东正教的"罗马人"仍对革命深感忌惮。

不论大多数希腊人如何选择，法国大革命都在希腊人和欧洲其他各地的人们当中留下了不可磨灭的影响。在持续了近 20 年的拿破仑战争时代，这一理想仍在持续燃烧。曾经的第一执政拿破仑登基为帝，把法兰西共和国变为法兰西帝国，还将战火燃遍了欧洲的每一个角落。他一度在 1814 年战败，但不久后又回归法国建立了百日王朝，最终在 1815 年 6 月的滑铁卢战役中彻底倒台。随后，欧洲列强派代表参加维也纳会议，共同决定欧洲大陆未来的地缘格局。他们决心消灭法国大革命及其余波，不让类似的事态重演。

作为结果，列强（以专制国家为主）形成了名为"欧洲协调"的同盟体系，在大西洋到乌拉尔山脉间建立了全新的国际秩序。但在遥远的大西洋彼岸，革命热情没有轻易熄灭。从 1811 年到 1825 年，西班牙和葡萄牙在南美的各殖民地也效仿北美英属殖民地的先例，以武力赢得了独立自由。在欧洲内部，革命的暗流也不断涌动。到 1820 年，很多国家都出现了秘密的革命者结社，隐秘的革命行动盛行一时。当年夏天，西班牙和"两西西里王国"的首都那不勒斯都爆发了不流血革命，迫使君主改行立宪议会政治。1821 年初，革命者还曾计划在北意大利（当时大多隶属于奥地利）发起大规模起义。在法国，参与过美法两场革命战争的拉法耶特侯爵在晚年写道："如今欧洲迎来危机，自由之友们从未如此刻这般同仇敌忾。"[27]

上述革命运动都以失败告终，但说希腊语的人们此时也开始建立自己的社会团体，其中大多数至少在表面上只关心文化事业，不涉及政治。这些社团的成员充分利用欧洲一些城市的希腊文印刷机，传播、扩散带有自由主义底色的思想。不过，有一个社团始终在地下运作，其目的也更为激进，那就是致力于发动独立战争的"友谊社"（Philiki Etairia）。根据一种较为流行的说法，"友谊社"是一群希腊商人于 1814 年在敖德萨（当时属于俄国）建立的。但也有观点质疑这一说法，认为"友谊社"其实发源于奥斯曼帝国首都伊斯坦布尔，创始时间也要推迟到 3 年后。

和当时的其他秘密结社一样，友谊社的规章与仪式也脱胎自共济会的制度。从活动记录来看，友谊社的成员对于仪式隐秘性、神秘性的强调，几乎与他们对独立目标的追求一样极端而执着。1820 年底，友谊社提出了一套大胆的计划：他们打算先纵火焚烧金角湾内的船队，再焚烧伊斯坦布尔市区，直击奥斯曼帝国的心脏；随后，城内的东正教徒居民将利用大火引发的混乱，夺取首都的控制权。[28]

最终，这场行动事与愿违。但到 19 世纪 20 年代初，至少在希腊语世界的一些地方，革命热情已颇为高涨，无论奥斯曼帝国境内还是境外，都有一些希腊人深受感染。当时或许没有多少人相信希腊革命有胜算可言，至于革命成功后的希腊更是无从设想，即便行踪诡秘的友谊社领袖们似乎也对此无其想法。但是，如果革命的参与者是现在自视为"希腊人"（Hellenes）的普罗大众，而且革命是以古希腊民族的名义发动的（欧洲乃至美洲的众多进步人士相信这个民族与自己也切身相关），那么事实会证明，这完全就是另一回事了。

一切是从 1821 年 3 月 6 日（当时东南欧地区历法中的 2 月 22 日）开始的。俄国军队的一名高级军官带着少数随从，于基什尼奥夫（今摩尔多瓦首都基希讷乌，当时隶属于俄国）偷渡普鲁特河，潜入奥斯曼帝国控制的摩尔达维亚。和当时很多其他俄军高级军官一样，这位名为亚历山德罗斯·伊普希朗蒂（Alexandros Ypsilantis）的军官也以希腊语为母语。此外，他还在不久前成为友谊社的首脑。两天后，伊普希朗蒂来到摩尔达维亚首府雅西，发布了"为信仰与祖国而战"的宣言：

希腊的人们，时候到了！……欧洲的各开化民族……都对我们祖先的馈赠感恩戴德，迫切希望看到希腊人获得自由的一天。

一个月后，在伯罗奔尼撒半岛最南端的卡拉马塔，一份《斯巴达军总司令与麦西尼亚元老院告欧洲人民书》宣布，"不幸的伯罗奔尼撒希腊人"决心拿起武器，反抗"奥斯曼帝国丧尽天良的暴政"：

> 我们因此呼吁全欧洲所有开明的民族提供帮助，让我们能更快完成这正义的事业，完成这神圣的目标，夺回正当权利，让不幸的民族焕发新生。希腊是我们的母国，也曾是启蒙你们的明灯；因此，它期待你们伸出积极的援手。[29]

几百年来，希腊人第一次决心在自己的土地上争取政治独立，把未来掌握到自己手中。1821年3月到4月间，多瑙河两公国全境，北起塞萨洛尼基，南至伯罗奔尼撒半岛的希腊本土大部以及爱琴海诸岛纷纷响应号召，爆发了规模空前的起义。在这之前的多年间，奥斯曼帝国内部本就隐患不断，除希腊人之外，巴尔干半岛上的穆斯林军阀也曾试图脱离帝国自立，不过这些隐患往往只会演变成规模有限的地方性起义，不会对奥斯曼帝国本身的统一存续造成持续威胁。但1821年的希腊革命不同：从上述宣言即可看出，革命者并不只想解决希腊人自己的问题。

即便如此，在革命最初的几个月里，起义的火种仍在奥斯曼帝国的残酷镇压下几近消灭。6月，响应了伊普希朗蒂号召的数千名希腊革命者与其他巴尔干志愿军虽一度在摩尔达维亚和瓦拉几亚取得胜利，但最终仍被奥斯曼军队击溃，伊普希朗蒂本人流亡奥地利之后遭奥地利政府关押，直到几年后死去。他的很多支持者不是战死就是在被俘后遭到处决。在更南方，马其顿、色萨利和安纳托利亚沿海地区的起义也遭到了残酷的镇压。虽然友谊社曾制订火攻伊斯坦布尔的大胆计划，但帝国首都并未爆发革命。然而法纳尔人贵族阶层仍难逃灭顶之灾。

1821 年 4 月到 5 月，几乎所有没能逃出伊斯坦布尔的法纳尔人都在短短几周内被当局逮捕，并当众斩首。4 月 22 日，在复活节主日的仪式结束后，75 岁的普世牧首额我略五世被捕，最终被绞死在自己的座堂大门上。即便额我略曾在 20 多年前发布通谕，谴责引发了这场革命的自由主义思想，还在不久前对所有敢于背叛奥斯曼苏丹（合法的"巴赛勒斯"）的东正教徒处以绝罚，他最终仍没能逃脱这一命运。同样，在没有发生革命的塞浦路斯岛上，当地的东正教会大主教与其他高级神职人员也都被处决，以儆效尤。

但在希腊语世界的一个地方，这场革命牢牢地扎下了根基，那就是伯罗奔尼撒半岛。一则著名的故事传说老帕特雷的东正教会主教曾在 1821 年 3 月 25 日圣母领报节当天来到俯瞰卡拉夫里塔的圣拉伏拉修道院，在那里点燃了革命的烽火，但这很有可能是后人虚构的。即便如此，随着动乱在 1821 年 4 月初（当时当地历法中的 3 月底）席卷伯罗奔尼撒，革命的声势已无法阻挡，许多当地领袖在草寇与非正规武装随从的支持下趁机起兵，很快席卷了整个乡间。

革命发生后，幸存的穆斯林居民纷纷逃入大城镇和十字军或威尼斯人遗留的古老要塞，向奥斯曼驻军寻求庇护。1821 年 10 月，当地局势迎来了决定性时刻：伯罗奔尼撒半岛中心城镇特里波利扎（今特里波利斯）迫于饥饿投降了希腊革命军。虽然攻城一方在纳降前承诺保障居民安全，城内大多数居民还是在投降后遭到屠杀。随后，动乱从伯罗奔尼撒半岛扩散到周边岛屿，如东北方的伊兹拉、斯佩察岛和爱琴海另一侧的普萨拉岛，一些东地中海的希腊航运业重镇也在其中。在这之后，武装起来的希腊商船开始在海战中战胜奥斯曼帝国海军。萨摩斯岛和克里特岛等一些大型岛屿也爆发了革命，但也有很多较大的岛屿没有参与。

　　1821 年底，来自各地的起义者代表第一次结成"国民议会"，订立宪法。他们将会议召开的地点选在伯罗奔尼撒半岛东北部的埃皮达鲁斯，毗邻古代剧场与治愈之神阿斯克勒庇俄斯圣所的遗址，由此产生的第一部希腊临时宪法也因此得名"埃皮达鲁斯宪法"。这份文件对短命的法兰西革命宪法多有参考，还根据美国宪法，设置了严格的立法与行政权分立的原则，并永久决定以古代的"Hellas"（希腊）一词为新国家的名称，将其公民称为"Hellenes"（希腊人）。这场对身份认同的集体重塑如此彻底，以至于生活在今天的我们需要开动脑筋，略加想象，才能理解其中的激进与新颖之处。在那之后的至少一个半世纪里，仍有很多希腊人以"罗马人"自居，或者在私下里彼此以"罗马人"相称，但源自古代的"希腊"一词一经近代人挪用，成为新政治环境下的**官方**说法，其地位便再无动摇。

　　不过，对国民议会、政治权利和分权体制的讨论是一回事，独立战争的现实是另外一回事。当时大多数起义者都是以捍卫东正教信仰的名义拿起武器反抗奥斯曼统治的，他们对敌人的定义〔这些敌人往往在希腊语中被简单称为"土耳其人"（Turks）］是以宗教而非族群身份为基础的。在底层社会，希腊独立战争本质上是一场宗教战争。[30] 对"希腊人"、"希腊"以及马拉松、温泉关等传说故事的时髦讨论根本没有对不识字的普通农民乃至氏族长老产生影响，即便偶然为他们所知，也不能造成深远的影响。当时，希腊起义者最流行的一句战斗口号是"不自由毋宁死"。

不过，"自由"一旦落到实处，就会在第一部宪法的订立者、内讧不断的地方军阀与试图将各地置于自己统治之下的临时政府眼中带上不同的意味。1823 年到 1824 年间，随着外部战事趋于缓和，希腊革命迎来了第一场**政治**考验。

这场政治斗争的一方是国民议会主席亚历山德罗斯·马夫罗科尔达托斯，他在会上被选举为希腊政府的第一任行政首脑，在事实上成为希腊独立以后的首任总统。他与 17 世纪担任奥斯曼帝国大通译的亚历山德罗斯·马夫罗科尔达托斯同名，也是后者开创的法纳尔人一流望族马夫罗科尔达托斯家的后人。这位 19 世纪的亚历山德罗斯身穿在当时的希腊颇为罕见的西式正装大衣，身高不过 5 英尺出头，体形肥胖，戴着厚厚的近视眼镜，外表并无英雄气概，但他却是一位无比精明的政客，通晓 8 种语言，笃信欧洲启蒙运动提出的人道主义和世俗主义思想，熟知当时的政治哲学与地缘政治理论。他是"埃皮达鲁斯宪法"最终稿的主要起草者，也是让这部宪法草案通过国民议会审议的主要推动者。

与亚历山德罗斯相对，这场政治斗争的另一方是当时伯罗奔尼撒半岛上最有势力的军阀塞奥佐罗斯·科洛科特洛尼斯（Theodoros Kolokotronis），他曾落草为寇，也曾在伊奥尼亚群岛作为佣兵为统治当地的一系列外国政权卖命。他有着"摩里亚老人"的绰号

（革命爆发时他已 50 岁了），作为游击队领袖的实力不可小觑。革命爆发后的第二年，他便已取得了一连串胜利：1822 年 6 月，他曾在科林斯附近的德尔维纳奇亚（Dervenakia）隘口围歼了一支试图为纳夫普利奥解围而未果的奥斯曼军队。苏格兰史家乔治·芬利（George Finlay）曾亲眼见证了自己笔下的诸多事件，为希腊革命留下了极具影响力的记载，对于科洛科特洛尼斯的形象，他是如此描述的：

> 他头颅硕大，表情凶悍，眼神坚定，黑发茂密，既充满威严，也难掩狡诈与冷酷的一面……他生而为强盗，总是不能明辨是非，分清对错，还对法律和秩序有一种本能的厌恶。[31]

两人的差异如此明显，爆发冲突也在所难免。但这不只是一场个人矛盾，也是一场关于自由之含义及其对希腊未来有何意义的斗争。1824 年，临时政府军队与科洛科特洛尼斯率领的军阀联盟爆发两场武装冲突。临时政府在两场战斗中都取得了胜利，这决定性地改变了未来希腊国家的面貌。不过，这场冲突和冲突相关方的鲜明人格都对后世造成了深刻的影响，直到今天仍没有消散，后来希腊历史上的很多危机，也将把这场冲突留下的裂痕暴露出来。[32]

此时，希腊的事态逐渐在海外产生了影响。第一批向西方求助的声音受到了不出意料的冷遇，但即便各国政府不愿为希腊起义者伸出援手，许多个人与社会团体仍采取了积极的行动。来自欧洲大陆乃至美国的志愿者纷纷投身希腊独立战争，他们因此被称为"希腊之友"（philhellene，"热爱希腊者"），拜伦男爵就是其中最为著名的一员。很多"希腊之友"最终都死在希腊，其中一些人战死沙场，还有一些人则与 1824 年 4 月去世的拜伦一样死于疾病。因为各国政府的极力阻挠，许多赴希腊参战的志愿者必须设法避开当局的耳目。在 1821 年到 1827 年间，总共有约 1 200 人成功抵达希腊，但和这支规模不大的力量相比，从各国境内支援希腊的"希腊之友"不但人数更多，影响也更大。他们在自己的国家设立委员会、组建压力集团，通过政治运动一方面敦促本国政府支援希腊革命，一方面为希腊起义者募款。[33]

渐渐地，其他国家的政府虽然并不情愿，但仍逐渐开始改变对于希腊局势的评估。对此，这些亲希腊政治团体的施压发挥了很大作用。英国最先打破了"欧洲协调"姿态：1823 年初，新上任的外交大臣乔治·坎宁承认公海希腊船只的船长与水手为合法的交战国人员，而非海盗。同年 12 月 2 日，美国总统詹姆斯·门罗在一篇对国会发表的著名演说中几乎承认了希腊的独立地位。这位因"门罗主义"、在欧洲与新大陆之间明确势力范围而闻名的总统在讲话中宣称："我们有充分的理由相信……希腊将再度成为一个独立的民族。我们以最大的热忱，期待它取得这一地位。"一年多后，美国国会审议了一份关于承认希腊为独立国家的法案。该法案虽然最终没能通过，但美国舆论对希腊的支持仍十分强烈，纽约造船厂甚至建造了一艘巡航舰"希腊号"于 1826 年底交付希腊政府。[34]

此时在欧洲，其他国家的政府还不打算做出如此激进的姿态。1824 年，俄国沙皇亚历山大秘密联络英法，打算把希腊变成名义上隶属奥斯曼帝国的高度自治地区，并将其瓜分为三国的"势力范围"，这份秘密提议随后走漏风声，令大多数希腊领袖深感背叛，转而向英国寻求支持。虽然英国政府拒绝为希腊起义者提供保护，而希腊内部的不同派系也分别提出了亲法或亲俄的主张，英希之间仍展开了外交对话。至此，希腊问题终于在当时世界头号海上强国的议程上占据了牢固的一席之地。

对此时的希腊人而言，结交英国刻不容缓。1825 年 8 月 1 日，希腊方面向英国政府求助的当天，奥斯曼帝国对希腊发起了反攻。奥斯曼陆军从北方南下，埃及总督穆罕默德·阿里之子易卜拉欣帕夏则率一支新式海军舰队从亚历山大港北上，于 1825 年 2 月登陆伯罗奔尼撒半岛南部海岸。在接下来的两年半里，希腊人遭到奥斯曼陆军与埃及舰队的夹击，几乎失去了 1821 年以来取得的所有土地。到 1827 年初夏，自由的希腊已濒临消亡。

但此时，已经有太多希腊人为独立战斗了太久，时针已不可能拨回到革命之前。获准在战胜后以伯罗奔尼撒半岛为封地的易卜拉欣帕夏一度扬言要将当地所有居民处死或掠为奴隶，再从北非调穆斯林前来定居，但这些威胁在希腊以外的地方也引发了愤怒。世界各地的"希腊之友"认定这并非仅是一场遥远的异乡之争，他们相信自己文明的某些根基正受到致命挑战。因此，外国政府越来越难以对希腊问题坐视不管，希腊的命运也逐渐从情怀所系变成一个冷冰冰的地缘政治问题。

1826 年春天，在东地中海有利益关切的英法俄三大国撇开希腊，进行了一系列复杂的谈判。如果奥斯曼帝国在欧洲的势力严重衰落，三大国希望确保彼此间任何一方都不会从中取得地缘政治优势。后来，这一外交悖论将被称为"东方问题"，直到第一次世界大战结束后才得以解决。一年后的 1827 年，在乔治·坎宁作为英国首相的短暂任期里，英法俄三国同意出动一支联合舰队进入爱琴海，以迫使交战的希土双方接受停火。希腊方面不出意料地对这一军事干预行动表示欢迎，奥斯曼帝国则谴责这一举动粗暴干涉了本国内政。1827 年 10 月 20 日，联合舰队与奥斯曼–埃及舰队在伯罗奔尼撒半岛西南方不远处的纳瓦里诺湾爆发了意料之外的冲突，奥斯曼–埃及一方惨遭全歼。不久后，易卜拉欣只得退出伯罗奔尼撒半岛。

至此，希腊革命终于以某种形式取得了成功，但最终解决方案的制定过程并无希腊人自己的参与，而是由英法俄三强定夺——这一刻暂时还没有到来。与此同时，希腊临时政府不假外部势力之手，自行为尚未得到国际公认的希腊任命了一位临时政府首脑：他名叫扬尼斯·卡波狄斯特里亚斯（Ioannis Kapodistrias），也被人称为卡波伊斯特利亚伯爵约翰。他出身科孚岛的贵族家庭，后加入俄国军队，随后不断晋升，在 1814 年到 1822 年间与他人共同掌管俄国外交部。1828 年初，卡波狄斯特里亚斯作为"总督"（Kyvernitis）来到伯罗奔尼撒半岛。

卡波狄斯特里亚斯就如同一个局外人，虽然他确实是一个希腊人，但他之前从未踏上过希腊本土。将他任命为伯罗奔尼撒半岛总督的决定得到了此刻正在谈判中掌握希腊未来命运的列强代表的同意，但英法俄三国政府也出于各自不同的原因，对他怀有疑虑。不过，对三大国而言，卡波狄斯特里亚斯曾代表俄国出席维也纳会议，至少作为政治家的资历值得信赖。他的就任标志着新生的希腊国家在欧洲外交舞台上迈进了一大步。

这位新"总督"甫一上任，便着手为这个未来的民族国家确立政治制度，并在与英法俄三巨头的谈判中尽可能为希腊争取利益。然而，真正让希腊的命运迎来转折的不是卡波狄斯特里亚斯的外交努力，而是 1829 年 9 月奥斯曼帝国在又一场俄土战争中的失败。这场战争以高加索地区为主战场，希腊人的命运并非双方争夺的焦点；但随着俄军一路南下，逼近距奥斯曼帝国首都不远的埃迪尔内（哈德良堡），就连一贯憎恨革命、厌恶希腊人的时任英国首相威灵顿公爵，也开始认识到希腊独立的价值所在：随着奥斯曼帝国日薄西山，只有一个独立而强大的希腊可以在巴尔干与爱琴海地区制衡俄国的霸权。1830 年 2 月 3 日，转折点终于到来：英法俄三国在伦敦签署共同议定书，首次发出了如下外交保证："希腊将成为一独立国家，并享受独立国家所应有的一切政治权利、行政权与商贸权。"[35]

1831 年 10 月，卡波狄斯特里亚斯在纳夫普利奥的一座教堂门口被两名反对者暗杀。此时，英法俄三国认定新生的希腊必须建立君主制，而不是如临时宪法所宣称的那样成立共和国。1832 年 5 月，一份外交条约决定由巴伐利亚国王路德维希一世（一个"希腊之友"）的次子奥托担任希腊王国的首任国王。希腊王国的疆界也在同时得以划定：它将只统治伯罗奔尼撒半岛和爱琴海上靠近该半岛的一些岛屿，面积仅相当于今天希腊本土的不到一半。其余土地仍将属于奥斯曼帝国，只有伊奥尼亚群岛维持 1815 年以来的安排，继续作为保护领接受英国统治。上述决策并无希腊和奥斯曼帝国的参与。

自从当时直到今日，很多希腊人都对这一结果心怀不满。建立希腊王国的结果似乎配不上当初无数起义者为之抛头颅洒热血的那句口号——"不自由毋宁死"。另一方面，希腊革命始于革命者对欧洲各界之良知的呼吁，但最终的结果却与良心无关，只是一场地缘政治的算计。新生的希腊国家，因此被嵌入欧洲乃至世界不断变化的地缘政治格局当中。1833年2月6日，当未来的国王奥托乘英国军舰抵达纳夫普利奥时，"希腊"已做好了准备，跻身欧洲独立国家之林——这是希腊人漫长历史上的第一次。

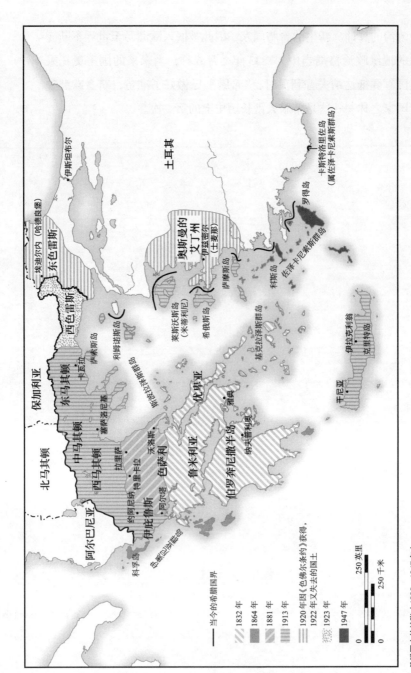

希腊国土的扩张（1832—1947年）

第十四章

欧洲的国度，世界的民族
（1833 年—1974 年）

希腊不但是欧洲地图上的一个新**国家**，也代表了一种**新型**的国家：它是第一个以民族的名义、根据民族观念而被建构出来的**民族国家**。在新世界的南北美洲，这一新模式已得到尝试；法国大革命曾率先在欧洲引进这一模式，但中途夭折了。今天所谓的"民族自决"思想可以追溯到启蒙时代。当时，欧洲人已普遍认识到民族国家存在的可能性；到 19 世纪后半叶，意大利与德意志的"民族统一"令民族国家的概念盛行于世。但在 1830 年被正式承认为独立国家的希腊，是在旧大陆上建立民族国家的第一次成功实验。

独立十年后，希腊王国才建立了议会立宪制。但即便在最初十年奥托国王及其德籍顾问重臣权力不受（除远在慕尼黑的奥托之父路德维希一世以外）任何制约的"巴伐利亚专制"时代，希腊的政府大臣和大部分行政高官仍由希腊人充任。他们开始为建立一个现代化的、属于欧洲的"民族"国家体制打下基础。[1]

所谓"民族的"，就是"希腊的"（Hellenic）。首先，他们把曾鼓舞希腊独立斗争开花结果的"希腊复兴"当作建立民族国家的出发点。奥托抵达希腊组建首届政府几个月之后，希腊王国决定将首都从纳夫普利奥迁往雅典。当时，荒废的雅典卫城与帕提侬神庙的废墟依旧俯瞰着阿提卡平原，与伯里克利时代别无二致。在卫城山脚下，当时的雅典城只有不超过1.2万人居住。但在当时任何一个受过古典学熏陶的外国人眼里，雅典的盛名与古韵都是"希腊"这一概念的最佳写照。因此，雅典必须再次崛起为一座大城市，成为与现代希腊国家地位相称的首都。

19世纪30年代，希腊政府为改建雅典做出了一整套规划。横平竖直的街道反映了启蒙时代的城市规划理论，而后者又可追溯到希腊化时代的城市建设思想，这些思想则始于米利都的希波达穆斯。在之后几十年里，雅典市中心宽阔笔直的林荫大道从废墟和空旷的乡间横贯而过，到今天，这些主干道都已车流涌动，拥堵不堪。新城的格局以居高临下的卫城为聚焦点，充满了对古代雅典的致敬意味，但在城市建设过程中，无论中世纪建筑还是雅典卫城的后期设施，当地自古典时代至希腊独立之间千百年来的历史遗迹都被扫荡一空。在雅典和希腊的很多地方，几乎所有新建筑都采用了新古典主义风格，以在细节上效仿古典城邦时代的建筑遗产。就这样，新生的希腊致力于与古代先民的遗迹建立天衣无缝的连接。[2]

不过，使这一切得以发生、保证希腊政府有效运转的制度尽管在名义上沿袭了古代的情况，其实质却没有半点古风可言。19世纪30年代，希腊人以莫大的勇气，建立了一些在当时的欧洲尚属罕见的国家权力机构。希腊建立了一支国民军队，设立了最高司法机关——最高法院，并根据古雅典城邦受理上诉案件的法庭所在地（尽管在性质上与现代的最高法院颇有差异），将其命名为"亚略巴古"（Areopagus）。希腊发行了官方货币"德拉克马"，其名称虽来自一种古代钱币，但背后的制度完全反映了近现代的思想。希腊政府还为建立国民教育制度规划了蓝图。1837 年成立的雅典大学起初根据时任国王奥托［希腊语称"奥森"（Óthon）］的名字，被命名为"奥森大学"，后于 1862 年改名为国立大学。1842 年，俯瞰古雅典城市广场遗迹的仙女山顶建立了国立天文台，以作为推动现代科学研究的阵地。希腊甚至建立了一个名为希腊自主教会（The Autocephalous Church of Greece）的国家教会，在多年间与伊斯坦布尔的东正教会普世牧首不相往来。当时，伊斯坦布尔牧首仍需效忠于奥斯曼苏丹，为其管理境内的东正教事务。

为推行上述新政，希腊需要克服巨大的困难。新生的希腊王国治下只有约 60 万人口，境内自然资源匮乏，农业经济在十多年的战乱中陷于荒废，政府还对英法俄三大独立保证国欠有巨额债务。早在 1827 年，临时政府就已拖欠了在 1824 年和 1825 年为了维持运转而从伦敦股票市场上的私人投机者那里筹集的两笔关键贷款。此前一个世纪希腊语教育的中心城市没有一座位于希腊王国境内，大多数城镇与村庄都在革命战争中千疮百孔，几乎没有一座建筑完好无损；很多地方沦为一片废墟。

鉴于挑战如此严峻，希腊王国在奥托在位 30 年间取得的成就足以令人称奇。然而，还有一些长期问题没有得到解决。很多"国立"机关只是在表面上效仿了近现代欧洲的制度，其本质仍保留了希腊当地的传统做法，直到几十年后才真正得以改变。乡间盗贼依旧肆虐；在雅典市中心以外，绝大多数希腊本地居民仍穿着奥斯曼时代的传统装束，没有改穿"法兰克服"（a la franka，即欧洲装扮）。还有一个现象颇有代表性：直到 19 世纪 70 年代，希腊政府的官方货币德拉克马才在国内完全取代了奥斯曼帝国的货币皮阿斯特。1844 年的希腊宪法虽姗姗来迟，其内容却领先时代，至少在制度上赋予公民以颇为广泛的选举权。[3] 但直到 20 年后下一部宪法生效时为止，这部宪法的大部分条款仍没有落到实处，女性公民更要等到 1952 年才能参与议会选举。此外，希腊独立时政府欠下的新外债与"保证国"列强时而发起的公然干涉，仍极大限制了希腊的主权，使其不能享受建国之初一系列条约所承诺的独立性，直到 20 世纪才逐渐得到解决。

奥托国王热爱他的新王国，但希腊臣民只是偶尔才对他抱有热情。希腊爆发了两场反对奥托的政变，其中发生于 1862 年的第二场政变取得了成功。奥托一世（也是最后一位名为奥托的国王）乘一艘英国军舰（这与他来希腊时一样）离开希腊，此后在故乡巴伐利亚终老。不过，即便发生了废黜奥托这样的事变，希腊仍可以"东方的新模范王国"自居——这是在奥托退位次年即位的希腊人的国王乔治一世（出身丹麦）做出的评价。[4]

一代人之后，希腊终于迎来了扬眉吐气的时刻。19 世纪 90 年代，奥林匹克运动会作为一项现代国际体育竞赛而重新举办。这一倡议最早并非源自希腊，而是由法国体育爱好者兼教育家顾拜旦男爵发起的。但在希腊王室（尽管他们也不是族群意义上的希腊人）和希腊知识界领袖的强烈支持下，雅典仍被选为第一届现代奥林匹克运动会的举办地。1896 年 4 月，来自世界各地的参赛选手与观众都被雅典壮观的新古典主义建筑与开阔的城市空间所深深吸引。希腊方面以从当年古雅典人采石场中开采的白色大理石为材料，复原了始建于公元前 4 世纪来库古时代的泛雅典运动场（Panathenaic Stadium）；在赛会的最后一场比赛——马拉松长跑中，参赛者还要沿 26 英里长的赛道复原公元前 490 年雅典军队从马拉松回师的强行军路程。最终，希腊退伍军人斯皮里宗·路易斯（Spyridon Louis）赢得冠军，进一步鼓舞了希腊人的士气。[5]

但在 19 世纪末，希腊人也清醒地意识到，这个令无数同胞自豪的希腊王国，终究只是广阔的希腊语世界的一部分。希腊独立时，生活在希腊王国境外的"希腊人"数量至少是希腊王国总人口的三倍。1864 年，英国将伊奥尼亚群岛交给希腊王国；1881 年，奥斯曼帝国又向希腊割让了色萨利全境和伊庇鲁斯的部分地区。在此期间，希腊王国自身的人口增长了约三倍，于 1896 年达到近 250 万。但据不精确估算，当时生活在奥斯曼帝国境内、俄国南部的希腊人与分布在世界各地的希腊侨民总人数可能在 300 万到 400 万之间。[6]

虽然新生的希腊国家有了一个属于自己的首都，很多 19 世纪的希腊人（无论在希腊王国境内还是境外）仍以君士坦丁堡（伊斯坦布尔）而非雅典为本民族真正的中心城市。这样一来，进一步扩张希腊国家的疆域，就成了解决这一矛盾的一个办法，所谓"伟大理想"因此诞生。

流行的说法认为，"伟大理想"由曾参与领导希腊革命的资深政治家扬尼斯·科莱蒂斯（Ioannis Kolettis）在 1844 年的一场讲话中率先提出，但这一主张的历史至少可追溯到希腊独立时，且从希腊建国之日起就与这个国家不可分割。关于它在实践中究竟意味着什么，以及通过什么手段可以实现，人们争论不断。根据最具野心的一种解释，"伟大理想"最终寻求恢复拜占庭帝国的疆域，以君士坦丁堡（伊斯坦布尔）为希腊国家的首都。但总体而言，"伟大理想"的主旨在于扩张希腊的国家疆域，尽可能将隶属于希腊民族的人口纳入其治下。从19世纪30年代晚期到20世纪20年代初，"伟大理想"以各种不同的形式，主导了每一届希腊政府的绝大部分对外政策，也影响了一些内政决策。对于"伟大理想"的追求还不只局限于希腊精英阶层；至少在希腊境内，"伟大理想"的主张在日常生活中也为人们所广泛接受。[7]

但在希腊国境之外，人们对"伟大理想"的态度并不一致。在克里特岛和其他一些居民以希腊人为多数的岛屿上，与对岸的希腊王国实现统一是一种足可令人捐躯的理想。从1821年开始直到19世纪末，"不统一毋宁死"的旗号每十年都会在克里特岛上引起一场叛乱。但在其他地方，希腊人群体对"伟大理想"的态度更为纠结。在希腊王国北方的马其顿、伊庇鲁斯和王国东方的色雷斯，说希腊语的人每天与说塞尔维亚语、保加利亚语、罗马尼亚语和阿尔巴尼亚语的人以及信仰伊斯兰教的土耳其人摩肩接踵、相安无事，打破这种杂居的局面，注定是一个漫长而不乏血腥冲突的过程：在19世纪，我们今天所谓的"民族意识"还只是一个刚刚萌芽的概念。在更东方的特拉布宗和卡帕多西亚地区的凯撒里亚（今土耳其开塞利），希腊语学校仍在鼓励学生们以古老民族的后裔"希腊人"自居，但只要翻开当时的地图就不难发现，这些希腊人的家乡恐怕永远也无法加入一个以雅典为首都的希腊国家。

对于此时奥斯曼帝国境内普通希腊人的态度，我们所能掌握的信息有限。但可以确认的是，在整个19世纪，即便不在希腊王国境内，也与希腊王国无甚关联，希腊人的个人与家庭关系网络仍在世界各地留下了印记。希腊人的航运贸易网络可以追溯到希腊商人在伊斯坦布尔、士麦那、威尼斯与克里特岛蓬勃发展的16世纪；在18世纪，希腊人的贸易网络又有了长足的发展，到19世纪更迎来了广泛的扩大。有观点认为，希腊人的经商策略与商业模式在很大程度上塑造了今天所谓的"全球化"国际贸易体系。[8]

瓦里亚诺（Vagliano）三兄弟是当时新生代希腊企业家的杰出代表，他们来自伊奥尼亚的凯法洛尼亚岛。三兄弟分别植根于亚速海滨的塔甘罗格、英国伦敦和法国南部港口马赛，建立了横跨亚速海、黑海、地中海并连接更远海域的贸易网络，把来自俄国与中亚的商品源源不断地出口到巴黎、鹿特丹、伦敦与曼彻斯特，再从欧洲向东输出大量工业制成品。到三兄弟中的最后一人——帕纳吉·瓦里亚诺——于1902年死于伦敦时，三人资产总值已达希腊王国国民生产总值的近一半。[9]

其他希腊人经营的家族企业把触手伸向了更遥远的地方。希腊革命期间，祖籍希俄斯岛的拉里（Ralli）五兄弟于1823年在伦敦开始经商。号称五兄弟"大脑"的潘迪亚·拉里坐镇伦敦，他后来受封为爵士，还被人称为"宙斯"，备受尊敬。到19世纪中叶，拉里家族已在四个大洲建立了办事处，在当时伦敦大约60个来自希俄斯岛的希腊富商家族中最为显赫。1822年革命期间，希俄斯岛曾毁于战火，大多数当地商人是白手起家的。从19世纪后半叶开始，这些家族形成了一个关系密切的社会群体，其中很多人都聚居于伦敦芬斯伯里公园一带，彼此相距不过几百米。他们经常在内部通婚，但也高度融入英国上流社会（这在伦敦的外来移民群体中颇不寻常）。他们世代葬在伦敦南部的西诺伍德公墓，其中很多坟墓以新古典主义风格设计，外观如同古希腊的大型陵墓。它们既以不可撼动的岩石形式纪念了墓主生前在公众视野下的光鲜成就，也寄托了他们内心对一个已经逝去的古老世界的哀痛与追思。[10]

其他地方的希腊人也赚取了不少财富。19世纪后半叶，伊斯坦布尔的 100 余万居民中有约四分之一是希腊人。1821 年针对法纳尔人的屠杀结束之后，仅过了一代人的时间，奥斯曼帝国就推行了全面的改革，向非穆斯林开放了参与公共事务、自主兴办教育的机会，还让希腊人得以在祖辈的基础上更进一步，扩张自己的商业帝国。到 19 世纪 70 年代，伊斯坦布尔的希腊人几乎一手缔造了奥斯曼帝国的银行业体系，就连苏丹的金融事务也有赖于希腊企业支持。在奥斯曼帝国晚期，伊斯坦布尔的希腊金融业者也是希腊外来投资的主要来源，在这些人当中，安德里亚斯·辛格罗斯（Andreas Syngros）于 19 世纪 70 年代迁居雅典，后来成为希腊著名的慈善家。不过，辛格罗斯只是一个特殊案例：绝大多数希腊金融商人都留在了伊斯坦布尔，那里才是商机汇聚的地方。[11]

希腊人在埃及也留下了许多成功故事。从 19 世纪初开始，希腊商人便被当地新兴的棉花产业所吸引，纷纷涌入埃及。19 世纪 60 年代，随着美国爆发内战，大西洋棉花供应断绝，以亚历山大港和开罗为根据地的希腊商人赚取了巨大的财富，非当时条件艰难的希腊王国所能想象。在这些商人当中，20 世纪初亚历山大港希腊侨民社群的领袖埃曼努埃尔·贝纳基斯（Emmanuel Benakis）尤为出名。和辛格罗斯一样，贝纳基斯也因举家迁居雅典而让世人铭记；1914 年，他还当上了雅典市长。贝纳基斯的儿子、艺术收藏家安东尼斯留下的藏品成为今天雅典贝纳基博物馆（Benaki Museum）的建馆基础，他的姓氏也成了这座博物馆的名称由来。[12]

王国之外的希腊人并非仅在商业和金融领域取得了本国公民做梦也想不到的成就。在 20 世纪初及之后的几十年里，一些在希腊语世界中流传的最具影响力的文学期刊都在亚历山大出版。从 19 世纪 90 年代到 1933 年去世，康斯坦丁·卡瓦菲斯也是在亚历山大形成了自己独特的诗歌风格；这使他成为迄今为止最著名、被翻译次数最多的现代希腊诗人。

诗人卡瓦菲斯生在埃及亚历山大港，他的家人来自伊斯坦布尔，在当地凭棉花生意致富，但后来又因经商失败而家道中落。卡瓦菲斯到访希腊的次数不多，也对自己在当地的所见所闻缺乏好感。他早年反而在利物浦和伦敦待过一段时间，与潘迪亚·拉里爵士和他的希腊侨商团体相距不远。卡瓦菲斯的成就在于以自己出生长大的亚历山大港为舞台，想象了一个 2 000 多年前由马其顿人在埃及建立的希腊世界。他公开发表的诗作大多以那个希腊语和希腊文化在东地中海与中东广泛传播的历史时期为素材，这种广阔的视野与 19 世纪 20 年代以来希腊王国所宣扬的民族叙事针锋相对。卡瓦菲斯的诗歌以自我解嘲的口吻，重申了一种可以追溯到修昔底德与伊索克拉底时代的对于希腊文化优越性的叙事。

曾在 1917 年见过卡瓦菲斯的英国小说家 E. M. 福斯特为他留下的那篇文学速写，是常被后人引用的名篇。他在这篇文章中的描述，足可令当时很多受过良好教育的希腊人深感共鸣。他们的人生认识与观念塑造于希腊之外，但他们仍对自己作为更广泛的希腊民族之一员的身份抱有由衷乃至强烈的骄傲：

> 他是个热忱的希腊人，但希腊对他而言不是一个政治地理概念……他不爱谈论种族纯洁性，也对政治理念缺乏热情。对于地中海对岸那个沉默的狭小半岛，他甚至不惮于冷嘲热讽……他尊崇的那个文明是一种混杂的产物，希腊的血统在其中占据主导地位。一代又一代外来者闯入其中，将其改造，同时也反过来为其所改造。[13]

1897 年春天，希腊对奥斯曼帝国开战。在最初几周里，雅典城内群情振奋，人们纷纷欢呼"伟大理想"就要实现了：希腊人将要收复君士坦丁堡（伊斯坦布尔），"化为大理石"的君士坦丁十一世将在他当年阵亡的城墙上死而复生，领导人民走向胜利，把土耳其人赶回中亚老家去。但随后的战况与他们的乐观预期全然相反：一个月之内，希腊军队便在奥斯曼军队的攻势下全面败退，如果英法俄三国没有出面介入、保障希腊独立，首都雅典都有失陷之虞。战败让希腊王国上下陷入深深的羞耻，此前深受爱戴的乔治国王及其他王室成员也因此受到了前所未有的辱骂。但战争结束后不久，有人如此为这场战争辩护："战败的是希腊**政府**，不是希腊**民族**。"[14]

人们必须要重新审视"伟大理想"了。到底是解放民族同胞更重要，还是保全国家主权完整更重要？此时，随着巴尔干半岛上的其他居民开始效仿希腊的榜样，建立自己的民族国家，摆在希腊王国面前的形势更加复杂了。1878 年，罗马尼亚、塞尔维亚和黑山的独立已得到正式承认；保加利亚公国也不断争取主权，到1908 年实现了完全独立；很快，阿尔巴尼亚也独立建国。因为巴尔干半岛地区的语言族群分布极为复杂，这些新国家各有各的"伟大理想"；与此同时，希腊试图争夺的伊庇鲁斯、马其顿和色雷斯地区仍处在奥斯曼帝国治下。这就为一场牵扯到三方、四方乃至五方的大混战埋下了祸根。

1912 年 10 月，第一次巴尔干战争爆发。希腊王国的新任首相是一位出身克里特岛的律师，他的故乡长年寻求加入希腊王国，但始终没有成功。这位首相的名字是埃莱夫塞里奥斯·韦尼泽洛斯，他是现代希腊历史上成就极为丰硕，但争议也尤为巨大的一位领袖。第一次巴尔干战争爆发前不久，一位韦尼泽洛斯的欣赏者曾如此记载了他对此人的第一印象：

> 他像雪花石膏一样剔透发光，表情宛如来自寒冷北方的少
> 女，只是长了初显斑白的络腮胡子。鼻梁上的眼镜仿佛增添了
> 他面庞的光彩，但更为惹眼的是那双蓝绿色眼睛，仿佛正透过
> 镜片，笔直地朝你投来荧光。[15]

韦尼泽洛斯可能是现代希腊历史上唯一一位跻身世界舞台、受
到广泛尊重的政治家。在国内，他的支持者把他奉为救世主，他的
政敌（他确实不乏政敌）则斥他为"假先知"，是恶魔在世间的使
者。无论当时还是之后，很多人都把韦尼泽洛斯视为后来希腊王国
巨大灾祸的根源。[16]

1910 年初次担任首相之后，韦尼泽洛斯无视十几年前希土战
争的惨败，仍然决心把"伟大理想"变为现实。在他的良好管理下，
希腊经济强势复苏，政府得以对军队、基础设施建设与公共服务加
大投入。此时，巴尔干各民族国家间的外交活动也催生了一个此前
不可想象的反奥斯曼大联盟。针对奥斯曼帝国的第一枪是在 1912
年 10 月 8 日，由亚得里亚海边的小国黑山打响的，短短几天之内，
希腊、保加利亚和塞尔维亚都加入了战局。11 月 8 日，君士坦丁
王储率领希腊军队进入塞萨洛尼基，比同样以这座城市为目标的保
加利亚军提前了几个小时。奥斯曼军队节节败退，前线距伊斯坦布
尔只有几英里之遥。

不到一年后，脆弱的巴尔干同盟便走向分裂。1913 年 7 月，
第二次巴尔干战争爆发，希腊和奥斯曼帝国都从在第一次战争中获
利最大的保加利亚手中夺取了土地。到 1913 年底，希腊王国的疆

域已向东、北、南（克里特岛）三面扩张到了与今天差不多的范围，其陆地面积增长了 50% 以上，人口则增至 480 万，几乎翻了一番。接下来，伊斯坦布尔似乎也遥遥在望了。[17]

但在 1914 年，巴尔干半岛又爆发了一场战争。一切始于 6 月 28 日奥匈帝国皇储在波斯尼亚首府萨拉热窝遇刺身亡；8 月初，萨拉热窝事件终于演变成大范围的军事冲突。这场始于巴尔干半岛的战争最终演变为"大战争"，也被称为"终结一切战争的战争"，也即后来所谓的"第一次世界大战"。这场战争的一方是英法俄三国组成的协约国，另一方则是德意志帝国、奥匈帝国和（1914 年 10 月参战）奥斯曼帝国组成的同盟国。

希腊政府该何去何从？如果希腊站在协约国一方，约 200 万生活在奥斯曼帝国境内的希腊人就将沦为敌国的人质；但另一方面，如果协约国赢得了战争，且希腊能为打倒奥斯曼帝国出一份力，生活在奥斯曼帝国境内的希腊人就能得到解放，他们的故土也能成为更庞大的希腊国家的一部分。首相韦尼泽洛斯决心加入协约国一方，但当年占领塞萨洛尼基的王储君士坦丁此时已即位为康斯坦丁一世国王，作为德皇威廉二世的妹夫，他希望国家保持中立。

1915 年，英法两国以保护巴尔干盟友塞尔维亚为借口在塞萨洛尼基驻军，以强迫希腊做出决定。随后，协约国进一步侵犯了希腊主权。希腊社会各界的分歧之深是革命以来还不曾见过的。参战问题的争议如此之大，是因为争执双方的真正关切并不在于世界大战和阵营选择，而在于民族与国家政府之间的利益冲突：19 世纪 20 年代撕裂了希腊革命者的传统分歧以一种新的面貌浮出水面，再次令两种希腊爱国主义彼此斗争。

1916 年 9 月，韦尼泽洛斯在塞萨洛尼基另立政府，与国王对

　　　　　希腊 3500 年

抗。他在宣言中如此论证了自己做法的正当性：

> 在**国家政府**缺席的情况下，我们呼吁**希腊民族**站起来，共
> 赴国难……如果**政府**背叛了它的职责，我们**民族**就要行动起
> 来，接过**政府**本应肩负的重担。[18]

接下来的 8 个月里，希腊境内出现了两个彼此抗衡的政府：国
王依旧在雅典统治，韦尼泽洛斯则以塞萨洛尼基为据点。1916 年
12 月，雅典街头发生公开的政治冲突，内战正式爆发。6 个月后，
韦尼泽洛斯在法国军队的支持下取得了胜利，康斯坦丁一世被迫流
亡，韦尼泽洛斯则回到雅典继续领导希腊政府。在这之后，希腊军
队参与了协约国在马其顿前线的战事，直到 1918 年战争结束。

协约国赢得战争后，各国在巴黎召开和会。会上，韦尼泽洛斯
施展了自己作为政治家的浑身解数。最终，希腊取得了两项重要成
果：首先，希腊在 1919 年 5 月获准出兵士麦那，并占领该城周边
地区；其次，希腊通过 1920 年 8 月签订的《色佛尔条约》，取得
了奥斯曼帝国在色雷斯东部与安纳托利亚西部的大片领土。虽然伊
斯坦布尔的日后归属问题尚未解决，但这座由君士坦丁皇帝建立的
希腊语世界象征性首都重归希腊人统治，也非不可设想。

然而，韦尼泽洛斯终究是失算了，在国内外遭到了双重挫折：
1920 年 11 月，韦尼泽洛斯在希腊议会选举中落败；更致命的是，
穆斯塔法·凯末尔（后世称"阿塔图尔克"）领导新兴的土耳其国
民政府在安纳托利亚击败了希腊，最终建立了土耳其共和国。议会
选举之后，国王康斯坦丁一世结束流亡，重归王位。因为他在"一
战"期间拒绝倒向协约国阵营，英法随后撤回了韦尼泽洛斯时期

对希腊的一切外交与资金支持，新一届希腊政府只能独自支撑局面。1921 年，安纳托利亚的希腊军队试图先发制人，向东进攻凯末尔的土耳其共和国临时首都安卡拉，但在这场行动失败之后，双方陷入了长达一年的僵持。1922 年 9 月，由于防线被土军突破，希腊军队被逼至海边，最终抛下安纳托利亚的希腊族群，撤回了本土。凯末尔军队抵达士麦那几天之后，这座多年来居民以希腊人为主的城市便毁于大火。

后来，这场三年的安纳托利亚战争被希腊人称作"小亚细亚灾难"（"小亚细亚"是希腊人对安纳托利亚的古称，一直沿用至今）或"大灾难"。希腊国家的领土固然有所扩张，但远远达不到"伟大理想"支持者的预期；作为代价，从色雷斯东部到马尔马拉海沿岸，从黑海南岸的特拉布宗及其周边内陆到士麦那以北的爱琴海东岸，以及安纳托利亚中部的卡帕多西亚，当地希腊**族群**都被迫离开家园，永不复归。这些地区曾是拜占庭帝国的核心地带，希腊语居民在当地生活的历史也已有成百上千年。直到今天，希腊人仍将这些地方视为本民族"失落的故土"。[19]

接下来的几个月里，有成千上万的希腊人被杀害或逮捕。最终，有 130 万到 140 万东正教徒在希土战争之后的混乱中永远地离开了家园，其中绝大多数都以希腊语为母语。1923 年 1 月，希腊政府通过国际联盟洛桑会议的调解，与土耳其进行了强制性的人口互换，没有在 1922 年底从土耳其境内逃亡的希腊人也被迁到了希腊。在国际联盟与国际红十字会等组织的协助下，希腊政府成功安置、接纳了大批难民，这常被视为现代希腊国家在约两百年的历史上极为杰出的一项成绩。但这个过程终究是一场悲剧，充满了痛苦的体验，也有许多人失去了生命。1930 年，再次出山的韦尼泽洛斯领导希腊政府与凯末尔的土耳其共和国实现了关系正常化，迫在眉睫的危机似乎也大体告一段落。但在这之后，迁入希腊的难民仍需要至少 50 年时间，才能真正融入希腊本土社会。[20]

希土战争的挫败之后，许多艺术家与知识分子围绕"希腊性"（Hellenicity）的本质意义发出了感叹。整整一个世代的诗人、小说家、画家、哲学家与历史学家都为一个问题苦思冥想：在这个新世界里，"希腊性"和"现代性"能否共存？ 1936 年，诗人乔治·塞菲里斯写道：

> 希腊总是在路上，永远在路上
> 我们意识不到，意识不到我们都是
> 被困在岸上的水手
> 意识不到当所有船只出海
> 港口是多么令人痛苦
> 还对那些意识到了的人报以嘲笑。

塞菲里斯本人出身士麦那，但作为一名离开故乡的流亡者，他反对"希腊性"一词，认为这不过是一种刻板印象。在 1938 年发表的一篇文章里，他呼吁今后的世代"不要一味追问自己**怎样成为希腊人**，而是坚信自己**就是**希腊人，然后去探求真理……这样一来，他们才能孕育出不折不扣的属于希腊的成果"[21]。

20 世纪 40 年代初，尼克斯·卡赞扎基斯（Nikos Kazantzakis）创作的小说《希腊人左巴》也探讨了这个问题（尽管这只是这部作品试图探讨的问题之一）。主角左巴曾说："很多人爱国都是因为爱国有好处。但我不是爱国者，如果因此得不到任何好处，就太糟糕了……在我看来，希腊人拿下君士坦丁堡和土耳其人拿下雅典没什么区别。"[22] 通过译文了解这部小说的读者常把左巴当成现代希腊人的写照，但这个角色的形象几乎与典型的"现代希腊人"截然相反。与塞菲里斯 1938 年的那篇文章一样，卡赞扎基斯的这部小说试图探索一种属于希腊人的**新的**身份认同，也为创造这种新的身份认同做出了一定的贡献。

相比之下，20 世纪 20 年代到 30 年代的历届希腊政府在民族认同问题上取得的成果就十分有限了。除 1928 年到 1932 年由韦尼泽洛斯执政的 4 年之外，希腊政府更迭不断，其中因军队派系斗争而造成的政权移交次数几乎与经选举正常交接的次数相当。20 世纪 10 年代的分歧此刻仍然深深影响着希腊政坛，到 30 年代初，曾经的政坛巨子韦尼泽洛斯也逐渐失去权威，没能收拾国内的分裂局面。希腊在 1924 年推翻君主建立了共和，又在 11 年后恢复了君主制。1936 年，由于国内政局陷入僵持，前军方将领扬尼斯·梅塔克萨斯（Ioannis Metaxas）趁机建立了独裁体制。此后的 5 年间，对国家权力的崇拜大行其道。梅塔克萨斯政权的宣传口吻时常让人联想到纳粹德国和法西斯意大利。当局宣扬所谓"第三希腊文明"，要求希腊青年不要效仿爱好艺术、崇尚民主的雅典，而要学习高压统治之下好战尚武的斯巴达。随着第二次世界大战的阴云在欧洲上空集聚，一些人甚至怀疑梅塔克萨斯有可能让希腊加入德意，成为轴心国阵营的一员。[23]

在 1922 年的"小亚细亚灾难"之后，无论官方说法如何掩饰，希腊**国家**的故事都终究只是希腊**民族**历史的一个组成部分。虽然希土之间进行了简单粗暴的人口互换，但在巴尔干半岛与东地中海沿岸部分地区，仍有一些几百年来一直隶属于希腊语世界的角落尚未消失。例如，生活在伊斯坦布尔的希腊人（当时人口约 10 万）没有被纳入人口置换协定，坐落于达达尼尔海峡出口的伊姆罗兹与特纳多斯岛（今土耳其格克切岛、博兹贾岛）因地理位置重要，在协定中应土耳其要求划归土方所有，但岛上为数不多的希腊人居民也不必因此搬迁。与此相对，希腊的西色雷斯省境内也保留了一个以土耳其语为主要语言的穆斯林居民群体，时至今日，他们仍是希腊唯一受官方承认的少数民族。

在一些于人口互换之前便已脱离奥斯曼帝国统治的地方，希腊人仍在当地人口中占据多数，没有受希土两国的协定影响，生活在阿尔巴尼亚南部的北伊庇鲁斯人（他们的一些后裔至今仍生活在那里）就是其中一例。1912 年被意大利占领的佐泽卡尼索斯群岛也要等到"二战"结束后才能回归希腊。在这些以希腊人为主的地区里，面积最大、政治影响最为深远的当属塞浦路斯，当地自 1878 年开始接受英国管治，于 1925 年正式成为英国直辖殖民地。塞浦路斯岛上 80% 的居民追随希腊东正教会，说希腊语塞浦路斯方言，一直期待成为希腊的一部分。然而，历届希腊政府更看重维持与英国的良好关系，始终不曾把塞浦路斯问题提上日程，直到 20 世纪 50 年代塞浦路斯人主动提出了请求。

与此同时，在世界各地开枝散叶的希腊侨民群体也越发站稳了脚跟。埃及自 1882 年到第二次世界大战结束一直处在英国的实际统治之下，那里的希腊侨民群体在 20 世纪 30 年代达到鼎盛，人数约有 10 万。他们不但在棉花市场上扮演了重要角色，也在苏伊士运河为船只充当领航员。他们在希腊语中被称为"在埃希腊人"

（Egyptiot），为埃及的现代化事业做出了巨大贡献。在当地，他们的社会地位低于英国统治者，高于说阿拉伯语的埃及当地人，也在一定程度上充当了这两个阶层之间的媒介。[24]

在欧洲与地中海之外，希腊人自19世纪90年代便开始移民美国，在那里构建新家园、经营新生活。到20世纪20年代初美国立法遏制大规模移民为止，已有超过50万希腊人跨过大西洋赴美，其中大多数是单身的年轻男性。起初，他们往往只打算在美国发家致富，然后回希腊结婚成家。但很快，希腊许多已订婚的年轻女性也乘船来到美国，和她们从未见过的未婚夫团聚，他们的婚姻是由亲戚通过信件和照片安排的。虽然最终有很多人回到了希腊本土，但仍有不少女性留在美国长期工作，还有更多的人直接在当地成家定居。几乎所有希腊移民起初都从事挖矿或修铁路等体力劳动。但在一代人的时间里，他们便展现出强大的阶级跃升能力；很快，大多数希腊移民都摇身一变，到城市或大乡镇里开店经商，并充分利用了美国丰富的教育资源。[25]

在希腊国内纷乱频仍的20世纪上半叶，美洲成为希腊人企业的新焦点。第一次世界大战与1917年俄国十月革命迫使希腊商人改变策略，把经营重心从黑海与地中海转移到大西洋。到20世纪30年代末，希腊人名下的商业航运业务规模在世界市场上的排名攀升至第九，超过了日本和挪威等海运大国。[26]

就在这时，传奇商人亚里士多德·奥纳西斯闯入了相对封闭又竞争激烈的希腊航运界。1922年，年轻的奥纳西斯被迫离开故乡士麦那，在不久后移居到了地球另一端的阿根廷。在那个一个多世纪前便有希腊侨民定居的国度，他为自己的商业帝国打下了根基；后来，他把自己的总部转移到美国，之后又转移到摩纳哥，但从未回到希腊本土。他为希腊商界留下了一段最为传奇的白手起家故事；而和其他诸多在世界商业史（尤其是航运史）上留下成功事迹的希腊商人一样，他的成功故事也几乎和作为国家的希腊没什么关系。无论在 20 世纪还是在之前的 19 世纪，希腊人最大的财富都来自希腊国土之外。

1940 年 10 月 28 日，希腊正式卷入了第二次世界大战。此前一年里，意大利统治者贝尼托·墨索里尼吞并了阿尔巴尼亚。28 日当天，他以此时正席卷欧洲大陆的纳粹德国为靠山，向梅塔克萨斯发去电报，要求希腊为意大利军队提供完全的军事通行权。在这一挑战面前，梅塔克萨斯身上作为爱国者的一面压倒了他作为法西斯主义者的一面：当天清晨，他以希腊语说出了"不"（ochi），10 月 28 日因此成为官方节日"不日"，至今仍受希腊人纪念。战争爆发后的最初 6 个月里，希腊国内各方搁置了严重的分歧，陆军与空军在冬天冒着严寒，顶风冒雪，于阿尔巴尼亚山间艰苦阻击，终于击退意大利人的攻势，到 1941 年 3 月，取得了"二战"中反轴心国力量对轴心国军队的第一场胜利。然而，进入 4 月，希特勒决定出兵帮助意大利拿下希腊。在纳粹德国的强大力量面前，希腊陆军被迫投降，德国、意大利与盟友保加利亚分别派兵，将希腊瓜分占领。

3 个月后，年过七旬且身体状况不佳的梅塔克萨斯去世，其余希腊政府成员在国王乔治二世的率领下流亡伦敦，随后转移至开罗。在雅典，轴心国占领军扶植一名军方将领组建傀儡政府，但在国家机器全盘崩溃之际，这个政府根本无力阻挡纳粹袭扰乡间。希腊自 1922 年"大灾难"以来苦心经营的社会与政治体制轰然倒塌，市场、货币和物资调配体系彻底瘫痪。在轴心国占领之下的第一个冬季，仅雅典和比雷埃夫斯就有多达 4 万平民饿死。据估算，希腊在 1941 年到 1943 年间有多达 25 万人死于饥荒，相当于当时国内总人口的 5%。[27]

随着社会生活崩溃，希腊迎来了自 19 世纪 20 年代独立战争以来所未有的暴力浪潮。1942 年，希腊本土山区开始出现有组织的反纳粹抵抗武装，但从一开始，这些抵抗组织的目的就不只在于对抗入侵者。到 1944 年，希腊人民解放军（ELAS）的兵力已增至 5 万人，这股力量在政治上服从于此前被梅塔克萨斯政权镇压的希腊共产党。然而，不是所有以武力反抗侵略的人都认同他们的路线。和 19 世纪 20 年代一样，对于"解放"的不同认识在不同的派系与主张间引起了冲突：毕竟，不是只有一支游击队在抗击纳粹。

无论对占领军还是对抵抗运动中的异己力量，各游击组织都采用了十分强硬的策略；与此同时，意大利与德国占领军也动辄屠杀当地人，摧毁整个村落，令暴力的循环越发加剧。1943 年底，数千名反对希腊人民解放军的希腊人最终反而成了纳粹指挥下的武装力量，以镇压共产党为名，把枪口对准了自己的同胞。这些人在当时被斥为"法西斯""卖国贼"，但他们往往对希特勒和墨索里尼的政治主张并无认同，一如希腊人民解放军的大部分官兵也对共产主义缺乏认识与了解。在社会严重失序的情况下，各方势力追求的只是挣扎求生，并保全自己珍视的东西而已。即便轴心国占领军也只能在主要城市勉强维持秩序，时而用毫无理由的逮捕与大规模杀戮恐吓希腊国民。[28]

1944 年 10 月，最后一支德军离开希腊本土。流亡政府回归了祖国，但即便在英国军方的支持之下，也没能弥合国内深重的分歧、恢复正常统治。12 月，内战再度从雅典城内爆发。之后半个世纪里，希腊社会的传统断层还将与冷战东西对峙的地缘政治新格局重合，再度撕裂这个国家。1945 年 1 月，希腊共产党被迫放下武器，但在此前的"雅典之战"中，政府与共产党进行了激烈的战斗。即便当年晚些时候"二战"结束的捷报传来，希腊也没能避免全面爆发内战的厄运。内战中的一方是共产党领导的民主军，即希腊人民解放军的后继组织；另一方则是起初由英国支持，从 1947 年开始受美国支持的希腊政府军。[29]

1949 年 10 月，随着民主军在希腊与阿尔巴尼亚和南斯拉夫（这两个邻国在不久前建立了共产主义政权）交界处的山间根据地失陷，希腊内战宣告结束。希腊政府军之所以能取得胜利，在很大程度上离不开美国的火力支援和经济扶持。作为结果，希腊没有和其他东欧国家一道，加入苏联主导的苏东阵营，而是违背了"希腊属于东方"的传统地理观念，在冷战期间成为"西方"阵营的一部分，于 1952 年和土耳其一道加入北大西洋公约组织。

在"苦难创伤"的 20 世纪 40 年代，可能有多达 20 万希腊人失去了生命，或被迫流亡——这还不包括 1943 年到 1944 年间被纳粹强制遣送并杀害的 8 万犹太人希腊公民。[30] 内战末期，成千上万的希腊人（其中很多是儿童）都逃亡（或被强制带离）到了国境以北，他们和他们的子女被本国政府视为共产主义者，只能在"铁幕"对面的东欧重新安家。其中，很多迁居苏联的希腊难民被苏联政府安置到了乌兹别克斯坦的塔什干。时至今日，他们的一些后代仍在当地生活。

内战结束后，还有更多的希腊人为寻求新的机遇与更安定的生活，自愿远走他乡，来到与希腊本土相隔万里的南半球。其中一些人来到南非，加入了当地规模可观的希腊侨民社群，但在这些移民中，定居澳大利亚的人相对最多，在二十万到三十万之间，主要生活在新南威尔士和维多利亚两州。由于希腊内战造成了大量移民，墨尔本自20世纪50年代开始便是世界上希腊人人口第三多的城市。[31]

20世纪40年代末，作为国家的希腊千疮百孔，百废待兴。惊人的是，希腊的确从这片废墟中重生了。起初，希腊的复兴要在很大程度上归功于1948年4月美国国会通过的"马歇尔计划"。在接下来的4年间，美国向希腊分配了超过10亿美元的援助。在冷战背景下，美国视希腊为西方阵营抵御苏东阵营的前哨要地，直到70年代都为其提供了大量军事与经济援助。在五六十年代，希腊兴办了各种新兴产业，以农业为首的传统产业也实现了现代化，国内生产总值年均增幅高达6.5%。美国或许为战后复兴提供了起步支持，但希腊自身的成功归根结底仍取决于希腊人自己。[32]

正是在这一时期，奥纳西斯和新一批希腊航运业者开始崭露头角。第二次世界大战中，希腊在世界各地的商船业惨遭重创，商用轮船不是被征调就是被击沉，或在被征调之后惨遭击沉。1946年，在希腊本土一片萧条、内战即将进入血腥尾声的时刻，希腊船运企业的处境也并没有好多少，直到美国政府因急于出手战时批量生产的廉价货轮，愿意向它们提供贷款，希腊船运业才起死回生。最终，美国的这笔投资换来了成倍的收益，但奥纳西斯的野心还不止于此。进入20世纪50年代，他进军油气运输业，建造了当时世界上规模最大的一批油轮。[33]

短短几年间，奥纳西斯便成为"油轮大王"，跻身世界顶级富豪行列。1968年，他还迎娶了美国总统约翰·肯尼迪的遗孀杰奎琳·肯尼迪，为她带来了第二个夫姓"奥纳西斯"。奥纳西斯把总部设在摩纳哥，但在世界各地都有住所，他还拥有伊奥尼亚群岛中的斯科尔皮奥斯岛（Skorpios），那里也是他1975年去世后的安葬之所。他和连襟（但也是最大的竞争对手）斯塔夫罗斯·尼亚尔霍斯（Stavros Niarchos）一道，以希腊人千百年来打造贸易帝国的丰富经验为基础，建立了既有全球规模，又不失希腊风格的商业帝国。[34]

希腊航运业的商船大多不注册希腊船籍，因而不悬挂希腊的蓝白十字与条纹国旗。这一传统可以追溯到希腊有国旗乃至18世纪近现代希腊船运豪门崛起以前：早在16世纪，希腊商人与船主就曾跨越奥斯曼帝国与基督教欧洲的边界，在这两个彼此对峙的世界间游走斡旋。和其他很多"二战"以后的希腊航运业者一样，奥纳西斯也会在巴拿马、利比里亚等税率极低的国家注册自己的轮船。

不过，这些船运企业家也和20世纪初的亚历山大港诗人卡瓦菲斯一样，是对本民族传统感到骄傲的"希腊爱国者"。这些日进斗金的全球性企业遵循严格的家族经营原则，机要职务必须由近亲担当，或由在安排联姻后经长期栽培，可以视作家庭成员的外人充任。企业管理层人员和随船雇员中的希腊人比例往往很高，其中不少来自企业主家族的故乡岛屿。企业员工的忠诚也和出于权宜而悬挂的国旗以及巨大的油轮一道，成为奥纳西斯航运帝国的传奇。瓦里亚诺家族尽管很少踏足故乡凯法洛尼亚岛，却在那个福利国家体制尚不健全的时代以家财为基础，为当地提供了一整套非官方社会保障；在不远处的伊萨卡岛上，一连几代人的就业与财富都有赖奥纳西斯提携。这些纽带都源自一种真挚、深切而传统的集体归属感，但地方社群完全不等同于希腊**国家**。希腊航运业者一直把资产妥善存放在离岸银行账户中，远远超出希腊政府的掌控范围。[35]

20 世纪 60 年代，希腊的文化事业也蒸蒸日上。这一时期希腊的一些小规模私营企业开始制作面向大众的低成本黑白电影，推动了本土电影业的发展。以人均计算，这一时期希腊电影业的影片出品密度足可与美国好莱坞相匹敌。夏季的露天影院风靡希腊，令该国一度成为欧洲观影率最高的国家。直到今天，很多希腊电视观众与 DVD（数字激光视盘）消费者仍将很多当时的国产电影奉为经典之作，其中有两部含有英语内容的影片至今仍享受着国际性声誉，其一是由生于美国的朱尔斯·达辛（Jules Dassin）导演、梅利娜·迈尔库里（Melina Mercouri）主演的《痴汉艳娃》（*Never on a Sunday*），其二是根据卡赞扎基斯同名小说改编、由米海尔·卡科扬尼斯（Michael Cacoyannis，他生在塞浦路斯，长在英格兰）导演的《希腊人左巴》。20 世纪 60 年代也是希腊流行音乐的黄金时代，马诺斯·哈齐扎基斯（Manos Hadjidakis）和米基斯·塞奥佐拉基斯（Mikis Theodorakis）等作曲家利用此前主要在城市贫民阶层中流行的乐器布祖基琴创作音乐，开辟了一种新的风格，成为希腊音乐在世界舞台上的代表。1963 年，希腊人还赢得了他们有史以来的第一个诺贝尔奖——在这一年里，诗人乔治·塞菲里斯赢得了诺贝尔文学奖。[36]

但和 20 世纪 30 年代一样，这一时期希腊在经济与文化上的成就也伴随着政治上的困境与僵局。到 60 年代中期，街头游行与带有政治色彩的罢工令城市生活停摆。预定于 1967 年 4 月举行的大选本有可能产生一届中左翼政府，但在投票日 9 天前的 4 月 21 日，一群中层军官发动政变，夺取了政权。他们依托了一项由美国人制订、旨在于美苏开战时夺取希腊政权的计划，取得了天衣无缝的成功：坦克占据了空荡荡的街道，议会被解散，公民权利也被剥夺，当局可以随意逮捕、拷打异见分子，并对他们处以长期监禁。因为公开支持希腊共产党，塞奥佐拉基斯的作品被当局封禁；20 世纪最为多产的（也有可能是最受人欢迎的）希腊诗人扬尼斯·里索斯（Yannis Ritsos）也因共产主义者的身份被放逐到爱琴海岛屿上，遭到当局软禁。当时的军政府统治者曾乐于把希腊比作一位受伤入院的患者，必须打上石膏才能康复。政变成功六年半之后，1973 年秋天爆发的第四次中东战争震撼了整个西方世界的经济，希腊的繁荣岁月也走到了尽头。[37]

1973 年 11 月，雅典理工学院的学生在首都市中心发起静坐示威，抗议军政府统治。11 月 17 日星期六凌晨时分，当局出动坦克、士兵与武装警察，对示威学生及其同情者展开血腥镇压。面对军政府的武力，示威者的武器只有一座短波无线电台，这座电台起初不断向外发出推翻政权的呼号，最终不得不请求外界献血与提供绷带。当天夜里，有 24 名示威者被当局杀害；此后几天里，军方的狙击手在雅典街头打死了 20 余人。镇压还造成了数以百计的人员负伤，数以千计的人被当局逮捕，或被迫藏匿起来。一星期后，希腊再次发生政变，一个立场更为强硬的军方派系夺取了政权。[38]

新一届军政府试图越过东地中海，向塞浦路斯施加影响，最终自食其果。早在 20 世纪 50 年代初，随着英国逐渐放弃对海外领地的掌控，塞浦路斯岛上的希腊人便请求回归希腊。在被英国保守党政府冷漠拒绝之后，他们决定自行发起斗争，在希腊、英国和土耳其之间引发了一场混乱且时而充满暴力的三方冲突。最终，塞浦路斯问题的解决方案并不符合任何人（尤其是塞浦路斯希腊人）的期望：1960 年 8 月，塞浦路斯共和国作为独立国家加入英联邦。这个新国家的首任总统由当地东正教会大主教马卡里奥斯担任，他曾在岛上领导反英运动，主张回归希腊。[39]

1974年7月，希腊军政府试图在塞浦路斯发动政变，推翻民选政府。在最初的几个小时里，各界一度以为总统马卡里奥斯已遭杀害。希腊当局的行径公然践踏了由英、希、土三方保证的塞浦路斯独立条约。从尼科西亚总统府废墟中绝地逃生之后，马卡里奥斯在宿敌英国人的保护下乘飞机前往伦敦，但哈罗德·威尔逊政府拒绝参与此事。[40]土耳其也没有通过外交手段恢复塞浦路斯合法政府的统治，而是在1974年7月19日至20日夜间出兵介入。意识到自己的行为即将挑起一场必败的战争后，雅典军政府仓皇让步了。4天后，希腊恢复了民主体制。1974年11月，希腊举行了近10年来第一次议会选举。不久后，希腊第二次举行全民公投废除君主制，将王国改为共和国，并一直维持至今。

和1921年兵败安纳托利亚一样，希腊国家的军事冒险再一次为更广义的希腊民族的诸多成员带来了不可挽回的苦难。1974年7月到8月间，有超过10万名塞浦路斯希腊人死亡或流离失所，其中很多人在这场动乱之后便下落不明。这一次，塞浦路斯岛上没有发生有计划的人口互换，数以万计的塞浦路斯希腊人逃往塞浦路斯南部，同时有大批塞浦路斯土耳其人逃往北部，那年夏天的战争也从未因一纸得到国际社会公认的和平条约而得以终结。直到今天，自西向东横贯塞浦路斯岛的边界仍是一条停战线，它划分的是双方的实际控制区，而非正式领土。塞浦路斯的悲剧，就是希腊自20世纪10年代以来弥合内部裂隙所付出的代价。

第十五章

新账簿，新史诗
（1974 年—2021 年）

　　1974 年的危机造成了一个意料之外的结果：世界上出现了两个而非一个希腊民族国家，其一是以雅典为首都的希腊共和国，其二是以尼科西亚为首都的塞浦路斯共和国。虽然理论上 1960 年的塞浦路斯宪法仍通行于全岛，但在 1974 年之后，受到国际社会公认的塞浦路斯共和国事实上只能统治塞浦路斯南部的说希腊语的人口，北部地区则由"北塞浦路斯土耳其共和国"（仅获土耳其政府承认）统治。长达 30 年的时间里，岛上居民不能越过停战线在南北之间移动；到 2004 年停战线哨卡开放通行时，南部的希腊人和北部的土耳其人已渐行渐远，很少往来。[1]

　　希腊共和国和塞浦路斯共和国都以同一天为国庆日，共用同一首国歌。塞浦路斯共和国的公共设施（乃至教堂）经常悬挂希腊国旗，以作为本岛独立的象征。原本这两国在政治制度与希腊语方言的区别之外，也不乏其他微妙的差异，但从 1974 年起（这与 60 年代的情况形成了鲜明对比），两国政府的施政往往保持高度同步。

　　1974 年的一系列风波过后，雅典和尼科西亚的政府都致力于完善、巩固本国的民主政治。在这之后，两国的政治权力都能在大体公平的选举竞争中实现正常交接（这在此前的希腊历史上实属罕见），参政政党也比较多元。希腊共和国形成了稳定的两党政治，从 20 世纪 70 年代末到 2012 年，希腊的政权几乎只在由 1974 年当选的希腊前总理康斯坦丁诺斯·卡拉曼利斯（Konstantinos Karamanlis）建立的中右翼新民主党和安德里亚斯·帕潘德里欧（Andreas Papandreou）领导的泛希腊社会主义运动（PASOK）之间交替。泛希腊社会主义运动起初采取鲜明的左翼立场，但很快转型为更贴近欧洲政治主流的中左翼政党，在第二代领袖科斯塔斯·西米蒂斯（Kostas Simitis，1996 年至 2004 年在任）的领导下更成为一个主张技术官僚治国的政党。希腊的国家元首由议会推选，主要承担象征性工作，但塞浦路斯共和国总统经直选产生，握有行政实权。自马卡里奥斯（1977 年去世）以来，塞浦路斯共和国历代总统既有左翼共产主义者，也有右翼民族主义者，其所属党派也并不总是与该国议会的最大党派一致。

希腊与塞浦路斯都很快摆脱了 20 世纪 70 年代中期的经济不景气，塞浦路斯还克服了 1974 年遭遇的更为严重的破坏。从 20 世纪 80 年代到 21 世纪的最初 10 年间，希腊共和国的经济高速增长，但从事后来看，这一时期的经济发展在很大程度上有赖政府主导。20 世纪八九十年代三届泛希腊社会主义运动政府提供的大量官方赞助与税收优惠措施，常被视为 2010 年以后希腊经济危机的祸根。不过，至少在这几十年间，希腊共和国境内的希腊人生活富裕，国民经济增长势头颇为喜人，国民生活水平达到了空前的高度。[2]

在经济发展的同时，希腊与塞浦路斯两国所处的地缘环境也发生了巨变。鉴于美国在冷战西方阵营中居于领袖地位，希腊（自

20 世纪 40 年代末）和塞浦路斯（自 1960 年独立）在国际关系上一向以美国为优先。但无论是否公道，自 1974 年以来，希腊人往往把此前 7 年的军人政权与塞浦路斯的"分裂"（希腊人常用的说法）归因于美国的政策。因此，从 70 年代中期开始，希腊和塞浦路斯两国的外交重心逐渐从美国转向欧盟的前身——欧洲经济共同体。1981 年，希腊成为欧洲经济共同体的第十个成员国，又在 2001 年加入欧元区。塞浦路斯在 2004 年与其他一些欧洲小国一道加入欧盟，在 4 年后也采用了欧元。

走近欧洲的方针并非只意味着两个国家需要在政策上与布鲁塞尔和斯特拉斯堡的欧洲超国家机构密切合作，并接受欧元区单一货币政策的约束，妥善管理这种新的超国家货币。自 20 世纪 80 年代以来，希腊人的生活方式也发生了剧变：随着此前被禁止的商业电视频道再度开放，人们开始习惯于待在家里看电视。传统的"咖啡馆"（kapheneion）仅限男士入内，是老年常客聚在一起玩双陆棋、喝咖啡、一边读报一边争吵的地方，但现在，这些场所逐渐被更时髦的酒吧取代。酒吧同时对男女顾客开放，更受年轻人欢迎。诚然，不是所有人都欢迎这些新的风潮，很多旧的习惯也远远谈不上消失，但从这一时期开始，希腊的确从骨子里变得更"欧洲化"了。

希腊国土的面貌也在改变。从 20 世纪 80 年代末开始，希腊在欧洲的资助下兴建了一系列工程，并在接下来的 10 多年间逐渐建设完工。雅典在 2000 年建成了期待已久的新地铁系统，又在 2001 年建成了新的埃莱夫塞里奥斯·韦尼泽洛斯国际机场。希腊还兴建了一系列全新的公路，用高架桥和长长的隧道打通地理障碍，极大缩短了雅典到国内其他省份的通行时间，也把品都斯山脉以西面朝亚得里亚海的港口伊古迈尼察与希腊东部塞萨洛尼基之间的通行时间从一天以上缩短到几个小时。在这些工程当中，最为宏伟的当属2004年通车的卡里拉奥斯·特里库皮斯大桥，这座悬索桥全长3千米，横亘于科林斯湾入海口。

20世纪80年代以来，希腊社会也发生了其他的一些变化，其背后的原因不是融入欧洲，而是1981年安德里亚斯·帕潘德里欧领导的第一届社会主义政府。帕潘德里欧的泛希腊社会主义运动起初以反欧洲的民粹主义纲领当选，却在之后迅速抛弃了原本的主张，并在接下来的23年间执政多达17年。尤其是在第一个任期内，泛希腊社会主义运动政府发起了比单纯的立法更为深远的改革，以克服多年来（乃至几百年来）希腊社会根深蒂固的社会歧视现象。女性运动有史以来第一次在希腊的公共生活中发挥了显著作用，公民社会生活的方方面面都确立了性别平等原则。虽然受到正教会抗议，希腊政府仍允许了民事婚姻关系，从而极大削弱了教会对社会事务的垄断权；在这之后，历届政府将不断对教会的这一权力发起挑战，尽管并未取得决定性成果。1983年，希腊建立了国民医保制度；政府的福利支出增长了近50%。希腊大力投资教育，尤其致力于在希腊各地兴建或扩建大学与技术学院。很快，几乎所有希腊年轻人都可接受某种形式的高等教育。[3]

冷战的终结给希腊带来了另一种变化。半个世纪以来，希腊再次得以与巴尔干半岛上的内陆邻国建立全面联系。此时，希腊国内的生活水准远高于前苏东地区国家，眼见北方邻国迫切试图赶上西方资本主义国家的经济发展水平，希腊企业看到了得天独厚的商机。但与此同时，大批经济移民开始涌入希腊，以阿尔巴尼亚人

（其中很多是非法入境）尤多。北方边境开放造成的社会问题，大有淹没经济红利的势头。

20世纪90年代的希腊没有卷入前南斯拉夫地区惨烈的族群（归根结底是宗教）内战，但也没能完全置身事外。希腊一反常态地背离了北约与欧盟的共识，国内舆论（乃至一些政府政策）往往站在同为东正教徒的塞尔维亚人一边，反对信仰天主教的克罗地亚人与波黑穆斯林族群。1991年底，一个从前南斯拉夫独立并获得了国际承认的共和国以"马其顿"自称，由此引发了希腊与前南地区最大的一场争端，直到2019年才得到解决。

"马其顿社会主义共和国"曾是南斯拉夫社会主义联邦共和国的成员之一，希腊人原本对此并无特别的关切。然而，一个完全独立的国家以"马其顿"这个被所有希腊人视为本民族不可分割之一部分的名字出现，立刻激起了愤慨。20世纪90年代的马其顿共和国政府还采用了取自古马其顿时代、曾在腓力二世的遗骨盒上出现的金色阳光图案，进一步加剧了矛盾。该国首都斯科普里街头开始出现亚历山大大帝的雕像，政府发言人还出言不慎，暗示本国希望以塞萨洛尼基为通往爱琴海的出海口。很快，大部分希腊人开始把这些迹象视为对自己国家的根本威胁。

1992年，希腊各大城市爆发了大规模游行，在这之后，只要马其顿问题有新的发展，类似的游行就会再度爆发。距希腊-马其顿边境仅50千米的希腊第二大城市塞萨洛尼基对此事的反应最为激烈。这种强烈的情绪反应不只局限在希腊国内：在澳大利亚的墨尔本等城市，前南斯拉夫裔移民（其中很多人自视为马其顿人）和希腊裔居民爆发了冲突。希腊人反对的不是这个独立国家的存在与独立地位本身，而在它的名号。马其顿问题引发的愤怒甚至影响了政府高层，在 1993 年引发政坛分裂，最终导致新民主党政府倒台。直到 2018 年，两国才正式同意和解，并在次年签署了协议。今天，这个希腊北方的邻国已正式改名为"北马其顿"。[4]

20 世纪 90 年代，希腊机场地勤人员佩戴的胸章上曾写着这样一句话："读读历史吧，马其顿是希腊的。"诚然，现代巴尔干半岛南部各斯拉夫语民族的祖先都是在腓力二世与亚历山大故去近 1 000 年后才来到当地的。但古雅典雄辩家德摩斯梯尼显然会对 20 世纪末、21 世纪初现代希腊人对于马其顿问题的主张嗤之以鼻。部分受这场争端影响，自 20 世纪 90 年代以来，很多希腊人开始介意一切关于**古代**马其顿人族群身份的质疑——近 2 500 年前，同样的问题也曾在雅典城邦引发激烈的争论。

2004 年 8 月，雅典再度举办奥运会，时隔 100 余年，希腊民族国家也再度登上了世界舞台。尽管在筹办过程中存在许多疑虑与不满，但希腊官方与民间力量仍扛下了后勤保障的重担，办成了一届现代化的体育盛会。奥运会相关的基础设施在开幕前夕终于宣告完工，希腊国内各地的公共设施、酒店与体育场馆都翻修一新。在卫城脚下，雅典中心城区的街道增设了人行步道并加以绿化，从 19 世纪留存至今的新古典主义建筑也得到了体面的修缮与粉刷。开幕式表演用一场盛装游行把希腊历史上的各个篇章连缀起来，上起基克拉泽斯群岛上年代远早于现存希腊语文献证据的神秘大理石雕像，下至传统乐器布祖基琴以及 20 世纪艺术家扬尼斯·查鲁希斯（Yannis Tsarouchis）的画作，队列上方始终悬浮着一个长着翅膀的天使。这场演出以当时最为先进的技术，把 20 世纪 30 年代希腊人孜孜以求的所谓"希腊性"呈现在世界观众眼前。

然而，正如那个年代的诗人塞菲里斯所说，希腊依旧"在路上"。1896年雅典举办第一届现代奥运会的3年前，希腊政府已宣告破产。2004年雅典奥运会过去6年后，欧洲各国的政府与银行则在2007年到2008年间全球金融危机造成的长期余波中如坐针毡。2010年春天，乔治·帕潘德里欧领导的泛希腊社会主义运动政府所能获取的贷款，已无法偿付既有债务。这种情况下，政府通常无法履行部分偿付义务，造成债务违约；如果这一结果发生，希腊政府就将迎来历史上的第七次破产。但与之前不同，此时的希腊是欧元区的一部分，希腊政府破产因此难免波及欧盟其他国家乃至整个世界的银行业系统，造成不堪设想（因为确实不曾有人设想）的重大后果。[5]

在国际金融市场恐慌蔓延的同时，世界各地媒体的讽刺漫画家们争相讽刺这个以古希腊文明继承者自居的国度竟沦落到如此无度无能的地步。古典时代的遗产曾是希腊建立民族国家过程中的一股重要力量，但此时，这笔遗产有史以来第一次成了希腊的笑柄。有的漫画描绘了一座残破不堪的古希腊神庙，有的漫画描绘了一个裸体运动员倚在多利安石柱旁，把一枚巨大的一欧元硬币像铁饼一样扔进垃圾桶，还有漫画恶搞了古希腊彩绘陶罐上的**会饮**场景——这些家喻户晓的意象，实在是讽刺漫画的绝佳素材。[6]

为避免正式破产，走投无路的希腊政府只得接受一套紧急援助方案。在制订这项"援助"计划的过程中，希腊的民选政治家与官员毫无话语权，一如19世纪30年代初的希腊领袖无法决定本国独立的条款。这项方案名为"谅解备忘录"，约定由两大欧洲机构与国际货币基金组织组成"三驾马车"，为希腊提供救急贷款，以免希腊政府正式破产、希腊被迫退出欧元区，乃至最终导致整个欧元区崩溃。在 2010 年、2012 年和 2015 年，连续几届希腊政府接到了三批紧急援助，但作为代价，希腊的经济体量萎缩了四分之一，国民失业率长年保持在 25% 以上的高位，青年失业率更较此前高出一倍以上。从 2010 年到 21 世纪 10 年代中期，希腊经历了到当时为止发达国家在和平年代最为严重的一场经济衰退。塞浦路斯的银行业与希腊债务高度绑定，因此也没能从这场危机中幸免。2013 年，塞浦路斯政府接受了一批条件更为严苛的紧急援助，但在这之后，该国经济的恢复速度比希腊快得多。

在希腊的大小城镇，居民自杀率激增，许多商铺与企业倒闭，东正教堂与公共福利设施门前领取免费食物的人排成了长队。废弃的建筑工地与住宅、写字楼外墙上布满了涂鸦，其内容有的讽刺而尖刻，有的充满绝望或愤懑。完成教育之后，希腊年轻人无法在国内找到工作，只能去其他欧盟国家求职。在接受紧急援助的最初几年里，民众的不满曾数次演变为街头骚动。2011 年 5 月，示威者纵火点燃了雅典市中心的一家银行，烧死了留在其中的三名雇员。2012 年 2 月，希腊政府签署第二批紧急援助方案，再度引发了暴力与示威。

希腊的民主制度也一度摇摇欲坠。2012 年 5 月的议会选举没能产生票数过半的政党，希腊只得在 6 周后举行第二场大选。最终，中右翼新民主党只能在老对手泛希腊社会主义运动和一个左翼小党的支持下勉强执政，但新兴的激进左翼联盟（SYRIZA）凭极左翼民粹主张崛起，成为最大反对党，打破了维持近 40 年之久的两党格局。希腊唯一的法西斯主义（或新纳粹主义）政党"金色黎明"也遵循了民粹主义策略。"金色黎明"党公然与武装匪徒合作，对他人以暴力威胁，其成员身穿纳粹式制服，佩戴纳粹式徽章，在公开场合发表的声明充满粗暴的种族主义腔调。2012 年大选中，该党赢得近 50 万张选票，首次入选议会。[7]

3 年后的 2015 年 1 月，阿莱克西斯·齐普拉斯领导的激进左翼联盟胜选组阁，标志着民粹力量在希腊取得全面胜利。值得注意的是，激进左翼联盟在组建政府时联合了一个同样走民粹路线，但在政治光谱上居于极右的边缘政党（尽管该党的主张远不如备受其他所有党派厌恶的"金色黎明"那样极端）。2015 年上半年，以反援助口号当选的激进左翼联盟政府一度与掌握着希腊政府经济命脉的欧洲两大机构和国际货币基金组织发生正面冲突。当年 6 月，随着国内银行纷纷倒闭、政府濒临破产，希腊行将退出欧元区、酿成毁灭性后果。齐普拉斯宣布在一周后举行公投，多数投票选民反对政府接受援助条件。但在这时，希腊的民粹主义政府悬崖勒马，反而在几天后签署了第三份（也是最后一份）援助方案。进入 9 月，齐普拉斯摆脱了党内最为极端的势力，在一场提前大选中胜出，这场短暂的民粹政治实验就此宣告结束。在接下来的三年半时间里，齐普拉斯领导的激进左翼联盟将跌跌撞撞地朝中左翼主流路线靠拢。[8]

2019 年 7 月的大选中，新民主党在基里亚科斯·米佐塔基斯的领导下赢得多数席位，希腊政权再次易手。良好运转了 40 年的两党体制重归希腊政坛，曾经走极左路线的激进左翼联盟取代了泛希腊社会主义运动，成为大体居于中左翼立场的反对派。极右翼"金色黎明"党的票数则未能达到入选议会的最低门槛。一年后的2020 年 10 月，一场长达 5 年的庭审认定"金色黎明"党党首与其他党内主要人物涉嫌以政党为掩护经营犯罪组织，其中 6 人被判处有期徒刑 13 年。这一判决的依据不是他们的政治立场，而是他们已被证实的暴力伤害与胁迫行为，[9]

2012 年到 2019 年间，希腊举行了不下五次大选和一次公投，为解决经济与社会上的危机，希腊选民尝试了每一种可能的民主选项。我们也许很难明确界定这些政府为危机的最终"解决"有过多大贡献，但到 2020 年初，最困难的时光似乎已经过去了。虽然很多公共事务的处理效率依然低下，但希腊的社会秩序并未崩溃。在土耳其、俄罗斯、美国和英国先后拥抱民粹主义的同时，希腊人正在走出民粹主义的迷思。希腊从危机中挺过来了，这既要归功于希腊社会深厚的家庭互助传统，也得益于希腊人一种独特的内在精神力量——对于这种力量，最好的描述或许是"忍耐"，抑或"安贫认命"。[10]

在解决危机的过程中，希腊人并未背弃欧盟及其下属机构。虽然在 2015 年以来的历次民调中，希腊舆论对本国留在欧元区的支持率不断走低，但即便在形势最恶劣的 2017 年，这一数字都没有跌破 50%。在 2019 年 5 月的欧洲议会选举中，只有边缘政党支持退出欧盟，且只得到了极少的选票。[11] 即便受到了在欧盟内部可能最为沉重的打击，希腊与塞浦路斯的民众仍不希望自己的国家效仿英国，退出欧盟。对选民而言，留在欧盟的地缘政治好处依然压倒了对狭义主权的追求。

同样，即便在债务危机期间承受了巨大压力，希腊也没有像近年来欧洲的其他一些国家那样，出现显著的内部分裂运动迹象。至于希腊与塞浦路斯两共和国是否仍然愿意最终实现统一，目前形势仍不明朗。在克里特岛、马其顿和伊庇鲁斯等希腊国内较为边远、地域认同较为强烈的地方，当地人不但在此前的 200 年间一直致力于加入希腊民族国家，在后来成为希腊国家的一部分之后，也没有萌生退出的意愿。希腊国内尚不存在像西班牙巴斯克地区、加泰罗尼亚，或英国苏格兰这样具有强烈独立倾向的地区。

即便在危机最为深重的时刻，希腊人仍带来了一些颇为正面的消息（只是被世界媒体忽略了）。在本土之外，希腊航运业尽管没有了像奥纳西斯、尼亚尔霍斯那样的传奇巨子，却仍和以往一样成功。现在，希腊航运业者名下的商船队规模已达世界第一，在2018年相当于全球货运总吨位数的17.3%——对于一个人口只占全世界0.13%的小国来说，这一比例堪称奇迹。[12] 虽然这些希腊人持有的企业一贯在海外展开跨国经营，它们仍为世界各地的希腊人提供了丰厚的福利，也为希腊国家的基础设施建设提供了有力的支持。一些战后希腊船运业巨头以家族名称建立的慈善基金会为希腊的社会救济与文化教育事业提供了大量资金，也展开了其他慈善活动——但他们的资产依旧配置在海外，不受希腊政府的管控。[13]

1992年，一座以"船王"奥纳西斯之子亚历山大·S.奥纳西斯（他在1973年死于空难）命名的心脏专科医院正式投入使用。2010年，希腊债务危机爆发之际，奥纳西斯基金会建造的一座表演艺术中心在雅典揭幕，其条件代表了当时的最先进水平。2017年，以奥纳西斯的业界宿敌斯塔夫罗斯·尼亚尔霍斯命名并由其遗产资助建造的一座艺术中心正式落成，并捐赠给希腊政府使用。这座艺术中心位于滨海的法勒隆一带，那里是古典时代的公开处决场所，在近现代建有一座赛马场。艺术中心设有一座精致的公园，点缀着池塘与喷泉，其中矗立着设施齐备的希腊国家歌剧院与新建的希腊国家图书馆。

这些项目得益于希腊人海外商业资本的赞助，但与此同时，也有来自其他国家的资本看中了希腊：中国企业对希腊和塞浦路斯的基础设施工程也投入了大量资金。现在，中国企业掌握了比雷埃夫斯港的部分股权；2019 年 11 月，希腊加入了中国的"一带一路"倡议。塞浦路斯共和国为俄罗斯富商提供公民身份，方便他们在欧盟内部自由活动，以换取他们为塞浦路斯的经济投资——但从 2020 年秋天开始，塞浦路斯加紧了对投资移民的限制。最近几年里，拉纳卡国际机场的入境通道两侧遍布光鲜亮丽的广告牌，它们大多以中文或俄文写成，宣传各种房地产与商业投资机会。这些全球化带来的新动向并非没有招来抵触，但它们无疑表明，希腊人仍在世界各地与来访者积极交流，延续着千百年来的悠久传统。

相比之下，旅游行业虽然也有其问题，但在争议性上仍比外资的注入更低。希腊的大众旅游业在 20 世纪 60 年代刚刚起步，到 2018 年，该国已接待了多达 3 000 万游客，相当于全国人口的三倍。旅游业不同于航运业，也不同于外资，是一项几乎完全立足于希腊国内的产业，能为当地的基础设施建设、就业与税收带来立竿见影的效益。但在另一方面，旅游业的发展对当地景观保护、生态保护和生活方式（早在 20 世纪 60 年代，希腊人就已开始抱怨嬉皮士旅客的行为）也造成了负面影响。大规模旅游业和随之而来的建筑工程无疑破坏了许多希腊岛屿和沿海景点的自然风光，但与地中海沿岸的其他一些地方相比，希腊受到的影响仍颇为有限。

截至 2020 年初新型冠状病毒感染暴发之际，希腊、塞浦路斯与海外希腊人企业的经济前景，比近十多年来的任何时候都更加光明。

2021 年，希腊国内与世界各地的希腊人迎来了独立革命 200 周年。对此时的他们而言，新型冠状病毒感染疫情只是面前的诸多困难之一；这些困难给他们带来的问题既是全球性的，也是地域性的。

2020 年底，第二轮疫情横扫欧洲之际，希腊与塞浦路斯两国的表现与欧洲大陆其他国家相比尚属良好。一些观点认为两国的气候有利于遏制疫情传播，在逻辑上与 18 世纪温克尔曼对古希腊雕塑艺术的解释不谋而合。但还有一种观点更为合理：希腊与塞浦路斯两国在疫情暴发初期采取了断然措施，又以谨慎的防疫政策度过了夏季旅游高峰期，在国内经济发展与防范海外疫情输入之间找到了平衡。另一方面，希腊人和塞浦路斯人在半个世纪前曾经历过比疫情封城（至少对西方而言）更为严苛的宵禁与高压政治，因此可能对疫情下的生活更为适应。

还有一些威胁的历史更为悠久。自 1973 年爱琴海北部的萨索斯岛近海发现石油资源以来，希腊一直在抵制邻国土耳其对当地海域、海床与空域的主权宣称。希土两国的历届政府为此时而剑拔弩张，时而寻求缓和：1976 年，希腊最大反对党党首一度呼吁军队在爱琴海以鱼雷攻击土耳其勘探船，在这之后，同属北约的两国间大约每隔十年就会发生紧张事态。

2011 年，发现于塞浦路斯岛近海的阿佛洛狄忒油田不但加剧了爱琴海上的冲突，还将以色列与埃及等新势力卷入其中。2019 年，附近海域又发现了新的油气矿藏。当年晚些时候，塞浦路斯政府对主权水域的油气资源下发开采许可，土耳其方面随即对当地海床提出了新的主权要求。随后，希腊与塞浦路斯政府紧张地关注着土耳其总统埃尔多安的动向，以防他在周边地区扩大土耳其地缘影响力的做法直接威胁到本国的利益。希腊与塞浦路斯政府不断诉诸国际社会，希望基于现行的国际海洋条约与法律体系，在国际秩序的框架内寻求解决海床主权问题的方案。鉴于希塞两国在实力上远逊于土耳其,这种国际主义路线显然更符合实际;两国政府诉诸的这些原则,也正是两国当初获得独立的道义基础。当前,世界大多数国家乃至一些顶尖石油企业正在摆脱对碳排放能源的依赖,以应对气候变化带来的挑战。在这样的背景下,从长远来看,这些原则可能比油气资源开采权之争的结果本身更为重要。[14]

希腊的另一个新挑战(至少就现在而言)是外来移民。希腊年轻人大举离开故土、到世界其他地方寻找机会的历史或许可追溯到上千年前的迈锡尼青铜文明时代,但从 20 世纪 90 年代初起,世界其他地方的人口开始朝希腊涌来。

冷战结束后边境的开放只是移民涌入的序曲。到 21 世纪初,来自整个中东、东亚与非洲部分地区的移民与难民纷纷经土耳其来到希腊,引发了住房紧张、融入困难、犯罪团伙盘剥移民以及小型治安案件频发等问题(以雅典和塞萨洛尼基尤甚)。这些问题可能在一定程度上推动了"金色黎明"在希腊政坛崛起。因为许多新移民信仰伊斯兰教,曾在东正教信仰的旗号下赢得独立斗争的希腊国内再次出现了为数众多(且仍在增长)的穆斯林群体。2020 年11 月,经过数年拉锯,雅典近 200 年来第一座获得官方许可的清真寺才正式对信众开放。

然而,随着来自阿富汗、叙利亚、伊拉克、苏丹乃至撒哈拉以南非洲的大批难民为逃离战乱涌向希腊边境,希腊当局根本无力抵挡。2015 年,难民危机迎来最高峰,但此时希腊国内的危机也来到了最为严重的时刻。仅 2015 年一年之内,就有超过 80 万难民渡海而来,他们大多乘坐根本不适合在海上航行的小舟,来到距土耳其最近的希腊岛屿。绝大多数难民的最终目的不是定居希腊,而是去欧盟其他更大、更富裕的成员国寻求庇护。进入 2016 年，欧洲各国开始对难民关闭边界，希腊与难民的处境因此急转直下。在本书写作时，无论欧盟机构在欧洲各国间分配难民收容职责的努力还是欧盟与土耳其的交涉，都没有产生任何全面而持久的难民问题解决方案。在莱斯沃斯岛上，只能容纳 3 万名难民的摩里亚营地在 2020 年 9 月毁于大火时，已容纳了五倍于设计容量的人口。[15]

希腊地方与中央政府都未能妥善解决难民问题，希腊人古道热肠、善待海外来客的传统形象，正逐渐被一些不好的迹象盖过。据报道，莱斯沃斯等岛屿上针对难民的暴力袭击趋于频繁，从 21 世纪 10 年代中期开始，在受难民潮冲击最重的岛屿上，居民发起的请愿、游行等抗议活动也不断扩大。今天，希腊与希腊人又一次站在了一场全球性危机的风口浪尖（尽管希腊并不是唯一的前线），但这场危机暂时仍看不到解决的曙光。

结　语

　　自本书开篇那场想象中的爱琴海日出以来，历史已走过了
3 500 多年。在这漫长的年代里，希腊语族群始终在重塑自己。我
们完全有理由相信，他们在今后的漫长年代也将不断延续这一传
统，走向我们无从设想也无从预计的未来。

　　今天，世界上每一个有人居住的大陆都有希腊人生生不息的身
影。最近一次全国人口普查（2011 年）显示，希腊国内总人口为近
1 100 万；与此同时，说希腊语的塞浦路斯共和国人口则略多于 80
万。至于世界上总共有多少人以希腊语为第一语言或家庭传承语
言，或者以希腊后裔自居，则无从确知。美国、澳大利亚、南非、
阿根廷、巴西、部分东欧国家和英国（大多来自塞浦路斯）境内的
希腊裔居民人数都超过了 10 万；有说法估算，海外希腊人已定居
在世界上 141 个国家，总人数高达 700 万。即便这些数字有些夸张，
我们仍有理由推测海外希腊人的总人数可能多达希腊共和国总人口
的一半。[1] 这迥异于希腊建国之初海外希腊人总数三倍于国内人口
的局面，但如此之高的比例仍足以让我们意识到，希腊人的故事不

只发生在希腊的土地上。此外，自 19 世纪以来，分裂离散的希腊语世界再次有了一个地理与情感寄托的中心，为身在世界各地的大多数（乃至所有）希腊人提供了精神归属的家园。

伊斯坦布尔曾是世界性帝国的首都，至今也依然是希腊东正教会的牧首驻地。对保持了东正教信仰的大多数希腊人而言，这座城市仍承载着他们的礼敬与想象。但从 20 世纪 20 年代开始，希腊语世界的政治重心已转移到希腊国家的首都雅典，一座容纳了全国近一半人口的城市。世界各地的希腊裔群体持续不断地游说所在国政府，为希腊在外交问题上的立场争取支持（这些游说活动通常不受希腊执政党更迭影响）。在 20 世纪七八十年代曾有力影响了美国政府政策的希腊裔美国人游说团体是其中最为著名的例子，但在世界各地，希腊裔群体的政治游说都是普遍现象。因此，希腊与塞浦路斯共和国政府也时常需要倚赖海外侨民群体的支持。[2]

出于上述原因，我们时至今日仍可以用"海外希腊人"一词，专指希腊裔移民群体。他们的祖先在 18 世纪离开"旧"希腊世界，移民海外，随后在世界各地开枝散叶，在 19、20 世纪（也许还有 21 世纪——谁知道呢？）繁衍不绝。无论身在何方、持有何种国籍，绝大多数海外希腊人仍保留了作为希腊人的自我认识，也在不同程度上对自己设想中的希腊国家抱有归属感。在建国以来的 200 年间，无论希腊国内如何分歧丛生，海外希腊人也从未发起某种有组织的政治运动，以取代现代希腊国家（即便有也胜算渺茫）。虽然直到今天，自视为"罗马人"的传统身份认识仍会在特定场合出现，但世界各地的所有希腊人都已在自己的语言里以"希腊人"（Hellene）自居。

今天，纽约皇后区的阿斯托利亚可能是世界上最大的希腊街，但今天的希腊裔美国人可能已是第五代到第六代移民，不一定擅长希腊语，甚至不一定会说希腊语。20世纪七八十年代，澳大利亚新南威尔士州与维多利亚州政府鼓励移民群体以家族传承语言展开教育，希腊移民的子女因此可以在学校接受希腊语授课，参加以希腊语进行的考试，大学的现代希腊研究课程也极受欢迎。但在90年代政策变化之后，上述条件不复存在。第三代希腊裔澳大利亚人已不再像他们的父辈和祖辈那样熟练掌握希腊语，学习希腊语的意愿也相对更低。

这是希腊人历史上的常态。千百年来，以希腊语为母语的希腊人（无论是作为个人还是作为社群）时常放弃自己原本的语言，改说拉丁语、阿拉伯语、斯拉夫语、土耳其语或法语，英语只是这一长串语言中最新的一个。然而，在每一代希腊人当中，都至少有同样多的人坚守自己早年最熟悉的那种语言。此外，持续了千百年的"希腊化"进程也从未彻底结束。至少对一些为逃离家乡的苦难与迫害而历经艰险、流亡希腊海岛的难民来说，希腊具有一种超出逃难中转站的意义。希瓦·帕纳西（Hiva Panahi）是一位伊朗难民，在2000年定居希腊。10年后，她开始以希腊语和自己的母语库尔德语发表诗歌。下面这首诗题为《橄榄树的呼吸》：

> 我等游荡者
> 我等赤足者
> 我等无国度可依者
> 如热风一样躁动的人
> 我们看见了你，还有你那临终的呼吸
> 点燃了一片海。[3]

自近 3 000 年前歌颂"酒红色海洋"的荷马史诗以来，有多少诗人、画家与旅行者赞美过这一景观。在 21 世纪，一位难民用这些诗句讲述了自己初见爱琴海风光时的印象，而她在创作时使用的，是一种自己新掌握的语言——**希腊语**。

致　谢

　　如果没有我已故的经纪人费莉西蒂·布莱恩（Felicity Bryan）和费伯（Faber）出版社的亚历克斯·鲍勒（Alex Bowler），我恐怕不会动笔写这本书。2016年，费莉西蒂正在为我的另一本书联系出版方。她转发给我的其中一封拒绝信是这么说的（大意如此）："为什么他不写写希腊人的**所有**历史呢？"于是我接下了这个挑战。前一本书付印后不久，我就开始构思《希腊人》[*]的内容。我不记得那封拒绝信是谁发出的，但费莉西蒂记得：那是刚在费伯出版社任职不久的亚历克斯·鲍勒发的。我们三个人只在签约后见过一次面，而这次见面的结果就是《希腊人》这本书。

　　费莉西蒂是所有写作者都梦寐以求的一位杰出经纪人。她在2020年6月以74岁之龄去世的噩耗震动了整个出版界，报刊媒体上也有很多讣闻对她给出了公正的评价。我和费莉西蒂相识较晚，也很少见面（即便在新型冠状病毒感染疫情迫使我们居家以

---

* 《希腊人》（*The Greeks*）是《希腊3500年》的原文书名直译。——编者注

致　谢　　　　　　　　　　　　　　　　　　　421

前），但在她离世之后，我深切地认识到自己失去了一个朋友。对费莉西蒂而言，出版经纪远不只是一份工作。她爱书，也喜欢与人打交道；她了解自己的喜好，也有一种天赋，能用自己的热情感染别人。

亚历克斯自始至终为我提供了支持，他所做的已远超责任编辑的职责。他是第一个读完本书初稿的人，也对本书开头几章提出了一些精辟的见解与疑问，帮助我厘清了头绪。我也有幸请来几位朋友为我拨冗审读本书的部分章节，他们基于远超出我认识边界的经验与见识为我提出了许多宝贵意见：约翰·本尼特（John Bennet）教授为我审读了关于迈锡尼时代与黑暗时代的内容；保罗·卡特利奇（Paul Cartledge）教授为我审读了关于古典希腊的部分，狄奥尼修斯·斯塔萨克普洛斯（Dionysios Stathakopoulos）助理教授为我审读了拜占庭时代的部分，曾在 2013 年到 2016 年间担任英国驻希腊大使的约翰·吉特默（John Kittmer）博士则为我审读了本书最后的几章。

在本书编校期间，我还从基础图书（Basic Books）出版社主编布莱恩·迪斯特尔贝格（Brian Distelberg）那里得到了许多鼓励与支持，本书的美国版就是由他出品的。他的同事艾玛·贝里（Emma Berry）也为本书提供了一些深刻的意见。在本书接近成稿时，埃莱奥·卡尔森（Eleo Carson）代表费伯出版社，细致并友好地将书稿通读了两遍。书中如有任何遗漏错误，都由我一人负责。

创作本书离不开太多人的精神支持与事务性帮助。约翰·本尼特不但为我提供了学术意见，还在本书写作时作为雅典英国人学校校长和他的同事们一道，为我付出了时间和友谊，还曾在新型冠状病毒感染疫情来临前几次接待我到雅典英国人学校小住，让我在深藏于市中心喧嚣嘈杂之中的精美花园里享受了亲切与友善的氛围。我要感谢这所学校的行政主管塔妮娅·格鲁希（Tania Gerousi）博士、档案馆管理员阿马利娅·卡基西斯（Amalia Kakissis），以及负责前台的维基·扎瓦拉（Vicki Tzavara）和直到 2019 年为止担任图书馆管理员的彭尼·威尔逊（Penny Wilson）——在本书写作过程中，他们都尽力向我提供了帮助。

我也有幸享受了英国驻希腊大使馆的热情接待，并感谢在 2017 年到 2021 年间担任大使的凯特·史密斯给予的真挚友谊。我感谢在本书写作的大部分时间里担任希腊驻英国大使的迪米特里奥斯·卡拉米索斯–齐拉斯（Dimitrios Caramitsos-Tziras）先生提供的善意帮助。在新型冠状病毒感染疫情封城期间，玛利亚·格奥尔格普鲁（Maria Georgopoulou）教授与戴维·霍尔顿（David Holton）教授为我解答了一些具体的疑问，希腊研究促进会（Society for the Promotion of Hellenic Studies）为我助力良多，该学会与罗马学会（Roman Society）及伦敦大学古典学研究所共用藏书的管理者也为我解决了很多需求。

在伦敦国王学院接替我担任科拉埃斯（Koraes）讲座教席的贡达·凡·斯蒂恩（Gonda van Steen）也在我有需要的时候慷慨提供了鼓励与程序上的帮助。我也要感谢本书"注释"部分引用文献的众多作者，他们不但通过著作启迪了我，也在多年以来不断鼓励我、与我交流，帮助我磨砺自己对希腊人和希腊语世界的思考。

本书成稿，离不开一些人卓越而专业的帮助：友善而优秀的图片编辑塞西莉亚·麦凯（Cecilia Mackay）已是第二次与我合作，这段经历十分愉快；弗雷德·考特莱特（Fred Courtwright）为本书引用的版权内容争取到了使用许可；帕蒂·艾萨克斯（Patti Isaacs）

为本书绘制了地图；克里斯蒂娜·帕拉亚（Christina Palaia）则在基础图书出版社担任本书文字编辑。我还要特别感谢牛津费莉西蒂·布莱恩经纪事务所的卡丽·普利特（Carrie Plitt）和身在纽约的经纪人佐埃·帕格纳门塔（Zoë Pagnamenta）让本书得以顺利出版。当然，我最需要感谢的是我的妻子弗兰——我应感谢她的一切，但我在此最需要感谢的还是她对不同版本的《希腊人》书稿细心而耐心的审读。

罗德里克·比顿
于肯特郡惠特斯特布尔
2021 年 3 月

注　释

注释中使用的古代文本和缩略语的参考

　　以下注释中引用的大多数古希腊语（和拉丁语）文本已被翻译过多次。以前的译本没有版权，可以在网上免费阅读；希腊语文本可以在诸如"希腊语文宝库"数据库（Thesaurus Linguae Graecae，需订阅）或"珀尔修斯数字图书馆：希腊和罗马资料"等网站上找到。引用时我只给出作者的名字和最常用的英文译本，而不是任何一个版本或译本的全部书目细节。在相关的地方，这些都是所有现代版本和大多数译本中常见的书和行（诗词）或段（散文）的常规编号（不带逗号，以区别于所有其他参考文献的页码）。对于少数古代作品，我使用这些标准缩写：

1 Macc.	《马加比一书》
2 Macc.	《马加比二书》
Acts	《使徒行传》（《新约圣经》）
Aesch. *Pers.*	埃斯库罗斯，《波斯人》
Ath.Pol.	亚里士多德，《雅典政制》
Dio Cassius	迪昂·卡西乌斯，《罗马史》
Diod.Sic.	（西西里的）狄奥多罗斯，《图书馆》
Fr(s).	（在作者的名字之后，片段后面加编号）
Hdt.	希罗多德，《历史》
Il.	荷马，《伊利亚特》
Isaiah	《以赛亚书》（《旧约圣经》）

Justin	特洛古斯的《腓力历史》删节本
Livy	李维,《建城以来史记》(又名《罗马史》)
Od.	荷马,《奥德赛》
Paul, *1 Cor.*	使徒保罗,《哥林多前书》(《新约圣经》)
Paul, *Gal.*	使徒保罗,《加拉太书》(《新约圣经》)
Paus.	保萨尼亚斯,《希腊志》
Polyb.	波里比阿,《通史》
Thuc.	修昔底德,《伯罗奔尼撒战争史》
Xen. *Hell.*	色诺芬,《希腊史》

第一章 账簿与史诗

1   Andrew Shapland, 'Jumping to Conclusions: Bull-Leaping in Minoan Crete', *Society and Animals* 21 (2013): 194–207. 关于 "祓渊": Ellen Adams, *Cultural Identity in Minoan Crete: Social Dynamics in the Neopalatial Period* (Cambridge: Cambridge University Press, 2017), 54–62。关于人祭: Yannis Sakellarakis and Efi Sapouna-Sakellarakis, *Archanes: Minoan Crete in a New Light* (Athens: Ammos, 1997), 268–311。关于食人仪式: S. Wall, J. H. Musgrave, and P. M. Warren, 'Human Bones from a Late Minoan IB House at Knossos', *Annual of the British School at Athens* 81 (1986): 333–338。

2   关于这一事件发生的年代, 尚未解决的问题参见 Oliver Dickinson, 'The Aegean', in *The Cambridge World Prehistory*, 3 vols., ed. Colin Renfrew and Paul Bahn (Cambridge: Cambridge University Press, 2014), 3.1860–1886 (see 1861); Cynthia Shelmerdine, 'Background, Sources, and Methods', in *The Cambridge Companion to the Aegean Bronze Age*, ed. Cynthia Shelmerdine (Cambridge: Cambridge University Press, 2008), 6; Adams, *Cultural Identity*, 4–8。

3   Jan Driessen and Colin Macdonald, *The Troubled Island: Minoan Crete Before and After the Santorini Eruption* (Liège and Austin: Université de Liège and University of Texas at Austin, 1997). 关于火山喷发的地质特征, 参见 Christos Doumas, *Thera: Pompeii of the Ancient Aegean* (London: Thames & Hudson, 1983) and W. L. Friedrich, *Fire in the Sea, the Santorini Volcano: Natural History and the Legend of Atlantis*, trans. A. R. McBirney (Cambridge: Cambridge University Press, 1999); Dickinson, 'Aegean', 1873。

4   Louise Schofield, *The Mycenaeans* (London: British Museum Press, 2007), 28.

5   关于这部分的最简洁的综述, 参见 Geoffrey Horrocks, *Greek: A History of the Language and Its Speakers*, 2nd ed. (Medford, MA, and Oxford: Wiley Blackwell, 2014), 21。另参见 Daniel Pullen, 'The Early Bronze Age in Greece', in Shelmerdine, *Aegean Bronze Age*, 19–46 (主要理论的摘要见第 38—41 页)。

6　Colin Renfrew, *Archaeology and Language: The Puzzle of Indo-European Origins* (London: Jonathan Cape, 1987); Paul Heggarty and Colin Renfrew, 'Western and Central Asia: Languages', in Renfrew and Bahn, *Cambridge World Prehistory*, 3.1678–1699.

7　Schofield, *Mycenaeans*, 32–47.

8　参见 'Palace of Nestor Excavations, Pylos, Greece, Featuring the Grave of the Griffin Warrior', http://www.griffinwarrior.org。

9　Pia de Fidio, 'Mycenaean History', in *A Companion to Linear B: Mycenaean Greek Texts and their World* [hereafter: CLB], 3 vols., ed. Yves Duhoux and Anna Morpurgo-Davies (Louvain-la-Neuve, Belgium: Peeters, 2008, 2011, 2014), 1.81–114 (see 88).

10　Jack Davis, 'Minoan Crete and the Aegean Islands', in Shelmerdine, *Aegean Bronze Age*, 186–208; Adams, *Cultural Identity*, 225–227.

11　Philip Betancourt, 'Minoan Trade', in Shelmerdine, *Aegean Bronze Age*, 209–229 (see 217); Janice Crowley, 'Mycenaean Art and Architecture', in the same volume, 258–288 (see 260–261); Jack Davis and Sharon Stocker, 'The Gold Necklace from the Grave of the Griffin Warrior at Pylos', *Hesperia* 87, no. 4 (2018): 611–632.

12　Christos Doumas, *The Wall-Paintings of Thera* (Athens: The Thera Foundation, 1992), 47 and plates 26–29.

13　参见 James Clinton Wright, 'Early Mycenaean Greece', in Shelmerdine, *Aegean Bronze Age*, 230–257 (see 251)。

14　Adams, *Cultural Identity*, 54–62; J. A. MacGillivray, J. Driessen, and L. H. Sackett, *The Palaikastro Kouros. A Minoan Chryselephantine Statuette and Its Aegean Bronze Age Context* (London: British School at Athens, 2000); John Younger and Paul Rehak, 'Minoan Culture: Religion, Burial Customs, and Administration', in Shelmerdine, *Aegean Bronze Age*, 165–185 (see 170).

15　Yannis Galanakis, Efi Tsitsa, and Ute Günkel-Maschek, 'The Power of Images: Re-examining the Wall Paintings from the Throne Room at Knossos', *Annual of the British School at Athens* 112 (2017): 47–98; 关于克诺索斯地区的迈锡尼式墓葬: Laura Preston, 'A Mortuary Perspective on Political Changes in Late Minoan II–IIIB Crete', *American Journal of Archaeology* 108 (2004): 321–348; Lesley Fitton, Minoans (London: British Museum, 2002), 189–191。关于米诺斯的风俗: Adams, *Cultural Identity*, 219–221; Younger and Rehak, 'Minoan Culture', 170–173。

16　Laura Preston, 'Late Minoan II to IIIB Crete', in Shelmerdine, *Aegean Bronze Age*, 310–326; de Fidio, 'Mycenaean History', 90.

17　J. Driessen, 'Chronology of the Linear B Texts', *CLB* 1.69–79 (see 71–72, 76); J. Bennet, 'The Geography of the Mycenaean Kingdoms', *CLB* 2.137–168 (see 150). See also Ester Salgarella, *Aegean Linear Script(s): Rethinking the Relationship Between Linear A and Linear B* (Cambridge: Cambridge University Press, 2020).

18 John Bennet, 'Linear B and Homer', *CLB* 3.187–233 (see 203).

19 Driessen, 'Chronology', 77; C. Shelmerdine, 'Iklaina Tablet IK X1', in Pierre Carlier, *Études mycéniennes 2010* (Pisa: Fabrizio Serra, 2012), 75–77.

20 Shelmerdine, 'Background', 13.

21 Crowley, 'Mycenaean Art', 259; Stefan Hiller, 'Mycenaean Religion and Cult', *CLB* 2.169–211（关于底比斯的五弦琴手，见第 180 页）; Bennet, 'Linear B', 216–219。

22 Younger and Rehak, 'Minoan Culture', 169–170, 181, 183n11; Schofield, *Mycenaeans*, 89, 151, 168–169; Crowley, 'Mycenaean Art', 280.

23 Paul Halstead and John Barrett, eds., *Food, Cuisine and Society in Prehistoric Greece* (Oxford: Oxbow, 2004); Barbara Olsen, *Women in Mycenaean Greece: The Linear B Tablets from Pylos and Knossos* (London: Routledge, 2014).

24 Schofield, *Mycenaeans*, 78–79 (quoted); see also Sigrid Deger-Jalkotzy, 'Decline, Destruction, Aftermath', in Shelmerdine, *Aegean Bronze Age*, 387–414 (see 388–389); Oliver Dickinson, *The Aegean from Bronze Age to Iron Age* (London: Routledge, 2006), 36, 42.

25 Cynthia Shelmerdine and John Bennet, 'Mycenaean States: Economy and Administration', in Shelmerdine, *Aegean Bronze Age*, 289–309 (see 298–303). 关于皮洛斯的防御工事：Deger-Jalkotzy, 'Decline', 388, 408n9。关于底比斯：Vassilis Aravantinos, 'Mycenaean Thebes: Old Questions, New Answers', *Actes des journées d'archéologie et de philologie mycéniennes* 54 (2010): 51–72 (on fortifications, see 54)。

26 John Bennet, 'Palaces and Their Regions: Geographical Analysis of Territorial Exploitation in Late Bronze Age Crete and Greece', *Pasiphae: Rivista di Filologia e Antichità Egee* 11 (2017): 151–173 (see 159–160, 168); see also Bennet, 'Geography', 148–157.

27 Gary Beckman, Trevor Bryce, and Eric Cline, *The Ahhiyawa Texts* (Atlanta, GA: Society of Biblical Literature, 2011), 61 (quoted), 63, 67–68, 101–122; Joachim Latacz, *Troy and Homer: Towards a Solution of an Old Mystery* (Oxford: Oxford University Press, 2004), 121–128.

28 E. Cline and S. Stannish, 'Sailing the Great Green Sea? Amenhotep III's "Aegean List" from Kom el-Hetan, Once More', *Journal of Ancient Egyptian Interconnections* 3, no. 2 (2011): 6–16; Latacz, *Troy*, 128–133; de Fidio, 'Mycenaean History', 96–98; Bennet, 'Geography', 158–162.

29 关于第一种可能性，参见 Jorrit Kelder, *The Kingdom of Mycenae* (Bethesda, MD: CDL Press, 2010)。最早提出"邦联"可能性的是克里斯托弗·米（Christopher Mee），参见 Beckman et al., *Ahhiyawa Texts*, 4–6。与之相关的一系列论述，另参见 Jorrit Kelder and Willemijn Waal, eds., *From 'Lugal.gal' to 'Wanax': Kingship and Political Organisation in the Late Bronze Age Aegean* (Leiden: Sidestone, 2019)。

30 Beckman et al., *Ahhiyawa Texts*, 269–270.

31 Beckman et al., *Ahhiyawa Texts*, 270–271, for text see 81, 95 ('Indictment of

Madduwatta'); Kelder, Kingdom, 23–25.

32   Schofield, *Mycenaeans*, 102–115; Christopher Mee, 'Mycenaean Greece, the Aegean, and Beyond', in Shelmerdine, *Aegean Bronze Age*, 362–386 (364–365 quoted).

33   de Fidio, 'Mycenaean History', 93; L. García Ramón, 'Mycenaean Onomastics', *CLB* 2.213–251 (see 219–229).

34   Mee, 'Mycenaean Greece', 371–372; Latacz, *Troy*, 105–110, 118, 301.

35   Beckman et al., *Ahhiyawa Texts*, 269–270.

36   关于底比斯：Duhoux, 'Mycenaean Anthology', 381–389。关于皮洛斯：Sharon R. Stocker and Jack L. Davis, 'Animal Sacrifice, Archives, and Feasting at the Palace of Nestor', *Hesperia: The Journal of the American School of Classical Studies at Athens* 73, no. 2 (2004): 179–195; Paul Halstead and Valassia Isaakidou, 'Faunal Evidence for Feasting: Burnt Offerings from the Palace of Nestor at Pylos', in Halstead and Barrett, *Food*, 136–154。对证据的另一种解读提出，皮洛斯人当时曾感到焦虑，并做了相应的准备，参见 Schofield, *Mycenaeans*, 143, 172–174; Deger-Jalkotzy, 'Decline', 389; Duhoux, 'Mycenaean Anthology', 335。

37   Colin Renfrew, 'Systems Collapse as Social Transformation: Catastrophe and Anastrophe in Early State Societies', in *Transformations: Mathematical Approaches to Culture Change*, ed. Colin Renfrew and Kenneth Cooke (New York: Academic Press, 1979), 481–506; Joseph Tainter, *The Collapse of Complex Societies* (Cambridge: Cambridge University Press, 1988).

38   Tainter, *Collapse*, 193, see also 4–5, 92, 110, 118–123.

39   Tainter, *Collapse*, 199–203.

40   最全面的相关论述参见 Eric Cline, *1177 B.C.: The Year Civilization Collapsed* (Princeton, NJ: Princeton University Press, 2014)。

41   有关这一点，最完整的古代资料是 Plutarch, 'Life of Theseus' (written c. 100 CE)。对米诺斯文明和相关神话的现代重新诠释，参见 Nicoletta Momigliano and Alexandre Farnoux, eds., *Cretomania: Modern Desires for the Minoan Past* (Abingdon: Routledge, 2017); Nicoletta Momigliano, *In Search of the Labyrinth: The Cultural Legacy of Minoan Crete* (London: Bloomsbury, 2020)。

42   Duhoux, 'Mycenaean Anthology', 262.

43   Momigliano, *In Search*, 190–196.

44   Sigmund Freud, *The Interpretation of Dreams*, trans. J. Strachey, Penguin Freud Library, vol. 4 (London: Penguin, 1991), 362–366.

45   例如参见 Natalie Haynes, *Pandora's Jar: Women in the Greek Myths* (London: Picador, 2020)。

46   弗洛伊德本人认为这两者之间可能存在历史联系：Sigmund Freud, *Moses and Monotheism*, trans. J. Strachey, Penguin Freud Library, vol. 13 (London: Penguin, 1991), 312–313; Cathy Gere, *The Tomb of Agamemnon: Mycenae and the Search for a Hero* (London: Profile, 2006), 135–137;

Nicoletta Momigliano, 'Introduction: Cretomania—Desiring the Minoan Past in the Present', in Momigliano and Farnoux, *Cretomania*, 1–14 (see 3, and chaps. 5 and 8 in that volume)。关于历史上没有母权制：Younger and Rehak, 'Minoan Culture', 182。

47 Barry Strauss, *The Trojan War: A New History* (New York: Simon & Schuster, 2006), 7; Latacz, Troy, 283–287. 相关的有用摘要，参见 Naoíse Mac Sweeney, *Troy: Myth, City, Icon* (London: Bloomsbury Academic, 2018), 32–35。

48 特洛伊考古的相关资料，参见 Mac Sweeney, *Troy*, 49–60。关于"传统的"年代推断：Lowell Edmunds, 'Myth in Homer', in *A New Companion to Homer*, ed. Ian Morris and Barry Powell (Leiden and New York: Brill, 2011), 415–441 (see 434); Bennet, 'Linear B', 196。

49 Bennet, 'Linear B', 221–222.

50 例如参见 *Od.* 14.233–241; Hesiod, *Works and Days*, 155–175。

第二章 "这是荷马的世界，不是我们的"

1 Ian Morris, *Archaeology as Cultural History: Words and Things in Iron Age Greece* (Oxford: Blackwell, 2000), 206 (quoted); see also Anthony Snodgrass, *The Dark Age of Greece: An Archaeological Survey of the Eleventh to the Eighth Centuries* (Edinburgh: Edinburgh University Press, 1971), 2.

2 关于伯罗奔尼撒半岛西南部的人口锐减：Pia de Fidio, 'Mycenaean History', in *A Companion to Linear B: Mycenaean Greek Texts and Their World*, ed. Yves Duhoux and Anna Morpurgo-Davies [hereafter: CLB], 3 vols. (Louvain-la-Neuve, Belgium: Peeters, 2008, 2011, 2014), 1.81–114 (see 103); see also Louise Schofield, *The Mycenaeans* (London: The British Museum Press, 2007), 170–185; Snodgrass, *Dark Age*, 364–367; Jonathan Hall, *A History of the Archaic Greek World*, ca. 1200–479 BCE, rev. ed. (Medford, MA, and Oxford: Wiley Blackwell, 2014), 60–62。

3 Ian Morris, 'Early Iron Age Greece', in *The Cambridge Economic History of the Greco-Roman World*, ed. Walter Scheidel, Ian Morris, and Richard Saller (Cambridge: Cambridge University Press, 2007), 211–241 (see 217); Lesley Fitton, *Minoans* (London: British Museum, 2002), 196.

4 关于雅典：Robin Osborne, *Greece in the Making, 1200–479 BCE* (London: Routledge, 1996), 47–48。关于莱夫坎迪：Osborne, *Greece*, 41–43; Ian Morris, 'Homer and the Iron Age', in *A New Companion to Homer*, ed. Ian Morris and Barry Powell (Leiden and New York: Brill, 2011), 535–559 (see 543–544); Morris, *Archaeology*, 218–221, 228–238; Hall, *History*, 62–63。关于莱夫坎迪没有出口物品：Osborne, *Greece*, 43。

5 Morris, *Archaeology*, 198–201, 208–209; Morris, 'Early Iron Age', 234.

6 Geoffrey Horrocks, *Greek: A History of the Language and Its Speakers*, 2nd ed. (Medford, MA, and Oxford: Wiley Blackwell, 2014), 13–24; Hall, *History*, 44–56. 这里采用的说

法是，这些方言是在迈锡尼灭亡后在当地发展起来的，参见 Oliver Dickinson, *The Aegean from Bronze Age to Iron Age* (London: Routledge, 2006), 54。更多相关的学术讨论，详见 Jonathan Hall, *Ethnic Identity in Greek Antiquity* (Cambridge: Cambridge University Press, 1997), 153–170。

7　Susan Sherratt, 'Visible Writing: Questions of Script and Identity in Early Iron Age Greece and Cyprus', *Oxford Journal of Archaeology* 22, no. 3 (2003): 225–242 (see 225, 237).

8　Barry Powell, 'Homer and Writing', in Morris and Powell, *New Companion*, 3–32 (see 4–18); Osborne, *Greece*, 107–112; Hall, *History*, 56–59; James Whitley, *The Archaeology of Ancient Greece* (Cambridge: Cambridge University Press, 2001), 128.

9　请进一步参阅对照表格：Osborne, *Greece*, 110–111 and Powell, 'Homer', 15。关于本发现的独特性，请参见 Powell, 'Homer', 18。

10　这段话基本上遵循了理查德·扬科的观点：Richard Janko, 'From Gabii and Gordion to Eretria and Methone: The Rise of the Greek Alphabet', *Bulletin of the Institute for Classical Studies* 58, no. 1 (2015): 1–32。

11　Sherratt, 'Visible Writing', 228. 关于"菲利翁的酒杯"：Janko, 'Gabii', 3–6。关于"涅斯托耳的酒杯"：Powell, 'Homer', 23 (quoted, my translation); Osborne, *Greece*, 116–118。

12　Barry Powell, *Homer and the Origin of the Greek Alphabet* (Cambridge: Cambridge University Press, 1991), 119–186; Powell, 'Homer', 22–25. 关于文字与图画：John Bennet, 'Linear B and Homer', *CLB* 3.187–233 (see 219)。引文出自译者的序言：Hesiod, *Works and Days*, trans. A. E. Stallings (London: Penguin 2018), xxiv。

13　Janko, 'Gabii', 24–25，其中的观点是在作者旧作的基础上略加完善的，这部旧作是 Richard Janko, *Homer, Hesiod and the Hymns: Diachronic Development in Epic Diction* (Cambridge: Cambridge University Press, 1982)。

14　关于《伊利亚特》：Joachim Latacz, *Troy and Homer: Towards a Solution of an Old Mystery* (Oxford: Oxford University Press, 2004), 187–192；关于《奥德赛》：*Od.* 1.91, 106, 133 (suitors, introduced at 1.245); 1.68–70 (Cyclops); 8.448 (Circe)。

15　Richard Martin, 'Introduction to Richmond Lattimore's *Iliad*', in *The Iliad of Homer*, trans. Richard Lattimore (Chicago: University of Chicago Press, 2011 [translation first published 1951]), 43; Powell, *Homer and the Origin*, 229.

16　例如参见 Powell, *Homer and the Origin*, 221–237 and M. L. West, *The Making of the Iliad: Disquisition and Analytical Commentary* (Oxford: Oxford University Press, 2011) 所提的见解。

17　Horrocks, *Greek*, 44–49; Geoffrey Horrocks, 'Homer's Dialect', in Morris and Powell, *New Companion*, 193–217（关于迈锡尼的元素见第 201—203 页）; C. J. Ruijgh, 'Mycenaean and Homeric Language', *CLB* 2.253–298。

18　Martin West, 'Homer's Meter', in Morris and Powell, *New Companion*, 218–237; Ruijgh, 'Mycenaean', 257–258; Bennet, 'Linear B', 215.

19 关于"史诗集群"，可参见 Malcolm Willcock, 'Neoanalysis', in Morris and Powell, *New Companion*, 173–189 (see 175–176, 184–185)。关于古人对《伊利亚特》的偏爱：Michael Haslam, 'Homeric Papyri and Transmission of the Text', in the same volume, 55–100 (see 56)。

20 Oliver Taplin, 'Homer', in *The Oxford History of Greece and the Hellenistic World*, ed. John Boardman, Jasper Griffin, and Oswyn Murray (Oxford: Oxford University Press, 1991), 47–81 (see 47).

21 Robert Lamberton, 'Homer in Antiquity', in Morris and Powell, *New Companion*, 33–54.

22 Pantelis Michelakis and Maria Wyke, eds., *The Ancient World in Silent Cinema* (Cambridge: Cambridge University Press, 2013).

23 *Il.* 12.462–466, trans. Lattimore.

24 C. P. Cavafy, *The Collected Poems: Includes Parallel Greek Text*, ed. Anthony Hirst, trans. Evangelos Sachperoglou (Oxford: Oxford University Press, 2007), 36–39 (my translation).

25 *Il.* 5.304, 12.383, 12.449–462, 20.286. 关于"英雄时代"（荷马没有使用过这个概念）：Hesiod, *Works and Days* 155–175。

26 Bennet, 'Linear B', 209.

27 关于战士花瓶：*Il.* 13.132；Schofield, *Mycenaeans*, 120–121 and plate 68。关于莱夫坎迪：*Il.* 23.171–177 and Martin, 'Introduction', 36。

28 关于战车：Frank Stubbings, 'Arms and Armour', in *A Companion to Homer*, ed. Alan Wace and Frank Stubbings (London: Macmillan, 1962), 504–522 (see 521–522)。关于火葬：Dickinson, *Aegean from Bronze Age,* 73, 180–181, 188–189。结论可参见 Ian Morris, 'The Use and Abuse of Homer', *Classical Antiquity* 5, no. 1 (1986): 81–138; E. S. Sherratt, '"Reading the Texts": Archaeology and the Homeric Question', *Antiquity* 64 (1990): 807–824。

29 *Il.* 2.484–877 (2.485 and 487 quoted, trans. Lattimore).

30 关于特洛伊阵营：*Il.* 2.816–877; see also 1.38 (Tenedos); 9.128–129 (Lesbos); 21.141–143 and 154–158 (Paionia and River Axios)。关于奥林匹斯山：Barbara Graziosi, *Homer* (Oxford: Oxford University Press, 2016), 49。有争议的观点可参见 Latacz, *Troy*, 219–228。

31 G. S. Kirk, *The Iliad: A Commentary*, Vol. 1: Books 1–4 (Cambridge: Cambridge University Press, 1985), 168–189, 237–240, 248–249, 262–263. 一直有观点认为"船舶名录"源于迈锡尼时代，最近重新提出此观点的是 Latacz, *Troy*, 219–247。相关的一系列论点及进一步的阅读，参见 Bennet, 'Linear B', 204, 205。

32 Thuc. 1.3; *Il.* 2.683–684; Jonathan Hall, *Hellenicity: Between Ethnicity and Culture* (Chicago: Chicago University Press, 2002), 53–54.

33 关于后一种看法，参见 E. S. Sherratt, 'The Trojan War: History or Bricolage?' *Bulletin of the Institute of Classical Studies* 53 (2010): 1–18; Naoíse Mac Sweeney, *Troy: Myth, City, Icon* (London: Bloomsbury Academic, 2018), 35–36。

34 David Konstan, '"To Hellenikon Ethnos": Ethnicity and the Construction of Ancient Greek Identity', in *Ancient Perceptions of Greek Ethnicity*, ed. Irad Malkin (Washington, DC:

Center for Hellenic Studies, 2001), 29–50 (see 31–32). 关于赫克托耳及"祖国": *Il.* 12.243, 15.496–497, 17.157, 24.500。关于《伊利亚特》中的语言及身份问题，参见 *Il.* 2.867 and Hall, *Hellenicity*, 111–113。

35 *Il.* 1.493–611; Robert Parker, 'Greek Religion', in Griffin and Murray, *Oxford History*, 306–329 (see 306).

36 Respectively, *Il.* 9.411–416 (and see also Sarpedon's words at *Il.* 12.322–328); *Il.* 22.106–110, 22.305–306, trans. Lattimore. 关于"一年年树叶枯荣": *Il.* 6.146–150, 21.464–466。

37 Graziosi, *Homer*, 81–91.

38 *Od.* 8.522–530, quoted from Homer, *The Odyssey*, trans. Emily Wilson (New York: W. W. Norton, 2018), and compare *Il.* 9.592–594.

39 *Il.* 11.670–760; *Od.* 21.17–33; *Od.* 24.357–360 (quoted), trans. Wilson.

40 *Od.* 9.252–256, trans. Wilson. 译者对这个食人巨人异常宽容，参见"序言"，20–22。另参见 *Od.* 1.182–186, 8.161–165, 14.288–300, 15.415–484, 20.382–383。腓尼基商人有一次得到了好评，参见 *Od.* 13.271–297。

41 *Od.* 17.288–290, trans. Wilson; see also *Il.* 19.162–163.

42 *Il.* 9.186–194 (189 quoted, trans. Lattimore); *Od.* 1.326–353, 1.369–371, 8.44–108, 8.255–368, 8.470–539, 9.5–11, 17.519–521, 22.330–377.

43 Hesiod, *Theogony* 22–34; Hesiod, *Theogony, Works and Days*, trans. M. L. West (Oxford: Oxford University Press, The World's Classics, 1988), 3. Compare *Il.* 1.1–7, 2.483–493, 2.761–762 and *Od.* 1.1–6.

44 Hesiod, *Works and Days*: respectively, 727–728, 177–178, 188–189, 575, trans. Stallings.

45 Anthony Snodgrass, *Archaic Greece: The Age of Experiment* (London: Dent, 1980), 20–24; Ian Morris, 'Early Iron Age', 211–241 (see 236); see also Brian Lavelle, *Archaic Greece: The Age of New Reckonings* (Medford, MA: Wiley Blackwell, 2020).

第三章　发明政治学，探索宇宙

1 Robin Osborne, *Greece in the Making: 1200–479 BCE* (London: Routledge, 1996), 121–125, 197–200.

2 Plato, *Phaedo* 109b (my translation).

3 Osborne, *Greece*, 122, 179–180（关于斯巴达殖民地）；129（关于"每两年"）。

4 Jonathan Hall, *A History of the Archaic Greek World, ca. 1200–479 BCE*, 2nd ed. (Medford, MA, and Oxford: Wiley Blackwell, 2014), 97–100; Irad Malkin, *A Small Greek World: Networks in the Ancient Mediterranean* (Oxford: Oxford University Press, 2011), 162–164.

5 Malkin, *Small Greek World*, 4, 22, 158; Cyprian Broodbank, *The Making of the Middle Sea: A History of the Mediterranean from the Beginning to the Emergence of the Classical World* (London: Thames & Hudson, 2013), 524–535.

6   Ian Morris, 'Early Iron Age Greece', in *The Cambridge Economic History of the Greco–Roman World*, ed. Walter Scheidel, Ian Morris, and Richard Saller (Cambridge: Cambridge University Press, 2007), 211–241 (see 241).

7   Aristotle, *Politics* 3.5.14.

8   Aristotle, *Politics* 3.5.13; Paul Cartledge, *Democracy: A Life*, 2nd ed. (Oxford: Oxford University Press, 2018), 15, 37–38; Paul Cartledge, *Thebes: The Forgotten City of Ancient Greece* (New York: Abrams, 2020), 66–67.

9   Mogens Hansen, *Polis: An Introduction to the Ancient Greek City-State* (Oxford: Oxford University Press, 2006), 11.

10 Aristotle, *Politics* 1.1.9 (Homer, Iliad, 9.63, trans. Lattimore).

11 'Law of the city of Dreros, 650–600 BCE', in Charles Fornara, ed. and trans., *Translated Documents of Greece and Rome, Vol. 1: Archaic Times to the End of the Peloponnesian War* (Baltimore, MD: Johns Hopkins University Press, 1977; 2nd ed., 1983), 13; James Whitley, 'Literacy and Law-Making: The Case of Archaic Crete', in *Archaic Greece: New Approaches and New Evidence*, ed. Nick Fisher and Hans van Wees (London: Duckworth, 1998), 317–331.

12 Matthew Simonton, *Classical Greek Oligarchy: A Political History* (Princeton, NJ: Princeton University Press, 2017), 1, citing Pindar, *Pythian Odes* 2.86–88（可能写于公元前 470 年过后不久）。See also Hdt. 3.80–82（写于至少 30 年后，尽管里面以不实的笔法提到了约公元前 522 年的事件）; Cartledge, *Democracy*, 93–94。

13 关于僭主: Anthony Snodgrass, *Archaic Greece: The Age of Experiment* (London: Dent, 1980), 120–121; Osborne, *Greece*, 192–197。关于公民在法律面前享有同等地位: Cartledge, *Democracy*, 32, 55, 75。

14 Hall, *History*, 188.

15 Snodgrass, *Archaic Greece*, 42–47 (42 cited); Jonathan Hall, *Ethnic Identity in Greek Antiquity* (Cambridge: Cambridge University Press, 1997), 34–36; Catherine Morgan, 'Ethne, Ethnicity and Early Greek States, ca. 1200–480 BC: An Archaeological Perspective', in *Ancient Perceptions of Greek Ethnicity*, ed. Irad Malkin (Washington, DC: Center for Hellenic Studies, Harvard University, 2001), 75–112.

16 Paul Cartledge, *The Spartans: An Epic History* (London: Pan, 2013), 68（关于禁止从事贸易）; 27, 39（关于黑劳士）。关于人口比例: Hdt. 9.28; Simon Hornblower, *The Greek World, 479–323 BCE*, 4th ed. (Abingdon: Routledge, 2011), 11。

17 Hall, *History*, 243–251.

18 Cartledge, *Spartans*, 27–28, 32–34, 37, 57–68.

19 主要的参考资料来自 Hdt. 5.62–65 and *Ath.Pol.* 20–21。现代史学家关于这一问题的观点，参见 Osborne, *Greece*, 291–299; Hall, *History*, 235–243; Cartledge, *Democracy*, 58–75。

20 Malkin, *Small Greek World*, 32–33, 192–194.

21 Hdt. 1.141–151; Jonathan Hall, *Hellenicity: Between Ethnicity and Culture* (Chicago: Chicago University Press, 2002), 67–73.

22 Alcaeus, Fr. 112; Aristotle, *Politics* 3.5.14, 4.3.11.

23 Snodgrass, *Archaic Greece*, 97–104, 151–154.

24 Robert Parker, 'Greek Religion', in *The Oxford History of Greece and the Hellenistic World*, ed. John Boardman, Jasper Griffin, and Oswyn Murray (Oxford: Oxford University Press, 1991), 306–329.

25 Catherine Morgan, *Athletes and Oracles: The Transformation of Olympia and Delphi in the Eighth Century BC* (Cambridge: Cambridge University Press, 1990), 147, 203–205; Hall, *Hellenicity*, 134–168; Michael Scott, *Delphi and Olympia: The Spatial Politics of Panhellenism in the Archaic and Classical Periods* (Cambridge: Cambridge University Press, 2010), 256–273.

26 Hall, *Hellenicity*, 164–165; Scott, *Delphi*, 265.

27 Pindar, *Isthmian Odes* 2.23; see also Thuc. 5.49–50; Isocrates, *Panegyricus* 43; Judith Swaddling, *The Ancient Olympic Games* (London: British Museum, 1980), 11–12.

28 Osborne, *Greece*, 243–244; Morgan, *Athletes*, 212–223; Zinon Papakonstantinou, *Sport and Identity in Ancient Greece* (Abingdon: Routledge, 2019).

29 关于"希腊"意识是何时在整个希腊语世界建立起来的，观点存在分歧。马尔金（Malkin, *Small Greek World*）认为是在公元前 8 世纪。而乔纳森·霍尔（Jonathan Hall, *Ethnic Identity, passim*）认为是在公元前 5 世纪。这里我同意第二种观点。

30 Archilochus, Frs. 32–46, trans. M. L. West, *Greek Lyric Poetry* (Oxford: Oxford University Press, 1994), 5–6.

31 关于这方面的经典研究，参见 K. J. Dover, *Greek Homosexuality*, 3rd ed. (London: Bloomsbury, 2016)，这本书首次出版于 1978 年，最近受到了詹姆斯·戴维森的质疑：James Davidson, *The Greeks and Greek Love: A Radical Reappraisal of Homosexuality in Ancient Greece* (London: Weidenfeld and Nicolson, 2007)。

32 Sappho, Frs. 16, 31, trans. West, *Greek Lyric Poetry*, 37, 38–39. See further Jim Powell, *The Poetry of Sappho: An Expanded Edition, Featuring Newly Discovered Poems* (Oxford: Oxford University Press, 2019).

33 John Boardman, *Greek Sculpture: The Archaic Period*, 2nd ed. (London: Thames & Hudson, 1991), 18–21, 169–170.

34 Boardman, *Greek Sculpture*, 22, 66.

35 Cartledge, *Thebes*, 52–54 (author's translation) and plate 5; Robert Parker, 'Greek Religion', in Griffin and Murray, *Oxford History*, 306–329 (see 318).

36 Boardman, *Greek Sculpture*, 73 (author's translation) and fig. 108a; Mary Beard, *How Do We Look: The Eye of Faith* (London: Profile, 2018),41–43, 82–84 and figs. 12, 37.

37 Robin Osborne, *The Transformation of Athens: Painted Pottery and the Creation of Classical Greece* (Princeton, NJ: Princeton University Press, 2018), 123; 对于极少数的例外情况，参见 124–125 and figs. 5.1–5.2。

38 Snodgrass, *Archaic Greece*, 158, 187; John Boardman, *Early Greek Vase Painting* (London: Thames & Hudson, 1998), 263–266.

39 Osborne, *Transformation*, 25, 46–47, 126–128 and figs. 2.9, 5.3–5.4.

40 M. L. West, *Early Greek Philosophy and the Orient* (Oxford: Oxford University Press, 1971, reissued 2001); Jonathan Barnes, *Early Greek Philosophy* (Harmondsworth: Penguin, 1987), 9–99; Osborne, *Greece*, 316 (on proof).

41 Xenophanes, Fr. B23 (quoted), B14, B15, trans. Barnes, *Early Greek Philosophy*, 95.

42 Heraclitus, Fr. 30, trans. G. S. Kirk, *Heraclitus: The Cosmic Fragments* (Cambridge: Cambridge University Press, 1954), 307; see also 284–287, 314–317; Barnes, *Early Greek Philosophy*, 18–19, 38–39.

43 Hdt. 1.6; Osborne, *Greece*, 344–347, 350; Malkin, *Small Greek World*, 40–41.

44 Hdt. 1.79–86, 1.154–176.

45 Hdt. 1.163–169; Herodotus, *The Histories*, trans. Aubrey de Sélincourt, rev. ed. (London: Penguin, 2003; translation first published 1954),73 (quoted); Malkin, *Small Greek World*, 149–152.

46 Hdt. 5.28–38; Osborne, *Greece*, 318–322, 325; Fornara, *Translated Documents*, 45–46.

47 Hdt. 1.152–153.

48 Hdt. 5.73, trans. de Sélincourt, 338. 关于这些事件发生的时间和背景，参见 Osborne, *Greece*, 292–295; Cartledge, *Thebes*, 82–84。

49 Hdt. 5.97–103.

50 Hdt. 6.32, trans. de Sélincourt, 370; John Marincola, 'Notes', in Herodotus, *Histories*, 656–657; Osborne, *Greece*, 322–325.

51 Hdt. 5.100–106, trans. de Sélincourt, 354.

第四章　最初的"世界大战"与"古典"时代

1 Hdt. 5.78–89, 6.87–94; Robin Osborne, *Greece in the Making, 1200–479* BCE (London: Routledge, 1996), 325–328.

2 Hdt. 6.65–84; Cartledge, *The Spartans: An Epic History* (London: Pan, 2013), 95–96, 87–89; Osborne, *Greece*, 335–336.

3 Hdt. 6.48–49, 7.133, Herodotus, *The Histories*, trans. Aubrey de Sélincourt, rev. ed. (London: Penguin, 2003; translation first published 1954), 458 (quoted).

4 Hdt. 6.100–108; Cartledge, *Spartans*, 102.

5 Hdt. 6.109–117; Michael Llewellyn Smith, *Olympics in Athens 1896: The Invention of the Modern Olympic Games* (London: Profile, 2004), 179–191.

6 Osborne, *Greece*, 334–336; Cartledge, *Spartans*, 111–114.

7 Osborne, *Greece*, 331–333; Paul Cartledge, *Democracy: A Life*, 2nd ed. (Oxford: Oxford University Press, 2018), 70–73.

8 Plutarch, *Themistocles* 5–6, 22 (quoted), trans. Robin Waterfield in Plutarch, *Greek Lives* (Oxford: Oxford University Press, 1998), 86–87, 101. 希罗多德只提到了地米斯托克利在这个年代的最后几年推行的举措（Hdt. 7.143–145; Osborne, *Greece*, 337）。

9 Hdt. 7.89, 7.184–186; John Marincola, 'Notes', in Herodotus, *Histories*, 668n25, 668n27, 671n59; see also, for example, Osborne, *Greece*, 337.

10 Hdt. 7.157–167; Diod.Sic. 11.20–24; Osborne, *Greece*, 344–346.

11 Charles Fornara, ed. and trans., *Translated Documents of Greece and Rome*, Vol. 1: *Archaic Times to the End of the Peloponnesian War* (Baltimore, MD: Johns Hopkins University Press, 1977; 2nd ed., 1983), 59, 再现了刻在"蛇柱"底座上的名单, 此柱最初是在战争结束后不久在德尔斐建立的, 后来在公元4世纪移至君士坦丁堡, 今天人们仍然可以在伊斯坦布尔市中心的旧竞技场看到它。希罗多德（Hdt. 9.28–30, 9.81）的叙述在某些细节上与柱上保存的名单不同, 另参见 Osborne, *Greece*, 341–342。

12 Hdt. 7.176, 7.200.

13 Hdt. 8.53, trans. de Sélincourt, 517.

14 关于这场战役最完整的早期记录出自 Aesch. *Pers.* 353–470。另参见 Hdt. 8.74–92。

15 Hdt. 9.13, 9.25–70, 9.90–105; Paul Cartledge, *After Thermopylae: The Oath of Plataea and the End of the Graeco–Persian Wars* (Oxford: Oxford University Press, 2013), 8, 88–121.

16 例如参见 Barry Strauss, *The Battle of Salamis: The Naval Encounter that Saved Greece- and Western Civilization* (New York: Simon & Schuster, 2004); Victor Davis Hanson, *Carnage and Culture: Landmark Battles in the Rise of Western Power* (New York: Doubleday, 2001)。

17 John Stuart Mill, 'Grote's History of Greece I', in *Essays on Philosophy and the Classics. Collected Works of John Stuart Mill*, ed. J. M. Robson (London: Routledge and Kegan Paul, 1978), 271–306 (see 273); Alexandra Lianeri, 'Historiography in Grote's History', in *Cultural Responses to the Persian Wars: Antiquity to the Third Millennium*, ed. Emma Bridges, Edith Hall and P. J. Rhodes (Oxford: Oxford University Press, 2007), 339. 其他许多例子散见于此书各处。

18 Aesch. *Pers.* 807–808, 819–822.

19 Aesch. *Pers.* 790–794 (794 quoted, my literal translation).

20 Aesch. *Pers.* 241–242, 591–594, 402–405 (the last quoted, my translation).

21 Aristophanes, *Frogs* 1029–1030（首演于公元前405年）; Aristophanes, *Frogs and Other Plays*, trans. David Barrett (Harmondsworth: Penguin, 1964), 173.

22 Hdt. 1 (Preface). 关于年代早于希罗多德的已知散文作品, 参见 Marincola, 'Introduction', in Herodotus, *Histories*, xix。

23   Jonathan Hall, *A History of the Archaic Greek World, ca. 1200–479 BCE,* rev. ed. (Medford, MA, and Oxford: Wiley Blackwell, 2014), 324.

24   Hdt. 1.1–4; Edith Hall, *Inventing the Barbarian: Greek Self-Definition Through Tragedy* (Oxford: Clarendon Press, 1989), 1–100; Kostas Vlassopoulos, *Greeks and Barbarians* (Cambridge: Cambridge University Press, 2013); Jonathan Hall, *History*, 308–310.

25   Hdt. 7.9, trans. de Sélincourt, 417–418.

26   Hdt. 8.22（关于拉拢波斯军中的伊奥尼亚人），9.67（关于底比斯），9.12–13（关于阿尔戈斯人）。

27   Hdt. 8.144 (my literal translation); compare 1.4, 1.86, 7.139, 7.145. 有学者从更广的民族认同角度来讨论这段话，例如参见 Samuel Huntington, *The Clash of Civilizations and the Remaking of World Order* (London: Simon & Schuster, 1997), 42; Anthony D. Smith, *The Cultural Foundations of Nations: Hierarchy, Covenant, and Republic* (Oxford: Blackwell, 2008), 57–58; Azar Gat, *The Long History and Deep Roots of Political Ethnicity and Nationalism* (Cambridge: Cambridge University Press, 2013), 74. 关于这一段论述本身，参见 Jonathan Hall, *Ethnic Identity in Greek Antiquity* (Cambridge: Cambridge University Press, 1997), 44–47 and *Hellenicity: Between Ethnicity and Culture* (Chicago: Chicago University Press, 2002), 189–194; David Konstan, '"To Hellenikon Ethnos": Ethnicity and the Construction of Ancient Greek Identity', in *Ancient Perceptions of Greek Ethnicity*, ed. Irad Malkin (Washington, DC: Center for Hellenic Studies, 2001), 29–50 (see 32–34)。

28   Aristotle, *Poetics* 1449b.

29   John Boardman, *Greek Sculpture: The Classical Period*, corrected ed. (London: Thames & Hudson, 1991), 33–50（关于个体的细微差别见第 30 页）。

30   Mary Beard, *How Do We Look: The Eye of Faith* (London: Profile, 2018), 34. 关于公元前 5 世纪早期市民雕像的起源，参见 Boardman, *Greek Sculpture*, 24–26。

31   Boardman, *Greek Sculpture*, 52–54 and figs. 34–35, 38–39; Robin Osborne, *The Transformation of Athens: Painted Pottery and the Creation of Classical Greece* (Princeton, NJ: Princeton University Press, 2018), 240–242.

32   Osborne, *Transformation*, see, respectively, 114–115, 221–224 and fig. 9.6, 146–150, 83–84.

33   Osborne, *Transformation*, 209, 248–249, 252–253; Boardman, *Greek Sculpture*, 21.

34   Samantha Martin McAuliffe and John K. Papadopoulos, 'Framing Victory: Salamis, the Athenian Acropolis, and the Agora', *Journal of the Society of Architectural Historians* 71 (2012): 332–361; Johanna Hanink, *The Classical Debt: Greek Antiquity in an Era of Austerity* (Cambridge, MA: Harvard University Press, 2017), 42–44.

35   有关这个工程的完整描述，请参见 Robin Frances Rhodes, *Architecture and Meaning on the Athenian Acropolis* (Cambridge: Cambridge University Press, 1995) and T. Leslie Shear Jr., *Trophies of Victory: Public Buildings in Periklean Athens* (Princeton, NJ: Princeton University Press, 2016)。

36 Plato, *Apology* 38a (my translation).

37 Plato, *Theaetatus* 152a, citing Protagoras, and see also Plato, *Protagoras*; Peter Pormann, *The Cambridge Companion to Hippocrates* (Cambridge: Cambridge University Press, 2018).

38 Thuc. 1.76; Thucydides, *The Peloponnesian War*, trans. Martin Hammond, with Introduction and Notes by P. J. Rhodes (Oxford: Oxford University Press, 2009), 38 (translation slightly adapted), see also 2.36, 5.89.

39 Cartledge, *Democracy*, 105–122; P. J. Rhodes, *A History of the Classical Greek World, 478–323 BC*, 2nd ed. (Medford, MA, and Oxford: Wiley Blackwell, 2010), 61–67.

40 Rhodes, *History*, 59–61, 70–72; 64（关于效率）; Cartledge, *Democracy*, 114–116。关于古代对此的评价，参见 Thuc. 2.65; Plutarch, *Pericles* 9。

41 Thuc. 2.37, trans. Johanna Hanink, *How to Think About War: An Ancient Guide to Foreign Policy* (Princeton, NJ: Princeton University Press, 2019), 43, 45.

42 Simon Hornblower, *The Greek World, 479–323 BCE*, 4th ed. (Abingdon: Routledge, 2011), 121–128; Rhodes, *History*, 32. 关于经济资源，参见 Hornblower, *Greek World*, 127; Thuc. 1.141–142。

43 Thuc. 1.23, 1.88, trans. Hammond, 13, 43. 现代相关论述，参见 Hornblower, *Greek World*, 108–115; Rhodes, *History*, 86–95; Donald Kagan, *The Peloponnesian War* (London: Harper Perennial, 2005), 41–54。关于斯巴达人对雅典这个"民主帝国"的反感，参见 Victor Davis Hanson, *A War Like No Other* (New York: Random House, 2005), 13。

44 Thuc. 1.1; Kagan, *Peloponnesian War*, xxii; Paul Cartledge, *Thebes: The Forgotten City of Ancient Greece* (New York: Abrams, 2020), 132.

45 See Hanson, *War*, xvi, 3–4, 324; Hanink, *How to Think*, xv–xvi, xlviii–liv; Kagan, *Peloponnesian War*, xxiii; Cartledge, *Thebes*, 134.

46 Thuc. 2.48–54 (2.51 quoted, trans. Hammond, 98).

47 Thuc. 5.84–116 (116 quoted, trans. Hammond, 307).

48 Thuc. 6.31, trans. Hammond, 323; 7.16–17, 7.26–27; Kagan, *Peloponnesian War*, 267–268 (numbers).

49 Thuc. 6.18, trans. Hammond, 318.

50 Thuc. 8.18, trans. Hammond, 423; see also 8.43.关于更早的谈判，参见 Kagan, *Peloponnesian War*, 154–155; Thuc. 2.7, 2.67, 4.50 and, in 413–412 BCE, 8.5–6, 8.12。

51 Rhodes, *History*, 152, 172.

52 Diod.Sic. 13.98, trans. Kagan, *Peloponnesian War*, 458 (quoted). 对这些事件最完整的早期描述，参见 Xen. *Hell.* 1.6.24–1.7.34。

53 Xen. *Hell.* 2.2.3; Xenophon, *A History of My Times*, trans. Rex Warner, with introduction and notes by George Cawkwell (London: Penguin, 1979), 104.

54 Thuc. 5.26 and P. J. Rhodes, 'Introduction', in Thucydides, *Peloponnesian War*, xxv–xxviii; Xen. Hell. 2.2.23, trans. Warner, 108 (quoted, slightly adapted).

第五章　文化之都

1　Paul Cartledge, *Democracy: A Life*, 2nd ed. (Oxford: Oxford University Press, 2018), 224–225.

2　Paul Cartledge, *Thebes: The Forgotten City of Ancient Greece* (New York: Abrams, 2020), 167.

3　Xenophon, *Anabasis*; Xenophon, *The Persian Expedition*, trans. Rex Warner, with a new introduction by G. Cawkwell (Harmondsworth: Penguin, 1972).

4　Xen. *Hell*. 3.5.1–2; Xenophon, *A History of My Times*, trans. Rex Warner, with introduction and notes by George Cawkwell (London: Penguin, 1979), 174, 其注释中引用了 *Hellenica Oxyrrynchia* 7.5，这是与色诺芬同时代的一篇雅典人的记述，只能通过纸莎草纸残片来了解，作者不详; Simon Hornblower, *The Greek World, 479–323 BCE*, 4th ed. (Abingdon: Routledge, 2011), 220, 229。

5　Xen. *Hell*. 5.1.30–31; P. J. Rhodes, *A History of the Classical Greek World, 478–323 BC*, 2nd ed. (Medford, MA, and Oxford: Wiley Blackwell, 2010), 229–230; Hornblower, *Greek World*, 233. 关于"自主性"一词在当时的含义和地位，参见 Emily Mackil, *Creating a Common Polity: Religion, Economy, and Politics in the Making of the Greek Koinon* (Berkeley: University of California Press, 2012), 92, 94, 115n17, 116n29。

6　Xen. *Hell*. 7.5.26, trans. Warner, 403.

7　Xen. *Hell*. 7.5.17, trans. Warner, 400; Paus. 9.15.4 (my translation), see also Pausanias, *Guide to Greece*, trans. Peter Levi, 2 vols. (Harmondsworth: Penguin, 1979), 1.339, and Paus. 8.11.5–9, trans. Levi, 2.398–399.

8　Xen. *Hell*. 7.5.27, trans. Warner, 403; Cawkwell, 'Introduction', in Xenophon, *History*, 7; see also Arnold Toynbee, *The Greeks and Their Heritages* (Oxford: Oxford University Press, 1981), 60, 66. 相反的观点，参见 Moses Finley, *The Use and Abuse of History*, rev. ed. (London: Chatto and Windus, 1986), 121–122; Jonathan Hall, *Ethnic Identity in Greek Antiquity* (Cambridge: Cambridge University Press, 1997), 227–228。

9　Cartledge, *Democracy*, 176–178.

10　Isocrates, *Antidosis* 1–10, written 354–353 BCE. 关于柏拉图、伊索克拉底和书面文字，参见 Andrea Wilson Nightingale, 'Sages, Sophists, and Philosophers: Greek Wisdom Literature', in *Literature in the Greek and Roman Worlds: A New Perspective*, ed. Oliver Taplin (Oxford: Oxford University Press, 2000), 156–191 (see 172–185) ; 关于演讲的写作和书面版本的影响，另见 Chris Carey, 'Observers of Speeches and Hearers of Action: The Athenian Orators', in the same volume, 192–216 (see 215–216)。

11　Isocrates, *Panegyricus* 185; trans. George Norlin, *Isocrates*, 3 vols.(London and New York: Loeb Classical Library, 1928), 1.239.

12　Isocrates, *Panegyricus* 81; Takis Poulakos, *Speaking for the Polis: Isocrates' Rhetorical*

Education (Columbia: University of South Carolina Press, 1997), 84, 114n9.

13 Isocrates, *Panegyricus* 47–50 (50 quoted, my translation). 在另一本书（*Antidosis* 299）中，伊索克拉底更进一步，把整个希腊想象成一个城邦，雅典是唯一的"城市"，相比之下，所有其他城邦都只是村庄。还可以参见 Jonathan Hall, *Hellenicity: Between Ethnicity and Culture* (Chicago: Chicago University Press, 2002), 207–210, 219。

14 Robin Lane Fox, 'Philip of Macedon: Accession, Ambitions, and Self-Presentation', in *Brill's Companion to Ancient Macedon: Studies in the Archaeology and History of Macedon, 650 BC–300 AD*, ed. Robin Lane Fox (Leiden and Boston, MA: Brill, 2011), 335–366 (see 335–336), 过去公认腓力二世于公元前 359 年即位，这篇文章更正了时间。

15 Theopompus of Chios (fourth century BCE), cited in translation by Hornblower, *Greek World*, 268; Justin 9.8.10, trans. Ian Worthington, *Philip II of Macedonia* (New Haven, CT: Yale University Press, 2008), 195（关于这份后世拉丁文史料的内容见第212—213页）; Worthington, *Philip*, 4, 195, 201–203, 208。

16 Hornblower, *Greek World*, 275, 282.

17 Demosthenes, *Philippics* 3.30–31 (my translation); see also Ian Worthington, *Demosthenes of Athens and the Fall of Classical Greece* (Oxford: Oxford University Press, 2012), 220–223.

18 Worthington, *Demosthenes*, 265; Worthington, *Philip*, 166–167.

19 Isocrates, *Philip* 107–108, 154; M. B. Hatzopoulos, 'Macedonians and Other Greeks', in Lane Fox, *Companion*, 51–78 (see 67–69). See also Edward Harris, *Aeschines and Athenian Politics* (Oxford: Oxford University Press, 1995), 124–154.

20 Jonathan Hall, 'Contested Ethnicities: Perceptions of Macedonia Within Evolving Definitions of Greek Identity', in *Ancient Perceptions of Greek Ethnicity*, ed. Irad Malkin (Washington, DC: Center for Hellenic Studies, 2001), 159–186.

21 See Hatzopoulos, 'Macedonians'; Rhodes, *History*, 334–335; Hornblower, *Greek World*, 94–100. 关于取名，参见 Miltiade Hatzopoulos, '"L'Histoire par les noms" in Macedonia', in *Greek Personal Names: Their Value as Evidence*, ed. Simon Hornblower and Elaine Matthews (Oxford: Oxford University Press, 2000), 99–117。

22 Hatzopoulos, 'Macedonia',65–66. 关于斯塔吉拉，参见 Worthington, *Philip*, 75 and 254n5; Robin Lane Fox, 'Philip's and Alexander's Macedon', in Lane Fox, *Companion*, 367–391 (see 372)。

23 Geoffrey Horrocks, *Greek: A History of the Language and Its Speakers*, 2nd ed. (Medford, MA, and Oxford: Wiley Blackwell, 2014), 73–80; Olivier Masson, 'Macedonian Language', in *The Oxford Classical Dictionary*, 3rd ed., Simon Hornblower and Antony Spawforth (Oxford: Oxford University Press, 2003), 905–906 (4th ed., 2012, available online).

24 Demosthenes, *Philippics* 4.31–35; Worthington, *Demosthenes*, 224–227.

25 Lycurgus, *Against Leocrates* 1.50; Worthington, *Demosthenes*, 246–254; Worthington,

Philip, 147–151; Cartledge, *Thebes*, 226–231.

26 这些细节是由现代历史学家从几个不同的来源拼凑而成的，可以直接给我们提供细节的现存古代文献一份都没有。参见 Rhodes, *History*, 356–358; Hornblower, *Greek World*, 286–288; Worthington, *Demosthenes*, 255–259, 262–264; Worthington, *Philip*, 158–163。

27 Isocrates, 'Letter 3': 5 (my translation); see trans. Norlin, 3.402–407; Worthington, *Philip*, 167–170.

28 Worthington, *Demosthenes*, 48.

29 这段和上一段依据的史料来自记载了这些事件的两份古代文献：Diod. Sic. 16.91–95（著于公元前 1 世纪）和 Justin 9.6–7（一部后世经过删节的拉丁文历史作品，同样著于公元前1世纪）。它们之间在一些细节上存在差异，现代历史学家对此有不同的解释。关于日期是 7 月还是 10 月，参见 A. B. Bosworth, *Conquest and Empire: The Reign of Alexander the Great* (Cambridge: Cambridge University Press, 1993), 23; Lane Fox, 'Philip's and Alexander's Macedon', 385。See also Paul Cartledge, *Alexander the Great: The Hunt for a New Past* (London: Pan Macmillan, 2005), 55–56, 63–65; Worthington, *Philip*, 172–193.

30 Justin 11.2.

31 沃辛顿列出了古代资料（*Philip*, 269n45）和一些现代方法以及对比结果（269–270n56）。关于亚历山大没有参与的观点，以及过去相关的学术研究，参见 Bosworth, *Conquest*, 25–26。关于亚历山大有罪的观点，参见 Ernst Badian, 'The Death of Philip II', *Phoenix* 17 (1963), 244–250; and Worthington, *Philip*, 182–186。

32 Arrian, *Anabasis* 6.24.2–3, 7.1.4, 7.2.1, 7.28.2–3; for translation, see (respectively) Arrian, *The Campaigns of Alexander*, trans. Aubrey de Sélincourt, rev. with introduction and notes by J. R. Hamilton (Harmondsworth: Penguin, 1971), 335–336, 349, 350, 395–396.

33 Arrian, *Anabasis* 4.8–15, trans. de Sélincourt, 213–226; Plutarch, *Alexander* 48–55; Cartledge, *Alexander*, 263–265.

34 Manolis Andronikos, *Vergina: The Royal Tombs* (Athens: Ekdotiki Athinon, 1984), 62–78, 97–197, 226–233；后续意见和参考书目，参见 Worthington, *Philip*, 234–241。

35 Diod.Sic. 16.92.1, 17.3.1; Worthington, *Philip*, 187

36 Diod.Sic. 17.4.4–7; Bosworth, *Conquest*, 189–194, 198.

37 Arrian, *Anabasis* 1.7.2, trans. de Sélincourt, 55 (quoted); Diod.Sic. 17.8–9; Plutarch, *Alexander* 11, trans. Robin Waterfield, *Plutarch: Greek Lives* (Oxford: Oxford University Press, 1998), 321.

38 Diod.Sic. 17.14–15; Plutarch, *Alexander* 11; Arrian, *Anabasis* 1.8–11; Bosworth, *Conquest*, 195–197; Cartledge, *Thebes*, 234–239.

39 Arrian, *Anabasis* 1.12.

40 Bosworth, *Conquest*, 35, 259，指出了现存古代资料中不可调和的差异。

41 Arrian, *Anabasis* 1.16.7; Plutarch, *Alexander* 16.8 (my translation). 两份史料都记载了完

整的铭文，而且内容完全相同，因此必然会推断出抄录的文本是准确的。

42　Arrian, *Anabasis* 1.16, trans. de Sélincourt, 75; Cartledge, *Alexander*,96–98.

43　Cartledge, *Alexander*, 45, 134–135.

44　Arrian, *Anabasis* 2.14.9, trans. de Sélincourt, 128.

45　Bosworth, *Conquest*, 75–79.

46　Arrian, *Anabasis* 3.15–17.

47　Respectively, Arrian, *Anabasis* 3.19; Plutarch, *Alexander* 37–38.

48　Arrian, *Anabasis* 5.26.2, trans. de Sélincourt, 293.

49　Hugh Bowden, *Alexander the Great: A Very Short Introduction* (Oxford: Oxford University Press, 2014), 84, 89–92.

50　J. R. Hamilton, 'Introduction', in Arrian, *Campaigns*, 30–32; Cartledge, *Alexander*, 75–76, 122–124.

51　关于经济复苏，参见 Bosworth, *Conquest*, 204–205；关于狄俄尼索斯剧院的建筑，参见 Johanna Hanink, *Lycurgan Athens and the Making of Classical Tragedy* (Cambridge: Cambridge University Press, 2014), 92–125；关于雅典"品牌"的形成，参见同一本书的第 5—22 页（关于雅典"戏剧之都"的地位见第 230 页）以及 Johanna Hanink, *The Classical Debt: Greek Antiquity in an Era of Austerity* (Cambridge, MA: Harvard University Press, 2017), 32–69。

52　Armand Leroi, *The Lagoon: How Aristotle Invented Science* (London: Bloomsbury, 2014); Edith Hall, *Aristotle's Way: Ten Ways Ancient Wisdom Can Change Your Life* (London: Penguin, 2019).

53　Aristotle, *Nicomachaean Ethics* 10.7.8; Bosworth, *Conquest*, 278–290; Cartledge, *Alexander*, 215–227.

54　Mary Beard, *How Do We Look: The Eye of Faith* (London: Profile, 2018), 85–90; John Boardman, *Greek Art*, 4th ed. (London: Thames & Hudson, 1996), 160–164.

55　Bosworth, *Conquest*, 220.

56　Diod.Sic. 18.8.2–5; Bosworth, *Conquest*, 221.

57　Diod.Sic. 18.9.5, 18.10.2–3 (my translation).

58　Diod.Sic. 18.12–18; Cartledge, *Alexander*, 100–103; Cartledge, *Democracy*, 217.

59　Graham Shipley, *The Greek World After Alexander, 323–30 BC* (London: Routledge, 2000), 1; R. Malcolm Errington, *A History of the Hellenistic World, 323–30 BC* (Oxford: Blackwell, 2008), 8; Angelos Chaniotis, *Age of Conquests: The Greek World from Alexander to Hadrian 336 BC–AD 138* (Princeton, NJ: Princeton University Press, 2018), 1, 196–197.

第六章 "成为希腊人"

1　这些事件的主要古代资料是 Diod.Sic. 18–20; see in English: Diodorus of Sicily, *The Library, Books 16–20: Philip II, Alexander the Great and the Successors*, trans. Robin Waterfield (Oxford: Oxford University Press, 2019), 179–423；最完整的现代描述是 Robin Waterfield, *Dividing the Spoils: The War for Alexander the Great's Empire* (Oxford: Oxford University Press, 2011)。如需简要概述，参见 Winthrop Lindsay Adams, 'The Hellenistic Kingdoms', in *The Cambridge Companion to the Hellenistic World*, ed. Glenn Bugh (Cambridge: Cambridge University Press, 2006), 28–51。

2　关于阿育王的碑文的翻译及评论，可参见 Susan Sherwin-White and Amélie Kuhrt, *From Samarkhand to Sardis: A New Approach to the Seleucid Empire* (London: Duckworth, 1993), 101–102。关于早期佛教文献以及其与麦南德的关系：*Questions of King Milinda*, written in Pali, the 'Indo-Greek king who ruled from 155–130 BCE, from a capital at Sagala (Sialkot)' in the Punjab, see Richard Stoneman, *The Greek Experience of India: From Alexander to the Indo-Greeks* (Princeton, NJ: Princeton University Press, 2019), 365–374。

3　John Boardman, *The Greeks in Asia* (London: Thames & Hudson, 2015), 82, 94–101（关于塔克西拉和这些王国的历史）, 138–142（关于钱币）, 185。See also Stoneman, *Greek Experience*, 377–404.

4　Rachel Mairs, *The Hellenistic Far East: Archaeology, Language, and Identity in Greek Central Asia* (Oakland: University of California Press, 2014), xvii–xxii; for Greek texts with accompanying translations see 283–284 (cited in my own translation). See also Sherwin-White and Kuhrt, *Samarkhand*, 177–179; Boardman, *Greeks*, 83–86, and Peter Thonemann, *The Hellenistic Age: A Very Short Introduction* (Oxford: Oxford University Press, 2018), 1–3.

5　G. G. Aperghis, *The Seleukid Royal Economy: The Finances and Financial Administration of the Seleukid Empire* (Cambridge: Cambridge University Press, 2004), 37–38（关于底格里斯河畔塞琉西亚）; Sherwin-White and Kuhrt, *Samarkhand*, 149–159。

6　Sherwin-White and Kuhrt, *Samarkhand*, 142–148 (language and Berossus, 148 cited), 38–39, 154–155（关于建造神庙）; see also Paul Kosmin, *The Land of the Elephant Kings: Space, Territory, and Ideology in the Seleucid Empire* (Cambridge, MA: Harvard University Press, 2004), 113–114, 207–208。

7　Paul Kosmin, *Time and Its Adversaries in the Seleucid Empire* (Cambridge, MA: Harvard University Press, 2018), 21–26 and *passim*.

8　Strabo 17.1.6, cited and discussed by Sally-Ann Ashton, 'Ptolemaic Alexandria and the Egyptian Tradition', in *Alexandria: Real and Imagined*, ed. Anthony Hirst and Michael Silk (Aldershot: Ashgate, 2004), 15–40 (see 16–17).

9   Peter Clayton, 'The Pharos at Alexandria', in *The Seven Wonders of the Ancient World*, ed. Peter Clayton and Martin Price (London: Routledge, 2013), 138–157.

10 Franck Goddio, *Alexandria: The Submerged Royal Quarters* (London: Periplous, 1998); Ashton, 'Ptolemaic Alexandria'.

11 Herwig Maehler, 'Alexandria, the Mouseion, and Cultural Identity', in *Hirst and Silk, Alexandria*, 1–14. See also Graham Shipley, *The Greek World After Alexander, 323–30 BC* (London: Routledge, 2000), 214–215, 240–243.

12 G. E. R. Lloyd, *Greek Science After Aristotle* (London: Chatto and Windus, 1973), 3–8, 49–50, 75–85.

13 关于托勒密二世赞助的事情，参见 'Aristeas to Philocrates' (2nd century BCE?), trans. M. Hadas in Michel Austin, *The Hellenistic World from Alexander to the Roman Conquest: A Selection of Ancient Sources in Translation*, 2nd ed. (Cambridge: Cambridge University Press, 2006), no. 261; James Carleton Paget, 'Jews and Christians in Ancient Alexandria: From the Ptolemies to Caracalla', in *Hirst and Silk, Alexandria*,143–166 (see 149–151)。

14 Ashton, 'Ptolemaic Alexandria'; Alan Bowman, *Egypt After the Pharaohs, 332 BC– AD 642* (London: British Museum, 1996), 168–169; R. Malcolm Errington, *A History of the Hellenistic World, 323–30 BC* (Oxford: Blackwell, 2008), 146–147; J. G. Manning, *The Last Pharaohs: Egypt Under the Ptolemies, 305–30 BC* (Princeton, NJ: Princeton University Press, 2010), 205–206.

15 Maehler, 'Alexandria', 6–7（关于"文化隔离"）; F. W. Walbank, *The Hellenistic World* (London: Fontana, 1992), 110, 214; Errington, *History*, 154–155。关于希腊当时的谄媚回应，参见 Theocritus, *Idylls* 17.128–134。

16 公元前 3 世纪对希腊中部的描述通常认为出自克里特的赫拉克利德斯：Heracleides of Crete, trans. Austin in *Hellenistic World*, no.101 (p. 198 cited); Strabo 17.1.6– 10 (translated in the same volume, no. 292) 在大约 300 年后描述了亚历山大城。

17 例如参见 Shipley, *Greek World*, 128–130; Paul Cartledge, *Democracy: A Life*, 2nd ed. (Oxford: Oxford University Press, 2018), 241–245。

18 Johanna Hanink, *Lycurgan Athens and the Making of Classical Tragedy* (Cambridge: Cambridge University Press, 2014), 225–243; N. J. Lowe, *Comedy (New Surveys in the Classics)* (Cambridge: Cambridge University Press, 2008), 63–80.

19 Walbank, *Hellenistic World*, 178–181; Shipley, *Greek World*, 176–191.

20 Diod.Sic. 20.54.1；关于年代，参见 Shipley, *Greek World*, 51。

21 Theocritus, *Idylls* 1.

22 Lloyd, *Greek Science*, 40–49 (40, 47 cited).

23 Polyb. 8.3–7; Polybius, *The Rise of the Roman Empire*, trans. Ian Scott-Kilvert, selected with an introduction by F. W. Walbank (London: Penguin, 1979), 364–368; Plutarch, *Marcellus* 14–17, 19.

24　公元前 167 年至前 150 年波里比阿作为人质生活在罗马时从希腊角度进行的分析，参见 Polyb. 6.11–58, trans. Scott-Kilvert, 311–352。关于其局限性和现代纠正，参见 Mary Beard, *SPQR: A History of Ancient Rome* (London: Profile, 2015), 184–192; Cartledge, *Democracy*, 247–263。关于波里比阿，见下文。

25　Polyb. 1.3.3–4 (my translation); trans. Scott-Kilvert, 43; see also Polyb. 5.105.3–4, trans. Scott-Kilvert, 301; Angelos Chaniotis, *Age of Conquests: The Greek World from Alexander to Hadrian 336 BC–AD 138* (Princeton, NJ: Princeton University Press, 2018), 148–149.

26　Polyb. 18.45.9, 18.46.15, trans. Scott-Kilvert, 515 (slightly adapted), 517.

27　Shipley, *Greek World*, 380, citing Livy 42.51. See also Austin, *Hellenistic World*, no. 94.

28　Polyb. 29.27, trans. Austin, *Hellenistic World*, 374 (no. 211).

29　Thonemann, *Hellenistic Age*, 27. 这里表达的观点更接近 Walbank, *Hellenistic World*, 157–158。有关此类制度的历史，参见 Emily Mackil, *Creating a Common Polity: Religion, Economy, and Politics in the Making of the Greek Koinon* (Berkeley: University of California Press, 2012)。

30　Beard, *SPQR*, 212–213.

31　Paus. 7.16–17, trans. Austin, *Hellenistic World*, no. 100 (second century CE); Dio Cassius 21.72 (second to third century CE).

32　Walbank, *Hellenistic World*, 228, citing Hellanicus of Lesbos (fifth century BCE); Erich Gruen, 'Greeks and Non-Greeks', in Bugh, *Cambridge Companion, 295–314* (see 300–302).

33　例如参见 Caroline Bishop, *Cicero, Greek Learning, and the Making of a Roman Classic* (Oxford: Oxford University Press, 2019)。

34　Beard, *SPQR*, 170–172 (see 170, citing the second century BCE Latin author Porcius Licinius, as quoted by Aulus Gellius, Attic Nights 17.21); on this passage, see also Tim Whitmarsh, *Greek Literature and the Roman Empire* (Oxford: Oxford University Press, 2001), 9; see also Walbank, *Hellenistic World, 247–249*; Horace, Epistles 2.1, trans. Christopher Smart, *The Works of Horace*, rev. ed. (London: G. Bell, 1891), quoted.

35　Boardman, *Greeks*, 64–80; Sherwin-White and Kuhrt, *Samarkhand*, 84–90, 223–225.

36　Isaiah 43.1–3, 10–13; Seth Schwartz, *The Ancient Jews from Alexander to Muhammad* (Cambridge: Cambridge University Press, 2014), 24–29 (28 quoted).

37　Josephus, *Jewish Antiquities* 12.1–2 (first century CE); Simon Sebag Montefiore, *Jerusalem: The Biography* (London: Weidenfeld and Nicolson, 2011), 65–67.

38　2 Macc. 4.10–13 (my translation); see also 1 Macc. 1.10–14, trans. Austin, *Hellenistic World*, no. 217; Josephus, *Jewish Antiquities* 12.5.1; Shipley, *Greek World*, 308; Schwartz, *Ancient Jews*, 41–42; Sherwin-White and Kuhrt, *Samarkhand*, 226–227.

39　1 Macc. 1.44–56; 2 Macc. 6.1–9; Austin, *Hellenistic World*, no.217; Shipley, *Greek World*, 309–310. 关于基利心山撒玛利亚人的自愿顺服，参见 Josephus, *Jewish Antiquities* 12.5.5 and Sherwin-White and Kuhrt, *Samarkhand*, 229。

40　2 Macc. 11.24–25; Shipley, *Greek World*, 311; Schwartz, *Ancient Jews*, 45.

41　Schwartz, *Ancient Jews*, 46–52.《马加比一书》（1 Macc.）成书于公元前 1 世纪后期，是用希伯来语或阿拉米语写成的，后来被翻译成希腊文，即今天所知的版本。《马加比二书》（Macc. 2），可能成书于几十年之后，是一个古老版本的缩写本，用希腊文写就（Shipley, *Greek World*, 266; Austin, *Hellenistic World*, no. 216）。在公元 1 世纪下半叶，约瑟夫斯在罗马统治下用希腊语写作，他的书是这些事件的第三个主要参考资料。

42　Virgil, *Aeneid* 1.272; Beard, *SPQR*, 193–197.

43　Appian, *Mithridatic Wars* 4.22–23 (my translation); Shipley, *Greek World*, 389; Beard, *SPQR*, 270.

44　Appian, *Mithridatic Wars* 6.38, trans. Shipley, *Greek World*, 391(slightly adapted)。考古报告见 472n62。

45　Shipley, *Greek World*, 393; Joel Allen, *The Roman Republic and the Hellenistic Mediterranean: From Alexander to Caesar* (Medford, MA: Wiley Blackwell, 2020), 179, 201, 207–208.

46　Plutarch, *Pompey* 45–46; Beard, *SPQR*, 273–278; Allen, *Roman Republic*, 229–230.

47　Shipley, *Greek World*, 212–213; Allen, *Roman Republic*, 188, 201–202.

48　Plutarch, *Antony* 54; C. P. Cavafy, *The Collected Poems: Includes Parallel Greek Text*, ed. Anthony Hirst, trans. *Evangelos Sachperoglou* (Oxford: Oxford University Press, 2007), 52–55 (my translation).

49　Shipley, *Greek World*, 397; Beard, *SPQR*, 340, 354; Allen, *Roman Republic*, 254–256.

第七章　罗马的希腊帝国

1　Mary Beard, *SPQR: A History of Ancient Rome* (London: Profile, 2015), 384, 404–406. 关于帝王们的丑闻，参见 Suetonius, *The Twelve Caesars* (late first century CE); Tom Holland, *Dynasty: The Rise and Fall of the House of Caesar* (London: Little, Brown, 2015), 174–419。

2　Beard, *SPQR*, 480–483.

3　东部的一个例外是达西亚省，位于多瑙河以北的巴尔干地区，在公元 1 世纪被图拉真征服。在那里，人们说拉丁语（今天，源自拉丁语的罗马尼亚语仍在使用）。在西方，重要的希腊语族群存在于罗马、迦太基和高卢的卢格杜努姆（今天的里昂）。关于西西里岛和意大利南部可能的例外情况，参见下一条注释。

4　Kathryn Lomas, *Rome and the Western Greeks, 350 BC–AD 200: Conquest and Acculturation in Southern Italy* (London and New York: Routledge, 1993), 96–97, 189–190. 关于希腊人在西西里岛上生存到 5 世纪的可能性，参见 Fergus Millar, *A Greek Roman Empire: Power and Belief Under Theodosius II (408–450)* (Berkeley and Los

Angeles: University of California Press, 2006), 15; Roger Wilson, *Sicily Under the Roman Empire: The Archaeology of a Roman Province, 36 B.C.–A.D. 535* (Warminster: Aris and Phillips, 1989), 318。

5   Susan Alcock, *The Landscapes of Roman Greece* (Cambridge: Cambridge University Press, 1993), 168–169; Angelos Chaniotis, *Age of Conquests: The Greek World from Alexander to Hadrian 336 BC–AD 138* (Princeton, NJ: Princeton University Press, 2018), 281.

6   Simon Swain, *Hellenism and Empire: Language, Classicism and Power in the Greek World AD 50–250* (Oxford: Clarendon, 1996), 69; A. J. S. Spawforth, *Greece and the Augustan Cultural Revolution* (Cambridge: Cambridge University Press, 2012), 38–39; Greg Woolf, 'Becoming Roman, Staying Greek: Culture, Identity and the Civilizing Process in the Roman East', *Proceedings of the Cambridge Philological Society 40* (1994): 116–143.

7   Chaniotis, *Age of Conquests*, 277, 283–288; Robin Lane Fox, *Pagans and Christians in the Mediterranean World from the Second Century AD to the Conversion of Constantine* (London: Penguin, 1988), 12–14. 关于"长希腊化时代"：Chaniotis, *Age of Conquests*, 3 and *passim*；另一个角度的论述见 Alcock, *Landscapes*, 218。

8   G. E. R. Lloyd, *Greek Science After Aristotle* (London: Chatto and Windus, 1973), 113–153 (113 quoted, see also 154, 177); 'Introduction', in Galen, *Method of Medicine*, Books 1–4, ed. and trans. Ian Johnston and G. H. R. Horsley (Cambridge, MA: Harvard University Press, Loeb Classics Series, 2011), xlix, xii–xxiii（关于盖伦）。

9   Plutarch, *Moralia* 813D–813F, 824E–824F (my translation), cited and discussed in Alcock, *Landscapes*, 150; see also Paul Cartledge, *Democracy: A Life*, 2nd ed. (Oxford: Oxford University Press, 2018), 272. 这篇文章通常以其拉丁文名称 "Praecepta gerendae reipublicae" 为人所知，意思大致是"治国之道"。

10   Andrew Erskine, 'Introduction', in Plutarch, *Hellenistic Lives*, trans. Robin Waterfield (Oxford: Oxford University Press, 2016), xii.

11   Geoffrey Horrocks, *Greek: A History of the Language and Its Speakers*, 2nd ed. (Medford, MA, and Oxford: Wiley Blackwell, 2014), 125–141; Swain, *Hellenism*, 1 (citing Philostratus, Lives of the Sophists 481), 6–21, 410 and *passim*.

12   Spawforth, *Greece*, 11–12, 271（关于"真希腊"）；103–106（关于希波战争）；31–32, 55, 241, 264–270（关于"第二智者运动"）。关于亚历山大的形象（从奥古斯都时期到 3 世纪中期），参见 Tony Spawforth, '"Macedonian Times": Hellenistic Memories in the Provinces of the Roman Near East', in *Greeks on Greekness: Viewing the Greek Past Under the Roman Empire*, ed. David Konstan and Suzanne Saïd (Cambridge: Cambridge Philological Society, Supplementary vol. 5, 2006), 1–26 (see 20–21, 25)。

13   Chaniotis, *Age of Conquests*, 251–252, citing and translating Inscriptiones Graecae (Berlin: Berlin Academy of Sciences, 1873–), 7.2713; see also Spawforth, *Greece*, 236–238. 关于尼禄在公元 66—67 年的希腊之行，参见 Edward Champlin, *Nero* (Cambridge, MA: Harvard

University Press, 2003), 53–61。关于科林斯运河，参见 Alcock, *Landscapes*, 141–142。

14 Spawforth, *Greece*, 249–264; Alcock, *Landscapes*, 166–168; Tim Whitmarsh, *Greek Literature and the Roman Empire: The Politics of Imitation* (Oxford: Oxford University Press, 2002), 24–25.

15 Lucian: Simon Goldhill, 'Introduction. Setting an Agenda: "Everything Is Greek to the Wise"', in *Being Greek Under Rome: Cultural Identity, the Second Sophistic and the Development of Empire*, ed. Simon Goldhill (Cambridge, Cambridge University Press, 2001), 1–23; Whitmarsh, *Greek Literature*, 122–128. Heliodorus, *Aethiopica* 10.41. 关于普鲁塔克：Whitmarsh, *Greek Literature*, 116–118。See also Jonathan Hall, *Hellenicity: Between Ethnicity and Culture* (Chicago: Chicago University Press, 2002), 224–226.

16 Suzanne Saïd, 'The Rewriting of the Athenian Past: From Isocrates to Aelius Aristides', in Konstan and Saïd, *Greeks on Greekness*, 47–60; Clifford Ando, 'Imperial Identities', in *Local Knowledge and Microidentities in the Imperial Greek World*, ed. Tim Whitmarsh (Cambridge: Cambridge University Press, 2010), 17–45 (see 45); Chaniotis, *Age of Conquests*, 315–316.

17 Marcus Aurelius 9.29; Marcus Aurelius, *Meditations*, trans. Maxwell Staniforth (London: Penguin, 1964), 144. See also translator's introduction in the same volume, 7–8, 18–21, and Whitmarsh, *Greek Literature*, 216–225. 这部作品最初的希腊标题意为"致自己"。

18 例如参见 Graham Shipley, *The Greek World After Alexander, 323–30 BC* (London: Routledge, 2000), 105–106。

19 Lucretius, *De Rerum Natura* 3.830–977.

20 例如参见 Lane Fox, *Pagans*, 118–119, 151–153, 161–162; Chaniotis, *Age of Conquests*, 355–382。

21 关于牺牲：Lane Fox, *Pagans*, 95–98。关于 2 世纪的伊希斯秘仪：Apuleius, *Metamorphoses* 11.21, trans. E. J. Kenney (Apuleius, *The Golden Ass* [London: Penguin, 1998], 207, quoted)。较为全面的介绍参见 Hugh Bowden, *Mystery Cults in the Ancient World* (London: Thames & Hudson, 2010)。

22 这一时期保存完整的 5 部希腊小说中，最有名的是 Longus, *Daphnis and Chloe*; Achilles Tatius, *Leucippe and Cleitophon*（都写于公元 2 世纪晚期）；还有 Heliodorus, *Aethiopica*，一般认为此书著于 4 世纪晚期，我认为不是这个时间。另一些观点认为此书创作于公元 215 年左右，这个时间与其他小说和第二智者运动的年代相近，而这本书显然属于第二智者运动的产物，参见 Swain, *Hellenism*, 423–424; Lane Fox, *Pagans*, 137–138; Roderick Beaton, *The Medieval Greek Romance*, 2nd ed. (London: Routledge, 1996), 73–74, 241n16. See also Northrop Frye, *The Secular Scripture: A Study of the Structure of Romance* (Cambridge, MA: Harvard University Press, 1976).

23 Charles Freeman, *A New History of Early Christianity* (New Haven, CT, and London: Yale University Press, 2011), 18–19.

24 Paul, 1 Cor. 4.15, 9.14（可能是第一次在这个意义上使用这个词）。

25 经常被引用的关于保罗出身的传记细节不是来自他自己的书信，而是来自 *Acts* (see 21.39, 22.28)。关于保罗的父亲曾是释奴的推论，以及对保罗背景的现代解释，参见 Freeman, *New History*, 48–49。关于信件的重要性，参见 Richard Norris, 'The Apostolic and Sub-apostolic Writings: The New Testament and the Apostolic Fathers', in *The Cambridge History of Early Christian Literature*, ed. Frances Young, Lewis Ayres, and Andrew Louth (Cambridge: Cambridge University Press, 2004), 11–19 (see 11–12)。关于早期基督教文本的语言，参见 Horrocks, *Greek*, 147–152。

26 Paul, *Gal.* 1.1, 1.4, 5.22–23, 5.14 (Authorized Version quoted)。

27 Paul, *1 Cor.* 15.3–5, 15.52, 15.55 (quoted)。

28 *Acts* 11.26, 28.30–31.

29 Tacitus, *Annals* 15.44, trans. J. Jackson (Loeb Classical Library, vol. 5, 1937), 283. 关于罗马的大火，参见 Champlin, *Nero*, 121–126, 178–185。

30 Freeman, *New History*, 72–96（关于《路加福音》见第 82 页）; Geza Vermes, *Christian Beginnings: From Nazareth to Nicaea, AD 30–325* (London: Penguin, 2013), 115–133。

31 Celsus, *On the True Doctrine: A Discourse Against the Christians,* introduction and translation by R. Joseph Hoffman (Oxford: Oxford University Press, 1987)。

32 Lane Fox, *Pagans*, 294–311; John Behr, 'Social and Historical Setting', in Young et al., *Cambridge History*, 55–70 (see 62–64).

33 有观点"猜测"公元 250 年基督徒只占总人口的 2%，参见 Lane Fox, *Pagans*, 317；另见 Averil Cameron, *The Mediterranean World in Late Antiquity, AD 395–700*, 2nd ed. (London: Routledge, 2012), 58–59，此书认为，即使是在 4 世纪和 5 世纪，也不可能做出精确的估算。有关 2 世纪殉道者的生平和思想，参见 *The Apostolic Fathers, Early Christian Writings*, trans. Maxwell Staniforth, rev. with introduction and notes by Andrew Louth (London: Penguin, 1987)。

34 关于 2 世纪早期罗马政策的经典陈述可以在图拉真皇帝和安纳托利亚北部的罗马总督之间关于这个问题的简短通信中找到，参见 Pliny the Younger, *Letters* 10.96–97。关于殉道者和殉难，参见 Lane Fox, 419–492; Freeman, *New History*, 205–214。关于 2 世纪的殉道者，参见 Eusebius, *Ecclesiastical History* 4.117–128。

35 Lloyd, *Greek Science*, 151, citing Galen, *On the Use of Parts* 3.20.

36 Cited in Lane Fox, *Pagans*, 169, for discussion see 168–177.

37 Ronald Heine, 'The Alexandrians', in Young et al., *Cambridge History*, 117–130; Freeman, *New History*, 175–195; Vermes, *Christian Beginnings*, 210–211, 213–215. 关于这些 3 世纪的作家所使用的语言，参见 Horrocks, *Greek*, 155。

38 Beard, *SPQR*, 387, 420, 423–424.

39 Fergus Millar, *The Roman Empire and Its Neighbours*, 2nd ed. (London: Duckworth, 1981), 216–217, 239–248. See also Peter Brown, *The World of Late Antiquity, AD 150–750*

(London: Thames & Hudson, 1971), 22–25; Averil Cameron, *The Later Roman Empire: AD 284–340* (London: Fontana, 1993), 3–11. 关于"铭文传统"的消失：Lane Fox, *Pagans*, 14, 573–575, 582–583; Brown, *World*, 66–67。

40 Beard, *SPQR*, 527–529 (527 quoted); Myles Lavan, 'The Spread of Roman Citizenship', *Past and Present* 229 (2016): 3–46. 希腊历史学家卡西乌斯在不久之后撰写的书中首次将这一措施解释为增税的一种手段（Dio Cassius 78.9）。See also Alex Imrie, *The Antonine Constitution, an Edict for the Caracallan Empire* (Leiden and Boston, MA: Brill, 2018).

41 Lane Fox, *Pagans*, 425（关于两位皇帝的意图），450–459, 550–554。最完整的古代资料是 Eusebius, *Ecclesiastical History* 7.10–12, and Lactantius, *On the Deaths of the Persecutors* 4–5，两本书都是在大约半个世纪之后写成的，前者用的是希腊语，而后者用的是拉丁语。

42 Eusebius, *Ecclesiastical History* 8.2, trans. G. A. Williamson and Andrew Louth (Eusebius, *The History of the Church*, rev. ed. [London: Penguin, 1989], 258–259); Lane Fox, *Pagans and Christians*, 592–595; Freeman, *New History*, 212.

43 Freeman, *New History*, 215–219（基督徒所占比例引自第 215 页）。Lane Fox, *Pagans*, 592 认为到 3 世纪末这一比例可能"只有 4% 或 5%"。

44 Eusebius, *Life of Constantine* 3.13 (written shortly after 337); Eusebius, *Life of Constantine* (Oxford: Clarendon, 1999), trans. Averil Cameron and Stuart Hall, 265–266 (commentary).

45 这份公告被称为"米兰敕令"，相关内容分别被保存在 Lactantius（*On the Deaths* 48）和 Eusebius（*Ecclesiastical History* 10.5）的书里。这两本都成书于君士坦丁时期。See also Timothy Barnes, *Constantine: Dynasty, Religion and Power in the Later Roman Empire* (Oxford: Blackwell, 2011), 93–94.

46 Eusebius, *Life* 1.28–29, trans. Cameron and Hall, 81, see also 204–210 for commentary. See also Peter Weiss, 'The Vision of Constantine', *Journal of Roman Archaeology* 16 (2003): 237–259 and discussion in Barnes, *Constantine*, 74–80.

47 Eusebius, *Life* 2.46, trans. Cameron and Hall, 111; for commentary, see 244; Barnes, *Constantine*, 110–111.

48 Eusebius, *Life* 4.62, trans. Cameron and Hall, 178.

49 君士坦丁最关心的是秩序，见 Freeman, *New History*, 228, 237; Cameron and Hall, 'Introduction', 46。公元 326 年，克里斯普斯和他的继母福斯塔被处决，参见 *The Prosopography of the Later Roman Empire*, 3 vols. (Cambridge: Cambridge University Press, 1971–1992), 1.233。

50 Paul Stephenson, *Constantine: Unconquered Emperor, Christian Victor* (London: Quercus, 2009), 305.

51 *Chronicon Paschale*, trans. Michael Whitby and Mary Whitby (Liverpool: Liverpool University Press, 1989), 17–18 (written c. 630); Stephenson, *Constantine*, 190–211; Bettany Hughes, *Istanbul: A Tale of Three Cities* (London: Weidenfeld and Nicolson, 2017), 112–115.

第八章 成为基督徒

1 Eusebius, *Life of Constantine* 3.54; see also Timothy Barnes, *Constantine: Dynasty, Religion and Power in the Later Roman Empire* (Oxford: Blackwell, 2011), 111–113, 126–131 (following Eusebius); contrast Paul Stephenson, *Constantine: Unconquered Emperor, Christian Victor*(London: Quercus, 2009), 201–203.

2 Peter Brown, *The World of Late Antiquity, AD 150–750* (London:Thames & Hudson, 1971), 98–103 (98 quoted).

3 Averil Cameron, *The Mediterranean World in Late Antiquity, AD 395–700*, 2nd ed. (London: Routledge, 2012), 76–81; Charles Freeman, *A New History of Early Christianity* (New Haven, CT, and London: Yale University Press, 2011), 274–284（关于帕科米乌见第 281 页）。

4 G. W. Bowersock, *Julian the Apostate* (Cambridge, MA: Harvard University Press, 1978), 21–45.

5 Julian, *Oration* 7.217c; Wolf Liebeschuetz, *East and West in Late Antiquity: Invasion, Settlement, Ethnogenesis and Conflicts of Religion* (Leiden and Boston, MA: Brill, 2015), 333–334.

6 Stephen Mitchell, *A History of the Later Roman Empire, AD 284–641* (Oxford: Blackwell, 2007), 285–290; Bowersock, *Julian*, 16–17, 28–30; Brown, *World*, 93–94.

7 See farther Claudia Rapp, 'Hellenic Identity, Romanitas, and Christianity in Byzantium', in *Hellenisms: Culture, Identity, and Ethnicity from Antiquity to Modernity*, ed. Katerina Zacharia (Aldershot: Ashgate, 2008), 127–147; Anthony Kaldellis, *Hellenism in Byzantium: The Transformations of Greek Identity and the Reception of the Classical Tradition* (Cambridge: Cambridge University Press, 2007), *passim*. 关于教育，参见 Cameron, *Mediterranean World*, 130–134。

8 Joseph Tainter, *The Collapse of Complex Societies* (Cambridge: Cambridge University Press, 1988), 128–152 and see Chap. 1 above; see also Walter Scheidel, *Escape from Rome: The Failure of Empire and the Road to Prosperity* (Princeton, NJ: Princeton University Press, 2019), 127–131.

9 Fergus Millar, *A Greek Roman Empire: Power and Belief Under Theodosius II (408–450)* (Berkeley and Los Angeles: University of California Press, 2006), 13–14; Michael Kulikowski, *Imperial Tragedy: From Constantine's Empire to the Destruction of Roman Italy, AD 363–568* (London: Profile, 2019), 54（关于黄金）。

10 Millar, *A Greek Roman Empire*, 2–4, 7, 14–15, 84–97; Cameron,*Mediterranean World*, 27–28, 176–181. See also Anthony Kaldellis, *Romanland: Ethnicity and Empire in Byzantium* (Cambridge, MA: Belknap, Harvard University Press, 2019), 85–94.

11 Freeman, *New History*, 238–253, 298–305（关于卡尔西顿公会议见第 303—305 页）；

Mitchell, *History*, 318–319。

12 Mitchell, *History*, 242; Cameron, *Mediterranean World*, 58–59.

13 Socrates, *Historia Ecclesiastica* 7.15, trans. J. Stevenson, cited in Cameron, *Mediterranean World*, 29.

14 Kulikowski, *Imperial Tragedy*, 168（关于"宗教激进分子"）；Catherine Nixey, *The Darkening Age: The Christian Destruction of the Classical World* (London: Pan Macmillan, 2017), xix–xxi（关于帕尔米拉）。

15 关于在安条克举办的竞技会：*The Chronicle of John Malalas* 17.13, trans. Elizabeth Jeffreys, Michael Jeffreys, and Roger Scott (Melbourne: Australian Association of Byzantine Studies, 1986), 236。关于拟曲：Ruth Webb, *Demons and Dancers: Performance in Late Antiquity* (Cambridge: Cambridge University Press, 2008); Ruth Webb, 'Mime and the Dangers of Laughter in Late Antiquity', in *Greek Laughter and Tears: Antiquity and After*, ed. Margaret Alexiou and Douglas Cairns (Edinburgh: Edinburgh University Press, 2017), 219–231 (see 228–229 for citations from Saint John Chrysostom, quoted)。关于延续到 6世纪的戏剧表演，见 Brown, *World*, 180, 186; Cyril Mango, 'Daily Life in Byzantium', *Jahrbuch der Österreichischen Byantinistik* 31 (1981): 337–353 (see 341–344)。

16 Robin Lane Fox, *Pagans and Christians in the Mediterranean World from the Second Century AD to the Conversion of Constantine* (London:Penguin, 1988), 495–507; Freeman, *New History*, 261–273.

17 明显具有倾向性的同时代叙述，参见 Procopius, *Secret History* 7.1–29, trans. G. Williamson and Peter Sarris, rev. ed. (London: Penguin, 2007), 28–30。现代的标准论述仍然是 Alan Cameron, *Circus Factions: Blues and Greens at Rome and Byzantium* (Oxford: Clarendon, 1976)。

18 *Chronicon Paschale*, trans. Michael Whitby and Mary Whitby (Liverpool: Liverpool University Press, 1989), 103–104; Malalas, *Chronicle* 17.1–2, trans. Jeffreys, 230–231; Peter Sarris, *Empires of Faith: The Fall of Rome to the Rise of Islam, 500–700* (Oxford: Oxford University Press, 2011), 135, 137; Peter Heather, *Rome Resurgent: War and Empire in the Age of Justinian* (Oxford: Oxford University Press, 2018), 83–85.

19 Malalas, *Chronicle* 18.1, trans. Jeffreys, 245 (on the author, see xxi–xxii); Procopius, *Secret History* 13.1–2, trans. Williamson and Sarris, 54. 人们对作者和这本书的不同看法，参见 Averil Cameron, *Procopius and the Sixth Century* (London: Duckworth, 1985) and Anthony Kaldellis, *Procopius of Caesarea: Tyranny, History, and Philosophy at the End of Antiquity* (Philadelphia: University of Pennsylvania Press, 2004)。

20 *Codex Justinianus* 1.1.1, trans. Mitchell, *History*, 270 (quoted), and see further 242–276; *The Novels of Justinian: A Complete Annotated English Translation*, ed. Peter Sarris, trans. J. D. Miller (Cambridge: Cambridge University Press, 2018), 439–440 (Novel 77), 929–932 (Novel 141) (homosexuality); Malalas, *Chronicle* 18.42, 18.47, trans. Jeffreys, 262, 264 (quoted).

21　Cameron, *Mediterranean World*, 136.

22　Procopius, *Wars* 1.24; *Chronicon Paschale*, trans. Whitby, 115–126; Sarris, *Empires*, 148–151; Heather, *Rome Resurgent*, 109–114.

23　Heather, *Rome Resurgent*, 120–123, 139–142, 164–179; Judith Herrin, *Ravenna: Capital of Empire, Crucible of Europe* (London: Allen Lane, 2020), 151–159. 这些事件在《查士丁尼皇帝征战史》中占了很大一部分，这部作品至今仍然是主要的资料来源。

24　Procopius, *Buildings* 1.2.9–12; Heather, *Rome Resurgent*, 181–182; Elena Boeck, *The Bronze Horseman of Justinian in Constantinople: The Cross-Cultural Biography of a Mediterranean Monument* (Cambridge: Cambridge University Press, 2021).

25　Procopius, *Buildings* 1.1.30–54; Heather, *Rome Resurgent*, 192–195; Freeman, *New History*, 271–273.

26　Eusebius, *Oration in Praise of the Emperor Constantine* 1.6, delivered in the year 332 (my translation); I. A. Heikel, *Eusebius Werke, vol. 1 (Die griechischen christlichen Schriftsteller* 7) (Leipzig: Hinrichs, 1902), 195–259.

27　Merle Eisenberg and Lee Mordechai, 'The Justinianic Plague: An Interdisciplinary Review', *Byzantine and Modern Greek Studies* 43(2019): 156–180（关于气候见第 171—173 页）; Sarris, *Empires*, 158–159 (158 quoted), 174–176; John Haldon, *The Empire That Would Not Die: The Paradox of Eastern Roman Survival, 640–740* (Cambridge, MA: Harvard University Press, 2016), 221. 关于公元 539 年的兵祸: Procopius, *Wars* 2.4; *Secret History* 18.20–21。

28　Procopius, *Wars* 2.10.4 (my translation). 关于这场战争的起因，参见 *Wars* 2.1–3（关于库思老一世的指责见 2.1）; Heather, *Rome Resurgent*, 218–219（关于安条克）。

29　Procopius, *Wars* 2.23.17–18, 2.22.31, 2.22.33–34 (the last quoted, my translation); Sarris, *Empires*, 158–159; Kulikowski, *Imperial Tragedy*, 309–310. 关于当时的世界格局，参见 Ian Morris, *Why the West Rules—For Now: The Patterns of History, and What They Reveal About the Future*(London: Profile, 2011), 346–347。关于受害者人数，参见 Dionysios Stathakopoulos, *A Short History of the Byzantine Empire* (London: I. B. Tauris, 2014), 57, 7, 以及 Dionysios Stathakopoulos, *Famine and Pestilence in the Late Roman and Early Byzantine Empire* (Aldershot: Ashgate, 2004)。关于公元 540 年的君士坦丁堡人口: Mark Whittow, *The Making of Orthodox Byzantium, 600–1025* (Basingstoke: Macmillan, 1996), 56。

30　Malalas, *Chronicle* 18.92, trans. Jeffreys, 286–287; Paul Magdalino, 'The History of the Future and Its Uses: Prophecy, Policy and Propaganda', in *The Making of Byzantine History: Studies Dedicated to Donald M. Nicol*, ed. Roderick Beaton and Charlotte Roueché (Aldershot: Ashgate, 1993), 1–34（Romanos, 'On the Ten Virgins' 的简略翻译版摘要见第 6 页，关于公元 6 世纪 50 年代人们的普遍态度见第 6—7 页）。

31　Herrin, *Ravenna*, 166–173, 188；关于皇冠的起源，参见 Malalas, *Chronicle* 13.8, trans.

Jeffreys, 175。

32   Cameron, *Mediterranean World*, 172–173; Peter Frankopan, *The Silk Roads: A New History of the World* (London: Bloomsbury, 2015), 38–39, 54–55.

33   J. McCrindle, ed. and trans., *The Christian Topography of Cosmas* (London: Hakluyt Society, 1897), 367n7（关于中国）; Cosmas Indicopleustes 2.147 (quoted, trans. McCrindle, 71)。

34   Procopius, *Secret History* 12.14 (quoted, trans. Williamson and Sarris, 51–52); see also 18.1, 18.36–45. 关于讽刺性的描述，参见 Heather, *Rome Resurgent*, 16–17。

35   Heather, *Rome Resurgent*, 330–331; Whittow, *Making*, 38–39, 42, 48, 68.

36   Theophylact Simocatta, *History* 8.6–8.13; trans. Michael Whitby and Mary Whitby (Oxford: Clarendon, 1986); *Chronicon Paschale*, trans. Whitby, 142–144. 这些事件是一个开端，随后的一系列风波一直延续到了本章结尾的时代，参见 Whittow, *Making*, 69。

·37   Whittow, *Making*, 73（关于内战）; Sarris, *Empires*, 242–243; Walter Kaegi, *Heraclius, Emperor of Byzantium* (Cambridge: Cambridge University Press, 2003), 37–40。

38   *Chronicon Paschale*, trans. Whitby, 150–153（关于其他早期文献和绿党扮演的角色，见译者注 423）; Sarris, *Empires*, 244–245; Kaegi, *Heraclius*, 49–52。

39   Florin Curta, *The Edinburgh History of the Greeks, c. 500 to 1050. The Early Middle Ages* (Edinburgh: Edinburgh University Press, 2011), 16–21.

40   James Howard-Johnston, 'The Siege of Constantinople in 626', in *Constantinople and its Hinterland*, ed. Cyril Mango and Gilbert Dagron (Aldershot: Ashgate, 1985), 131–142（关于围城事件和原始文献，见第 139—141 页）; Kaegi, *Heraclius*, 132–138。

41   Howard-Johnston, 'The Siege', 141.

42   *The Chronicle of Theophanes*, trans. Harry Turtledove (Princeton, NJ: Princeton University Press, 1982), 16; Sarris, *Empires*, 250, 252–253, 258; Mitchell, *History*, 460; Kaegi, *Heraclius*, 129, see also 113–114 citing Heraclius's contemporary George of Pisidia.

43   Theophanes, *Chronicle*, trans. Turtledove, 29–30.

44   Sarris, *Empires*, 258, 260; Kaegi, *Heraclius*, 186, 194.

45   Kaegi, *Heraclius*, 205–207; P. J. Alexander, *The Byzantine Apocalyptic Tradition* (Berkeley: University of California Press, 1985), 38–51(translation from Syriac of the 'Apocalypse of Pseudo-Methodius', including 'King of the Greeks'), 50 quoted, and 151–184 (discussion). See also the Latin 'Prophecy of the Tiburtine Sibyl', in Ernst Sackur, *Sibyllinische Texte und Forschungen: Pseudomethodius, Adso und tiburtinische Sibylle* (Halle an der Saale: Max Niemeyer, 1898), 177–187（关于"罗马人的皇帝"）。这则末日预言可能是受到希拉克略此举的启发而出现的，而不是相反，参见 Magdalino, 'The History', 19; Petre Guran, 'Genesis and Function of the "Last Emperor" Myth in Byzantine Eschatology', *Bizantinistica* (Series 2) 7 (2006), 273–303 (see 296–302)。

46   Socrates, *Ecclesiastical History* 1.16; *Chronicon Paschale*, trans. Whitby, 17.

第九章 "宇宙之眼"

1   John Haldon, *Byzantium in the Seventh Century: The Transformation of a Culture*, rev.
     ed. (Cambridge: Cambridge University Press, 1997), 53–74, 104–109（关于各座城市）；
     John Haldon, *The Empire That Would Not Die: The Paradox of Eastern Roman Survival,
     640–740* (Cambridge, MA: Harvard University Press, 2016), 32–52。

2   Florin Curta, *The Making of the Slavs: History and Archaeology of the Lower Danube
     Region, c. 500–700* (Cambridge: Cambridge University Press, 2001); Florin Curta, *The
     Edinburgh History of the Greeks, c. 500 to 1050. The Early Middle Ages* (Edinburgh:
     Edinburgh University Press, 2011), 48–109. 关于人口：Averil Cameron, *The Byzantines*
     (Oxford:Blackwell, 2006), 32。

3   关于"系统性崩溃"：Joseph Tainter, *The Collapse of Complex Societies* (Cambridge:
     Cambridge University Press, 1988), 151–152, 202–203. 关于拜占庭的"黑暗时代"：
     Michael Whitby, *The Emperor Maurice and His Historian: Theophylact Simocatta on
     Persian and Balkan Warfare* (Oxford: Clarendon, 1988), 355–358; Haldon, *Byzantium*,
     425–435。

4   Anthony Kaldellis, 'From "Empire of the Greeks" to "Byzantium": The Politics of a
     Modern Paradigm-Shift', in *The Invention of Byzantium in Early Modern Europe*, ed.
     Nathanael Aschenbrenner and Jake Ransohoff (Washington, DC: Dumbarton Oaks Center,
     2021). See also Anthony Kaldellis, *Romanland: Ethnicity and Empire in Byzantium*
     (Cambridge, MA: Belknap, Harvard University Press, 2019), ix–xv; Claudia Rapp,
     'Hellenic Identity, Romanitas, and Christianity in Byzantium', in *Hellenisms: Culture,
     Identity, and Ethnicity from Antiquity to Modernity*, ed. Katerina Zacharia (Aldershot:
     Ashgate, 2008), 127–147.

5   Peter Sarris, *Empires of Faith: The Fall of Rome to the Rise of Islam, 500–700* (Oxford:
     Oxford University Press, 2011), 284–286 (285 quoted, citing the *Armenian History
     Attributed to Sebeos*, trans. R. W. Thompson); Haldon, *Empire*, 42–43, 146.

6   Mark Whittow, *The Making of Orthodox Byzantium, 600–1025* (Basingstoke: Macmillan,
     1996), 104, 193. See also Haldon, *Empire*, 293–294 and *passim*.

7   John Haldon, 'Greek Fire Revisited: Recent and Current Research', in *Byzantine Style,
     Religion and Civilization: In Honour of Sir Steven Runciman*, ed. Elizabeth Jeffreys
     (Cambridge: Cambridge University Press, 2006), 290–325.

8   *The Chronicle of Theophanes*, trans. Harry Turtledove (Princeton, NJ: Princeton University
     Press, 1982), 88–91; Haldon, *Byzantium*, 80–84; Haldon, *Empire*, 52–54; Si Shepard,
     Constantinople AD 717–718: The Crucible of History (Oxford: Osprey, 2020), 60–75; Philip
     Mansel, *Constantinople: City of the World's Desire, 1453–1924* (London: Penguin, 1997).

9   Ian Morris, *Why the West Rules-For Now: The Patterns of History, and What They*

Reveal About the Future (London: Profile, 2011), 353–354, 356–363; Judith Herrin, *The Formation of Christendom*, 2nd ed. (London: Phoenix, 2001); Chris Wickham, *Framing the Early Middle Ages, 400–800* (Oxford: Oxford University Press, 2005).

10 Leslie Brubaker and John Haldon, *Byzantium in the Iconoclast Era, c. 680–850* (Cambridge: Cambridge University Press, 2011), 75–77; Theophanes, *Chronicle*, trans. Turtledove, 103.

11 Theophanes, *Chronicle*, trans. Turtledove, 96–97 (quoted), 103–104, 112–113.

12 Peter Brown, *The World of Late Antiquity, AD 150–750* (London:Thames & Hudson, 1971), 183（关于 7 世纪人们态度的转变）; Whittow, *Making*, 142–143, 158（关于上帝的垂青）。

13 Brubaker and Haldon, *Byzantium*, 2, 10.

14 关于圣像破坏运动（和其有限的范围）: Brubaker and Haldon, *Byzantium*, 199–212; Robin Cormack, *Writing in Gold: Byzantine Society and Its Icons* (London: George Philip, 1985), 108–111, 142–143; Philipp Niewöhner, 'The Significance of the Cross Before, During, and After Iconoclasm: Early Christian Aniconism in Constantinople and Asia Minor', *Dumbarton Oaks Papers* 74 (2021): 185–242。关于迫害的证据: *Byzantine Defenders of Images: Eight Saints' Lives in English Translation*, ed. Alice-Mary Talbot (Washington, DC: Dumbarton Oaks Center, 1998); summary and discussion of the *Life of St Stephen the Younger*, written c. 807, in Cormack, *Writing*, 118–121。

15 Judith Herrin, *Women in Purple: Rulers of Medieval Byzantium* (London: Weidenfeld and Nicolson, 2001), 83–91; Brubaker and Haldon, *Byzantium*, 265–266.

16 关于伊琳娜的下台: Herrin, *Women*, 126–128。关于"军区制": Brubaker and Haldon, *Byzantium*, 744–755; see also Whittow, *Making*, 167–175（关于与圣像破坏相关的军事改革见第 167 页）。关于重新收复希腊: Constantine Porphyrogenitus [909–959], *De administrando imperio*, Greek text ed. G. Moravcsik; English trans. R. J. H. Jenkins, rev. ed. (Washington, DC: Dumbarton Oaks Center, 1967), chaps. 49–50, pp. 228–231; Curta, *Edinburgh History*, 135–137。

17 Brubaker and Haldon, *Byzantium*, 6, 367–385.

18 Brubaker and Haldon, *Byzantium*, 398, 447–452（关于"正统信仰的胜利"）; Herrin, *Women*, 202–213（关于狄奥多拉）; Cormack, *Writing*, 141（关于钱币）。

19 Photios, 'Sermon 17': 'On the inauguration of the image of the Virgin', cited in translation in Cormack, *Writing*, 150, and see 146–156 for context and discussion.

20 Whittow, *Making*, 136, citing *The Homilies of Photius, Patriarch of Constantinople*, trans. Cyril Mango (Cambridge, MA: Harvard University Press, 1958), 106–110.

21 Photios, 'Sermon 17', in Cormack, *Writing*, 149; Brubaker and Haldon, *Byzantium*, 271–275, 284–286, 774–788.

22 Anthony Kaldellis, *Streams of Gold, Rivers of Blood: The Rise and Fall of Byzantium, 955 A.D. to the First Crusade* (Oxford: Oxford University Press, 2017), xxvii.

23 Dmitri Obolensky, 'The Principles and Methods of Byzantine Diplomacy', in *Actes du XIIe Congrès international d'études byzantines, 1961*, vol. 2, ed. Georgije Ostrogorski (Belgrade: Naučno Delo, 1964), 52; Evangelos Chrysos, 'Byzantine Diplomacy, A.D. 300–800: Means and Ends', in *Byzantine Diplomacy*, ed. Jonathan Shepard and Simon Franklin (Aldershot: Variorum, 1992), 25–39 (see 28–29).

24 Chrysos, 'Byzantine Diplomacy'; Kaldellis, *Streams*, 9–10, citing Constantine Porphyrogenitus, *De Caerimoniis* 2.15 and Liutprand of Cremona, *Antapodosis* 6.5 (both tenth century).

25 Bettany Hughes, *Istanbul: A Tale of Three Cities* (London: Weidenfeld and Nicolson, 2017), 265, 268–272; Michalis Kordoses, *Πρεσβείες μεταξύ Fu-lin (Βυζάντιο;) και Κίνας* (Ioannina: Dodone, 1995).

26 Judith Herrin, *Byzantium: The Surprising Life of a Medieval Empire* (London: Allen Lane, 2007), 131–138, 215–216; Dionysios Stathakopoulos, *A Short History of the Byzantine Empire* (London: I. B. Tauris, 2014), 105–106.

27 关于这些事件的完整叙述以及原始资料，参见 Arnold Toynbee, *Constantine Porphyrogenitus and His World* (London: Oxford University Press, 1973), 582–591。

28 *Ioannis Scylitzes Synopsis Historiarum*, ed. J. Thurn (Berlin and New York: De Gruyter, 1973), 348–349 (late eleventh century). 现代的相关讨论见 Paul Stephenson, *Byzantium's Balkan Frontier: A Political Study of the Northern Balkans, 900–1204* (Cambridge: Cambridge University Press, 2000), 71–74; Kaldellis, *Streams*, 120–127。

29 *Scylitzes*, 364 (my translation); Anthony Kaldellis, *The Christian Parthenon: Classicism and Pilgrimage in Byzantine Athens* (Cambridge: Cambridge University Press, 2009), 81–91.

第十章 "世界渴望之城"

1 *The Itinerary of Benjamin of Tudela*, trans. Marcus Nathan Adler (London: Henry Frowde, 1907), 22–23; Philip Mansel, *Constantinople: City of the World's Desire, 1453–1924* (London: Penguin, 1997), 3.

2 Judith Herrin, *Byzantium: The Surprising Life of a Medieval Empire* (London: Allen Lane, 2007), 242–251 (242 citing Ioannes Tzetzes, *Epilogue to the Theogony*); Paul Magdalino, 'Hellenism and Nationalism in Byzantium', in Paul Magdalino, *Tradition and Transformation in Medieval Byzantium* (Aldershot: Ashgate, 1991), chap. XIV, pp. 5–6, 21, citing Eustathios, *Oration for the Emperor Manuel Komnenos* with commentary, both discussed by Anthony Kaldellis, *Hellenism in Byzantium: The Transformations of Greek Identity and the Reception of the Classical Tradition* (Cambridge: Cambridge University Press, 2007), 294.

3　Michael Psellos, *Chronographia*, translated as *Fourteen Byzantine Rulers* by E. R. A. Sewter (Harmondsworth: Penguin, 1966); Michael Jeffreys and Marc Lauxtermann, *The Letters of Psellos: Cultural Networks and Historical Realities* (Oxford: Oxford University Press, 2017). 关于现代对普塞洛斯重要性的重新评估，参见 Kaldellis, *Hellenism*, 191–226。关于文化和个人身份：Paul Magdalino, *The Empire of Manuel I Komnenos, 1143–1180* (Cambridge: Cambridge University Press, 1993), 394–395, 400–401, 409–410（关于"文艺复兴"）。

4　Roderick Beaton, *The Medieval Greek Romance*, 2nd ed. (London: Routledge, 1996), 52–88; *Four Byzantine Novels*, trans. with introductions and notes by Elizabeth Jeffreys (Liverpool: Liverpool University Press, 2012). 关于讽刺文学作品：*Timarion*, trans. Barry Baldwin (Detroit, MI: Wayne State University Press, 1984)。关于史诗：*Digenis Akritis: The Grottaferrata and Escorial Versions*, ed. and trans. Elizabeth Jeffreys (Cambridge: Cambridge University Press, 1998)。

5　*Ptochoprodromos*, ed. Hans Eideneier (Heraklion: Crete University Press, 2012), 176 (my translation); see also Margaret Alexiou, 'Ploys of Performance: Games and Play in the Ptochoprodromic Poems', *Dumbarton Oaks Papers* 53 (1999): 91–109. 关于此处使用的语言，参见 Geoffrey Horrocks, *Greek: A History of the Language and Its Speakers*, 2nd ed. (Medford, MA, and Oxford: Wiley Blackwell, 2014), 337–342。

6　Benjamin of Tudela, *Itinerary*, 20; Dionysios Stathakopoulos, *A Short History of the Byzantine Empire* (London: I. B. Tauris, 2014), 148–149.

7　关于这些事件的主要希腊文献是 Michael Attaleiates, *History* 20–21, translated (with parallel Greek text) by Anthony Kaldellis and Dimitris Krallis (Cambridge, MA: Harvard University Press, 2012), 261–325; Anthony Kaldellis, *Streams of Gold, Rivers of Blood: The Rise and Fall of Byzantium, 955 A.D. to the First Crusade* (Oxford: Oxford University Press, 2017), 241–251。

8　Anna Komnene, *The Alexiad*, trans. E. R. A. Sewter, rev. with notes and introduction by Peter Frankopan (London: Penguin, 2009).

9　Peter Frankopan, *The First Crusade: The Call from the East* (London: Vintage, 2013), 57–70 (70 quoted); Kaldellis, *Streams*, 272–279.

10　Frankopan, *First Crusade, 97–100* (99 quoted, citing the contemporary chronicle by Bernold of Constance); Kaldellis, *Streams*, 285–287. 关于教会的分裂：Michael Angold, *Church and Society in Byzantium Under the Comneni, 1081–1261* (Cambridge: Cambridge University Press, 1995), 22–27。

11　Anna Komnene, *Alexiad* 10.5, trans. Sewter and Frankopan, 275(quoted), see also 10.9.

12　Frankopan, *First Crusade*, 116.

13　Anna Komnene, *Alexiad* 10.9–11, trans. Sewter and Frankopan, 284–296; Frankopan, *First Crusade*, 132–133, 136; Kaldellis, *Streams*, 292–295, 296, 298–299（关于"拜占庭皇家军队"）。

注　释　　　459

14 Anna Komnene, *Alexiad* 10.8, trans. Sewter and Frankopan, 282–283（关于弩）；Frankopan, *First Crusade*, 66, 86, 140（关于围城战）。

15 Anna Komnene, *Alexiad* 11.2, trans. Sewter and Frankopan, 302(quoted), 304; Frankopan, *First Crusade*, 139–142.

16 Anna Komnene, *Alexiad* 11.4–6, trans. Sewter and Frankopan, 306–315; Kaldellis, *Streams*, 297–301.

17 关于"圣战"：Ioannis Stouraitis, '"Just War" and "Holy War" in the Middle Ages: Rethinking Theory Through the Byzantine Case-Study', *Jahrbuch für Österreichischen Byzantinistik* 62 (2012): 229–250; Frankopan, *First Crusade*, 202–206（关于阿列克塞战略的总结）。Quoted: Alexios I Komnenos, *The Muses* (1118), cited and translated in Magdalino, *Empire*, 28.

18 Magdalino, *Empire*, 41–42; Angeliki Papageorgiou, 'The Political Ideology of John II Komnenos', in *John II Komnenos, Emperor of Byzantium: In the Shadow of Father and Son*, ed. Alessandra Bucossi and Alex Rodriguez Suarez (Abingdon: Routledge, 2016), 37–52.

19 Jonathan Phillips, *The Second Crusade: Extending the Frontiers of Christendom* (New Haven, CT: Yale University Press, 2007), 171–175, 190–195; Elizabeth Jeffreys, 'The Comnenian Background to the romans d'antiquité', *Byzantion* 50 (1980): 112–131; Roderick Beaton, 'Transplanting Culture: From Greek Novel to Medieval Romance', in *Reading in the Byzantine Empire and Beyond, ed.* Teresa Shawcross and Ida Toth (Cambridge: Cambridge University Press, 2018), 499–513; Chrétien de Troyes, Cligés, in *Arthurian Romances*, trans. William Kibler (London: Penguin, 1991), 123–205.

20 Timothy Gregory, *A History of Byzantium*, 2nd ed. (Medford, MA, and Oxford: Wiley Blackwell, 2010), 315, citing *Nicetae Choniatae Historia*, ed. van Dieten (Berlin: De Gruyter), 108–109 [hereafter: Choniates, History]. 这本书的英译本，参见 *O City of Byzantium: Annals of Niketas Choniates*, trans. Harry J. Magoulias (Detroit, MI: Wayne State University Press, 1984)。

21 Michael Angold, *The Fourth Crusade: Event and Context* (London: Pearson Longman, 2003), 4（关于现代的各种评析），8–10, 42, 72, 99（关于科尼亚提斯）; see also Alicia Simpson, *Niketas Choniates: A Historiographical Study* (Oxford: Oxford University Press, 2013)。

22 关于民众在拜占庭政治中所扮演的角色，参见 Anthony Kaldellis, *The Byzantine Republic: People and Power in New Rome* (Cambridge, MA: Harvard University Press, 2015)，特别是在以下几处：112, 123–124, 129–130, 148–150, 161–162。

23 Michael Angold, *The Byzantine Empire, 1025–1204: A Political History* (London: Longman, 1984), 263–283. 关于分离主义，参见 Jean-Claude Cheynet, *Pouvoir et contestations à Byzance (963–1210)* (Paris: Sorbonne, 1990), 110–156, 427–458。

24 See Angold, *Fourth Crusade*, 15; Jonathan Phillips, *The Fourth Crusade and the Sack*

of *Constantinople* (London: Pimlico, 2005), 144–145 for citations from Geoffrey of Villehardouin and Robert Clari.

25 Phillips, *Fourth Crusade*, 168, 169, 315–316.

26 Angold, *Fourth Crusade*, 45–46（关于拜占庭的态度）, 57, 75, 96, 98（关于十字军的意图）。

27 Angold, *Fourth Crusade*, 97–99; Phillips, *Fourth Crusade*, 221–241.

28 Choniates, *History*, 585 (my translation); trans. Magoulias, 322; Angold, *Fourth Crusade*, 100–101; Phillips, *Fourth Crusade*, 241–280.

第十一章 有希望的怪物

1 Jonathan Phillips, *The Fourth Crusade and the Sack of Constantinople* (London: Pimlico, 2005), xv; Michael Angold, *The Fourth Crusade:Event and Context* (London: Pearson Longman, 2003), 113–114.

2 Kenneth Setton, *Athens in the Middle Ages* (London: Variorum, 1975).

3 Averil Cameron, *The Byzantines* (Oxford: Blackwell, 2006), 192–193; Anthony Kaldellis, *Hellenism in Byzantium: The Transformations of Greek Identity and the Reception of the Classical Tradition* (Cambridge: Cambridge University Press, 2007), 308, 334–338; George Demacopoulos, *Colonizing Christianity: Greek and Latin Religious Identity in the Era of the Fourth Crusade* (New York: Fordham University Press, 2019), 5–9 and *passim*.

4 Adrian Hastings, *The Construction of Nationhood: Ethnicity, Religion and Nationalism* (Cambridge: Cambridge University Press, 1997); Joep Leerssen, *National Thought in Europe: A Cultural History* (Amsterdam: Amsterdam University Press, 2006), 25–51; Caspar Hirschi, *The Origins of Nationalism: An Alternative History from Ancient Rome to Early Modern Germany* (Cambridge: Cambridge University Press, 2012), 78–103 and *passim*.

5 Anthony Bryer, *The Empire of Trebizond and the Pontos* (London: Variorum, 1980).

6 Donald Nicol, *The Last Centuries of Byzantium 1261–1453*, 2nd ed. (Cambridge: Cambridge University Press, 1993), 10, 12–13；关于伊庇鲁斯，更完整的论述见 Donald Nicol, *The Despotate of Epiros*, 2 vols. (Cambridge: Cambridge University Press, 1957, 1984)。

7 Michael Angold, *A Byzantine Government in Exile: Government and Society Under the Laskarids of Nicaea 1204–1261* (Oxford: Oxford University Press, 1975); Dimiter Angelov, *The Byzantine Hellene: The Life of Emperor Theodore Laskaris and Byzantium in the Thirteenth Century* (Cambridge: Cambridge University Press, 2019).

8 Nicol, *Last Centuries*, 31–33.

9 Nicol, *Last Centuries*, 41–42; Angold, *Fourth Crusade*, 148, 158, 160.

10 Nicol, *Last Centuries*, 33–37.

11　Nicol, *Last Centuries*, 41–71（关于"西西里晚祷"见第 68—70 页）。

12　Nicol, *Last Centuries*, 72–89, 94–96（关于"恐怖统治"见第 95 页）。

13　Angold, *Fourth Crusade*, 212; Kaldellis, *Hellenism*, 357–360.

14　Nicol, *Last Centuries*, 141–147, 170–172; Halil Inalcik, *The Ottoman Empire: The Classical Age 1300–1600* (London: Phoenix, 2000), 6–7; Caroline Finkel, *Osman's Dream: The Story of the Ottoman Empire, 1300–1923* (London: John Murray, 2005), 13–15.

15　George Akropolites, *The History, Introduction, translation, and commentary* by Ruth Macrides (Oxford: Oxford University Press, 2007)；关于帕奇米列斯和格列戈拉斯（未翻译成英文），见 Leonora Neville, *Guide to Byzantine Historical Writing* (Cambridge: Cambridge University Press, 2018), 237–248。季米特里奥斯·基多内斯（Demetrios Kydones）在 14 世纪对阿奎那著作的翻译，参见 Edmund Fryde, *Early Palaeologan Renaissance, 1261–c.1360* (Leiden and Boston, MA: Brill, 2000), 381–386。

16　Paul Underwood, ed., *The Kariye Djami, vol. 4. Studies in the Art of the Kariye Djami and Its Intellectual Background* (Princeton, NJ: Princeton University Press, 1975); Angold, *Fourth Crusade*, 222–223; Geoffrey Horrocks, *Greek: A History of the Language and Its Speakers*, 2nd ed. (Medford, MA, and Oxford: Wiley Blackwell, 2014), 213–214, 226–227, 268–271.

17　关于（佚失的）原稿的版本和年代，参见 *Being Byzantine: Greek Identity Before the Ottomans* (Cambridge: Cambridge University Press, 2008), 178–180, 303–304; Teresa Shawcross, *The Chronicle of Morea: Historiography in Crusader Greece* (Oxford: Oxford University Press, 2009), 42–52。关于语言：Horrocks, *Greek*, 349–357。关于口述传统：Michael Jeffreys, 'Formulas in the Chronicle of the Morea', *Dumbarton Oaks Papers* 27 (1975): 165–95, reprinted in Elizabeth and Michael Jeffreys, *Popular Literature in Late Byzantium* (London: Variorum, 1983); Shawcross, *Chronicle*, 118–119, 182–183. 有观点认为《摩里亚编年史》是"殖民话语"，参见 Demacopoulos, *Colonizing Christianity*, 103–121。

18　*The Chronicle of Morea*, ed. John Schmitt (London: Methuen, 1904) [parallel Greek text and English translation of versions H and P], H 724–726 (my translation); cited and discussed in Shawcross, *Chronicle*, 158.

19　*Chronicle*, ed. Schmitt, H 3991–3993 (my translation); cited and discussed by Shawcross, 208–209; Demacopoulos, *Colonizing Christianity*, 120.

20　Shawcross, *Chronicle*, 24–26, 238–259（关于创作背景），212–213（关于对普通人的忽视）。

21　关于古法语著作《特洛伊传奇》(*Roman de Troie*)译成通俗希腊语的重要性及大致年代，参见 Shawcross, *Chronicle,* 95–98; Elizabeth Jeffreys, 'Byzantine Romances: Eastern or Western?', in *Renaissance Encounters: Greek East and Latin West*, ed. Marina Brownlee and Dimitri Gondicas (Leiden and Boston, MA: Brill, 2013), 221–237 (see 228–237)。

22　标准英译本仍是 Leontios Machairas, *Recital Concerning the Sweet Land of Cyprus*

Entitled 'Chronicle', ed. and trans. R. M. Dawkins (Oxford: Clarendon, 1932)。下面的注释参考此版本时以卷册编号和段落编号的形式表示。关于语言，参见 Horrocks, *Greek*, 362–366; Daniele Baglioni, 'Language and Identity in Late Medieval Cyprus', in *Identity / Identities in Late Medieval Cyprus*, ed. Tassos Papacostas and Guillaume Saint-Guillain (Nicosia: Cyprus Research Centre, 2014), 27–36。

23 Machairas, *Chronicle*, ed. Dawkins, 5.631, 5.674, 5.679（关于他本人），5.695–697, 5.700（关于农民起义和基督复临）。关于马凯拉斯及其效忠对象，进一步参见 Shawcross, *Chronicle*, 224–229, 234; Angel Nicolaou-Konnari, 'Alterity and Identity in Lusignan Cyprus from ca. 1350 to ca. 1450: The Testimonies of Philippe de Mézières and Leontios Makhairas', in Papacostas and Saint-Guillain, *Identity*, 37–66 (see esp. 58–59, 61–65)。

24 Shawcross, *Chronicle*, 228–229.

25 关于伊庇鲁斯和《托科家族编年史》，参见 Shawcross, *Chronicle*, 229–232；还可参阅下文关于 15 世纪的摩里亚君主国和第 12 章关于 16、17 世纪的威尼斯属克里特岛的内容。

26 Nicol, *Last Centuries*, 205–208, 215. 关于加冕礼和假珠宝，参见 C. P. Cavafy, 'Of Coloured Glass', in C. P. Cavafy, *The Collected Poems: Includes Parallel Greek Text*, ed. Anthony Hirst, trans. Evangelos Sachperoglou (Oxford: Oxford University Press, 2007), 152–153。

27 Nicol, *Last Centuries*, 241–247; Donald Nicol, *The Reluctant Emperor: A Biography of John Cantacuzene, Byzantine Emperor and Monk, c. 1295–1383* (Cambridge: Cambridge University Press, 1996).

28 Dirk Krausmüller, 'The Rise of Hesychasm', in *The Cambridge History of Christianity, Vol. 5: Eastern Christianity*, ed. Michael Angold (Cambridge: Cambridge University Press, 2006), 101–126.

29 Nicol, *Last Centuries*, 270–273（关于约翰五世的罗马行）; Jonathan Harris, 'Being a Byzantine After Byzantium: Hellenic Identity in Renaissance Italy', *Kampos: Cambridge Papers in Modern Greek* 8 (2000): 25–44（关于从十字军东征到原始民族主义的转变，见第 37 页）。

30 Nicol, *Last Centuries*, 308–312 (309 quoted), 318; Donald Nicol, 'A Byzantine Emperor in England. Manuel II's Visit to London in 1400–1401', *University of Birmingham Historical Journal* 12 (1971): 204–225.

31 Nevra Necipoğlu, *Byzantium Between the Ottomans and the Latins: Politics and Society in the Late Empire* (Cambridge: Cambridge University Press, 2009), 149–183.

32 Nicol, *Last Centuries*, 230–231, 340–347; Necipoğlu, *Byzantium*, 235–284.

33 Respectively, George Gemistos Plethon, 'Memorandum to the Emperor Manuel', in *Παλαιολογικά και Πελοποννησιακά* [*Of the Palaiologans and the Peloponnese*], vol. 3, ed. Spyridon Lambros (Athens: Gregoriades, 1926), 249, 247 (my translation). The latter

passage is cited and discussed in Niketas Siniossoglou, *Radical Platonism in Byzantium: Illumination and Utopia in Gemistos Plethon* (Cambridge: Cambridge University Press, 2011), 352.

34 Kaldellis, *Hellenism*, 371–379; Yannis Stouraitis, 'Reinventing Roman Ethnicity in High and Late Medieval Byzantium', *Medieval Worlds* 5 (2017): 85–88; see also Paul Magdalino, 'Hellenism and Nationalism in Byzantium', in Paul Magdalino, *Tradition and Transformation in Medieval Byzantium* (Aldershot: Ashgate, 1991), chap. XIV (see 12–18); Roderick Beaton, 'Antique Nation? "Hellenes" on the Eve of Greek Independence and in Twelfth-Century Byzantium', *Byzantine and Modern Greek Studies* 31, no. 1 (2007): 79–98 (see 87–95); and, more controversially, Anthony Kaldellis, *A New Herodotos: Laonikos Chalkokondyles on the Ottoman Empire, the Fall of Byzantium, and the Emergence of the West* (Washington, DC: Dumbarton Oaks Center, 2014), 222–228. 13 世纪的部分先例，参见 Angelov, *The Byzantine Hellene*。

35 Siniossoglou, *Radical Platonism*, 337–343; Teresa Shawcross, 'A New Lykourgos for a New Sparta: George Gemistos Plethon and the Despotate of the Morea', in *Viewing the Morea: Land and People in the Late Medieval Peloponnese*, ed. Sharon Gerstel (Cambridge, MA: Harvard University Press, 2013). 普勒托关于摩里亚的两份备忘录的摘要，参见 C. M. Woodhouse, *Georgios Gemistos Plethon. The Last of the Hellenes* (Oxford: Oxford University Press, 1986), 93–98, 102–109。

36 Nicol, *Last Centuries*, 353–359 (357 quoted)；关于普勒托的生平和思想，最全面的英文论述见 Woodhouse, *Plethon*, and Siniossoglou, *Radical Platonism*。

37 Nicol, *Last Centuries*, 361–368.

38 Nicol, *Last Centuries*, 370–371, 377–379; Michael Kordoses, 'The Question of Constantine Palaiologos' Coronation', in *The Making of Byzantine History: Studies Dedicated to Donald M. Nicol*, ed. Roderick Beaton and Charlotte Roueché (Aldershot: Ashgate, 1993), 137–141; Doukas, ed. Vasile Grecu, *Istoria turco-bizantină (1341–1462)*, chap. 37, paragraph 10 (quoted, my translation).

39 Nicol, *Last Centuries*, 380, citing Georgios Sphrantzes, Chronicon Minus. 此书注意到了原始文献的统计数字不一致。

40 Donald Nicol, *The Immortal Emperor: The Life and Legend of Constantine Palaiologos, Last Emperor of the Romans* (Cambridge: Cambridge University Press, 1992), 74–108.

41 Nicol, *Last Centuries*, 389–392; Philip Mansel, *Constantinople: City of the World's Desire, 1453–1924* (London: Penguin, 1997), 1 (quoted), citing Nicolò Barbaro, *Diary of the Siege of Constantinople*, trans. J. R. Jones (New York: Exposition, 1969). 关于这些事件的完整描述，参见 Steven Runciman, *The Fall of Constantinople 1453* (Cambridge: Cambridge University Press, 1965)。

第十二章　两个世界之间

1　Donald Nicol, *The Last Centuries of Byzantium 1261–1453*, 2nd ed. (Cambridge: Cambridge University Press, 1993), 391, 399–401.

2　最全面的论述见 Deno Geanakoplos, *Greek Scholars in Venice: Studies in the Dissemination of Greek Learning from Byzantium to Western Europe* (Cambridge, MA: Harvard University Press, 1962); N. G. Wilson, *From Byzantium to Italy: Greek Studies in the Italian Renaissance,* 2nd ed. (London: Bloomsbury, 2017)。

3　Wilson, *From Byzantium*, 47, 169, 178（关于拜占庭的教育体系）, 28, 33, 36, 176（关于"公民人文主义"）。

4　关于斯特拉波和哥伦布：Wilson, *From Byzantium*, 64–65。关于拜占庭的预言：Nicol, *Last Centuries*, 411–412; Paul Magdalino, 'The History of the Future and Its Uses: Prophecy, Policy and Propaganda', in *The Making of Byzantine History: Studies Dedicated to Donald M. Nicol*, ed. Roderick Beaton and Charlotte Roueché (Aldershot: Ashgate, 1993), 1–34 (see 27–28)。

5　Nicol, *Last Centuries*, 392–393; Petros Pizanias, *The Making of the Modern Greeks, 1400–1820* (Newcastle upon Tyne: Cambridge Scholars Publishing, 2020), 23–24, 29; Halil Inalcik, 'The Policy of Mehmed II Toward the Greek Population of Istanbul and the Byzantine Buildings of the City', *Dumbarton Oaks Papers* 23–24 (1969–1970): 229–249 (1477 年的奥斯曼家庭普查见第 247 页)。

6　Inalcik, 'Policy', 233（关于穆罕默德的尊号）; Caroline Finkel, *Osman's Dream: The Story of the Ottoman Empire, 1300–1923* (London: John Murray, 2005), 80, citing [Michael] Kritovoulos, *History of Mehmed the Conqueror*, trans. Charles Riggs (Princeton, NJ: Princeton University Press, 1954), 3, 这部作品完成于 1467 年。

7　Halil Inalcik, *The Ottoman Empire: The Classical Age 1300–1600* (London: Phoenix, 2000), 78.

8　Inalcik, 'Policy', 240; Pizanias, *The Making*, 18.

9　Molly Greene, *The Edinburgh History of the Greeks, 1453 to 1768: The Ottoman Empire* (Edinburgh: Edinburgh University Press, 2015), 8–9, 24, 55.

10　N. M. Vaporis, *Witnesses for Christ: Orthodox Christian Neomartyrs of the Ottoman Period, 1437–1860* (Crestwood, NY: St. Vladimir's Seminary Press, 2000).

11　Inalcik, *Ottoman Empire*, 33–40; 41; Finkel, *Osman's Dream*, 108–138.

12　Greene, *Edinburgh History*, 91–93.

13　Noel Malcolm, *Agents of Empire: Knights, Corsairs, Jesuits and Spies in the Sixteenth-Century Mediterranean World* (Oxford: Oxford University Press, 2019), 160–167; Inalcik, *Ottoman Empire*, 41–42.

14　Chryssa Maltezou, 'The Historical and Social Context', in *Literature and Society in*

Renaissance Crete, ed. David Holton (Cambridge: Cambridge University Press, 1991), 17–47 (see 19–25); Theocharis Detorakis, *History of Crete*, trans. J. C. Davis (Iraklion, Crete: privately published, 1994), 146–175; Sally McKee, *Uncommon Dominion: Venetian Crete and the Myth of Ethnic Purity* (Philadelphia: University of Pennsylvania Press, 2000), 168–171 and *passim*.

15 Geoffrey Horrocks, *Greek: A History of the Language and its Speakers*, 2nd ed. (Medford, MA, and Oxford: Wiley Blackwell, 2014), 392–398.

16 Maria Georgopoulou, *Venice's Mediterranean Colonies: Architecture and Urbanism* (Cambridge: Cambridge University Press, 2001), 22（关于城防）; Maltezou, 'Historical Context', 29–30; Nikolaos Panagiotakes, *El Greco—The Cretan Years*, trans. John Davis (Aldershot: Ashgate, 2009), 7（关于威尼斯政策的转向）。

17 Panagiotakes, *El Greco*, 9（关于耶稣会）; Geanakoplos, *Greek Scholars in Venice*, 60–61（关于威尼斯的希腊人）; Panagiotakes, *El Greco*, 1–12（关于教育）, 4（关于识字率）。

18 Panagiotakes, *El Greco*, 29–33（关于作品售价）, 79–82（关于藏书）。

19 David Holton, ed., *Literature and Society in Renaissance Crete* (Cambridge: Cambridge University Press, 1991): see, respectively, the chapters by Rosemary Bancroft-Marcus, 'The Pastoral Mode', 79–102; Alfred Vincent, 'Comedy', 103–128; Walter Puchner, 'Tragedy', 129–158; 霍尔塔特西斯名下四部剧作的英译本, 参见 Georgios Chortatsis, *Plays of the Veneto-Cretan Renaissance*, vol. 1 [bilingual edition], trans. Rosemary Bancroft-Marcus (Oxford: Oxford University Press, 2013)。

20 *Katzarapos*, in Georgios Chortatsis, *Plays*, 320–445 (this work is also known as *Katzourbos*); Markos Antonios Foskolos, *Fortounatos* [1655, in Greek], ed. Alfred Vincent (Heraklion, Crete: Society for Cretan Historical Studies, 1980). 关于没有取笑古希腊语的内容: Linos Politis, 'Introduction' [in Greek], in Georgios Chortatsis, *Κατζούρμπος: κωμωδία* [*Katzourbos: A Comedy*] (Heraklion, Crete: Society for Cretan Historical Studies, 1964), xxxvi, lvi.

21 David Holton, 'Romance', in Holton, *Literature*, 205–237; Roderick Beaton, 'Erotokritos and the History of the Novel', *Kampos: Cambridge Studies in Modern Greek* 12 (2004): 1–25. 韵文版英译本见 Vitzentzos Kornaros, *Erotocritos*, trans. Theodore Stephanides (Athens: Papazissis, 1984); 散文版英译本见 Vitsentzos Kornaros, *Erotokritos*, trans. Gavin Betts, Stathis Gauntlett, and Thanasis Spilias (Melbourne: Australian Association for Byzantine Studies, 2004)。

22 Vitsentsos Kornaros, *Ερωτόκριτος, κριτική έκδοση* [*Erotokritos: Critical Edition*], ed. Stylianos Alexiou (Athens: Ermis, 1980), Part 1, lines 19–20, 25–26 (my translation).

23 *Erotokritos*, ed. Alexiou, Part 2, lines 319–320, 999–1000 (my translation). 关于这一幕的重要性, 参见 Holton, 'Romance', in Holton, *Literature*, 224–232。

24 Zuanne Papadopoli, *Memories of Seventeenth-Century Crete: L'Occio (Time of Leisure)*, [Italian text] edited with English translation by Alfred Vincent (Venice: Hellenic Institute

of Byzantine and Post-Byzantine Studies, 2007), 44. 关于作者的生平和背景，参见 'Introduction', 18, 19, 24–28, 30。

25　Papadopoli, *L'Occio*, trans. Vincent, 130–132, 138, 206–208.

26　Papadopoli, *L'Occio*, trans. Vincent, 68–72, 130.

27　Papadopoli, *L'Occio*, trans. Vincent, 210.

28　Maltezou, 'Historical Context', 42, citing in translation the report of Provveditore Generale Zuanne Mocenigo (1589) (quoted); Vincent in Papadopoli, *L'Occio* (commentary), 327, citing the same document.

29　David Holton, 'The Cretan Renaissance', in Holton, *Literature*, 1–16 (see 4–5).

30　Panagiotakes, *El Greco*, 11; William Prescott, *History of the Conquest of Peru*, 2 vols. (Philadelphia, PA: Lippincott, 1867), 1.263, 1.277–278, 2.228–229（关于佩德罗·德·坎迪亚）; Samuel Purchas, *Hakluytus Posthumus, or Purchas His Pilgrims* (Glasgow: Maclehose, 1906), 14.415–421（初版于 1625 年，记载了 1596 年的一次会面）; Peter Chimbos, 'The Greeks in Canada: An Historical and Sociological Perspective', in *The Greek Diaspora in the Twentieth Century*, ed. Richard Clogg (Basingstoke: Macmillan, 1999), 87–102（关于胡安·德富卡见第 100 页）。

31　D. Eichholz, 'A Greek Traveller in Tudor England', *Greece and Rome* 16, no. 47 (1947): 76–84; George Seferis, Ἕνας Ἕλληνας στην Αγγλία του 1545' ['A Greek in England in 1545'] in *Δοκιμές* [*Essays*], vol. 2 (Athens: Ikaros, 1984), 101–111 (110 quoted, my translation). 尼康德罗斯的三卷游记全文，见 Nicandre de Corcyre, *Voyages*, ed. J.-A. de Foucault (Paris: Belles Lettres, 1962)。

32　Greene, *Edinburgh History*, 36, 94–103 (101 quoted), 107.

33　David Holton, 'The Cretan Renaissance', 4–5（关于威尼斯）; Greene, *Edinburgh History*, 129–131（关于士麦那）。

34　Finkel, *Osman's Dream*, 225–226.

35　Molly Greene, *A Shared World: Christians and Muslims in the Early Modern Mediterranean* (Princeton, NJ: Princeton University Press, 2000), 39–44; Detorakis, *History*, 237（关于当时的记述）, 185（关于总人口）。

36　Detorakis, *History*, 238–242; Basil Gounaris, *'See How the Gods Favour Sacrilege': English Views and Politics on Candia Under Siege* (Athens: National Hellenic Research Foundation, 2012), 95–99 and *passim*.

37　Detorakis, *History*, 240–241; Marinos Tzane Bounialis, *Ο Κρητικός πόλεμος (1645–1669)* [*The Cretan War*], ed. Stylianos Alexiou (Athens: Stigmi, 1995), 433–436.

38　Detorakis, *History*, 242; Bounialis, *Cretan War*, 424, 485–488.

第十三章 "希腊复兴"

1 Andrew Wheatcroft, *The Enemy at the Gate: Habsburgs, Ottomans and the Battle for Europe* (London: Bodley Head, 2008), 135–188, 228–229.

2 Molly Greene, *The Edinburgh History of the Greeks, 1453 to 1768: The Ottoman Empire* (Edinburgh: Edinburgh University Press, 2015), 131–132, 205–206; Christine Philliou, *Biography of an Empire: Governing Ottomans in an Age of Revolution* (Berkeley: University of California Press, 2011), 8–10; Paschalis Kitromilides, *Enlightenment and Revolution: The Making of Modern Greece* (Cambridge, MA: Harvard University Press, 2013), 29–30.

3 Caroline Finkel, *Osman's Dream: The Story of the Ottoman Empire, 1300–1923* (London: John Murray, 2005), 302–303, 314, 319; Philip Mansel, *Constantinople: City of the World's Desire, 1453–1924* (London: Penguin, 1997), 150–151.

4 Finkel, *Osman's Dream*, 291–292, 336–338.

5 Greene, *Edinburgh History*, 131–132, 205–206; Philliou, *Biography*, 8–10; Kitromilides, *Enlightenment*, 29–30.

6 Philliou, *Biography*, 35–6; Kitromilides, *Enlightenment*, 31, 35.

7 John Penrose Barron, *From Samos to Soho: The Unorthodox Life of Joseph Georgirenes, a Greek Archbishop* (Oxford: Peter Lang, 2017), 154–155（关于咖啡馆）, 158–182（关于希腊教堂）; Jonathan Harris, 'Silent Minority: The Greek Community of Eighteenth-Century London', in *Greek Diaspora and Migration since 1700: Society, Politics and Culture*, ed. Dimitris Tziovas (London: Routledge, 2009), 31–44; Richard Clogg, 'The Greek Diaspora: The Historical Context', in *The Greek Diaspora in the Twentieth Century*, ed. Richard Clogg (Basingstoke: Macmillan, 1999), 1–23 (see 1–2, 9–10 for Argentina, Bengal).

8 Thomas Gallant, *The Edinburgh History of the Greeks, 1768 to 1913* (Edinburgh: Edinburgh University Press, 2015), 14–15; Lucien Frary, *Russia and the Making of Modern Greek Identity 1821–1844* (Oxford:Oxford University Press, 2015), 20–27.

9 Vassilis Kardasis, 'Greek Diaspora in Southern Russia in the Eighteenth Through Nineteenth Centuries', in *Homelands and Diasporas: Greeks, Jews and Their Migrations*, ed. Minna Rozen (London: Bloomsbury, 2020), 161–167 (see 164); Gelina Harlaftis, *Creating Global Shipping: Aristotle Onassis, the Vagliano Brothers, and the Business of Shipping, c. 1820–1970* (Cambridge: Cambridge University Press, 2019), 35（关于远海商船）, 48–54（关于 1830 年以前的俄国贸易）.

10 Olga Katsiardi-Hering, 'Central and Peripheral Communities in the Greek Diaspora', in *Rozen, Homelands, 169–180* (see 174–175); Traian Stoianovich, 'The Conquering Balkan Orthodox Merchant', *Journal of Economic History* 20 (1960): 234–313.

11 Paschalis Kitromilides, 'Diaspora, Identity, and Nation-Building', in Rozen, *Homelands*, 323–331 (see 324–327).

12 Philliou, *Biography*, 15–17, 38–40; Greene, *Edinburgh History*, 174–175.

13 例如参见 Joep Leerssen, *National Thought in Europe: A Cultural History* (Amsterdam: Amsterdam University Press, 2006), 82–89。

14 Encyclopédie, *ou Dictionnaire raisonné des sciences, des arts et des métiers* (Paris, 1751–1772), 5.635（关于"知识的综合"）, 5.642（关于"改变人们惯常的思考方式"和狄德罗）, 17.741 (my translation). Available online at http://enccre.academie-sciences.fr/encyclopedie/.

15 J. J. Winckelmann, *History of the Art of Antiquity*, trans. H. F. Mallgrave (Los Angeles: Getty, 2006; first published in German, 1764); citation from David Constantine, *In the Footsteps of the Gods: Travellers to Greece and the Quest for the Hellenic Ideal* (London: I. B. Tauris, 2011), 100–101. 此处只是简要介绍了一下这个观点，更充分的论述见 Nasia Giakovaki, *Ευρώπη μέσω Ελλάδας: μια καμπή στην ευρωπαϊκή αυτοσυνείδηση, 17ος–18ος αιώνας* [*Europe via Greece: A Turning Point in European Consciousness, 17th–18th Centuries*] (Athens: Estia, 2006)。

16 Matteo Zaccarini, 'The Athens of the North? Scotland and the National Struggle for the Parthenon, Its Marbles, and Its Identity', *Aevum* 92, no. 1 (2018): 179–195; Iain Gordon Brown, 'Edinburgh as Athens: New Evidence to Support a Topographical and Intellectual Idea Current in the Early Nineteenth Century', *Book of the Old Edinburgh Club, New Series* 15 (2019): 1–12. See more generally, J. Mordaunt Crook, *The Greek Revival: Neo-Classical Attitudes in British Architecture, 1760–1870* (London: John Murray, 1972).

17 关于大理石雕的历史和争论，见 William St. Clair, *Lord Elgin and the Marbles*, 3rd ed., rev. (Oxford: Oxford University Press, 1998)。它们在 19 世纪初得到了认可，相关论文见 William Hazlitt, On *the Elgin Marbles* (London: Hesperus, 2008); Frederic Will, 'Two Critics of the Elgin Marbles: William Hazlitt and Quatremère de Quincy', *Journal of Aesthetics and Art Criticism* 14, no. 4 (1956): 362–374。

18 Lord Byron, *Childe Harold's Pilgrimage*, Canto 2, stanzas 84–87 and 'Byron's Notes to Cantos I–II', section II (Athens, January 23, 1811); Roderick Beaton, *Byron's War: Romantic Rebellion, Greek Revolution* (Cambridge: Cambridge University Press, 2013), 23–29; Alexander Grammatikos, *British Romantic Literature and the Emerging Modern Greek Nation* (Cham, Switzerland: Palgrave Macmillan, 2018),67–104.

19 Greene, *Edinburgh History*, 209; Konstantinos Staikos and Triantaphyllos Sklavenitis, *The Publishing Centres of the Greeks: From the Renaissance to the Neohellenic Enlightenment*, trans. David Hardy (Athens: National Book Centre of Greece, 2001); see also Philippos Iliou, *Ιστορίες του ελληνικού βιβλίου* [*Histories of the Greek Book*] (Heraklion, Crete: Crete University Press, 2005).

20 Kitromilides, *Enlightenment*, 63–88.

21 Kitromilides, *Enlightenment*, 76–81.

22 D. Katartzis, *Τα Ευρισκόμενα* [*Found Remains*], ed. K. Th. Dimaras (Athens: privately

printed, 1970), 24 (my translation), on which see also Stratos Myrogiannis, *The Emergence of a Greek Identity (1700–1821)* (Newcastle upon Tyne: Cambridge Scholars, 2012), 102–103, and *Kitromilides, Enlightenment*, 142–154; Daniel Philippidis and Grigorios Konstantas, *Γεωγραφία νεωτερική: Περί της Ελλάδος* [*Modern Geography: On Greece*], ed. With introduction by Aikaterini Koumarianou (Athens: Ermis, 1970), 37, 38.

23 Alexis Politis, 'From Christian Roman Emperors to the Glorious Greek Ancestors', in *Byzantium and the Modern Greek Identity*, ed. David Ricks and Paul Magdalino (Aldershot: Ashgate, 1998), 1–14 (8 cited); Roderick Beaton, 'Antique Nation? "Hellenes" on the Eve of Greek Independence and in Twelfth-Century Byzantium', *Byzantine and Modern Greek Studies* 31, no. 1 (2007): 79–98 (see 80–87).

24 Paschalis Kitromilides, *Η Γαλλική Επανάσταση και η νοτιοανατολική Ευρώπη* [*The French Revolution and Southeastern Europe*], 2nd ed. (Athens: Poreia, 2000), 41–61.

25 Roderick Beaton, *Greece: Biography of a Modern Nation* (London: Allen Lane, 2019), 43–46, 53–68.

26 '*Πατριαρχική διδασκαλία*' ['Patriarchal Instruction'], 1797, in Adamantios Korais, *Άπαντα τα πρωτότυπα έργα, τόμ. Α΄* [*Complete Original Works*, Vol. 1], ed. G. Valetas (Athens: Dorikos, 1964), 44–45 (my translation); for English translation and commentary, see Richard Clogg, ed. and trans., *The Movement for Greek Independence, 1770–1821: A Collection of Documents* (London: Macmillan, 1976; reprint, Hunstanton, UK: Witley Press, 2021), 56–64. See also Kitromilides, *Enlightenment*, 305–307.

27 Cited in Gavin Murray-Miller, *Revolutionary Europe: Politics, Community and Culture in Transnational Context, 1775–1922* (London: Bloomsbury, 2020), 121.

28 Ioannis Philemon, *Δοκίμιον ιστορικόν περί της Ελληνικής Επαναστάσεως* [*Historical Essay Concerning the Greek Revolution*], 4 vols. (Athens: Karyophyllis, 1859–1861), 1.47–68. 后来一段时间，这个计划显然还流传着更耸人听闻的版本，参见 Thomas Gordon, *History of the Greek Revolution*, 2 vols. (Edinburgh: Blackwood, 1832), 1.180–181; George Finlay, *History of the Greek Revolution*, 2 vols. (Edinburgh: Blackwood, 1861), 1.122。

29 伊普希朗蒂的文本日期为 2 月 24 日，相当于西历 3 月 8 日，可以在下列网页找到 https://el.wikisource.org/wiki/Μάχου_υπέρ_πίστεως_και_πατρίδος (in Greek, my translation)。 Gordon, *History*, 1.183.

30 Marios Hatzopoulos, 'From Resurrection to Insurrection: "Sacred" Myths, Motifs, and Symbols in the Greek War of Independence', in *The Making of Modern Greece: Nationalism, Romanticism, and the Uses of the Past (1797–1896)*, ed. Roderick Beaton and David Ricks (Farnham: Ashgate, 2009), 81–93.

31 Finlay, *History*, 1.189.

32 Beaton, *Greece*, 85–90.

33 William St. Clair, *That Greece Might Still Be Free: The Philhellenes in the War of Independence*

(London: Open Book, 2008; first published 1972); Roderick Beaton, 'European Philhellenes', in *The Greek Revolution: A Critical Dictionary*, ed. Paschalis Kitromilides and Constantinos Tsoukalas (Cambridge, MA: Harvard University Press, 2021), 593–613. 关于遍及全欧洲的支持希腊独立者，参见 Denys Barau, *La Cause des Grecs, une histoire du mouvement philhellène (1821–1829)* (Paris: Honoré Champion, 2009)。

34 Douglas Dakin, *The Greek Struggle for Independence, 1821–1833* (London: Batsford, 1973), 148–150 (Canning); Gary Bass, *Freedom's Battle: The Origins of Humanitarian Intervention* (New York: Vintage, 2009), 91–97 (95 cited); George Kaloudis, *Modern Greece and the Diaspora Greeks in the United States* (Lanham, MD: Lexington, 2018), 23–25.

35 J. M. Wagstaff, *Greece: Ethnicity and Sovereignty, 1820–1994. Atlas and Documents* (Archive Editions [Cambridge: Cambridge University Press], 2002), 141–145.

第十四章 欧洲的国度，世界的民族

1 关于这一时期的标准论述仍是 John Petropulos, *Politics and Statecraft in the Kingdom of Greece, 1833–1843* (Princeton,NJ: Princeton University Press, 1968)。

2 Eleni Bastéa, *The Creation of Modern Athens: Planning the Myth* (Cambridge: Cambridge University Press, 2000), 43–104; Yannis Hamilakis, *The Nation and Its Ruins: Antiquity, Archaeology, and National Imagination in Greece* (Oxford: Oxford University Press, 2007), 59–64, 94–98.

3 Kostas Kostis, *History's Spoiled Children: The Formation of the Modern Greek State*, trans. Jacob Moe (London: Hurst 2018; Greek original published in 2013), 108（关于货币），119（关于男性普选权）。

4 Elli Skopetea, Το «πρότυπο βασίλειο» και η Μεγάλη Ιδέα: όψεις του εθνικού προβλήματος στην Ελλάδα [*The 'Model Kingdom' and the Grand Idea: Aspects of the National Problem in Greece*] (Athens: Polytypo, 1988), 162.

5 Michael Llewellyn Smith, *Olympics in Athens: 1896–2004* (London: Profile, 2004), 65–81, 94–97, 154–191; Alexander Kitroeff, *Wrestling with the Ancients: Modern Greek Identity and the Olympics* (New York: Greekworks.com, 2004), 25–26, 27–35, 48–50; Bastéa, *Creation*, 204–212.

6 Richard Clogg, *A Concise History of Greece*, 4th ed., rev. (Cambridge: Cambridge University Press, 2021), 313 (table 1: population statistics); Richard Clogg, 'The Greek Diaspora: The Historical Context', in *The Greek Diaspora in the Twentieth Century*, ed. Richard Clogg (Basingstoke: Macmillan, 1999), 1–23. 最全面的研究仍然是 I. K. Hasiotis, Επισκόπηση της ιστορίας της νεοελληνικής διασποράς [*Survey of the History of the Modern Greek Diaspora*] (Thessaloniki: Vanias, 1993)。

7　有人从这一时期的原始资料中精挑细选了样本并加以评论，参见 Alexis Politis, *Ρομαντικά χρόνια: ιδεολογίες και νοοτροπίες στην Ελλάδα του 1830–1880* [*Romantic Years: Ideologies and Mentalities in Greece, 1830–1880*] (Athens: Mnimon, 1993), 61–67。 至于局外人对 19 世纪 70 年代人们态度的看法，参见 *The Greeks of Today*, 2nd ed. (New York: Putnam, 1878; first ed., 1872), 123–124。

8　Gelina Harlaftis, *Creating Global Shipping: Aristotle Onassis, the Vagliano Brothers, and the Business of Shipping, c. 1820–1970* (Cambridge: Cambridge University Press, 2019), 4, 41, 158, 231, 262.

9　Harlaftis, *Creating*, 68, 92, 264–265 and *passim*.

10　Gelina Harlaftis, *A History of Greek-Owned Shipping: The Making of an International Tramp Fleet, 1830 to the Present Day* (Abingdon: Routledge, 2015; first ed., 1996), 41–44, 51–55; Colin Fenn and James Slattery-Kavanagh, *West Norwood Cemetery's Greek Necropolis: An Illustrated Guide* (London: Friends of West Norwood Cemetery, 2011).

11　Konstantinos Svolopoulos, *Κωνσταντινούπολη 1856–1908: ηακμή του Ελληνισμού* [*Constantinople 1856–1908: The Highpoint of Hellenism*] (Athens: Ekdotiki Athinon, 1994), 37–38（关于人口）; Dimitri Gondicas and Charles Issawi, eds., *Ottoman Greeks in the Age of Nationalism* (Princeton, NJ: Darwin Press, 1999)。

12　Alexander Kitroeff, *The Greeks and the Making of Modern Egypt* (Cairo and New York: The American University in Cairo Press, 2019), 23–50, 67, 71–73.

13　E. M. Forster, 'The Complete Poems of C. P. Cavafy', in *The Mind and Art of C. P. Cavafy: Essays on His Life and Work* (Athens: Denise Harvey, 1983), 40–45 (44–45 quoted, essay first published 1951).

14　Gerasimos Augustinos, *Consciousness and History: Nationalist Critics of Greek Society, 1897–1914* (New York: Columbia University Press/ *East European Quarterly, 1977*), 26, quoting (in translation) Neoklis Kazazis in *Ellinismos* 1 (1899): 7–8（强调处为我所加）。

15　Spyros Melas, *Η επανάσταση του 1909* [*The Revolution of 1909*] (Athens: Biris, 1957), 13, cited in translation in Michael Llewellyn-Smith, *Venizelos: The Making of a Greek Statesman, 1864–1914* (London: Hurst, 2021), 176.

16　Roderick Beaton, *Greece: Biography of a Modern Nation* (London: Allen Lane, 2019), 187–232；21 世纪对此的重新评价见 Llewellyn-Smith, *Venizelos*。

17　Richard Hall, *The Balkan Wars, 1912–1913: Prelude to the First World War* (London: Routledge, 2002); Douglas Dakin, *The Unification of Greece 1770–1923* (London: Benn, 1972), 201–202.

18　Giorgos Mavrogordatos, *1915: ο Εθνικός Διχασμός* [*1915: The National Schism*] (Athens: Patakis, 2015), 93, 217, cited in translation in Beaton, *Greece*, 211（强调处为我所加）。

19　关于从 1914 年到 1923 年的这些事件，最完整的英文叙述参见 Michael Llewellyn Smith, *Ionian Vision: Greece in Asia Minor 1919–1922* (London: Hurst, 1998; first published

1973)。See also Konstantinos Travlos, ed., *Salvation and Catastrophe: The Greek–Turkish War, 1919–1922* (London and New York: Lexington, 2020).

20 Dimitri Pentzopoulos, *The Balkan Exchange of Minorities and Its Impact upon Greece* (Paris and The Hague: Mouton, 1962; reprinted with a new introduction by Michael Llewellyn Smith, London: Hurst, 2002), 257–263; Renée Hirschon, ed., *Crossing the Aegean: An Appraisal of the 1923 Compulsory Population Exchange Between Greece and Turkey* (Oxford: Berghahn, 2003). 关于人口互换的影响，参见 Bruce Clark, *Twice a Stranger: Greece, Turkey and the Minorities They Expelled* (London: Granta, 2006)。关于"极为杰出的一项成绩"：Stathis Kalyvas, *Modern Greece: What Everyone Needs to Know* (Oxford: Oxford University Press, 2015), 76, 79。

21 George Seferis, 'In the Manner of G. S.', in *Ποιήματα* [*Poems*] (Athens: Ikaros, 2014), 99–101; George Seferis, *Δοκιμές* [*Essays*], vol. 1(Athens: Ikaros, 1984), 102 (both my translation).

22 Nikos Kazantzakis, *Βίος και πολιτεία του Αλέξη Ζορμπά* [*Life and Times of Alexis Zorbas*] (Athens: Kazantzakis Editions, 1969), 178–179 (my translation); see also Nikos Kazantzakis, *Zorba the Greek*, trans. Peter Bien (New York: Simon & Schuster, 2014).

23 George Mavrogordatos, *Stillborn Republic: Social Coalitions and Party Strategies in Greece, 1922–1936* (Berkeley: University of California Press, 1983); John Koliopoulos, *Greece and the British Connection 1935–1941* (Oxford: Clarendon Press, 1977); Marina Petrakis, *The Metaxas Myth: Dictatorship and Propaganda in Greece* (London: I. B. Tauris, 2006).

24 Kitroeff, *The Greeks*, 1, 4, 8, 46–47.

25 Charles Moskos, 'The Greeks in the United States', in Clogg, *Greek Diaspora, 103–119* (see 104); George Kaloudis, *Modern Greece and the Diaspora Greeks in the United States* (Lanham, MD: Lexington, 2018), 56, 76, 160–161.

26 Harlaftis, *Creating*, 39.

27 Mark Mazower, *Inside Hitler's Greece: The Experience of Occupation, 1941–44* (New Haven, CT, and London: Yale University Press, 1993), 41 and *passim*. See also Violetta Hionidou, *Famine and Death in Occupied Greece* (Cambridge: Cambridge University Press, 2006).

28 这一段大量借鉴了 Stathis Kalyvas, *The Logic of Violence in Civil War* (Cambridge: Cambridge University Press, 2006) (see especially 31) and by the same author, 'Red Terror: Leftist Violence During the Occupation', in *After the War Was Over: Reconstructing the Family, Nation, and State in Greece, 1943–1960*, ed. Mark Mazower (Princeton, NJ: Princeton University Press, 2000), 142–183. See also Beaton, *Greece*, 278–285。

29 John Iatrides, *Revolt in Athens: The Greek Communist 'Second Round', 1944–1945* (Princeton, NJ: Princeton University Press, 1972); Lars Baerentzen, 'The Demonstration in

Syntagma Square on Sunday the 3rd of December, 1944', *Scandinavian Studies in Modern Greek* 2 (1978): 3–52.

30 David Close, 'Introduction', in *The Greek Civil War, 1943–1950: Studies of Polarization*, ed. David Close (London: Routledge, 1993), 7–11（关于统计数据）; Mazower, *Inside Hitler's Greece*, 235–261（关于大屠杀）; Giorgos Antoniou and A. Dirk Moses, eds., *The Holocaust in Greece* (Cambridge: Cambridge University Press, 2020)。

31 E. A. Mantziris, 'The Greeks in South Africa', in Clogg, *Greek Diaspora*, 120–136; Nicholas Doumanis, 'The Greeks in Australia', in the same volume, 58–86; see also Joy Damousi, *Memory and Migration in the Shadow of War: Australia's Greek Immigrants After World War II and the Greek Civil War* (Cambridge: Cambridge University Press, 2015).

32 David Close, *Greece Since 1945: Politics, Economy and Society* (London: Longman, 2002), 52, 48（关于统计数据）; see also Mazower, *After the War Was Over*。

33 Harlaftis, *History*, 226–245.

34 Harlaftis, *Creating*, 172–186.

35 Gelina Harlaftis, *Greek Shipowners and Greece, 1945–1975* (London: Bloomsbury, 2015), 9–23; Harlaftis, *Creating*, 231–232, 255, 259, 261, 263, 271–272, 279–284.

36 Vrasidas Karalis, *A History of Greek Cinema* (New York and London: Continuum, 2012), 79–80; Achilleas Hadjikyriacou, *Masculinity and Gender in Greek Cinema, 1949–1967* (London: Bloomsbury Academic, 2013), 66–67; Dimitris Papanikolaou, *Singing Poets: Literature and Popular Music in France and Greece* (London: Legenda, 2007).

37 C. M. Woodhouse, *The Rise and Fall of the Greek Colonels* (London: Granada, 1985); Othon Anastasakis and Katerina Lagos, eds., *The Greek Military Dictatorship: Revisiting a Troubled Past, 1967–1974* (New York and Oxford: Berghahn, 2021).

38 Kostis Kornetis, *Children of the Dictatorship: Student Resistance, Cultural Politics, and the 'Long 1960s' in Greece* (New York and Oxford: Berghahn, 2013), 251–280.

39 最全面的论述见 Robert Holland, *Britain and the Revolt in Cyprus, 1954–1959* (Oxford: Clarendon Press, 1998)。

40 Alexandros Nafpliotis, *Britain and the Greek Colonels: Accommodating the Junta in the Cold War* (London: Bloomsbury, 2013), 233–237.

第十五章　新账簿，新史诗

1 James Ker-Lindsay, *The Cyprus Problem: What Everyone Needs to Know* (Oxford: Oxford University Press, 2011); Roderick Beaton, *Greece: Biography of a Modern Nation* (London: Allen Lane, 2019), 346, 370–373.

2 David Close, *Greece Since 1945: Politics, Economy and Society* (London: Longman, 2002), 161–162, 178–182; Stathis Kalyvas, *Modern Greece: What Everyone Needs to*

Know (Oxford: Oxford University Press, 2015), 140–151.

3   David Close, *Greece Since 1945: Politics, Economy and Society* (London: Longman, 2002), 161–162, 178–182; Stathis Kalyvas, *Modern Greece: What Everyone Needs to Know* (Oxford: Oxford University Press, 2015), 140–151.

4   Thanos Veremis, *A Modern History of the Balkans: Nationalism and Identity in Southeast Europe* (London: I. B. Tauris, 2017), 143–152; Loring Danforth, *The Macedonian Conflict: Ethnic Nationalism in a Transnational World* (Princeton, NJ: Princeton University Press, 1997), 202–212.

5   George Papaconstantinou, *Game Over: The Inside Story of the Greek Crisis* (English edition privately published, 2016), 30–40.

6   Johanna Hanink, *The Classical Debt: Greek Antiquity in an Era of Austerity* (Cambridge, MA: Harvard University Press, 2017), 215–229.

7   Sofia Vasilopoulou and Daphne Halikiopoulou, *The Golden Dawn's 'National Solution': Explaining the Rise of the Far Right in Greece* (New York: Palgrave Macmillan, 2015).

8   Beaton, *Greece*, 389–398; Yanis Varoufakis, *Adults in the Room: My Battle with Europe's Deep Establishment* (London: Bodley Head, 2017); Viktoria Dendrinou and Eleni Varvitsioti, *The Last Bluff: How Greece Came Face-to-Face with Financial Catastrophe and the Secret Plan for Its Euro Exit* (Athens: Papadopoulos, 2019), 129–310. 激进左翼联盟内部的评估，参见 Costas Douzinas, *Syriza in Power* (Cambridge: Polity, 2017)。

9   *The Guardian* (23 October 2020), 30–31 and online.

10   关于这场危机的众多记述与分析，可参见 Dimitris Tziovas, ed., *Greece in Crisis: The Cultural Politics of Austerity* (London:I. B. Tauris, 2017)。

11   参见欧洲议会官方网站关于 2019 年议会选举的页面，其中可以看到各国政党席位的分布情况：www.europarl.europa.eu/election-results-2019/en。

12   Gelina Harlaftis, *Creating Global Shipping: Aristotle Onassis, the Vagliano Brothers, and the Business of Shipping, c. 1820–1970* (Cambridge: Cambridge University Press, 2019), 1, 7, see also 122–123, 263, 284; 'Greece Demographics', Worldometer, www.worldometers. info/demographics/greece-demographics/ (accessed 15 February 2021).

13   Gelina Harlaftis, *Greek Shipowners and Greece, 1945–1975* (London: Bloomsbury, 2015), 9–23; Harlaftis, *Creating*, 231–232, 255, 259, 261, 263, 271–272, 279–284.

14   Simone Tagliapietra, *The Politics and Economics of Eastern Mediterranean Gas* (Leuven, Netherlands: Claeys and Casteels, 2017); 'The First Natural Gas Field in Cyprus', Delek Drilling, www.delekdrilling.com/project/aphrodite-gas-field.

15   Jonathan Clayton and Hereward Holland, ed. Tim Gaynor, 'Over One Million Sea Arrivals Reach Europe in 2015', UNHCR, 30 December 2015, www.unhcr.org/uk/news/latest/2015/12/5683d0b56/million-sea-arrivals-reach-europe-2015.html; Marie Doutrepont, *Moria: Chroniques des limbes de l'Europe* (Brussels: 180o Editions, 2018).

结 语

1 希腊共和国和塞浦路斯共和国的 2011 年人口普查结果在网上可查：www. statistics.gr/en/2011-census-pop-hous; www.cystat.gov.cy/mof/cystat/statistics.nsf/ populationcondition_22main_en/populationcondition_22main_en?OpenForm&sub=2&sel=2。关于两国以外的希腊人，参见 John Koliopoulos and Thanos Veremis, *Greece: The Modern Sequel* (London:Hurst, 2002), 211; Richard Clogg, *A Concise History of Greece*, 4th ed., rev. (Cambridge: Cambridge University Press, 2021), 228, 276（关于估测的数据与相关分析）; Richard Clogg, 'The Greek Diaspora: The Historical Context', in *The Greek Diaspora in the Twentieth Century*,ed. Richard Clogg (Basingstoke: Macmillan, 1999), 1–23（关于各国情况见第 14 页）。

2 Orthodox Church: Paschalis Kitromilides, *Religion and Politics in the Orthodox World: The Ecumenical Patriarchate and the Challenges of Modernity* (London and New York: Routledge, 2019). 关于希腊裔美国人游说团体：George Kaloudis, *Modern Greece and the Diaspora Greeks in the United States* (Lanham, MD: Lexington, 2018), 186–196。

3 Translated by Karen Emmerich, in Karen van Dyck, ed., *Austerity Measures: The New Greek Poetry* (London: Penguin, 2016), 410–411.